普通话与教师口语

王会成　主编

吉林大学出版社
·长春·

图书在版编目（CIP）数据

普通话与教师口语 / 王会成主编. -- 长春 : 吉林大学出版社, 2020.8
ISBN 978-7-5692-6818-8

Ⅰ. ①普… Ⅱ. ①王… Ⅲ. ①普通话—口语②教师—口语 Ⅳ. ①H193.2

中国版本图书馆CIP数据核字（2020）第141367号

书　　名：普通话与教师口语
PUTONGHUA YU JIAOSHI KOUYU

作　　者：王会成　主编
策划编辑：邵宇彤
责任编辑：李潇潇
责任校对：刘　丹
装帧设计：优盛文化
出版发行：吉林大学出版社
社　　址：长春市人民大街4059号
邮政编码：130021
发行电话：0431-89580028/29/21
网　　址：http://www.jlup.com.cn
电子邮箱：jdcbs@jlu.edu.cn
印　　刷：三河市华晨印务有限公司
成品尺寸：170mm×240mm　　16开
印　　张：23.75
字　　数：469千字
版　　次：2020年8月第1版
印　　次：2023年7月第2次
书　　号：ISBN 978-7-5692-6818-8
定　　价：45.00元

前 言

师者，所以传道授业解惑也。传、授、解，当然要有渊博的知识储备和深厚的文化底蕴作基础，但仅有知识和底蕴是远远不够的。知识和底蕴还需要一个良好的输出渠道，才能更有效地传递给学生，这个渠道就是口语表达能力。

汉语口语教学在整个教育体系中的地位是相当尴尬的。在多数大中专院校及高职高专院校中，口语课往往被置于专业课乃至公共课之下，成为三流课程。殊不知，口语表达能力的欠缺会严重影响知识的传递与信息交流的质量与效率。无论是所谓的专业课还是公共课，甚至包括技能课，都有赖于口语课建立起来的顺畅的传送渠道。

此外，汉语口语课还是培养学生审美能力、提升学生审美情趣的重要手段。朗读教会我们体验美，朗诵教会我们创造美，演讲让我们激情澎湃，讲故事则会让我们重拾爱与童心。

基于此，我们精心编写了这部《普通话与教师口语》。

本套教材着眼于“内容的实用性”“材料的丰富性”和“训练的针对性”，是著者数十年口语教学经验的总结。

口语涵盖的范围很广，从最基础的语音、字词、文段，到朗读、朗诵、演讲、主持，甚至包括谈话方式、沟通技巧等，不一而足。而我们只选取了在日常教学和学生日后工作中使用范围最广、使用频率最高的几项来重点训练，以突出内容的实用性。

本教材从基础语音开始，逐步逐级讲解训练，讲练结合。知识讲解部分，我们努力做到详细缜密，通俗易懂，剔除生涩拗口的专业术语，用生活化的语言解释专业知识。材料训练部分，尽量追求材料丰富，难易适中。另外，在材料的选择上更加注重丰富性与趣味性相结合，使学生在获得海量资料的同时，可以在轻松愉快的氛围中理解理论、完成训练，从而提高口语水平。

本套教材针对不同类型的院校及不同专业的学生，在通用内容的基础上，设计了相应的针对性章节。教学过程中可以根据实际情况适当增删。第一章至第五章为基础技能训练，这是一切口语技能的基础，教学中可以针对学生的水平，做适当的调整。（另外，考虑到相当一部分读者有参加普通话测试的需求，我们专辟一章介绍普通话水平测试相关内容及应试技巧，并将测试材料附于其后，以供有需求的读者练习之用。）第六章朗诵，主要针对中文或相关专业的学生以及朗诵爱好者。第七章讲（编）故事训练，主要为学前教育专业学生设计，帮助他们打好基础，练好从教基本功。第八章演讲训练、第九章主持训练，主要训练一些日常工作中常用的技能，无论何种院校何种专业都可以适当学习，以备不时之需。第十章解说（导游）训练，虽然针对旅游相关专业，但本章内容对日常交际能力的提升有很大帮助，建议其他专业学生在课时允许的情况下，适当了解、掌握，可以增强表达能力，提升个人魅力。

笔者毕业于河北师范大学，是常年奋战在教学第一线、有着深厚的理论修养和丰富的教学经验的优秀的专职口语教师，1990 年参加工作，是国家级普通话测试员，从事口语教学近 30 年。笔者及所指导的学生多次在省市各种口语相关比赛中获奖。

相信这部倾心之作能让您耳目一新。如能对您的教学工作、您的口语训练有些许帮助，我们将感到荣幸之至。

本教材在编写过程中参阅了许多相关的教材和书籍，也使用了互联网上的一些相关资料，在此一并谢过。同时我们对阅读和使用本教材的老师和同学们表示感谢，我们期待着大家的反馈。您的意见和建议必将成为我们继续改进本教材的动力和指引。

王会成

2020 年 2 月

目 录

第一章　语音知识基础

第一节　声 母

一般来说，现代汉语中一个汉字就是一个音节（儿化音除外），而一个音节又由声母、韵母、声调三部分构成。

声母：声母是指汉语音节开头的辅音。普通话里共有21个声母（包括“零声母”），分别是b、p、m、f、d、t、n、l、g、k、h、j、q、x、zh、ch、sh、r、z、c、s。

下面简要介绍声母发音方法。

b：发音时，双唇闭合，软腭上升堵塞鼻腔通路，然后双唇打开，气流骤然冲出，爆发成声。声带不振动。

宝贝　版本　报表　本部　必备　背部　蚌埠　标本　百变
不变　不便　补办　白板笔　部编本

p：发音方法与b基本相同，区别在于p除阻时气流较强。

品牌　匹配　批评　偏僻　乒乓　平铺　澎湃　跑偏　飘蓬
拼盘　爬坡　破皮　破皮袍　琵琶谱

m：发音时，双唇闭合，软腭下降，打开气流的鼻腔通路，使气流从鼻腔流出。声带振动。

密码　秘密　面膜　买卖　命名　卖萌　蒙面　眉目　茂名
美满　盲目　美妙　莫迷茫　密码门

f：发音时，上齿接近下唇，形成窄缝，软腭上升堵塞鼻腔通路，气流从唇齿间的窄缝挤出，摩擦成声。声带不振动。

方法　丰富　防范　付费　复发　发放　仿佛　翻番　犯法
防腐　非法　夫妇　防风服　付饭费

d：发音时，舌尖抵住上齿龈，软腭上升堵塞鼻腔通路，然后舌尖离开上齿龈，气流骤然冲出，爆发成声。声带不振动。

得当　地点　待定　道德　调动　达到　订单　淡定　单独

低调　担当　当代　打点滴　督导队

t：发音方法与 d 基本相同，区别在于 t 除阻时气流较强。

头疼　天堂　探讨　团体　淘汰　头条　铁塔　妥帖　疼痛

挑剔　天台　坍塌　通天塔　听涛图

n：发音时，舌尖抵住上齿龈，封闭气流的口腔通路，软腭下降，打开气流的鼻腔通路，使气流从鼻腔流出。声带振动。

男女　牛奶　南宁　那年　能耐　年内　暖男　牛腩　泥泞

难念　泥淖　难耐　男农奴　难拿捏

l：发音时，舌尖抵住上齿龈，软腭上升堵塞鼻腔通路，气流从舌头两边流出。声带振动。

理论　来历　褴褛　流量　浏览　联络　轮流　玲珑　来临

凌乱　乱伦　留恋　兰陵路　零利率

g：发音时，舌根抵住软腭，软腭后部上升堵塞鼻腔通路，然后舌根离开软腭，气流骤然冲出，爆发成声。声带不振动。

高管　尴尬　广告　高歌　更改　鬼怪　公共　钢管　过关

骨干　改革　巩固　高规格　感光鼓

k：发音方法与 g 基本相同，区别在于 k 除阻时气流较强。

扣款　可靠　刻苦　开口　开阔　可控　旷课　可口　卡扣

困苦　坎坷　开垦　空夸口　扣款卡

h：发音时，舌根接近软腭，形成一个窄缝，软腭上升堵塞鼻腔通路，气流从窄缝里挤出，摩擦成声。声带不振动。

很好　后悔　混合　豪华　合伙　黄河　辉煌　荷花　祸害

航海　恍惚　黄昏　黄淮海　很憨厚

j：发音时，舌面前部抵住硬腭前部，软腭上升堵塞鼻腔通路，然后舌面微微离开硬腭，气流将阻碍冲开一条窄缝，然后从窄缝中挤出来，摩擦成声。声带不振动。

解决　坚决　拒绝　讲究　经济　拮据　奖金　交接　基金

紧急　简介　嘉奖　京津冀　建军节

q：发音方法与 j 基本相同，区别在于 q 除阻时气流较强。

请求　前期　全球　欠缺　全勤　齐全　确切　侵权　砌墙

牵强　亲切　鹊桥　氢气球　请亲启

x：发音时，舌面前部接近硬腭前部，形成一个窄缝，软腭上升堵塞鼻腔通路，气流从窄缝中挤出，摩擦成声。声带不振动。

学习　信息　学校　想象　血腥　形象　休息　下线　小雪

新鲜　相信　选修　新消息　休闲鞋

zh：发音时，舌尖抵住硬腭前部，软腭上升堵住鼻腔通路，然后舌尖微微离开硬腭，气流将阻碍冲开一条窄缝，然后从窄缝中挤出来，摩擦成声。声带不振动。

榨汁　蜘蛛　转折　珍珠　争执　漳州　真正　种植　注重

主张　抓住　斟酌　中转站　执政者

ch：发音方法与 zh 基本相同，区别在于 ch 除阻时气流较强。

查处　超出　穿插　拆除　长春　长城　出厂　车床　抽查

传承　乘车　出差　叉车厂　除尘车

sh：发音时，舌尖接近硬腭前部，形成一个窄缝，软腭上升堵塞鼻腔通路，气流从窄缝里挤出，摩擦成声。声带不振动。

杀手　山上　设施　上声　身上　绅士　书生　省事　收拾

上述　审慎　师生　手术室　硕士生

r：发音方法与 sh 基本相同，区别在于发 r 时声带要振动。

仍然　融入　柔软　容忍　柔弱　如若　荏苒　荣辱　忍让

热熔　如若　人瑞　柔韧度　荣辱观

z：发音时，舌尖轻轻抵住下齿背，较弱的气流把舌叶与上齿背的阻碍冲开一道窄缝，并从中挤出，摩擦成声。声带不振动。

再造　自在　栽赃　最早　造作　罪责　宗族　坐姿　自足

在座　自给自足　自尊心　吐脏字

c：发音方法与 z 基本相同，区别在于 c 除阻时气流较强。

草丛　猜测　层次　此次　匆匆　粗糙　摧残　措辞　苍翠

璀璨　仓促上阵　残次品　寸草心

s：发音时，舌尖抵住下齿背，气流从舌叶和上齿背的窄缝中擦出而成声。声带不振动。

洒扫　搜索　诉讼　色素　思索　松散　琐碎　瑟缩　酸涩

三思　思索再三　诉讼费　孙思邈

第二节 韵母

普通话中，共有韵母 39 个，按结构分，可分为单元音韵母、复元音韵母和带鼻音韵母三类。

单元音韵母 10 个：ɑ、o、e、ê、i、u、ü、-i（前）、-i（后）、er。

复元音韵母 13 个：ɑi、ei、ɑo、ou、iɑ、ie、uɑ、uo、üe、iɑo、iou、uɑi、uei。

带鼻音韵母 16 个：ɑn、iɑn、uɑn、üɑn、en、in、uen、ün、ɑng、iɑng、uɑng、eng、ing、ueng、ong、iong。

一、单元音韵母

单元音韵母是由单元音充当的，普通话中共有 10 个单元音韵母，可以分为舌面元音、舌尖元音和卷舌元音三类。单元音韵母发音时，舌位、唇形、口型（开口度）始终不变。

舌面元音是由舌面起主要作用的元音，普通话里共有七个：ɑ、o、e、ê、i、u、ü。

舌尖元音是由舌尖起主要作用的元音，普通话里有两个：-i(前)、-i(后)。-i(前)即整体认读音节 zi、ci、si 中的 i，发音为 [z]，-i(后)是整体认读音节 zhi、chi、shi、ri 中的 i，发音类似于声母 r。

普通话里只有一个卷舌元音韵母——er。

单元音的发音主要由舌位的高低、前后和唇形的圆展控制。

根据舌位的前后，舌面元音可以分为：前元音、央元音和后元音。

发元音时舌头前伸，舌位在前，这时发出的元音叫前元音。普通话舌面元音里有三个前元音，就是 i、ê、ü。发元音时舌头后缩，舌位在后，这时发出的元音叫后元音。普通话舌面元音里有 3 个后元音：o、e、u。发元音时舌头不前不后，舌位居中，这时发出的元音叫央元音。普通话里有 1 个舌面央元音，就是 ɑ。

根据舌位的高低，舌面元音可以分为高元音、半高元音、半低元音和低元音四类。

嘴唇收圆，发出的元音叫圆唇元音；嘴唇展开，发出的元音叫不圆唇元音。普通话舌面元音里有 3 个圆唇元音，就是 o、u、ü；有 4 个不圆唇元音，就是 ɑ、e、i、ê。

单韵母的发音特点是发音过程中舌位、唇形和开口度始终不变。发音时要保持口形固定。下面简单介绍一下单元音韵母的发音方法。

ɑ 舌面央低不圆唇元音（即舌面元音、央元音、低元音、不圆唇元音，下同）

发音时，口大开，扁唇，舌头居中央，舌面中部略隆起，舌尖置下齿龈，声带振动。软腭上升，关闭鼻腔通路。

打靶 沙发 大厦 发达 马达 喇叭 哪怕 打岔 腊八 发花

o 舌面后半高圆唇元音

发音时，口半闭，圆唇，舌头后缩，舌面后部略隆起，舌尖置下齿龈后，声带振动。软腭上升，关闭鼻腔通路。

伯伯 婆婆 默默 泼墨 薄膜 馍馍 薄弱 活泼 窝火 龌龊

e 舌面后半高不圆唇元音

发音时，口半闭，扁唇，舌头后缩，舌面后部略隆起，舌面两边微卷，舌面中部稍凹，舌尖置于下齿龈后，嘴角向两边微展，声带振动。软腭上升，关闭鼻腔通路。

色泽 隔阂 客车 特色 折射 可乐 车辙 合格 折合 呵责

ê 舌面前半低不圆唇元音

发音时，口自然打开，扁唇，舌头前伸，舌面前部略隆起，舌尖抵住下齿背，嘴角向两边微展，声带振动。软腭上升，关闭鼻腔通路。

在普通话中，ê 只在语气词“欸”中单用。ê 不与任何辅音声母相拼，只构成复韵母 ie、üe，并在书写时省去上面的附加符号“ˆ”。

确切 解决 谐谑 雀跃 诀别 月夜 灭绝 劫掠 裂缺 缺月

i 舌面前高不圆唇元音

发音时，口微开，扁唇，上下齿相对，舌头前伸，舌面前部略隆起，舌尖抵住下齿背，嘴角向两边微展，声带振动。软腭上升，关闭鼻腔通路。

奇袭 笔记 谜底 激励 洗涤 极地 记忆 礼仪 霹雳 习题

u　舌面后高圆唇元音

发音时，口微开，圆唇，舌头后缩，舌面后部高度隆起和软腭相对，舌尖置下齿龈后，声带振动。软腭上升，关闭鼻腔通路。

夫妇　疏忽　误读　土著　补助　读物　辜负　瀑布　入伍　糊涂

ü　舌面前高圆唇元音

发音时，口微开，圆唇（近椭圆）略向前突，舌头前伸，舌面前部略隆起，舌尖抵住下齿背，声带振动。软腭上升，关闭鼻腔通路。

语句　曲剧　区域　屈居　须臾　序曲　遇雨　曲率　局域　律吕

er　卷舌央中不圆唇元音

er 是在 [ə] 的基础上加上卷舌动作而成。发音时，口腔自然打开，扁唇，舌头居中央，舌尖向硬腭中部上卷，声带振动。软腭上升，关闭鼻腔通路。

饵料　而且　儿歌　耳朵　二胡　二十　儿童　儿女　偶尔　遐迩

-i(前)　舌尖前高不圆唇元音

发音时，口微开，扁唇，嘴角向两边展开，舌头平伸，舌尖靠近上齿背，声带振动。软腭上升，关闭鼻腔通路。z、c、s 的发音拉长，拉长的部分即是 -i(前) 的读音。

私自　此次　次子　字词　自私　孜孜　赐死　四次　子嗣　刺字

-i(后)　舌尖后高不圆唇元音

发音时，口微开，扁唇，嘴角向两边展开，舌尖上翘，靠近硬腭前部，声带振动。软腭上升，关闭鼻腔通路。zh、ch、sh、r 的发音拉长，拉长的部分即是 -i(后) 的读音。

只是　日志　实施　支持　知识　制止　值日　试制　实质　迟滞

二、复元音韵母

复元音韵母是由两个或三个元音组成的韵母。发音时，一是组成复韵母的元音之间没有明显的界线，整个过程是从一个元音滑向另一个元音。二是各元音的发音响度不同。主要元音的发音口腔开口度最大，声音最响亮，持续时间最长，其他元音发音轻短或含混模糊。响度大的元音在前的，叫作前响复韵母；响度大的元音在后的，叫作后响复韵母；响度大的元音在中间的，叫作中响复韵母。

（一）前响复韵母

前响复韵母指主要元音处在前面的复韵母，普通话中的前响复韵母有四个：ai、ao、ei、ou。发音时，开头的元音清晰响亮、时间较长，后头的元音含混模糊，音值不太固定，只表示舌位滑动的方向。

ai　拆台　掰开　爱戴　采摘　海带　开采　拍卖　灾害　摘菜　开赛

ao　号召　报告　操劳　刀鞘　跑道　冒泡　懊恼　高潮　骚扰　老少

ei　贝类　配备　飞贼　美味　肥美　味蕾　贝类　美眉　北非　匪类

ou　绸缪　丑陋　兜售　口头　寇仇　走漏　漏斗　收购　喉头　抖擞

（二）后响复韵母

后响复韵母是指主要元音处在后面的复韵母。普通话中的后响复韵母有5个：ia、ie、ua、uo、üe。它们发音的特点是舌位由高向低滑动，收尾的元音响亮清晰，在韵母中处在韵腹的位置。而开头的元音都是高元音i-、u-、ü-，由于它处于韵母的韵头位置，发音轻短，只表示舌位滑动的方向。

ia　加价　假牙　恰恰　下辖　压价　下家　下压　加压　下牙

ie　歇业　结业　结节　贴切　姐姐　铁屑　谢谢　斜街　别业

ua　花袜　花滑　耍滑　娃娃　画画　挂花　花瓜

uo　菠萝　错过　错落　硕果　脱落　阔绰　骆驼　哆嗦　国货

üe　雀跃　约略　雪月　决绝

（三）中响复韵母

中响复韵母是指主要元音处在中间的复韵母。普通话中的中响复韵母共有4个：iao、iou、uai、uei。这些韵母发音的特点是舌位由高向低滑动，再从低向高滑动。开头的元音发音不响亮、较短促，只表示舌位滑动的开始，中间的元音清晰响亮，收尾的元音轻短模糊，音值不太固定，只表示舌位滑动的方向。

iao　吊销　渺小　疗效　巧妙　调教　调料　逍遥　苗条　秒表　吊桥

iou　久留　求救　绣球　优秀　悠久　牛油　丢球　琉球　久留　牛柳

uai　外快　怀揣　乖乖　摔坏　鬼怪　加快　见外　拖拽

uei　垂危　归队　悔罪　追悔　荟萃　推诿　尾随　罪魁　愧对　回归

三、鼻韵母

鼻韵母指带有鼻辅音的韵母，又叫作鼻音尾韵母。鼻韵母的发音有两个特点，一是元音同后面的鼻辅音不是生硬地结合在一起，而是有机的统一体。发音时，逐渐由元音向鼻辅音过渡，逐渐增加鼻音色彩，最后形成鼻辅音。二是除阻阶段作韵尾的鼻辅音不发音，所以又叫唯闭音。鼻韵母的发音不是以鼻辅音为主，而是以元音为主，元音清晰响亮，鼻辅音重在做出发音状态，发音不太明显。

（一）前鼻音尾韵母

前鼻音尾韵母指的是鼻韵母中以 -n 为韵尾的韵母。普通话中的前鼻音尾韵母有 8 个：an、en、in、un、ian、uan、üan、uen。韵尾 -n 的发音部位比声母 n- 的位置略微靠后，一般是舌面前部向硬腭接触。

an　赞叹　参战　反感　斑斓　烂漫　谈判　难堪　坦然　翻盘

en　本分　根本　沉闷　门诊　人参　认真　深圳　深沉　振奋

in　近邻　亲信　拼音　殷勤　信心　辛勤　引进　新晋　濒临

un　均匀　逡巡　军训　春运　芸芸　群众　循环　功勋　允许

ian　艰险　简便　连篇　前天　浅显　前面　电线　连绵　天仙

uan　贯穿　软缎　酸软　婉转　专款　转换　宦官　还款　团员

üan　源泉　轩辕　涓涓　圆圈　渊源　全权　宣传　眷恋　绚丽

uen　困顿　昆仑　谆谆　温存　温顺　论文　馄饨　春笋　春困

（二）后鼻音尾韵母

后鼻音尾韵母指的是鼻韵母中以 -ng 为韵尾的韵母。普通话中的后鼻音尾韵母有 8 个：ang、eng、ing、ong、iang、uang、ueng、iong。ng[ŋ] 是舌面后、浊、鼻音，在普通话中只作韵尾不作声母。发音时，软腭下降，关闭口腔，打开鼻腔通道，舌面后部后缩，并抵住软腭，气流颤动声带，从鼻腔通过。在鼻韵母中，同 -n 的发音一样，-ng 除阻阶段也不发音。后鼻音尾韵母的发音中，韵头的发音比较轻短，韵腹的发音清晰响亮，韵尾的发音只做出发音状态。

ang　张扬　帮忙　昂扬　苍茫　当场　刚刚　刚强　商场　上场　商行

eng　征程　省城　承蒙　丰盛　更正　萌生　圣僧　声称　逞能　生猛

ing　英明　叮咛　经营　并行　倾听　命令　警醒　评定　清静　精兵

ong　共同　轰动　脓肿　冲动　空洞　隆重　溶洞　通融　铜钟　红松

iang　湘江　两样　洋相　响亮　踉跄　洋枪　襄阳　两项　奖项　强项

uang　双创　狂妄　双簧　状况　装潢

ueng　水瓮　老翁　蓊郁　请君入瓮

iong　炯炯　汹涌　窘境　茕茕孑立

第三节　易误读声母练习

一、零声母误读

部分地区受方言影响，习惯在零声母音节（有些音节没有声母，只有韵母。如：安 ān，爱 ài）前加“n”或“ng”。

如：“安”读成 ngān 或 nān；“袄”读成 ngǎo 或 nǎo。“爱”读成 ngài 或 nài。

针对练习：

阿姨　哀怨　傲岸　黯然　昂扬　偶尔　欧洲　呕吐　怄气　欧陆
俄文　恩爱　音乐　万物　依稀

趣味绕口令：

鸽和鹅

天上一群大白鸽，河里一群大白鹅。
白鸽尖尖红嘴壳，白鹅曲项向天歌。

白鸽剪开云朵朵，白鹅拨开浪波波。
鸽乐呵呵，鹅活泼泼，
白鹅白鸽碧波蓝天真快乐。

一群鹅

安二哥家一群鹅，二哥放鹅爱唱歌。
鹅有二哥不挨饿，没有二哥鹅挨饿。
大鹅小鹅伸长脖，嗷嗷哦哦找二哥。

二、平翘舌音误读

平舌音（z、c、s）与翘舌音（zh、ch、sh、r）发音的主要区别在于成阻部位不同，平舌音（z、c、s）又叫舌尖前音，发音时舌尖与下齿背成阻。翘舌音（zh、ch、sh、r）又叫舌尖后音，发音时舌尖与硬腭前部成阻。

针对练习：

主力—阻力	支援—资源	姓周—姓邹	大致—大字
找到—早稻	知识—姿势		
绵纸—棉籽	战时—暂时	负债—负载	摘花—栽花
铡草—杂草	正品—赠品		
嘱咐—祖父	站住—赞助	地址—弟子	纸的—紫的
照旧—造就	札记—杂记		
智力—自力	招赘—遭罪	智齿—自此	治虫—自从
战歌—赞歌	专心—钻心		
初步—粗布	木柴—木材	推迟—推辞	一成——层
乱吵—乱草	两翅—两次		
吹动—催动	白齿—就此	常住—藏住	触动—促动
超出—出操	新春—新村		
商业—桑叶	事迹—司机	高山—高三	筛子—塞子
熟语—俗语	申述—申诉		
闪光—散光	收集—搜集	午睡—五岁	诗人—私人
史记—死记	师长—司长		
冲刷—冲杀	产纸—产子	赤字—刺字	常量—藏量
葱蒜—冲散	深林—森林		

趣味绕口令：

画狮子

有个好孩子，拿张图画纸，来到石院子，学画石狮子。一天来画一次石狮子，十天来画十次石狮子。次次画石狮子，天天画石狮子，死狮子画成了“活狮子”。

四十四个字和词

四十四个字和词，组成一首子、词、丝的绕口词。桃子、李子、梨子、栗子、橘子、柿子、槟子、榛子，栽满院子、村子和寨子。刀子、斧子、锯子、凿子、锤子、刨子、尺子，做出桌子、椅子和箱子。名词、动词、数词、量词、代词、副词、助词、连词，组成语词、诗词和唱词。蚕丝、生丝、熟丝、缫丝、染丝、晒丝、纺丝、织丝，自制粗丝、细丝、人造丝。

三、舌面音与舌尖前音混淆

舌面音（j、q、x）与舌尖前音（z、c、s）的区别是发音部位不同，舌面音（j、q、x）发音时是舌面前部与硬腭成阻，舌尖前音（z、c、s）则是舌尖与下齿背成阻。

针对练习：

既然—自然　　漆器—瓷器　　细节—四节

鸡蛋—子弹　　季候—伺候　　恓惶—橘黄

绕口令练习：

锡匠和漆匠

东边来了个锡匠卖锡，西边来了个漆匠卖漆。锡匠拿锡换漆匠的漆，漆匠拿漆换锡匠的锡。锡匠换了九斤九两漆，漆匠换了七斤七两锡。锡匠漆匠笑嘻嘻，锡匠漆匠都有了漆和锡。

王七买席

清早起来雨淅淅，王七上街去买席。骑着毛驴跑得急，捎带卖蛋又贩驴。一跑跑到小桥西，毛驴一下失了蹄，打了蛋，撒了梨，跑了驴，急得王七掉泪滴，又哭鸡蛋又骂驴。

四、n、l 混淆

普通话中，n 和 l 都是舌尖中音，发音时舌尖与上齿龈成阻。两者的区别是气流通过的路径不同。n 是鼻音，发音时气流冲击声带从鼻腔流出，在鼻腔内形成共鸣。l 是边音，发音时气流冲击声带，从舌头两边的空隙流出。

针对练习：

男子—篮子　脑子—老子　女客—旅客

男女—褴褛　闹灾—涝灾　黄泥—黄鹂

趣味绕口令：

有座面铺面朝南

有座面铺面朝南，挂了个蓝布棉门帘。

摘了蓝布棉门帘，看了看，面铺面朝南；

挂上蓝布棉门帘，看了看，面铺还是面朝南。

牛郎刘娘

牛郎年年恋刘娘，

刘娘年年恋牛郎。

牛郎恋刘娘，

刘娘恋牛郎。

郎恋娘来娘恋郎。

五、r 与 l 混淆

r 是舌尖后音，成阻部位是舌尖与硬腭前部。l 发音时则是舌尖与上齿龈成阻。另外，r 与 l 的发音方式也不同，r 是擦音，成阻时发音部位靠近但不完全阻塞，气流通过时摩擦成声；l 是边音，气流从舌边流过。

针对练习：

出入—出路　自然—菜篮　褥子—路子

碧蓝—必然　娱乐—余热　阻拦—阻燃

趣味绕口令：

老龙和老农

老龙恼怒闹老农，

老农恼怒闹老龙。
农怒龙恼农更怒，
龙恼农怒龙怕农。

南南和篮篮

南南有个篮篮，篮篮装着盘盘。
盘盘放着碗碗，碗碗盛着饭饭。
南南翻了篮篮，篮篮扣了盘盘。
盘盘打了碗碗，碗碗撒了饭饭。

六、f、h 混淆

区分 f、h 两个声母，着重注意二者的发音部位：f 是唇齿音，成阻部位是下唇与上齿，而 h 是舌根音，成阻部位是舌根与软腭。

针对练习：

开发—开花　发廊—画廊　犯病—患病
费心—会心　废弃—晦气　防潮—皇朝

趣味绕口令：

化肥会挥发

黑化肥发灰，灰化肥发黑。
黑化肥发灰会挥发，灰化肥挥发会发黑。
黑化肥发灰挥发会花飞，灰化肥挥发发黑会飞花。

画凤凰

粉红墙上画凤凰，
凤凰画在粉红墙。
红凤凰、黄凤凰，
粉红凤凰花凤凰。

七、r 与 i（y）混淆

r 是舌尖后音，成阻部位是舌尖与硬腭前部。i 为舌面音。

针对练习：

染色—眼色　绕道—要道　人员—银圆

肉质—幼稚　柔滑—油滑　仍旧—营救

趣味绕口令：

买肉与买油

尤大嫂去买肉，冉大妈去买油。
尤大嫂买肉不买油，冉大妈买油不买肉。
俩人集上碰了头，互夸对方的油和肉。
尤大嫂请冉大妈到家吃炖肉，
冉大妈请尤大嫂去她家喝蜂蜜白糖加香油。

说日

夏日无日日亦热，冬日有日日亦寒，
春日日出天渐暖，晒衣晒被晒褥单，
秋日天高复云淡，遥看红日迫西山。

综合练习：读绕口令，求准不求快。

八百标兵

八百标兵奔北坡，
炮兵并排北边跑。
炮兵怕把标兵碰，
标兵怕碰炮兵炮。

扁担长板凳宽

扁担长，板凳宽。
板凳没有扁担长，
扁担没有板凳宽。
扁担要绑在板凳上，
板凳不让扁担绑在板凳上，
扁担偏要绑在板凳上。

粉红活佛花

会糊我的粉红活佛花，
就糊我的粉红活佛花。

不会糊我的粉红活佛花，
可别胡糊乱糊糊坏了我的粉红活佛花。

捉凤凰

飞飞佛佛捉凤凰，
凤凰藏在凤山上。
飞飞捉黄凤凰红凤凰，
佛佛捉粉凤凰黄凤凰。
红凤凰黄凤凰粉凤凰，
红粉凤凰，粉红凤凰，
飞飞佛佛头昏眼花。

打特盗

调到敌岛打特盗，
特盗太刁投短刀。
挡推顶打短刀掉，
踏盗得刀盗打倒。

伊犁马

门外有四匹伊犁马，
你爱拉哪匹拉哪匹。
牌楼两边有四辆四轮马拉车，
你爱拉哪两辆拉哪两辆。

真稀奇

稀奇，稀奇，真稀奇，
蟋蟀踩死大母鸡。
气球碰坏大机器，
蚯蚓身长七丈七。

七加一

七加一，七减一，
加完减完等于几？

七加一，七减一，
加完减完还是七。

哥过沟

哥挎瓜筐过宽沟，
赶快过沟看怪狗。
光看怪狗瓜筐扣，
瓜滚筐空哥怪狗。

胡古老

古老街前胡古老，
古老街后古老胡。
都说自己最古老，
不知是胡古老比古老胡古老，
还是古老胡比胡古老古老。

黄贺与王克

一班有个黄贺，
二班有个王克。
黄贺、王克俩人搞创作。
黄贺搞木刻，王克写诗歌。
黄贺帮助王克写诗歌，
王克帮助黄贺搞木刻。
由于俩人搞协作，
黄贺完成了木刻，
王克写好了诗歌。

平翘舌音区分：

石狮子

石狮寺前有四十四个石狮子，
寺前树上结了四十四个涩柿子．
四十四个石狮子不吃四十四个涩柿子，
四十四个涩柿子更不会吃四十四个石狮子。

四和十

四是四，十是十。
十四是十四，四十是四十。
说好四和十，得靠舌头和牙齿。
谁说四十是“细席”，他的舌头没用力；
谁说十四是“时事”，他的舌头没伸直。
认真学，常练习，四、十、十四、四十、四十四。

三哥三嫂子

三哥三嫂子，
借我三十三斗酸枣子。
等我明天上山采了酸枣子，
再还三哥三嫂子三十三斗酸枣子。

杂志社出杂志

杂志社出杂志，杂志出在杂志社。
有政治知识、历史常识、写作指导、诗词注释。
还有那植树造林、沼泽治理、栽种花草、生产手册种种杂志数十册。

第四节　易误读韵母练习

圆唇音韵母“o”与“b、p、m、f”相拼时，读成不圆唇音“e”（“么me”音节除外）。

针对练习：

广播　山坡　摸索　佛教
波折　磨合　隔膜　刻薄

趣味绕口令：

歌乐山上落果坡

歌乐山上落果坡，落果坡下歌乐河。
河边两个小朋友，名叫罗乐和贺河。
贺河上午约罗乐，落果坡上去放鹿。

罗乐下午约贺河，歌乐河边来牧鹅。
鹿上坡，鹅下河，罗乐、贺河歌对歌。
歌对歌，真快活，歌乐山上歌满坡。

鹅过河

哥哥弟弟坡前坐，
坡上卧着一只鹅。
坡下流着一条河。
哥哥说宽宽的河，
弟弟说白白的鹅。
鹅要过河，河要渡鹅。
不知是鹅过河，还是河渡鹅。

撮口呼韵母因为撮唇力度不够发成齐齿音。将“ü”“üe”“iong”读成“i”“ie”“ing”。

针对练习：

机遇　机翼　学生　谐声
鲤鱼　礼仪　称雄　成型

趣味绕口令：

新开渠

村里新开一条渠，
弯弯曲曲上山去。
河水雨水渠里流，
满山庄稼一片绿。
瘸子、碟子与茄子
打南来了个瘸子，
手里托着个碟子，
碟子里装着个茄子。
地下钉着个橛子，
地面露着半截子，
半截橛子绊倒了瘸子，
翻了碟子，丢了茄子。
气得瘸子撇了碟子，拔了橛子，踩了茄子。

前后鼻音区分不清。

区分前后鼻韵母，前鼻韵母有八个：an、ian、uan、üan、en、uen、in、ün。前鼻音韵母以 n 作韵尾，发音收尾时，舌尖抵住上齿龈发出鼻音。后鼻韵母也有八个：ang、iang、uang、eng、ueng、ing、ong、iong。后鼻音韵母以 ng 作韵尾，发音收尾时，舌根上升抵住软腭发出鼻音。

针对练习：

黯然—盎然　沿线—洋相　婉转—网转　陈旧—成就
亲生—轻声　存钱—从前　因循—英雄　晕车—用车

词语朗读练习：

薄膜　玻璃　默默　劳模　菠菜　压迫　玉米　出去　允许　毛驴　侵略　继续　崎岖　全权　冤枉　选举　豫剧　英雄　胸膛　进军　军训　群众　怨言　取得　火车　彻底　舌头　天热　迂回　娱乐　劝说　确实　居住　寻找　用途　捐献　决策　军队　月亮　靴子　云彩　凶手　眷恋　旅行　略微　履历　迅速　缺德　拥护　晕车　女人　运动

趣味绕口令：

言玉菊去钓鱼

言玉菊又想去钓鱼，
要袁月洁继续去借渔具，
袁月洁正在闹情绪，
拒绝言玉菊，不去借渔具。

山前有个颜远眼

山前有个颜远眼，
山后有个袁眼圆。
二人山前来比眼，
也不知：
是颜远眼比袁眼圆的眼圆，
还是袁眼圆比颜远眼的眼圆。

洞庭铃

东洞庭，西洞庭，
洞庭山上一根藤。

藤上挂个大铜铃，
风起藤动铜铃响，
风停藤定铜铃静。

炖冻豆腐

你会炖我的炖冻豆腐，
来炖我的炖冻豆腐。
你不会炖我的炖冻豆腐，
别胡炖乱炖混充会炖，
炖坏了我的炖冻豆腐。

演员与方言

男演员，女演员，
同台演戏说方言。
男演员说吴语言，
女演员说闽语言。
男演员演远东旅行飞行员，
女演员演鲁迅文学研究员。
研究员，飞行员，吴语言，闽语言，
你说男女演员演得全不全。

小吕与老李

这天天下雨，体育运动委员会穿绿雨衣的女小吕，去找计划生育委员会不穿绿雨衣的女老李。体育运动委员会穿绿雨衣的女小吕，没找着计划生育委员会不穿绿雨衣的女老李，计划生育委员会不穿绿雨衣的女老李，也没见着体育运动委员会穿绿雨衣的女小吕。

第五节　声　调

普通话一共有四个声调：阴平、阳平、上声、去声。四个声调可以概括为：一平二升三曲四降。为了使声调更直观，我们通常用“五度标调法”标示声调（见图 1–1）。

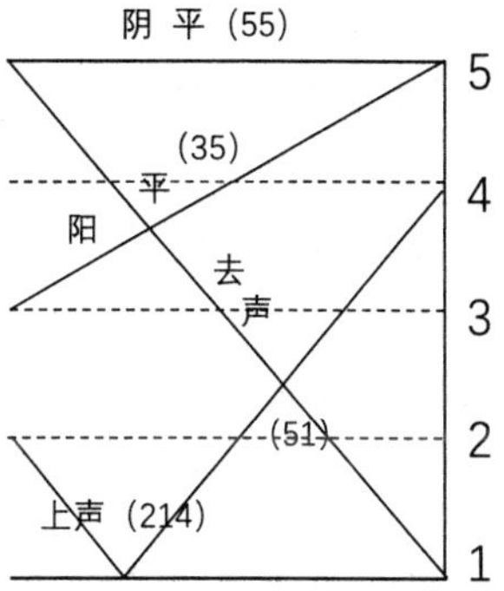

图 1–1　五度标调法

阴平（55）声调高而平，没有升降变化，起点、终点都在最高的 5 度上，又称为高平调，或 55 调。

阳平（35）声调由中向高扬起，起点在 3 度，终点在 5 度。又叫中升调或 35 调。

上声（214）声调由次低降到最低，再升到次高，起点是 2 度，降到 1 度，再升到 4 度。又叫降升调或 214 调。

去声（51）由最高降到最低，中间没有曲折，起点是 5 度，终点是 1 度。又叫全降调或 51 调。

声调练习：

资源　国家　团结　新闻　欢迎　农村　宣传　泉水
人民　指南　滑翔　模型　寻找　常用　联合　革命
坚决　鲜明　工人　国歌　联欢　豪迈　统筹　飘扬
南方　民主　群众　反常　电台　调查　离别　平均
山明水秀　花红柳绿　风调雨顺　心潮澎湃　发奋图强

声调对照练习：

题材—体裁　惩罚—乘法　甜菜—天才　无疑—武艺　时节—使节
邻里—淋漓　司机—四季　医务—遗物　医嘱—遗嘱　检举—艰巨

声调绕口令：

黄毛猫

王家有只黄毛猫，
偷吃汪家红糖包。
汪家打死王家的黄毛猫，

王家要汪家赔黄毛猫，
汪家要王家赔红糖包。

梁木匠与梁瓦匠

梁木匠，梁瓦匠。
俩梁有事齐商量，
梁木匠天亮晾衣裳，
梁瓦匠天亮量高粱。
梁木匠晾衣裳受了凉，
梁瓦匠量高粱少了粮。

拖拉机

一台拖拉机，
拉着一张犁。
拖拉机拉犁犁翻地，
翻地翻得深又细。
拖拉机出的力，犁翻的地。
你说是犁犁的地还是拖拉机翻的地？

不怕学不会

不怕不会，就怕不学。
一回学不会再来一回，
一直到学会，我就不信学不会。

学好声韵辨四声

学好声韵辨四声，阴阳上去要分明。
部位方法要找准，开齐合撮属口形。
双唇班报必百波，舌尖当地斗点丁；
舌根高狗坑耕故，舌面积结教坚经；
翘舌主争真志照，平舌资则早在增。
擦音发翻飞分复，送气查柴产彻称。
合口呼午枯湖古，开口河坡歌安争；
撮口虚学寻徐剧，齐齿衣优摇业英。

前鼻恩因烟弯稳，后鼻昂迎中拥生。
咬紧字头归字尾，阴阳上去记变声。
循序渐进坚持练，不难达到纯和清。

第六节　音　变

在语流中，一些音节的声调甚至读音会发生变化，与他原来的调值或读音有所不同。这种现象就叫做音变。现代汉语中，最常见也是最重要的音变现象有三个：上声变调；“一”、“不”的变调和语气词“啊”的音变。

一、上声的变调

在语流中，由于受前后音节的影响，一些音节的声调会发生变化，其中上声最为明显（因为它的音长较长）。其规律如下。

（1）当上声出现在上声前面时（即两个上声相连），前一个上声字的读音要变成近似阳平。如：

领导　美满　选举　展览　勇敢　警醒
奖赏　首长　反省　美好　了解　小姐
许久　口语　旅馆　粉笔　舞蹈　冷饮
举止　采访　保险　雨伞　捆绑　委婉

（2）当上声出现在非上声或轻声前面时（即上声与阴平、阳平、去声、轻声相连），上声的读音要变为半上（21 或 211）。如：

阴平：北京　统一　首都　奖杯　普通　始终
阳平：海洋　祖国　讲台　主持　语言　坦白
去声：感谢　广大　美术　土地　鼓励　美貌
轻声：打听　眼睛　本钱　老婆　脑袋　本事

练习：读下面句子。

请你给我打点儿洗脸水。
展览馆里有好几百种纸雨伞。

绕口令练习：

请你想一想

五组的小组长姓鲁，九组的小组长姓李。

鲁组长比李组长小，李组长比鲁组长老。
比李组长小的鲁组长有个表姐比李组长老。
比鲁组长老的李组长有个表姐比鲁组长小。
小的小组长比老的小组长长得美，
老的小组长比小的小组长长得丑。
丑小组长的表姐比美小组长的表姐美，
美小组长的表姐比丑小组长的表姐丑。

请你想一想：
是鲁组长老，还是鲁组长的表姐老？
是李组长小，还是李组长的表姐小？
是五组小组长丑，还是九组小组长丑？
是鲁组长表姐美，还是李组长表姐美？

二、“一、不”的变调

“一”本调读作阴平（yī），“不”本调读作去声（bù）。“一”和“不”在单念或出现在词语末尾时，读本调。另外，“一”表示序数时也读本调。如在“唯一”“不，我不”“一等奖”中读本调。“一月”“一楼”等特殊些，要根据具体语境来确定。

“一”和“不”变调情况如下。

（1）去声字前都变阳平：

一个　一共　一定　不必　不要　不配

（2）在非去声字前都读去声：

一只　一同　一起　不堪　不如　不许

（3）“一、不”夹在词语中间读轻声：

想一想　看一看　谈一谈　好不好　来不来　想不到

练习：朗读下列成语。

一心一意　一五一十　一言为定　一网打尽　一毛不拔　一帆风顺
不三不四　不伦不类　不可思议　不共戴天　不屈不挠　不干不净

朗读绕口令：

一个大 一个小

一个大，一个小，一件衣服一顶帽。
一边多，一边少，一打铅笔一把刀。

一个大，一个小，一个西瓜一颗枣。
一边多，一边少，一盒饼干一块糕。
一个大，一个小，一头肥猪一只猫。
一边多，一边少，一群大雁一只鸟。

王老汉

王老汉手拿一根不长不短的鞭子，
赶着一辆不新不旧的大马车，
拉着不计其数的粮食，
奔驰在不宽不窄的大道上。

一心一意

干什么工作都要一心一意，表里如一，言行一致，一丝不苟。情绪不能一高一低，一好一坏，一落千丈，一蹶不振。要一不做，二不休；一不怕苦，二不怕累，不屈不挠，一切从零开始；决不能一而再，再而三地叫人摇头说不字。

三、“啊”的音变

“啊”这个词共有两种词性：叹词和语气词。只要在句末出现就肯定做语气词。语气词“啊”在何种情况下都不会读作“a”。

其音变规律如下：

（1）前面音节的末尾音素是“a、o、e、ê、i、ü”时读“ya”。如：

原来是他啊！

此时此刻，我的心情远比当年要复杂得多啊！

好大的眼镜蛇啊！

这才几个月啊！

是你啊！

漓江的水真绿啊！

（2）前面音节末尾音素是 u（复韵母 ao、iao 中的 o 实际读音为 u）时读“wa”。如：

这种药汤真苦啊！

我们的生活多么美好啊！

（3）前面音节末尾音素是“n”时读“na”。如：

天啊！

他真是个好人啊！

（4）前面音节末尾音素是“ng”时读“nga”。如：

真香啊！

这是一份真情啊！

（5）前面音节是“zi、ci、si”时读“za”。如：

多漂亮的字啊！

今天你一共学了几个单词啊！

这是什么意思啊！

（6）前面音节是“zhi、chi、shi、ri”时读“ra”。如：

写这篇文章，你一共用了几张稿纸啊？

你快吃啊！

这就是我们的老师啊！

今天是星期日啊！

（7）儿化音节后一般读“ra”。如：

这是一朵多么漂亮的花儿啊！

这是谁写的小说儿啊！

你唱支歌儿啊！

练习：朗读下列句子。

你快画啊（呀）！

他是你哥啊（呀）？

这里的人可真多啊（呀）！

啊！好大的雪啊（呀）！

同学们，快来啊（呀）！

你这样做对不对啊（呀）？

我们就在这住啊（哇）？

你的手真巧啊（哇）！

他可真是个好人啊（呐）！

这样行不行啊？

你一共来过几次啊？

你有什么事啊？

音变综合练习：读下面短文，注意音变。

下雪了

下雪了，雪下得真大啊！雪花儿像鹅毛一样从天上飘下来，落在山上，田野上，房子上，大树上，盖了一层又一层，世界全是白茫茫的了。外边儿静悄悄的，行人很少。

雪停了，太阳出来了。阳光照在树上，亮得耀眼。山啊、田野啊、房子啊、大树啊，全都变了样儿了，都穿上了白色外衣。校旁那两座小塔，都戴了顶白帽子，比平常更好看了。下课后，同学们都到院子里来了。大家扔雪球儿、堆雪人儿、打雪仗。他们的脸跟鼻子都冻得红红的，可还是玩儿得很起劲儿。

第二章　普通话与普通话水平测试

第一节　普通话概说

什么是普通话?

普通话是以北京语音为标准音，以北方话为基础方言，以典范的现代白话文著作为语法规范的现代汉民族共同语。

对于这个定义，我们可以从语音、词汇、语法三方面深入理解：

从语音上看，普通话以北京语音为标准音。这并不意味着所有北京人口语中所有的语音都是普通话的语音标准。实际上，这里的“北京语音”是指北京的语音系统，即北京话的声、韵、调系统，不包括北京话中带有地方色彩的语音成分。

从词汇上看，普通话以北方话为基础方言。“北方话”中的“北方”，不是地理意义上的“北方”，而是一个方言分区意义上的“北方”。北方话分布的区域很大，大致可以包括我国的东北—华北地区、西北地区、西南地区和江淮地区，在不同的地区又形成了“次方言”。使用北方话的人口大约占汉族总人口的四分之三左右。北方话的词汇系统在各地的差异相对较小，流通地域广大、使用人口众多，因此适合作为普通话的词汇的基础。

从语法上看，普通话以典范的现代白话文著作为语法规范。用白话写成的文章，遣词造句的方式和行文风格跟人们日常交际所用的口语基本上一致，语法的规范程度比口语高，典范的现代白话文大多以书面形式存在，有利于人们学习和掌握。

第二节　普通话水平测试简介

一、“普通话水平测试”（PUTONGHUA SHUIPING CESHI，缩写为 PSC）

普通话水平测试测查应试人的普通话规范程度、熟练程度，认定其普通话水平等级，属于标准参照性考试。普通话水平测试大纲规定了测试的内容、范围、题型、评分系统及评分标准。普通话水平测试以口试方式进行。

二、测试内容和范围

普通话水平测试的内容包括普通话语音、词汇和语法。

普通话水平测试的范围是国家测试机构编制的《普通话水平测试用普通话词语表》《普通话水平测试用普通话与方言词语对照表》《普通话水平测试用普通话与方言常见语法差异对照表》《普通话水平测试用朗读作品》《普通话水平测试用话题》。

三、试卷构成、评分标准及注意事项

试卷包括 4 个组成部分，满分为 100 分。

第一部分：读单音节字词（100 个音节，不含轻声、儿化音节），限时 3.5 分钟，共 10 分。

测试目的：测查应试人声母、韵母、声调读音的标准程度。

测试要求：100 个音节里，每个声母出现一般不少于 3 次，每个韵母的出现一般不少于 2 次，字音声母或韵母相同的要隔开排列。不使相邻的音节出现双声或叠韵的情况。声调出现次数大体均衡。

评分标准：

（1）语音错误，每个音节扣 0.1 分。

（2）读音缺陷每个音节扣 0.05 分。

（3）超时：1 分钟以内扣 0.5 分，1 分钟（含）以上扣 1 分。

注意事项：

（1）100 个音节中，70% 选自《普通话水平测试用普通话词语表》表一，其余 30% 选自表二。

（2）试卷要求横向朗读。

（3）一个音节允许读两遍，即应试人发觉第一次读音有误时可以改读，按第二次读音评判。

（4）本题中常见语音缺陷：

①声母的发音部位不准确。

②平翘舌音声母区分不明确。

③韵母合口呼、撮口呼的韵母圆唇度不够。

④韵母开口呼的韵母开口度不够。

⑤复韵母舌位动程明显不够等。

⑥声调调型、调势基本正确，但调值明显偏低或偏高。

⑦四声的相对高点或低点明显不一致的。

第二部分：读多音节词语（100 个音节）。限时 2.5 分钟，共 20 分。

测试目的：测查应试人声母、韵母、声调以及变调、儿化韵和轻声读音的标准程度。

测试要求：声母、韵母、声调的出现次数与单音节字词大体相同。上声和上声相连的词语不少于 3 个，上声和其他声调相连不少于 4 个；轻声不少于 3 个；儿化韵不少于 4 个（且为不同的儿化韵），词语的排列要避免同一测试项的集中出现。

评分标准：

（1）语音错误每个扣 0.2 分。

（2）语音缺陷每次扣 0.1 分。

（3）超时：1 分钟以内扣 0.5 分，1 分钟（含）以上扣 1 分。

注意事项：

（1）100 个音节中，70% 选自《普通话水平测试用普通话词语表》表一，其余 30% 选自表二。

（2）试卷要求横向朗读。

（3）常见语音缺陷，除第一部分涉及事项之外，还有：

①儿化韵读音明显不符合要求（卷舌不够或卷舌过度）。

②轻声词语读音不符合要求（过重、过长或过轻、过短）。

③词语轻重格式处理错误（主要是中重格式处理成重中格式）。

第三部分：朗读短文（1 篇，400 个音节），限时 4 分钟，共 30 分。

测试目的：测查应试人用普通话朗读书面作品的水平，在测查声母、韵母、声调读音标准程度的同时，重点测查连读音变(上声、“一”“不”“啊”的音变)，停连、语调、语气以及流畅程度等。

评分标准：对每篇材料的前400字(不包括标点)做累积计算。

（1）每个语音错误扣0.1分，漏读、增读一个字扣0.1分。

（2）声母、韵母的系统性语音缺陷，视程度扣0.5分、1分。

（3）语调偏误，视程度扣0.5分、1分、2分。

（4）停连不当，视程度扣0.5分、1分、2分。

（5）朗读不流畅（包括回读），视程度扣0.5分、1分、2分。

（6）超时扣1分。

注意事项：

（1）测试短文均出自《普通话水平测试用朗读作品》。

（2）此项测试只针对双竖线前的内容评分。

（3）作品中或作品后标注的轻声、儿化字词必须处理成轻声、儿化。

（4）文中虽未标注但可读轻声、儿化的词语可以处理成轻声、儿化。

（5）朗读作品时略带感情即可，切忌朗诵腔调。

第四部分：命题说话，限时3分钟，共40分。

测试目的：测查应试人在没有文字凭借的情况下说普通话的水平。重点测查语音标准程度、词汇语法规范程度和自然流畅程度。

评分标准：

（1）语音标准程度共25分，分六档：

一档　语音标准或极少有失误。扣0分、1分、2分。

二档　语音错误在10次以下，有方音但不明显。扣3分、4分。

三档　语音错误在10次以下，但方音比较明显；或语音错误在10次–15次之间，有方音但不明显。扣5分、6分。

四档 语音错误在10次~15次之间，方音比较明显。扣7分、8分。

五档　语音错误超过15次，方音明显。扣9分、10分、11分。

六档　语音错误多，方音重。扣12分、13分、14分。

（2）词汇语法规范程度共10分，分三档：

一档　词汇、语法规范。扣0分。

二档　词汇、语法偶有不规范的情况。扣1分、2分。

三档　词汇、语法屡有不规范的情况。扣3分、4分。

（3）自然流畅程度共5分，分三档：

一档　语言自然流畅。扣0分。

二档　语言基本流畅，口语化较差，有背稿子的表现。扣0.5分、1分。

三档　语言不连贯，语调生硬。扣2分、3分。

（4）说话不足3分钟酌情扣分：缺时1分钟（含）以内，扣1分、2分、3分；缺时1分钟以上，扣4分、5分、6分；说话30秒以内（含30秒），本题不得分。

注意事项：

（1）所有说话题目均出自《普通话水平测试用说话题目》。

（2）说话时间必须满3分钟，到时没有说完不扣分。

（3）说话内容必须围绕主题，不可离题。

（4）说话内容切忌抄袭。

（5）说话内容不可大段引用。

（6）遣词造句要口语化，切忌书面语。

（7）尽量用短句表达，切忌长句。

（8）不要出现方言词语或方言句式。

（9）不要使用过于前卫的词语或句式。

（10）不要有过于偏激言论，不要使用带有侮辱、贬低等意味的称谓。

四、普通话水平测试等级标准

普通话水平测试将普通话水平分为三级六等：

三级，即一级、二级和三级，一级可称为标准的普通话，二级可称为比较标准的普通话，三级可称为一般水平的普通话；六等，指在每一级中进一步分出的甲等和乙等。各个等级的普通话水平具体描述如下：

一级甲等：朗读和自由交谈时，语音标准，词汇、语法正确无误，语调自然，表达流畅；测试总失分率在3%以内，即97分及以上，为一级甲等。

一级乙等：朗读和自由交谈时，语音标准，词汇、语法正确无误，语调自然，表达流畅；偶然有字音、字调失误；测试总失分率在8%以内，即92分及以上但不足97分，为一级乙等。

二级甲等：朗读和自由交谈时，声韵调发音基本标准，语调自然，表达流畅；少数难点音（平翘舌音、前后鼻尾音、边鼻音等）有时出现失误；词汇、语法极少有误；测试总失分率在13%以内，即87分及以上但不足92分，为二级甲等。

二级乙等：朗读和自由交谈时，个别调值不准，声韵母发音有不到位现象；难点音（平翘舌音、前后鼻尾音、边鼻音、fu–hu、z–zh–j不分、送气不送气、i–ü 不分、保留浊塞音和浊塞擦音、丢介音、复韵母单音化等）失误较多；方言语调不明显；有使用方言词、方言语法的情况；测试总失分率在 20% 以内，即 80 分及以上但不足 87 分，为二级乙等。

三级甲等：朗读和自由交谈时，声韵调发音失误较多，难点音超出常见范围，声调调值多不准；方言语调较明显；词汇、语法有失误；测试总失分率在 30% 以内，即 70 分及以上但不足 80 分。

三级乙等：朗读和自由交谈时，声韵调发音失误多，方音特征突出；方言语调明显；词汇、语法失误较多；外地人听其谈话有听不懂的情况；测试总失分率在 40% 以内，即 60 分及以上但不足 70 分，为三级乙等。

五、普通话水平测试的对象及相应等级要求

1994 年，国家语委、国家教委、广播电影电视部联合下发了《关于开展普通话水平测试工作的决定》，对普通话水平测试工作的管理、操作等提出了明确要求。1997 年，国家语委发布了《普通话水平测试等级标准（试行）》，把普通话水平划分为三级六等。

2000 年 10 月 31 日，第九届全国人大常委会第十八次会议审议通过了《中华人民共和国国家通用语言文字法》，标志着推广普通话工作从此全面走上法制轨道。法律明确规定了普通话是国家机关公务用语，是学校及其他教育机构的教育教学用语，是广播电台、电视台基本的播音用语，提供公共服务行业以普通话为服务用语。法律规定所有以普通话作为工作用语的人员应当具备说普通话的能力，特别是以普通话作为工作用语的播音员、节目主持人和影视话剧演员、教师、国家机关工作人员的普通话水平，应当分别达到国家规定的普通话等级标准。

2003 年 5 月 15 日教育部颁布了《普通话水平测试管理规定》（中华人民共和国教育部令第 16 号），进一步加强了普通话水平测试管理工作，在机构、队伍、参测对象、等级标准等方面提出具体要求。

据此，各省、市、自治区都制定了自己的具体实施办法，以河北省为例：

2007 年 11 月 23 日，河北省第十届人民代表大会常务委员会第三十一次会议通过了《河北省实施〈中华人民共和国国家通用语言文字法〉办法》，进一步确定了河北省普通话水平测试的法律地位，明确了河北省普通话培训测试的对象、普通话水平等级的达标要求。

《河北省实施〈中华人民共和国国家通用语言文字法〉办法》第十条规定：1954 年 1 月 1 日以后出生的下列人员的普通话水平，应当根据国家行业主管

部门的规定，分别达到以下等级标准：

（一）国家机关、社会团体、事业单位工作人员为三级甲等以上，其中省、设区的市、市辖区的国家机关、社会团体、事业单位工作人员为二级乙等以上。

（二）幼儿园、学校及其他教育机构的工作人员为三级甲等以上，其中教师及管理人员为二级乙等以上，汉语文教师为二级甲等以上，语音教师为一级乙等以上。

（三）高等学校、中等职业学校的学生为二级乙等以上，其中中文、外语、文艺、传媒、旅游等与口语表达密切相关专业的学生为二级甲等以上。

（四）广播电台和电视台的播音员、节目主持人及影视话剧演员为一级乙等以上，其中省级广播电台和电视台的播音员、节目主持人为一级甲等。

（五）公共服务行业的广播员、解说员、话务员、导游员等特殊岗位人员为二级甲等以上，其他直接面向公众服务的工作人员为三级甲等以上。

注意：此实施办法是2007年制定并实施的。到现在，十多年过去了，随着全社会普通话水平的普遍提高，此标准已显落伍，各行业内部对从业人员的普通话水平要求已远远高于此标准。

六、计算机辅助测试流程

（1）应试人按照规定的时间到候测室报到，交验“准考证”和身份证，按准考证号顺序入座。遵守《计算机辅助普通话水平测试考场规则》。

（2）应试人按照准考证号的顺序由候测室到备测室进行测前准备。在备测室入口处，工作人员负责应试人抽取座位号，应试人入座准备，每个座位号前准备一份试卷，其座位号、试卷号与机位号一致。备测时间为10分钟。

（3）备测时间结束，应试人将试卷放在原位，带上座位号按顺序排队到测试室相应机位进行测试。考务人员再次核对应试人员身份证、准考证和座位号。在考务人员指导下，应试人正确佩戴耳机，正确操作计算机，按照计算机提示核对个人信息，试音，按顺序进行第一至四题项的测试，测试时声音要清晰，音量要适中。

（4）每场次测试结束，经考务人员确认应试状况无误，应试人方可离开测试室。

第三节　普通话水平测试训练材料

第一部分

普通话水平测试用普通话词语表

注意事项：

（1）本词语表中，表一、表二所列词语，必读轻声词轻声音节不标调，如：“爸爸 bà · ba”“包袱 bāo · fu”。

（2）轻读不轻读两可的音节，注音上标原调号，如：“玻璃 bō · lí”“分量 fèn · liàng”。

（3）“一”“不”涉及语流音变的音节，都采用“标原调，读变调”的方式处理。

（4）儿化音节的注音，只在基本音节形式后加“r”，如：“一会儿 yī huìr”“一块儿 yī kuàir”。

表一

阿 ā	安排 ānpái	暗 àn	把儿 bàr
阿姨 āyí	安培 ānpéi	暗示 ànshì	爸 bà
挨 āi	安全 ānquán	暗中 ànzhōng	爸爸 bà · ba
挨 ái	安慰 ānwèi	凹 āo	罢 bà
矮 ǎi	安心 ānxīn	熬 āo	罢工 bàgōng
爱 ài	安置 ānzhì	熬 áo	白 bái
爱国 àiguó	安装 ānzhuāng	奥秘 àomì	白色 báisè
爱好 àihào	氨 ān	奥运会 Àoyùnhuì	白天 bái · tiān
爱护 àihù	氨基酸 ānjīsuān	八 bā	百 bǎi
爱情 àiqíng	岸 àn	巴 bā	百年 bǎinián
爱人 ài · ren	按 àn	扒 bā	百姓 bǎixìng
安 ān	按照 ànzhào	拔 bá	摆 bǎi
安定 āndìng	案 àn	把 bǎ	摆动 bǎidòng
安静 ānjìng	案件 ànjiàn	把握 bǎwò	摆脱 bǎituō

败 bài
拜 bài
班 bān
般 bān
颁布 bānbù
搬 bān
搬家 bānjiā
搬运 bānyùn
板 bǎn
板凳 bǎndèng
版块 bǎnkuài
版 bǎn
办 bàn
办法 bànfǎ
办公室 bàngōngshì
办理 bànlǐ
办事 bànshì
半 bàn
半导体 bàndǎotǐ
半岛 bàndǎo
半径 bànjìng
半天 bàntiān
半夜 bànyè
扮演 bànyǎn
伴 bàn
伴随 bànsuí
伴奏 bànzòu
瓣 bàn
帮 bāng
帮忙 bāngmáng
帮助 bāngzhù
榜样 bǎngyàng
棒 bàng
傍晚 bàngwǎn
包 bāo
包袱 bāo · fu
包干儿 bāogānr
包含 bāohán
包括 bāokuò
包围 bāowéi
包装 bāozhuāng
孢子 bāozǐ
炮 bāo
薄 báo
饱 bǎo
饱和 bǎohé
宝 bǎo
宝贝 bǎobèi
宝贵 bǎoguì
宝石 bǎoshí
保 bǎo
保持 bǎochí
保存 bǎocún
保管 bǎoguǎn
保护 bǎohù
保留 bǎoliú
保守 bǎoshǒu
保卫 bǎowèi
保险 bǎoxiǎn
保障 bǎozhàng
保证 bǎozhèng
报 bào
报酬 bào · chóu
报道 bàodào
报复 bào · fù
报告 bàogào
报刊 bàokān
报名 bàomíng
报纸 bàozhǐ
抱 bào
暴动 bàodòng
暴力 bàolì
暴露 bàolù
暴雨 bàoyǔ
爆发 bàofā
爆炸 bàozhà
杯 bēi
背 bēi
悲哀 bēi’āi
悲惨 bēicǎn
悲剧 bēijù
北 běi
北方 běifāng
贝 bèi
备 bèi
背 bèi
背后 bèihòu
背景 bèijǐng
倍 bèi
被 bèi
被动 bèidòng
被告 bèigào
被子 bèi · zi
辈 bèi
奔 bēn
奔跑 bēnpǎo
本 běn
本地 běndì
本来 běnlái
本领 běnlǐng
本能 běnnéng
本人 běnrén
本身 běnshēn
本事 běnshì
本事 běn · shi
本体 běntǐ
本性 běnxìng
本质 běnzhì
苯 běn
奔 bèn
笨 bèn
崩溃 bēngkuì
蹦 bèng
逼 bī
鼻 bí
鼻孔 bíkǒng
鼻子 bí · zi
比 bǐ
比价 bǐjià
比较 bǐjiào
比例 bǐlì
比如 bǐrú
比赛 bǐsài
比喻 bǐyù
比重 bǐzhòng
彼 bǐ
彼此 bǐcǐ
笔 bǐ
笔记 bǐjì
笔者 bǐzhě
必 bì

必定 bìdìng
必然 bìrán
必然性 bìránxìng
必须 bìxū
必需 bìxū
必要 bìyào
毕竟 bìjìng
毕业 bìyè
闭 bì
闭合 bìhé
壁 bì
壁画 bìhuà
避 bì
避免 bìmiǎn
臂 bì
边 biān
边疆 biānjiāng
边界 biānjiè
边境 biānjìng
边区 biānqū
边缘 biānyuán
编 biān
编辑 biānjí
编写 biānxiě
编制 biānzhì
鞭 biān
鞭子 biān · zi
扁 biǎn
变 biàn
变动 biàndòng
变法 biànfǎ
变革 biàngé
变更 biàngēng
变化 biànhuà
变换 biànhuàn
变量 biànliàng
变迁 biànqiān
变态 biàntài
变形 biànxíng
变异 biànyì
便 biàn
便利 biànlì
便于 biànyú
遍 biàn
辨 biàn
辨别 biànbié
辨认 biànrèn
辩护 biànhù
辩证 biànzhèng
辩证法 biànzhèngfǎ
标 biāo
标本 biāoběn
标题 biāotí
标语 biāoyǔ
标志 biāozhì
标准 biāozhǔn
标准化 biāozhǔnhuà
表 biǎo
表层 biǎocéng
表达 biǎodá
表面 biǎomiàn
表明 biǎomíng
表皮 biǎopí
表情 biǎoqíng
表示 biǎoshì
表述 biǎoshù
表现 biǎoxiàn
表象 biǎoxiàng
表演 biǎoyǎn
表扬 biǎoyáng
表彰 biǎozhāng
别 bié
别人 bié · rén
别 biè
宾 bīn
冰 bīng
冰川 bīngchuān
兵 bīng
兵力 bīnglì
丙 bǐng
柄 bǐng
饼 bǐng
屏 bǐng
并 bìng
并且 bìngqiě
并用 bìngyòng
病 bìng
病变 bìngbiàn
病毒 bìngdú
病理 bìnglǐ
病情 bìngqíng
病人 bìngrén
拨 bō
波 bō
波长 bōcháng
波动 bōdòng
波浪 bōlàng
玻璃 bō · lí
剥夺 bōduó
剥削 bōxuē
播种 bōzhǒng
播种 bōzhòng
伯 bó
脖子 bó · zi
博士 bóshì
搏斗 bódòu
薄 bó
薄弱 bóruò
薄 bò
补 bǔ
补偿 bǔcháng
补充 bǔchōng
补贴 bǔtiē
捕 bǔ
捕捞 bǔlāo
捕食 bǔshí
捕捉 bǔzhuō
不 bù
不安 bù'ān
不必 bùbì
不便 bùbiàn
不曾 bùcéng
不错 bùcuò
不但 bùdàn
不当 bùdàng
不等 bùděng
不定 bùdìng
不断 bùduàn
不对 bùduì
不妨 bùfáng

不服 bùfú
不够 bùgòu
不顾 bùgù
不管 bùguǎn
不光 bùguāng
不过 bùguò
不合 bùhé
不及 bùjí
不禁 bùjīn
不仅 bùjǐn
不久 bùjiǔ
不堪 bùkān
不可 bùkě
不快 bùkuài
不利 bùlì
不良 bùliáng
不料 bùliào
不论 bùlùn
不满 bùmǎn
不免 bùmiǎn
不怕 bùpà
不平 bùpíng
不然 bùrán
不容 bùróng
不如 bùrú
不时 bùshí
不惜 bùxī
不想 bùxiǎng
不行 bùxíng
不幸 bùxìng
不许 bùxǔ
不要 bùyào
不宜 bùyí
不已 bùyǐ
不用 bùyòng
不止 bùzhǐ
不足 bùzú
布 bù
布局 bùjú
布置 bùzhì
步 bù
步伐 bùfá
步骤 bùzhòu
步子 bù · zi
部 bù
部队 bùduì
部分 bù · fen
部落 bùluò
部门 bùmén
部署 bùshǔ
部位 bùwèi
擦 cā
猜 cāi
才 cái
才能 cáinéng
材 cái
材料 cáiliào
财 cái
财产 cáichǎn
财富 cáifù
财力 cáilì
财务 cáiwù
财政 cáizhèng
采 cǎi
采访 cǎifǎng
采购 cǎigòu
采集 cǎijí
采取 cǎiqǔ
采用 cǎiyòng
彩 cǎi
彩色 cǎisè
踩 cǎi
菜 cài
蔡 cài
参 cān
参观 cānguān
参加 cānjiā
参考 cānkǎo
参谋 cānmóu
参数 cānshù
参与 cānyù
参照 cānzhào
残 cán
残酷 cánkù
残余 cányú
蚕 cán
灿烂 cànlàn
仓 cāng
仓库 cāngkù
苍白 cāngbái
苍蝇 cāng · ying
舱 cāng
藏 cáng
操 cāo
操纵 cāozòng
操作 cāozuò
曹 cáo
槽 cáo
草 cǎo
草案 cǎo’àn
草地 cǎodì
草原 cǎoyuán
册 cè
侧 cè
侧面 cèmiàn
侧重 cèzhòng
测 cè
测定 cèdìng
测量 cèliáng
测验 cèyàn
策略 cèlüè
层 céng
层次 céngcì
曾 céng
曾经 céngjīng
叉 chā
差 chā
差别 chābié
差价 chājià
差距 chājù
差异 chāyì
插 chā
茶 chá
茶馆儿 cháguǎnr
茶叶 cháyè
查 chá
察 chá
叉 chǎ
差 chà
差不多 chà · bùduō
差点儿 chàdiǎnr
拆 chāi

差 chāi
柴 chái
缠 chán
产 chǎn
产地 chǎndì
产量 chǎnliàng
产品 chǎnpǐn
产生 chǎnshēng
产物 chǎnwù
产业 chǎnyè
产值 chǎnzhí
阐明 chǎnmíng
阐述 chǎnshù
颤抖 chàndǒu
长 cháng
长城 Chángchéng
长处 cháng · chù
长度 chángdù
长短 chángduǎn
长久 chángjiǔ
长期 chángqī
长远 chángyuǎn
长征 chángzhēng
场 cháng
肠 cháng
尝 cháng
尝试 chángshì
常 cháng
常规 chángguī
常年 chángnián
常识 chángshí
常数 chángshù
厂 chǎng
厂房 chǎngfáng
场 chǎng
场地 chǎngdì
场合 chǎnghé
场面 chǎngmiàn
场所 chǎngsuǒ
唱 chàng
抄 chāo
超 chāo
超出 chāochū
超额 chāo’é
超过 chāoguò
超越 chāoyuè
巢 cháo
朝 cháo
朝廷 cháotíng
潮 cháo
潮流 cháoliú
潮湿 cháoshī
吵 chǎo
炒 chǎo
车 chē
车间 chējiān
车辆 chēliàng
车厢 chēxiāng
车站 chēzhàn
车子 chē · zi
扯 chě
彻底 chèdǐ
撤 chè
撤销 chèxiāo
臣 chén
尘 chén
沉 chén
沉淀 chéndiàn
沉积 chénjī
沉默 chénmò
沉思 chénsī
沉重 chénzhòng
沉着 chénzhuó
陈 chén
陈旧 chénjiù
陈述 chénshù
称 chèn
趁 chèn
称 chēng
称号 chēnghào
称呼 chēng · hu
称赞 chēngzàn
撑 chēng
成 chéng
成本 chéngběn
成虫 chéngchóng
成分 chéng · fèn
成功 chénggōng
成果 chéngguǒ
成绩 chéngjì
成就 chéngjiù
成立 chénglì
成年 chéngnián
成人 chéngrén
成熟 chéngshú
成为 chéngwéi
成效 chéngxiào
成语 chéngyǔ
成员 chéngyuán
成长 chéngzhǎng
呈 chéng
呈现 chéngxiàn
诚 chéng
诚恳 chéngkěn
诚实 chéng · shí
承 chéng
承包 chéngbāo
承担 chéngdān
承认 chéngrèn
承受 chéngshòu
城 chéng
城市 chéngshì
城镇 chéngzhèn
乘 chéng
乘机 chéngjī
乘客 chéngkè
盛 chéng
程 chéng
程度 chéngdù
程式 chéngshì
程序 chéngxù
惩罚 chéngfá
秤 chèng
吃 chī
吃饭 chīfàn
吃惊 chījīng
吃力 chīlì
池 chí
池塘 chítáng
迟 chí
持 chí
持久 chíjiǔ

持续 chíxù
尺 chǐ
尺度 chǐdù
齿 chǐ
赤 chì
赤道 chìdào
翅 chì
翅膀 chìbǎng
冲 chōng
冲动 chōngdòng
冲击 chōngjī
冲破 chōngpò
冲突 chōngtū
充 chōng
充当 chōngdāng
充分 chōngfèn
充满 chōngmǎn
充实 chōngshí
充足 chōngzú
虫 chóng
重 chóng
重复 chóngfù
重合 chónghé
重新 chóngxīn
崇拜 chóngbài
崇高 chónggāo
冲 chòng
抽 chōu
抽象 chōuxiàng
仇恨 chóuhèn
愁 chóu
丑 chǒu
臭 chòu
出 chū
出版 chūbǎn
出产 chūchǎn
出发 chūfā
出发点 chūfādiǎn
出国 chūguó
出口 chūkǒu
出来 chū · lái
出路 chūlù
出卖 chūmài
出门 chūmén
出去 chū · qù
出色 chūsè
出身 chūshēn
出生 chūshēng
出售 chūshòu
出土 chūtǔ
出席 chūxí
出现 chūxiàn
出血 chūxiě
初 chū
初步 chūbù
初级 chūjí
初期 chūqī
初中 chūzhōng
除 chú
除非 chúfēi
除了 chú · le
厨房 chúfáng
处 chǔ
处罚 chǔfá
处分 chǔfèn
处境 chǔjìng
处理 chǔlǐ
处于 chǔyú
储备 chǔbèi
储存 chǔcún
储量 chǔliàng
储蓄 chǔxù
楚 chǔ
处 chù
畜 chù
触 chù
川 chuān
穿 chuān
穿着 chuānzhuó
传 chuán
传播 chuánbō
传达 chuándá
传导 chuándǎo
传递 chuándì
传教士 chuánjiàoshì
传染病 chuánrǎnbìng
传授 chuánshòu
传说 chuánshuō
传统 chuántǒng
船 chuán
船舶 chuánbó
船长 chuánzhǎng
船只 chuánzhī
喘 chuǎn
串 chuàn
串联 chuànlián
创 chuāng
创伤 chuāngshāng
窗 chuāng
窗户 chuāng · hu
窗口 chuāngkǒu
窗子 chuāng · zi
床 chuáng
幢 chuáng
闯 chuǎng
创 chuàng
创办 chuàngbàn
创立 chuànglì
创新 chuàngxīn
创造 chuàngzào
创造性 chuàngzàoxìng
创作 chuàngzuò
吹 chuī
垂 chuí
垂直 chuízhí
锤 chuí
春 chūn
春季 chūnjì
春节 chūnjié
春秋 chūnqiū
春天 chūntiān
纯 chún
纯粹 chúncuì
纯洁 chúnjié
唇 chún
词 cí
词典 cídiǎn
词汇 cíhuì

词义 cíyì
词语 cíyǔ
词组 cízǔ
辞 cí
辞职 cízhí
磁 cí
磁场 cíchǎng
磁力 cílì
磁铁 cítiě
雌 cí
此 cǐ
此地 cǐdì
此后 cǐhòu
此刻 cǐkè
此外 cǐwài
次 cì
次数 cìshù
次序 cìxù
次要 cìyào
刺 cì
刺激 cì · jī
赐 cì
聪明 cōng · míng
从 cóng
从此 cóngcǐ
从而 cóng'ér
从来 cónglái
从前 cóngqián
从事 cóngshì
从小 cóngxiǎo
从中 cóngzhōng
丛 cóng
凑 còu

粗 cū
粗糙 cūcāo
促 cù
促成 cùchéng
促进 cùjìn
促使 cùshǐ
簇 cù
窜 cuàn
催 cuī
摧残 cuīcán
摧毁 cuīhuǐ
村 cūn
村庄 cūnzhuāng
村子 cūn · zi
存 cún
存款 cúnkuǎn
存在 cúnzài
寸 cùn
挫折 cuòzhé
措施 cuòshī
错 cuò
错误 cuò · wù
搭 dā
答应 dā · ying
打 dá
达 dá
达到 dádào
答 dá
答案 dá'àn
答复 dá · fù
打 dǎ
打败 dǎbài
打扮 dǎ · ban

打倒 dǎdǎo
打击 dǎjī
打架 dǎjià
打开 dǎkāi
打量 dǎ · liang
打破 dǎpò
打算 dǎ · suan
打听 dǎ · ting
打下 dǎxià
打仗 dǎzhàng
大 dà
大伯 dàbó
大臣 dàchén
大胆 dàdǎn
大地 dàdì
大豆 dàdòu
大队 dàduì
大多 dàduō
大多数 dàduōshù
大风 dàfēng
大概 dàgài
大纲 dàgāng
大哥 dàgē
大会 dàhuì
大伙儿 dàhuǒr
大家 dàjiā
大街 dàjiē
大姐 dàjiě
大量 dàliàng
大陆 dàlù
大妈 dàmā
大门 dàmén
大脑 dànǎo

大娘 dàniáng
大炮 dàpào
大气 dàqì
大庆 dàqìng
大人 dà · rén
大嫂 dàsǎo
大厦 dàshà
大婶儿 dàshěnr
大师 dàshī
大事 dàshì
大叔 dàshū
大体 dàtǐ
大厅 dàtīng
大王 dàwáng
大小 dàxiǎo
大型 dàxíng
大学 dàxué
大学生 dàxuéshēng
大洋 dàyáng
大爷 dàyé
大爷 dà · ye
大衣 dàyī
大雨 dàyǔ
大约 dàyuē
大战 dàzhàn
大致 dàzhì
大众 dàzhòng
大自然 dàzìrán
呆 dāi
待 dāi
大夫 dài · fu
代 dài

代表 dàibiǎo
代价 dàijià
代理 dàilǐ
代理人 dàilǐrén
代替 dàitì
代谢 dàixiè
带 dài
带动 dàidòng
带领 dàilǐng
带头 dàitóu
贷款 dàikuǎn
待 dài
待遇 dàiyù
袋 dài
逮捕 dàibǔ
戴 dài
担 dān
担负 dānfù
担任 dānrèn
担心 dānxīn
单 dān
单纯 dānchún
单调 dāndiào
单独 dāndú
单位 dānwèi
单一 dānyī
耽误 dān · wu
胆 dǎn
石 dàn
但 dàn
但是 dànshì
担 dàn
担子 dàn · zi

诞生 dànshēng
淡 dàn
淡水 dànshuǐ
弹 dàn
蛋 dàn
蛋白 dànbái
蛋白质 dànbáizhì
氮 dàn
当 dāng
当场 dāngchǎng
当初 dāngchū
当代 dāngdài
当地 dāngdì
当即 dāngjí
当今 dāngjīn
当局 dāngjú
当年 dàngnián
当前 dāngqián
当然 dāngrán
当时 dāngshí
当事人 dāngshìrén
当选 dāngxuǎn
当中 dāngzhōng
挡 dǎng
党 dǎng
党委 dǎngwěi
党性 dǎngxìng
党员 dǎngyuán
当 dàng
当成 dàngchéng
当年 dàngnián
当时 dàngshí

当天 dàngtiān
当做 dàngzuò
档案 dàng'àn
刀 dāo
导 dǎo
导弹 dǎodàn
导管 dǎoguǎn
导体 dǎotǐ
导线 dǎoxiàn
导演 dǎoyǎn
导致 dǎozhì
岛 dǎo
岛屿 dǎoyǔ
倒 dǎo
倒霉 dǎoméi
到 dào
到处 dàochù
到达 dàodá
到底 dàodǐ
到来 dàolái
倒 dào
盗窃 dàoqiè
道 dào
道德 dàodé
道教 dàojiào
道理 dào · lǐ
道路 dàolù
稻 dào
稻谷 dàogǔ
得 dé
得到 dédào
得以 déyǐ
得意 déyì

德 dé
德育 déyù
得 děi
灯 dēng
灯光 dēngguāng
灯泡儿 dēngpàor
登 dēng
登记 dēngjì
蹬 dēng
等 děng
等待 děngdài
等到 děngdào
等候 děnghòu
等级 děngjí
等于 děngyú
邓 dèng
瞪 dèng
低 dī
低级 dījí
低头 dītóu
低温 dīwēn
低下 dīxià
滴 dī
的确 díquè
敌 dí
敌对 díduì
敌人 dírén
抵 dǐ
抵抗 dǐkàng
抵制 dǐzhì
底 dǐ
底层 dǐcéng
底下 dǐ · xià

地 dì
地板 dìbǎn
地表 dìbiǎo
地步 dìbù
地层 dìcéng
地带 dìdài
地点 dìdiǎn
地方 dìfāng
地方 dì · fang
地理 dìlǐ
地貌 dìmào
地面 dìmiàn
地壳 dìqiào
地球 dìqiú
地区 dìqū
地势 dìshì
地图 dìtú
地位 dìwèi
地下 dìxià
地下 dì · xià
地下水 dìxiàshuǐ
地形 dìxíng
地域 dìyù
地震 dìzhèn
地质 dìzhì
地主 dìzhǔ
地租 dìzū
弟弟 dì · di
弟兄 dì · xiong
弟子 dìzǐ
帝 dì
帝国 dìguó
递 dì

第 dì
典型 diǎnxíng
点 diǎn
点燃 diǎnrán
点头 diǎntóu
碘 diǎn
电 diàn
电报 diànbào
电场 diànchǎng
电池 diànchí
电磁 diàncí
电磁波 diàncíbō
电灯 diàndēng
电动 diàndòng
电荷 diànhè
电话 diànhuà
电离 diànlí
电力 diànlì
电量 diànliàng
电流 diànliú
电路 diànlù
电脑 diànnǎo
电能 diànnéng
电器 diànqì
电容 diànróng
电视 diànshì
电视剧 diànshìjù
电视台 diànshìtái
电台 diàntái
电线 diànxiàn
电压 diànyā
电影 diànyǐng

电源 diànyuán
电子 diànzǐ
电阻 diànzǔ
店 diàn
垫 diàn
淀粉 diànfěn
奠定 diàndìng
雕 diāo
雕刻 diāokè
雕塑 diāosù
吊 diào
调 diào
调拨 diàobō
调查 diàochá
调动 diàodòng
掉 diào
爹 diē
跌 diē
迭 dié
叠 dié
丁 dīng
盯 dīng
钉 dīng
顶 dǐng
顶点 dǐngdiǎn
顶端 dǐngduān
订 dìng
订货 dìnghuò
钉 dìng
定 dìng
定额 dìng'é
定理 dìnglǐ
定量 dìngliàng

定律 dìnglǜ
定期 dìngqī
定向 dìngxiàng
定型 dìngxíng
定义 dìngyì
丢 diū
东 dōng
东北 dōngběi
东方 dōngfāng
东南 dōngnán
东欧 DōngŌu
东西 dōngxī
东西 dōng · xi
冬 dōng
冬季 dōngjì
冬天 dōngtiān
懂 dǒng
懂得 dǒng · dé
动 dòng
动词 dòngcí
动机 dòngjī
动静 dòng · jing
动力 dònglì
动量 dòngliàng
动脉 dòngmài
动能 dòngnéng
动人 dòngrén
动手 dòngshǒu
动态 dòngtài
动物 dòngwù
动摇 dòngyáo
动员 dòngyuán
动作 dòngzuò

冻 dòng
洞 dòng
都 dōu
兜 dōu
斗 dǒu
抖 dǒu
斗 dòu
斗争 dòuzhēng
豆 dòu
豆腐 dòu · fu
逗 dòu
都 dū
都会 dūhuì
都市 dūshì
毒 dú
毒素 dúsù
独 dú
独立 dúlì
独特 dútè
独占 dúzhàn
独自 dúzì
读 dú
读书 dúshū
读者 dúzhě
肚子 dǔ · zi
堵 dǔ
杜 dù
肚皮 dùpí
肚子 dù · zi
度 dù
渡 dù
端 duān
端正 duānzhèng

短 duǎn
短期 duǎnqī
短暂 duǎnzàn
段 duàn
断 duàn
断定 duàndìng
锻炼 duànliàn
堆 duī
堆积 duījī
队 duì
队伍 duì · wu
对 duì
对比 duìbǐ
对不起 duì · bùqǐ
对称 duìchèn
对待 duìdài
对方 duìfāng
对付 duì · fu
对话 duìhuà
对抗 duìkàng
对立 duìlì
对流 duìliú
对面 duìmiàn
对手 duìshǒu
对象 duìxiàng
对应 duìyìng
对于 duìyú
对照 duìzhào
吨 dūn
蹲 dūn
顿 dùn
顿时 dùnshí
多 duō

多边形 duōbiānxíng
多么 duō · me
多少 duō · shǎo
多数 duōshù
多余 duōyú
夺 duó
夺取 duóqǔ
度 duó
朵 duǒ
躲 duǒ
阿 ē
俄 é
鹅 é
额 é
恶 è
恶化 èhuà
恶劣 èliè
饿 è
恩 ēn
儿 ér
儿女 érnǚ
儿童 értóng
儿子 ér · zi
而 ér
而后 érhòu
而且 érqiě
尔 ěr
耳 ěr
耳朵 ěr · duo
饵料 ěrliào
二 èr
发 fā

发表 fābiǎo
发病 fābìng
发布 fābù
发出 fāchū
发达 fādá
发电 fādiàn
发动 fādòng
发动机 fādòngjī
发抖 fādǒu
发挥 fāhuī
发觉 fājué
发掘 fājué
发明 fāmíng
发起 fāqǐ
发热 fārè
发射 fāshè
发生 fāshēng
发现 fāxiàn
发行 fāxíng
发芽 fāyá
发言 fāyán
发扬 fāyáng
发音 fāyīn
发育 fāyù
发展 fāzhǎn
发作 fāzuò
罚 fá
罚款 fákuǎn
法 fǎ
法定 fǎdìng
法官 fǎguān
法规 fǎguī
法令 fǎlìng

法律 fǎlǜ
法人 fǎrén
法庭 fǎtíng
法西斯 fǎxīsī
法学 fǎxué
法院 fǎyuàn
法则 fǎzé
法制 fǎzhì
发 fà
番 fān
翻 fān
翻身 fānshēn
翻译 fānyì
凡 fán
凡是 fánshì
烦恼 fánnǎo
繁 fán
繁多 fánduō
繁荣 fánróng
繁殖 fánzhí
繁重 fánzhòng
反 fǎn
反动 fǎndòng
反对 fǎnduì
反而 fǎn'ér
反复 fǎnfù
反抗 fǎnkàng
反馈 fǎnkuì
反面 fǎnmiàn
反射 fǎnshè
反应 fǎnyìng
反映 fǎnyìng
反正 fǎn · zhèng
反之 fǎnzhī
返 fǎn
返回 fǎnhuí
犯 fàn
犯罪 fànzuì
饭 fàn
饭店 fàndiàn
泛 fàn
范 fàn
范畴 fànchóu
范围 fànwéi
方 fāng
方案 fāng'àn
方便 fāngbiàn
方才 fāngcái
方程 fāngchéng
方法 fāngfǎ
方法论 fāngfǎlùn
方面 fāngmiàn
方式 fāngshì
方向 fāngxiàng
方言 fāngyán
方针 fāngzhēn
防 fáng
防御 fángyù
防止 fángzhǐ
防治 fángzhì
妨碍 fáng'ài
房 fáng
房间 fángjiān
房屋 fángwū
房子 fáng · zi
仿佛 fǎngfú
访 fǎng
访问 fǎngwèn
纺织 fǎngzhī
放 fàng
放大 fàngdà
放弃 fàngqì
放射 fàngshè
放射性 fàngshèxìng
放松 fàngsōng
放心 fàngxīn
飞 fēi
飞船 fēichuán
飞机 fēijī
飞快 fēikuài
飞翔 fēixiáng
飞行 fēixíng
飞跃 fēiyuè
非 fēi
非常 fēicháng
非法 fēifǎ
肥 féi
肥料 féiliào
匪 fěi
肺 fèi
废 fèi
废除 fèichú
沸腾 fèiténg
费 fèi
费用 fèi · yòng
分 fēn
分辨 fēnbiàn
分别 fēnbié
分布 fēnbù
分成 fēnchéng
分割 fēngē
分工 fēngōng
分化 fēnhuà
分解 fēnjiě
分开 fēnkāi
分类 fēnlèi
分离 fēnlí
分裂 fēnliè
分泌 fēnmì
分明 fēnmíng
分配 fēnpèi
分歧 fēnqí
分散 fēnsàn
分析 fēnxī
分支 fēnzhī
分子 fēnzǐ
粉 fěn
粉末 fěnmò
粉碎 fěnsuì
分 fèn
分量 fèn · liàng
分子 fènzǐ
份 fèn
奋斗 fèndòu
粪 fèn
愤怒 fènnù
丰 fēng
丰富 fēngfù
丰收 fēngshōu
风 fēng
风暴 fēngbào

风格 fēnggé
风光 fēngguāng
风景 fēngjǐng
风力 fēnglì
风气 fēngqì
风俗 fēngsú
风速 fēngsù
风险 fēngxiǎn
风雨 fēngyǔ
封 fēng
封闭 fēngbì
封建 fēngjiàn
封锁 fēngsuǒ
疯狂 fēngkuáng
峰 fēng
锋 fēng
蜂 fēng
冯 Féng
缝 féng
讽刺 fěngcì
奉 fèng
奉献 fèngxiàn
缝 fèng
佛 fó
佛教 Fójiào
否 fǒu
否定 fǒudìng
否认 fǒurèn
否则 fǒuzé
夫 fū
夫妇 fūfù
夫妻 fūqī
夫人 fū · rén
孵化 fūhuà
伏 fú
伏特 fútè
扶 fú
服 fú
服从 fúcóng
服务 fúwù
服务员 fúwùyuán
服装 fúzhuāng
俘虏 fúlǔ
浮 fú
浮动 fúdòng
浮游 fúyóu
符号 fúhào
符合 fúhé
幅 fú
幅度 fúdù
辐射 fúshè
福 fú
福利 fúlì
抚摸 fǔmō
府 fǔ
辅助 fǔzhù
腐 fǔ
腐败 fǔbài
腐蚀 fǔshí
腐朽 fǔxiǔ
父母 fùmǔ
父亲 fù · qīn
付 fù
付出 fùchū
负 fù
负担 fùdān
负责 fùzé
妇 fù
妇女 fùnǚ
附 fù
附加 fùjiā
附近 fùjìn
附着 fùzhuó
服 fù
赴 fù
复 fù
复辟 fùbì
复合 fùhé
复杂 fùzá
复制 fùzhì
副 fù
副业 fùyè
赋 fù
赋予 fùyǔ
富 fù
富有 fùyǒu
富裕 fùyù
腹 fù
覆盖 fùgài
该 gāi
改 gǎi
改编 gǎibiān
改变 gǎibiàn
改革 gǎigé
改进 gǎijìn
改良 gǎiliáng
改善 gǎishàn
改造 gǎizào
改正 gǎizhèng
改组 gǎizǔ
钙 gài
盖 gài
概括 gàikuò
概率 gàilǜ
概念 gàiniàn
干 gān
干脆 gāncuì
干旱 gānhàn
干净 gān · jìng
干扰 gānrǎo
干涉 gānshè
干预 gānyù
干燥 gānzào
甘心 gānxīn
杆 gān
肝 gān
肝脏 gānzàng
杆 gǎn
赶 gǎn
赶紧 gǎnjǐn
赶快 gǎnkuài
赶忙 gǎnmáng
敢 gǎn
敢于 gǎnyú
感 gǎn
感到 gǎndào
感动 gǎndòng
感官 gǎnguān
感激 gǎn · jī
感觉 gǎnjué
感慨 gǎnkǎi

感情 gǎnqíng
感染 gǎnrǎn
感受 gǎnshòu
感谢 gǎnxiè
感性 gǎnxìng
感应 gǎnyìng
感知 gǎnzhī
干 gàn
干部 gànbù
刚 gāng
刚才 gāngcái
纲 gāng
纲领 gānglǐng
钢 gāng
钢琴 gāngqín
钢铁 gāngtiě
岗位 gǎngwèi
港 gǎng
港口 gǎngkǒu
高 gāo
高产 gāochǎn
高潮 gāocháo
高大 gāodà
高等 gāoděng
高低 gāodī
高地 gāodì
高度 gāodù
高级 gāojí
高空 gāokōng
高尚 gāoshàng
高速 gāosù
高温 gāowēn
高校 gāoxiào

高兴 gāoxìng
高压 gāoyā
高原 gāoyuán
高涨 gāozhǎng
高中 gāozhōng
搞 gǎo
稿 gǎo
告 gào
告别 gàobié
告诉 gào · su
疙瘩 gē · da
哥哥 gē · ge
胳膊 gē · bo
鸽子 gē · zi
搁 gē
割 gē
歌 gē
歌唱 gēchàng
歌剧 gējù
歌曲 gēqǔ
歌声 gēshēng
歌颂 gēsòng
歌舞 gēwǔ
革命 gémìng
革新 géxīn
格 gé
格外 géwài
隔 gé
隔壁 gébì
隔离 gélí
个 gè
个别 gèbié
个人 gèrén

个体 gètǐ
个性 gèxìng
各 gè
各自 gèzì
给 gěi
给以 gěiyǐ
根 gēn
根本 gēnběn
根据 gēnjù
根据地 gēnjùdì
根系 gēnxì
根源 gēnyuán
跟 gēn
跟前 gēn · qián
跟随 gēnsuí
更 gēng
更新 gēngxīn
耕 gēng
耕地 gēngdì
耕作 gēngzuò
更 gèng
更加 gèngjiā
工 gōng
工厂 gōngchǎng
工场 gōngchǎng
工程 gōngchéng
工程师 gōngchéngshī
工地 gōngdì
工夫 gōng · fu
工会 gōnghuì
工具 gōngjù
工人 gōng · rén

工商业 gōngshāngyè
工业 gōngyè
工业化 gōngyèhuà
工艺 gōngyì
工资 gōngzī
工作 gōngzuò
弓 gōng
公 gōng
公安 gōng'ān
公布 gōngbù
公公 gōng · gong
公共 gōnggòng
公开 gōngkāi
公理 gōnglǐ
公路 gōnglù
公民 gōngmín
公平 gōng · píng
公认 gōngrèn
公社 gōngshè
公式 gōngshì
公司 gōngsī
公有 gōngyǒu
公有制 gōngyǒuzhì
公元 gōngyuán
公园 gōngyuán
公正 gōngzhèng
公主 gōngzhǔ
功 gōng
功夫 gōng · fu
功课 gōngkè
功率 gōnglǜ

功能 gōngnéng
攻 gōng
攻击 gōngjī
供 gōng
供给 gōngjǐ
供求 gōngqiú
供应 gōngyìng
宫 gōng
宫廷 gōngtíng
巩固 gǒnggù
汞 gǒng
拱 gǒng
共 gòng
共产党 gòngchǎndǎng
共和国 gònghéguó
共鸣 gòngmíng
共同 gòngtóng
贡献 gòngxiàn
供 gòng
勾结 gōujié
沟 gōu
沟通 gōutōng
钩 gōu
狗 gǒu
构 gòu
构成 gòuchéng
构思 gòusī
构造 gòuzào
购 gòu
购买 gòumǎi
购销 gòuxiāo

够 gòu
估计 gūjì
姑娘 gū · niang
孤独 gūdú
孤立 gūlì
古 gǔ
古代 gǔdài
古典 gǔdiǎn
古老 gǔlǎo
古人 gǔrén
谷 gǔ
股 gǔ
股票 gǔpiào
骨 gǔ
骨干 gǔgàn
骨骼 gǔgé
骨头 gǔ · tou
鼓 gǔ
鼓吹 gǔchuī
鼓励 gǔlì
鼓舞 gǔwǔ
固 gù
固定 gùdìng
固然 gùrán
固体 gùtǐ
固有 gùyǒu
固执 gù · zhí
故 gù
故事 gù · shi
故乡 gùxiāng
故意 gùyì
顾 gù
顾客 gùkè

顾虑 gùlǜ
顾问 gùwèn
雇 gù
瓜 guā
刮 guā
寡妇 guǎ · fu
挂 guà
拐 guǎi
怪 guài
怪物 guài · wu
关 guān
关闭 guānbì
关怀 guānhuái
关键 guānjiàn
关节 guānjié
关联 guānlián
关系 guān · xi
关心 guānxīn
关于 guānyú
关注 guānzhù
观 guān
观测 guāncè
观察 guānchá
观点 guāndiǎn
观看 guānkàn
观念 guānniàn
观众 guānzhòng
官 guān
官兵 guānbīng
官吏 guānlì
官僚 guānliáo
官员 guānyuán
冠 guān

馆 guǎn
管 guǎn
管道 guǎndào
管理 guǎnlǐ
管辖 guǎnxiá
观 guàn
贯彻 guànchè
贯穿 guànchuān
冠 guàn
冠军 guànjūn
惯 guàn
惯性 guànxìng
灌 guàn
灌溉 guàngài
光 guāng
光彩 guāngcǎi
光滑 guānghuá
光辉 guānghuī
光景 guāngjǐng
光亮 guāngliàng
光芒 guāngmáng
光明 guāngmíng
光谱 guāngpǔ
光荣 guāngróng
光线 guāngxiàn
光学 guāngxué
光源 guāngyuán
光泽 guāngzé
光照 guāngzhào
广 guǎng
广播 guǎngbō
广场 guǎngchǎng
广大 guǎngdà

广泛 guǎngfàn
广告 guǎnggào
广阔 guǎngkuò
广义 guǎngyì
逛 guàng
归 guī
归结 guījié
归来 guīlái
归纳 guīnà
规定 guīdìng
规范 guīfàn
规格 guīgé
规划 guīhuà
规矩 guī · ju
规律 guīlǜ
规模 guīmó
规则 guīzé
闺女 guī · nü
硅 guī
轨道 guǐdào
鬼 guǐ
鬼子 guǐ · zi
贵 guì
贵族 guìzú
桂 guì
跪 guì
滚 gǔn
郭 guō
锅 guō
国 guó
国防 guófáng
国会 guóhuì
国际 guójì
国家 guójiā
国民 guómín
国情 guóqíng
国土 guótǔ
国王 guówáng
国务院 guówùyuàn
国营 guóyíng
国有 guóyǒu
果 guǒ
果断 guǒduàn
果然 guǒrán
果实 guǒshí
果树 guǒshù
裹 guǒ
过 guò
过程 guòchéng
过度 guòdù
过渡 guòdù
过分 guòfèn
过后 guòhòu
过来 guò · lái
过年 guònián
过去 guòqù
过去 guò · qù
过于 guòyú
哈 hā
还 hái
孩子 hái · zi
海 hǎi
海岸 hǎi'àn
海拔 hǎibá
海带 hǎidài
海关 hǎiguān
海军 hǎijūn
海面 hǎimiàn
海区 hǎiqū
海外 hǎiwài
海湾 hǎiwān
海洋 hǎiyáng
海域 hǎiyù
害 hài
害虫 hàichóng
害怕 hàipà
含 hán
含量 hánliàng
含义 hányì
函数 hánshù
寒 hán
寒冷 hánlěng
罕见 hǎnjiàn
喊 hǎn
汉 hàn
汉奸 hànjiān
汉语 hànyǔ
汉子 hàn · zi
汉字 hànzì
汗 hàn
汗水 hànshuǐ
旱 hàn
行 háng
行列 hángliè
行业 hángyè
航海 hánghǎi
航空 hángkōng
航行 hángxíng
号 háo
好 hǎo
好比 hǎobǐ
好处 hǎochù
好多 hǎoduō
好看 hǎokàn
好人 hǎorén
好事 hǎoshì
好听 hǎotīng
好像 hǎoxiàng
好转 hǎozhuǎn
号 hào
号召 hàozhào
好 hào
好奇 hàoqí
好事 hàoshì
耗 hào
耗费 hàofèi
呵 hē
喝 hē
合 hé
合并 hébìng
合成 héchéng
合法 héfǎ
合格 hégé
合乎 héhū
合金 héjīn
合理 hélǐ
合力 hélì
合适 héshì
合同 hé · tong
合作 hézuò
合作社 hézuòshè

何 hé
何必 hébì
何等 héděng
何况 hékuàng
何以 héyǐ
和 hé
和平 hépíng
和尚 hé · shang
和谐 héxié
河 hé
河流 héliú
荷 hé
核 hé
核算 hésuàn
核心 héxīn
盒 hé
颌 hé
和 hè
荷 hè
喝 hè
黑 hēi
黑暗 hēi'àn
黑人 hēirén
黑夜 hēiyè
痕迹 hénjì
很 hěn
恨 hèn
恒 héng
恒星 héngxīng
横 héng
横向 héngxiàng
衡量 héngliáng
横 hèng
轰 hōng
哄 hōng
红 hóng
红军 hóngjūn
红旗 hóngqí
红色 hóngsè
宏观 hóngguān
宏伟 hóngwěi
洪 hóng
洪水 hóngshuǐ
哄 hǒng
哄 hòng
喉咙 hóu · lóng
猴子 hóu · zi
后 hòu
后边 hòu · biān
后代 hòudài
后方 hòufāng
后果 hòuguǒ
后悔 hòuhuǐ
后来 hòulái
后面 hòumiàn
后期 hòuqī
后人 hòurén
后世 hòushì
后天 hòutiān
厚 hòu
厚度 hòudù
候 hòu
乎 hū
呼喊 hūhǎn
呼唤 hūhuàn
呼吸 hūxī
呼吁 hūyù
忽略 hūlüè
忽然 hūrán
忽视 hūshì
和 hú
弧 hú
胡 hú
壶 hú
核儿 húr
湖 hú
湖泊 húpō
蝴蝶 húdié
糊涂 hú · tu
虎 hǔ
互 hù
互补 hùbǔ
互相 hùxiāng
互助 hùzhù
户 hù
户口 hùkǒu
护 hù
护士 hù · shi
沪 hù
花 huā
花朵 huāduǒ
花费 huā · fèi
花粉 huāfěn
花色 huāsè
花生 huāshēng
花纹 huāwén
花园 huāyuán
划 huá
华 huá
华北 huáběi
华侨 huáqiáo
滑 huá
滑动 huádòng
化 huà
化肥 huàféi
化工 huàgōng
化合 huàhé
化合物 huàhéwù
化石 huàshí
化学 huàxué
划 huà
划分 huàfēn
华 Huà
画 huà
画家 huàjiā
画面 huàmiàn
话 huà
话剧 huàjù
话题 huàtí
话筒 huàtǒng
话语 huàyǔ
怀 huái
怀抱 huáibào
怀念 huáiniàn
怀疑 huáiyí
坏 huài
坏人 huàirén
欢乐 huānlè
欢喜 huānxǐ
欢迎 huānyíng
还 huán
还原 huányuán

环 huán
环节 huánjié
环境 huánjìng
环流 huánliú
缓 huǎn
缓和 huǎnhé
缓慢 huǎnmàn
幻觉 huànjué
幻想 huànxiǎng
换 huàn
唤 huàn
唤起 huànqǐ
患 huàn
患者 huànzhě
荒 huāng
慌 huāng
皇帝 huángdì
黄 huáng
黄昏 huánghūn
黄金 huángjīn
黄色 huángsè
黄土 huángtǔ
晃 huǎng
晃 huàng
灰 huī
灰尘 huīchén
灰色 huīsè
挥 huī
恢复 huīfù
辉煌 huīhuáng
回 huí
回避 huíbì
回答 huídá
回顾 huígù
回归 huíguī
回来 huí · lái
回去 huí · qù
回头 huítóu
回忆 huíyì
毁 huǐ
毁灭 huǐmiè
汇报 huìbào
会 huì
会场 huìchǎng
会见 huìjiàn
会议 huìyì
会员 huìyuán
绘 huì
绘画 huìhuà
婚 hūn
婚礼 hūnlǐ
婚姻 hūnyīn
浑身 húnshēn
混 hún
魂 hún
混 hùn
混合 hùnhé
混乱 hùnluàn
混淆 hùnxiáo
和 huó
活 huó
活动 huódòng
活力 huólì
活泼 huó · pō
活跃 huóyuè
火 huǒ
火柴 huǒchái
火车 huǒchē
火光 huǒguāng
火箭 huǒjiàn
火山 huǒshān
火星 huǒxīng
火焰 huǒyàn
伙伴 huǒbàn
或 huò
或许 huòxǔ
或者 huòzhě
和 huò
货 huò
货币 huòbì
货物 huòwù
获 huò
获得 huòdé
获取 huòqǔ
几乎 jīhū
击 jī
饥饿 jī'è
机 jī
机场 jīchǎng
机车 jīchē
机构 jīgòu
机关 jīguān
机会 jī · huì
机能 jīnéng
机器 jī · qì
机器人 jī · qìrén
机体 jītǐ
机械 jīxiè
机械化 jīxièhuà
机制 jīzhì
肌 jī
肌肉 jīròu
鸡 jī
积 jī
积极 jījí
积极性 jījíxìng
积累 jīlěi
积压 jīyā
基 jī
基本 jīběn
基层 jīcéng
基础 jīchǔ
基地 jīdì
基督教 jīdūjiào
基建 jījiàn
基金 jījīn
基因 jīyīn
基于 jīyú
畸形 jīxíng
激 jī
激动 jīdòng
激发 jīfā
激光 jīguāng
激励 jīlì
激烈 jīliè
激情 jīqíng
激素 jīsù
及 jí
及时 jíshí
级 jí
极 jí
极端 jíduān

极力 jílì
极其 jíqí
极为 jíwéi
即 jí
即将 jíjiāng
即使 jíshǐ
急 jí
急剧 jíjù
急忙 jímáng
急性 jíxìng
急需 jíxū
急于 jíyú
疾病 jíbìng
集 jí
集合 jíhé
集会 jíhuì
集体 jítǐ
集团 jítuán
集中 jízhōng
集资 jízī
几 jǐ
几何 jǐhé
己 jǐ
挤 jǐ
济济 jǐjǐ
给予 jǐyǔ
脊 jǐ
计 jì
计划 jìhuà
计算 jìsuàn
计算机 jìsuànjī
记 jì
记得 jì · dé

记录 jìlù
记忆 jìyì
记载 jìzǎi
记者 jìzhě
记录 jìlù
纪律 jìlǜ
纪念 jìniàn
技能 jìnéng
技巧 jìqiǎo
技术 jìshù
技术员 jìshùyuán
技艺 jìyì
系 jì
季 jì
季风 jìfēng
季节 jìjié
剂 jì
济 jì
既 jì
既然 jìrán
既是 jìshì
继 jì
继承 jìchéng
继承人 jìchéngrén
继续 jìxù
祭 jì
祭祀 jìsì
寄 jì
寄生 jìshēng
寄生虫 jìshēngchóng
寄托 jìtuō
寄主 jìzhǔ

寂静 jìjìng
寂寞 jìmò
加 jiā
加工 jiāgōng
加紧 jiājǐn
加剧 jiājù
加快 jiākuài
加强 jiāqiáng
加热 jiārè
加入 jiārù
加深 jiāshēn
加速 jiāsù
加速度 jiāsùdù
加以 jiāyǐ
加重 jiāzhòng
夹 jiā
家 jiā
家畜 jiāchù
家伙 jiā · huo
家具 jiājù
家人 jiārén
家属 jiāshǔ
家庭 jiātíng
家务 jiāwù
家乡 jiāxiāng
家长 jiāzhǎng
家族 jiāzú
夹 jiá
甲 jiǎ
甲板 jiǎbǎn
钾 jiǎ
假 jiǎ
假定 jiǎdìng

假如 jiǎrú
假设 jiǎshè
假使 jiǎshǐ
假说 jiǎshuō
价 jià
价格 jiàgé
价钱 jià · qián
价值 jiàzhí
驾驶 jiàshǐ
架 jià
架子 jià · zi
假 jià
嫁 jià
嫁接 jiàjiē
尖 jiān
尖锐 jiānruì
歼灭 jiānmiè
坚持 jiānchí
坚定 jiāndìng
坚固 jiāngù
坚决 jiānjué
坚强 jiānqiáng
坚实 jiānshí
坚硬 jiānyìng
间 jiān
肩 jiān
肩膀 jiānbǎng
艰巨 jiānjù
艰苦 jiānkǔ
艰难 jiānnán
监督 jiāndū
监视 jiānshì
监狱 jiānyù

兼 jiān	健康 jiànkāng	交代 jiāodài	较为 jiàowéi
拣 jiǎn	健全 jiànquán	交换 jiāohuàn	教 jiào
茧 jiǎn	健壮 jiànzhuàng	交际 jiāojì	教材 jiàocái
捡 jiǎn	渐渐 jiànjiàn	交流 jiāoliú	教导 jiàodǎo
检 jiǎn	鉴别 jiànbié	交谈 jiāotán	教会 jiàohuì
检查 jiǎnchá	鉴定 jiàndìng	交替 jiāotì	教练 jiàoliàn
检验 jiǎnyàn	键 jiàn	交通 jiāotōng	教师 jiàoshī
减 jiǎn	箭 jiàn	交往 jiāowǎng	教室 jiàoshì
减轻 jiǎnqīng	江 jiāng	交易 jiāoyì	教授 jiàoshòu
减弱 jiǎnruò	江南 jiāngnán	交织 jiāozhī	教堂 jiàotáng
减少 jiǎnshǎo	将 jiāng	郊区 jiāoqū	教学 jiàoxué
剪 jiǎn	将近 jiāngjìn	浇 jiāo	教训 jiàoxùn
简 jiǎn	将军 jiāngjūn	骄傲 jiāo'ào	教养 jiàoyǎng
简称 jiǎnchēng	将来 jiānglái	胶 jiāo	教义 jiàoyì
简单 jiǎndān	将要 jiāngyào	教 jiāo	教育 jiàoyù
简化 jiǎnhuà	浆 jiāng	教学 jiāoxué	教员 jiàoyuán
简直 jiǎnzhí	讲 jiǎng	焦 jiāo	阶层 jiēcéng
碱 jiǎn	讲话 jiǎnghuà	焦点 jiāodiǎn	阶段 jiēduàn
见 jiàn	讲究 jiǎng · jiū	焦急 jiāojí	阶级 jiējí
见解 jiànjiě	讲述 jiǎngshù	嚼 jiáo	皆 jiē
见面 jiànmiàn	奖 jiǎng	角 jiǎo	结 jiē
件 jiàn	奖金 jiǎngjīn	角度 jiǎodù	结果 jiēguǒ
间 jiàn	奖励 jiǎnglì	角落 jiǎoluò	结实 jiē · shi
间隔 jiàngé	蒋 jiǎng	脚 jiǎo	接 jiē
间接 jiànjiē	降 jiàng	脚步 jiǎobù	接触 jiēchù
建 jiàn	降低 jiàngdī	脚下 jiǎoxià	接待 jiēdài
建国 jiànguó	降落 jiàngluò	脚印 jiǎoyìn	接近 jiējìn
建立 jiànlì	降水 jiàngshuǐ	搅 jiǎo	接连 jiēlián
建设 jiànshè	将 jiàng	叫 jiào	接收 jiēshōu
建议 jiànyì	强 jiàng	叫作 jiàozuò	接受 jiēshòu
建造 jiànzào	交 jiāo	觉 jiào	揭露 jiēlù
建筑 jiànzhù	交叉 jiāochā	校 jiào	揭示 jiēshì
剑 jiàn	交错 jiāocuò	较 jiào	街 jiē

街道 jiēdào
街头 jiētóu
节 jié
节目 jiémù
节日 jiérì
节省 jiéshěng
节约 jiéyuē
节奏 jiézòu
杰出 jiéchū
洁白 jiébái
结 jié
结构 jiégòu
结果 jiéguǒ
结合 jiéhé
结婚 jiéhūn
结晶 jiéjīng
结局 jiéjú
结论 jiélùn
结束 jiéshù
结算 jiésuàn
截 jié
竭力 jiélì
姐姐 jiě · jie
姐妹 jiěmèi
解 jiě
解除 jiěchú
解答 jiědá
解放 jiěfàng
解放军 jiěfàngjūn
解决 jiějué
解剖 jiěpōu
解散 jiěsàn
解释 jiěshì
解脱 jiětuō
介绍 jièshào
介质 jièzhì
戒 jiè
届 jiè
界 jiè
界限 jièxiàn
借 jiè
借鉴 jièjiàn
借口 jièkǒu
借款 jièkuǎn
借用 jièyòng
借助 jièzhù
解 jiè
斤 jīn
今 jīn
今后 jīnhòu
今年 jīnnián
今日 jīnrì
今天 jīntiān
金 jīn
金额 jīn'é
金刚石 jīngāngshí
金牌 jīnpái
金钱 jīnqián
金融 jīnróng
金属 jīnshǔ
津 jīn
仅 jǐn
尽 jǐn
尽管 jǐnguǎn
尽快 jǐnkuài
尽量 jǐnliàng
紧 jǐn
紧急 jǐnjí
紧密 jǐnmì
紧张 jǐnzhāng
锦标赛 jǐnbiāosài
谨慎 jǐnshèn
尽 jìn
尽力 jìnlì
尽量 jìnliàng
进 jìn
进步 jìnbù
进程 jìnchéng
进而 jìn'ér
进攻 jìngōng
进化 jìnhuà
进化论 jìnhuàlùn
进军 jìnjūn
进口 jìnkǒu
进来 jìn · lái
进取 jìnqǔ
进去 jìn · qù
进入 jìnrù
进行 jìnxíng
进展 jìnzhǎn
近 jìn
近代 jìndài
近来 jìnlái
近似 jìnsì
劲 jìn
晋 jìn
浸 jìn
禁止 jìnzhǐ
茎 jīng
京 jīng
京剧 jīngjù
经 jīng
经常 jīngcháng
经典 jīngdiǎn
经费 jīngfèi
经过 jīngguò
经济 jīngjì
经理 jīnglǐ
经历 jīnglì
经受 jīngshòu
经验 jīngyàn
经营 jīngyíng
惊 jīng
惊奇 jīngqí
惊人 jīngrén
惊喜 jīngxǐ
惊醒 jīngxǐng
惊讶 jīngyà
惊异 jīngyì
晶 jīng
晶体 jīngtǐ
精 jīng
精力 jīnglì
精密 jīngmì
精确 jīngquè
精神 jīngshén
精神 jīng · shen
精细 jīngxì
精心 jīngxīn
精子 jīngzǐ
鲸 jīng
井 jǐng

颈 jǐng
景 jǐng
景色 jǐngsè
景物 jǐngwù
景象 jǐngxiàng
警察 jǐngchá
警告 jǐnggào
警惕 jǐngtì
劲 jìng
径 jìng
径流 jìngliú
净 jìng
净化 jìnghuà
竞赛 jìngsài
竞争 jìngzhēng
竟 jìng
竟然 jìngrán
敬 jìng
静 jìng
静脉 jìngmài
静止 jìngzhǐ
境 jìng
境地 jìngdì
境界 jìngjiè
镜 jìng
镜头 jìngtóu
镜子 jìng · zi
纠纷 jiūfēn
纠正 jiūzhèng
究 jiū
究竟 jiūjìng
九 jiǔ
久 jiǔ

酒 jiǔ
酒精 jiǔjīng
旧 jiù
救 jiù
救国 jiùguó
救济 jiùjì
就 jiù
就是 jiùshì
就算 jiùsuàn
就业 jiùyè
舅舅 jiù · jiu
车 jū
居 jū
居民 jūmín
居然 jūrán
居于 jūyú
居住 jūzhù
局 jú
局部 júbù
局面 júmiàn
局势 júshì
局限 júxiàn
菊花 júhuā
咀嚼 jǔjué
举 jǔ
举办 jǔbàn
举动 jǔdòng
举行 jǔxíng
巨 jù
巨大 jùdà
句 jù
句子 jù · zi
拒绝 jùjué

具 jù
具备 jùbèi
具体 jùtǐ
具有 jùyǒu
俱 jù
剧 jù
剧本 jùběn
剧场 jùchǎng
剧烈 jùliè
剧团 jùtuán
剧种 jùzhǒng
据 jù
据点 jùdiǎn
据说 jùshuō
距 jù
距离 jùlí
聚 jù
聚集 jùjí
捐 juān
圈 juān
卷 juǎn
卷 juàn
圈 juàn
决 jué
决策 juécè
决定 juédìng
决定性 juédìngxìng
决心 juéxīn
决议 juéyì
角 jué
角色 juésè
觉 jué
觉察 juéchá

觉得 jué · dé
觉悟 juéwù
绝 jué
绝对 juéduì
绝望 juéwàng
嚼 jué
军 jūn
军队 jūnduì
军阀 jūnfá
军官 jūnguān
军舰 jūnjiàn
军民 jūnmín
军区 jūnqū
军人 jūnrén
军事 jūnshì
均 jūn
均衡 jūnhéng
均匀 jūnyún
君 jūn
君主 jūnzhǔ
菌 jūn
咖啡 kāfēi
卡 kǎ
开 kāi
开办 kāibàn
开采 kāicǎi
开除 kāichú
开创 kāichuàng
开发 kāifā
开放 kāifàng
开关 kāiguān
开花 kāihuā
开会 kāihuì

开垦 kāikěn
开口 kāikǒu
开阔 kāikuò
开门 kāimén
开幕 kāimù
开辟 kāipì
开设 kāishè
开始 kāishǐ
开水 kāishuǐ
开头 kāitóu
开拓 kāituò
开玩笑 kāiwánxiào
开展 kāizhǎn
开支 kāizhī
刊登 kāndēng
刊物 kānwù
看 kān
勘探 kāntàn
砍 kǎn
看 kàn
看待 kàndài
看法 kànfǎ
看见 kàn · jiàn
看望 kànwàng
扛 káng
抗 kàng
抗议 kàngyì
抗战 kàngzhàn
炕 kàng
考 kǎo
考察 kǎochá
考古 kǎogǔ
考核 kǎohé
考虑 kǎolǜ
考试 kǎoshì
考验 kǎoyàn
靠 kào
靠近 kàojìn
科 kē
科技 kējì
科学 kēxué
科学家 kēxuéjiā
科学院 kēxuéyuàn
科研 kēyán
棵 kē
颗 kē
颗粒 kēlì
壳 ké
咳 ké
咳嗽 ké · sou
可 kě
可爱 kě'ài
可见 kějiàn
可靠 kěkào
可怜 kělián
可能 kěnéng
可是 kěshì
可谓 kěwèi
可惜 kěxī
可笑 kěxiào
可以 kěyǐ
渴望 kěwàng
克 kè
克服 kèfú
刻 kè
刻度 kèdù
刻画 kèhuà
刻苦 kèkǔ
客 kè
客观 kèguān
客气 kè · qi
客人 kè · rén
客体 kètǐ
客厅 kètīng
课 kè
课本 kèběn
课程 kèchéng
课堂 kètáng
课题 kètí
肯 kěn
肯定 kěndìng
啃 kěn
坑 kēng
空 kōng
空间 kōngjiān
空军 kōngjūn
空气 kōngqì
空前 kōngqián
空虚 kōngxū
空中 kōngzhōng
孔 kǒng
孔雀 kǒngquè
恐怖 kǒngbù
恐慌 kǒnghuāng
恐惧 kǒngjù
恐怕 kǒngpà
空 kōng
空白 kòngbái
控制 kòngzhì
口 kǒu
口袋 kǒu · dai
口号 kǒuhào
口腔 kǒuqiāng
口头 kǒutóu
口语 kǒuyǔ
扣 kòu
哭 kū
苦 kǔ
苦难 kǔnàn
苦恼 kǔnǎo
库 kù
库存 kùcún
裤子 kù · zi
夸张 kuāzhāng
跨 kuà
会计 kuài · jì
块 kuài
快 kuài
快活 kuàihuó
快乐 kuàilè
快速 kuàisù
快要 kuàiyào
筷子 kuài · zi
宽 kuān
宽大 kuāndà
宽阔 kuānkuò
款 kuǎn
筐 kuāng
狂 kuáng
况且 kuàngqiě
矿 kuàng

矿产 kuàngchǎn
矿物 kuàngwù
亏 kuī
亏损 kuīsǔn
昆虫 kūnchóng
捆 kǔn
困 kùn
困境 kùnjìng
困难 kùn · nán
扩大 kuòdà
扩散 kuòsàn
扩展 kuòzhǎn
扩张 kuòzhāng
阔 kuò
拉 lā
拉 lá
喇叭 lǎ · ba
落 là
蜡 là
蜡烛 làzhú
辣椒 làjiāo
来 lái
来不及 lái · bùjí
来回 láihuí
来临 láilín
来往 láiwǎng
来信 láixìn
来源 láiyuán
赖 lài
兰 lán
栏 lán
蓝 lán
烂 làn

狼 láng
浪 làng
浪费 làngfèi
浪花 lànghuā
捞 lāo
劳 láo
劳动 láodòng
劳动力 láodònglì
劳动日 láodòngrì
劳动者 láodòngzhě
劳力 láolì
牢 láo
牢固 láogù
老 lǎo
老百姓 lǎobǎixìng
老板 lǎobǎn
老伴儿 lǎobànr
老大 lǎodà
老汉 lǎohàn
老虎 lǎohǔ
老年 lǎonián
老婆 lǎo · po
老人 lǎorén
老人家 lǎo · rén · jiā
老师 lǎoshī
老实 lǎo · shi
老鼠 lǎoshǔ
老太太 lǎotài · tai
老头子 lǎotóu · zi
老乡 lǎoxiāng
老爷 lǎo · ye
老子 lǎo · zi

落 lào
乐 lè
乐观 lèguān
累 léi
雷 léi
雷达 léidá
累 lěi
泪 lèi
泪水 lèishuǐ
类 lèi
类似 lèisì
类型 lèixíng
累 lèi
冷 lěng
冷静 lěngjìng
冷却 lěngquè
冷水 lěngshuǐ
冷笑 lěngxiào
愣 lèng
离 lí
离婚 líhūn
离开 líkāi
离子 lízǐ
梨 lí
犁 lí
礼 lǐ
礼貌 lǐmào
礼物 lǐwù
李 lǐ
里 lǐ
里边 lǐ · biān
里面 lǐmiàn
里头 lǐ · tou

理 lǐ
理解 lǐjiě
理论 lǐlùn
理想 lǐxiǎng
理性 lǐxìng
理由 lǐyóu
理智 lǐzhì
力 lì
力量 lì · liàng
力气 lì · qi
力求 lìqiú
力图 lìtú
力学 lìxué
历 lì
历代 lìdài
历来 lìlái
历史 lìshǐ
厉害 lì · hai
立 lì
立场 lìchǎng
立法 lìfǎ
立即 lìjí
立刻 lìkè
立体 lìtǐ
利 lì
利害 lìhài
利率 lìlǜ
利润 lìrùn
利息 lìxī
利益 lìyì
利用 lìyòng
利于 lìyú
例 lì

例如 lìrú
例外 lìwài
例子 lì · zi
粒 lì
粒子 lìzǐ
俩 liǎ
连 lián
连队 liánduì
连接 liánjiē
连忙 liánmáng
连同 liántóng
连续 liánxù
莲子 liánzǐ
联 lián
联邦 liánbāng
联合 liánhé
联合国 Liánhéguó
联结 liánjié
联络 liánluò
联盟 liánméng
联系 liánxì
联想 liánxiǎng
联营 liányíng
廉价 liánjià
脸 liǎn
脸色 liǎnsè
练 liàn
练习 liànxí
炼 liàn
恋爱 liàn'ài
链 liàn
良 liáng
良好 liánghǎo

良心 liángxīn
良种 liángzhǒng
凉 liáng
梁 liáng
量 liáng
粮 liáng
粮食 liáng · shi
两 liǎng
两岸 liǎng'àn
两边 liǎngbiān
两极 liǎngjí
两旁 liǎngpáng
亮 liàng
凉 liàng
辆 liàng
量 liàng
量子 liàngzǐ
辽阔 liáokuò
了 liǎo
了不起 liǎo · bùqǐ
了解 liǎojiě
料 liào
咧 liě
列 liè
列车 lièchē
列举 lièjǔ
烈士 lièshì
猎 liè
裂 liè
邻 lín
邻近 línjìn
邻居 lín · jū
林 lín

林木 línmù
林业 línyè
临 lín
临床 línchuáng
临时 línshí
淋 lín
淋巴 línbā
磷 lín
灵 líng
灵感 línggǎn
灵魂 línghún
灵活 línghuó
灵敏 língmǐn
铃 líng
零 líng
零件 língjiàn
零售 língshòu
龄 líng
令 lǐng
岭 lǐng
领 lǐng
领导 lǐngdǎo
领会 lǐnghuì
领事 lǐngshì
领土 lǐngtǔ
领袖 lǐngxiù
领域 lǐngyù
另 lìng
另外 lìngwài
令 lìng
溜 liū
刘 Liú
留 liú

留学 liúxué
流 liú
流传 liúchuán
流动 liúdòng
流露 liúlù
流氓 liúmáng
流派 liúpài
流水 liúshuǐ
流体 liútǐ
流通 liútōng
流向 liúxiàng
流行 liúxíng
流血 liúxiě
流血 liúxuè
流域 liúyù
硫 liú
硫酸 liúsuān
瘤 liú
柳 liǔ
六 liù
陆 liù
溜 liù
龙 lóng
笼 lóng
垄断 lǒngduàn
拢 lǒng
笼罩 lǒngzhào
搂 lōu
楼 lóu
楼房 lóufáng
搂 lǒu
漏 lòu
露 lòu

炉 lú
炉子 lú · zi
卤 lǔ
鲁 lǔ
陆 lù
陆地 lùdì
陆军 lùjūn
陆续 lùxù
录 lù
鹿 lù
路 lù
路程 lùchéng
路过 lùguò
路线 lùxiàn
路子 lù · zi
露 lù
驴 lǘ
旅 lǚ
旅馆 lǚguǎn
旅客 lǚkè
旅行 lǚxíng
旅游 lǚyóu
铝 lǚ
缕 lǚ
履行 lǚxíng
律 lǜ
律师 lǜshī
率 lǜ
绿 lǜ
绿化 lǜhuà
氯 lǜ
氯气 lǜqì
滤 lǜ

卵 luǎn
卵巢 luǎncháo
乱 luàn
掠夺 lüèduó
略 lüè
伦理 lúnlǐ
轮 lún
轮船 lúnchuán
轮廓 lúnkuò
轮流 lúnliú
论 lùn
论点 lùndiǎn
论述 lùnshù
论文 lùnwén
论证 lùnzhèng
罗 luó
逻辑 luó · jí
螺旋 luóxuán
骆驼 luò · tuo
络 luò
落 luò
落地 luòdì
落后 luòhòu
落实 luòshí
妈妈 mā · ma
抹 mā
麻 má
麻烦 má · fan
麻醉 mázuì
马 mǎ
马车 mǎchē
马路 mǎlù
马上 mǎshàng

码 mǎ
码头 mǎ · tou
蚂蚁 mǎyǐ
骂 mà
埋 mái
买 mǎi
买卖 mǎi · mai
迈 mài
麦 mài
卖 mài
脉 mài
蛮 mán
馒头 mán · tou
瞒 mán
满 mǎn
满意 mǎnyì
满足 mǎnzú
漫长 màncháng
慢 màn
慢性 mànxìng
忙 máng
忙碌 mánglù
盲目 mángmù
茫然 mángrán
猫 māo
毛 máo
毛病 máo · bìng
毛巾 máojīn
矛盾 máodùn
冒 mào
冒险 màoxiǎn
贸易 màoyì
帽 mào

帽子 mào · zi
没 méi
没事 méishì
没有 méi · yǒu
枚 méi
眉 méi
眉毛 méi · mao
眉头 méitóu
梅 méi
媒介 méijiè
煤 méi
煤炭 méitàn
酶 méi
每 měi
每年 měinián
美 měi
美感 měigǎn
美好 měihǎo
美化 měihuà
美丽 měilì
美妙 měimiào
美术 měishù
美学 měixué
美元 měiyuán
镁 měi
妹妹 mèi · mei
魅力 mèilì
闷 mēn
门 mén
门口 ménkǒu
闷 mèn
蒙 mēng
蒙骗 mēngpiàn

萌发 méngfā
萌芽 méngyá
蒙 méng
猛 měng
猛烈 měngliè
蒙 Měng
孟 mèng
梦 mèng
弥补 míbǔ
弥漫 mímàn
迷 mí
迷人 mírén
迷信 míxìn
谜 mí
米 mǐ
秘密 mìmì
秘书 mìshū
密 mì
密度 mìdù
密集 mìjí
密切 mìqiè
蜜 mì
蜜蜂 mìfēng
棉 mián
棉花 mián · huā
免 miǎn
免疫 miǎnyì
勉强 miǎnqiǎng
面 miàn
面积 miànjī
面孔 miànkǒng
面临 miànlín
面貌 miànmào
面目 miànmù
面前 miànqián
苗 miáo
描绘 miáohuì
描述 miáoshù
描写 miáoxiě
秒 miǎo
妙 miào
庙 miào
灭 miè
灭亡 mièwáng
民 mín
民兵 mínbīng
民歌 míngē
民国 mínguó
民间 mínjiān
民事 mínshì
民俗 mínsú
民众 mínzhòng
民主 mínzhǔ
民族 mínzú
敏感 mǐngǎn
敏捷 mǐnjié
敏锐 mǐnruì
名 míng
名称 míngchēng
名词 míngcí
名义 míngyì
名字 míng · zi
明 míng
明白 míng · bai
明亮 míngliàng
明年 míngnián
明确 míngquè
明天 míngtiān
明显 míngxiǎn
鸣 míng
命 mìng
命令 mìnglìng
命名 mìngmíng
命题 mìngtí
命运 mìngyùn
摸 mō
摸索 mō · suǒ
模 mó
模范 mófàn
模仿 mófǎng
模糊 mó · hu
模拟 mónǐ
模式 móshì
模型 móxíng
膜 mó
摩 mó
摩擦 mócā
磨 mó
抹 mǒ
末 mò
末期 mòqī
没 mò
没落 mòluò
没收 mòshōu
抹 mò
陌生 mòshēng
莫 mò
墨 mò
默默 mòmò
磨 mò
谋 móu
某 mǒu
模样 múyàng
母 mǔ
母亲 mǔ · qīn
母体 mǔtǐ
亩 mǔ
木 mù
木材 mùcái
木头 mù · tou
目 mù
目标 mùbiāo
目的 mùdì
目光 mùguāng
目前 mùqián
墓 mù
幕 mù
拿 ná
哪 nǎ
哪里 nǎ · lǐ
哪儿 nǎr
哪些 nǎxiē
那 nà
那里 nà · lǐ
那么 nà · me
那儿 nàr
那些 nàxiē
那样 nàyàng
纳 nà
纳入 nàrù
纳税 nàshuì
钠 nà

乃 nǎi
乃至 nǎizhì
奶 nǎi
奶奶 nǎi · nai
耐 nài
耐心 nàixīn
男 nán
男女 nánnǚ
男人 nánrén
男性 nánxìng
男子 nánzǐ
南 nán
南北 nánběi
南方 nánfāng
南极 nánjí
难 nán
难道 nándào
难得 nándé
难怪 nánguài
难过 nánguò
难免 nánmiǎn
难受 nánshòu
难题 nántí
难以 nányǐ
难于 nányú
难 nàn
囊 náng
脑 nǎo
脑袋 nǎo · dai
脑子 nǎo · zi
闹 nào
内 nèi
内部 nèibù

内地 nèidì
内涵 nèihán
内容 nèiróng
内外 nèiwài
内心 nèixīn
内在 nèizài
内脏 nèizàng
嫩 nèn
能 néng
能动 néngdòng
能够 nénggòu
能力 nénglì
能量 néngliàng
能源 néngyuán
泥 ní
泥土 nítǔ
拟 nǐ
你 nǐ
你们 nǐ · men
逆 nì
年 nián
年初 niánchū
年代 niándài
年底 niándǐ
年度 niándù
年级 niánjí
年纪 niánjì
年间 niánjiān
年龄 niánlíng
年青 niánqīng
年轻 niánqīng
年头儿 niántóur
念 niàn

念头 niàn · tou
娘 niáng
鸟 niǎo
尿 niào
捏 niē
您 nín
宁 níng
宁静 níngjìng
拧 níng
凝 níng
凝固 níngɡù
凝结 níngjié
凝聚 níngjù
凝视 níngshì
拧 nǐng
宁 nìng
拧 nìng
牛 niú
牛顿 niúdùn
扭 niǔ
扭转 niǔzhuǎn
农 nóng
农产品 nóngchǎnpǐn
农场 nóngchǎng
农村 nóngcūn
农户 nónghù
农具 nóngjù
农民 nóngmín
农田 nóngtián
农药 nóngyào
农业 nóngyè
农作物 nóngzuòwù

浓 nóng
浓度 nóngdù
浓厚 nónghòu
脓 nóng
弄 nòng
奴隶 núlì
奴役 núyì
努力 nǔlì
怒 nù
女 nǚ
女儿 nǚ'ér
女工 nǚgōng
女人 nǚrén
女士 nǚshì
女性 nǚxìng
女婿 nǚ · xu
女子 nǚzǐ
暖 nuǎn
欧 Ōu
偶 ǒu
偶尔 ǒu'ěr
偶然 ǒurán
偶然性 ǒuránxìng
扒 pá
爬 pá
怕 pà
拍 pāi
拍摄 pāishè
排 pái
排斥 páichì
排除 páichú
排放 páifàng
排列 páiliè

牌 pái
牌子 pái · zi
派 pài
派出所 pàichūsuǒ
派遣 pàiqiǎn
潘 pān
攀 pān
盘 pán
判 pàn
判处 pànchǔ
判定 pàndìng
判断 pànduàn
判决 pànjué
盼 pàn
盼望 pànwàng
庞大 pángdà
旁 páng
旁边 pángbiān
胖 pàng
抛 pāo
抛弃 pāoqì
泡 pāo
炮 páo
跑 pǎo
泡 pào
炮 pào
炮弹 pàodàn
胚 pēi
胚胎 pēitāi
陪 péi
培训 péixùn
培养 péiyǎng
培育 péiyù
赔偿 péicháng
佩服 pèi · fú
配 pèi
配合 pèihé
配套 pèitào
配置 pèizhì
喷 pēn
盆 pén
盆地 péndì
朋友 péng · you
彭 Péng
棚 péng
蓬勃 péngbó
膨胀 péngzhàng
捧 pěng
碰 pèng
批 pī
批发 pīfā
批判 pīpàn
批评 pīpíng
批准 pīzhǔn
披 pī
皮 pí
皮肤 pífū
疲倦 píjuàn
疲劳 píláo
脾 pí
脾气 pí · qi
匹 pǐ
屁股 pì · gu
譬如 pìrú
偏 piān
偏见 piānjiàn
偏偏 piānpiān
偏向 piānxiàng
篇 piān
便宜 pián · yi
片 piàn
片刻 piànkè
片面 piànmiàn
骗 piàn
飘 piāo
票 piào
漂亮 piào · liang
拼命 pīnmìng
贫 pín
贫困 pínkùn
贫穷 pínqióng
频繁 pínfán
频率 pínlù
品 pǐn
品德 pǐndé
品质 pǐnzhì
品种 pǐnzhǒng
乒乓球
pīngpāngqiú
平 píng
平常 píngcháng
平等 píngděng
平凡 píngfán
平分 píngfēn
平衡 pínghéng
平静 píngjìng
平均 píngjūn
平面 píngmiàn
平民 píngmín
平日 píngrì
平时 píngshí
平坦 píngtǎn
平行 píngxíng
平原 píngyuán
评 píng
评价 píngjià
评论 pínglùn
评选 píngxuǎn
苹果 píngguǒ
凭 píng
凭借 píngjiè
屏 píng
屏幕 píngmù
瓶 píng
坡 pō
颇 pō
婆婆 pó · po
迫 pò
迫害 pòhài
迫切 pòqiè
迫使 pòshǐ
破 pò
破产 pòchǎn
破坏 pòhuài
破裂 pòliè
剖面 pōumiàn
扑 pū
铺 pū
菩萨 pú · sà
葡萄 pú · táo
葡萄糖
pú · táotáng

朴素 pǔsù
普遍 pǔbiàn
普及 pǔjí
普通 pǔtōng
普通话 pǔtōnghuà
谱 pǔ
铺 pù
七 qī
妻子 qī · zǐ
凄凉 qīliáng
期 qī
期待 qīdài
期货 qīhuò
期间 qījiān
期望 qīwàng
期限 qīxiàn
欺骗 qīpiàn
漆 qī
齐 qí
其 qí
其次 qícì
其间 qíjiān
其实 qíshí
其他 qítā
其余 qíyú
其中 qízhōng
奇 qí
奇怪 qíguài
奇迹 qíjì
奇特 qítè
奇异 qíyì
骑 qí
旗 qí
旗帜 qízhì
企图 qǐtú
企业 qǐyè
启发 qǐfā
启示 qǐshì
起 qǐ
起初 qǐchū
起点 qǐdiǎn
起伏 qǐfú
起来 qǐ · lái
起码 qǐmǎ
起身 qǐshēn
起义 qǐyì
起源 qǐyuán
气 qì
气氛 qì · fēn
气愤 qìfèn
气候 qìhòu
气流 qìliú
气体 qìtǐ
气团 qìtuán
气味 qìwèi
气温 qìwēn
气息 qìxī
气象 qìxiàng
气压 qìyā
气质 qìzhì
弃 qì
汽车 qìchē
汽油 qìyóu
契约 qìyuē
砌 qì
器 qì
器材 qìcái
器官 qìguān
卡 qiǎ
恰当 qiàdàng
恰好 qiàhǎo
千 qiān
千方百计 qiānfāngbǎijì
千克 qiānkè
迁 qiān
迁移 qiānyí
牵 qiān
铅 qiān
铅笔 qiānbǐ
签订 qiāndìng
前 qián
前边 qián · biān
前方 qiánfāng
前后 qiánhòu
前进 qiánjìn
前景 qiánjǐng
前面 qián · miàn
前期 qiánqī
前人 qiánrén
前提 qiántí
前头 qián · tou
前途 qiántú
前往 qiánwǎng
前夕 qiánxī
前线 qiánxiàn
钱 qián
潜 qián
潜力 qiánlì
潜在 qiánzài
浅 qiǎn
遣 qiǎn
欠 qiàn
嵌 qiàn
枪 qiāng
腔 qiāng
强 qiáng
强大 qiángdà
强盗 qiángdào
强调 qiángdiào
强度 qiángdù
强化 qiánghuà
强烈 qiángliè
强制 qiángzhì
墙 qiáng
墙壁 qiángbì
抢 qiǎng
抢救 qiǎngjiù
强 qiǎng
悄悄 qiāoqiāo
敲 qiāo
桥 qiáo
桥梁 qiáoliáng
瞧 qiáo
巧 qiǎo
巧妙 qiǎomiào
壳 qiào
切 qiē
且 qiě
切 qiè
切实 qièshí
侵 qīn

侵犯 qīnfàn
侵略 qīnlüè
侵权 qīnquán
侵入 qīnrù
侵蚀 qīnshí
侵占 qīnzhàn
亲 qīn
亲密 qīnmì
亲戚 qīn·qi
亲切 qīnqiè
亲热 qīnrè
亲人 qīnrén
亲属 qīnshǔ
亲眼 qīnyǎn
亲友 qīnyǒu
亲自 qīnzì
秦 Qín
琴 qín
勤 qín
勤劳 qínláo
青 qīng
青春 qīngchūn
青年 qīngnián
青蛙 qīngwā
轻 qīng
轻工业 qīnggōngyè
轻声 qīngshēng
轻视 qīngshì
轻松 qīngsōng
轻微 qīngwēi
轻易 qīngyì
轻重 qīngzhòng

氢 qīng
氢气 qīngqì
倾 qīng
倾听 qīngtīng
倾向 qīngxiàng
倾斜 qīngxié
清 qīng
清晨 qīngchén
清除 qīngchú
清楚 qīng·chu
清洁 qīngjié
清理 qīnglǐ
清晰 qīngxī
清醒 qīngxǐng
情 qíng
情报 qíngbào
情操 qíngcāo
情感 qínggǎn
情节 qíngjié
情景 qíngjǐng
情境 qíngjìng
情况 qíngkuàng
情趣 qíngqù
情形 qíng·xíng
情绪 qíng·xù
请 qǐng
请求 qǐngqiú
请示 qǐngshì
庆祝 qìngzhù
穷 qióng
穷人 qióngrén
秋 qiū
秋季 qiūjì

秋天 qiūtiān
求 qiú
求证 qiúzhèng
酋长 qiúzhǎng
球 qiú
区 qū
区别 qūbié
区分 qūfēn
区域 qūyù
曲 qū
曲线 qūxiàn
曲折 qūzhé
驱 qū
驱逐 qūzhú
屈服 qūfú
趋 qū
趋势 qūshì
趋向 qūxiàng
渠 qú
渠道 qúdào
曲 qǔ
取 qǔ
取代 qǔdài
取得 qǔdé
取消 qǔxiāo
娶 qǔ
去 qù
去年 qùnián
去世 qùshì
趣味 qùwèi
圈 quān
权 quán
权力 quánlì

权利 quánlì
权威 quánwēi
权益 quányì
全 quán
全部 quánbù
全局 quánjú
全面 quánmiàn
全民 quánmín
全球 quánqiú
全身 quánshēn
全体 quántǐ
泉 quán
拳 quán
拳头 quán·tou
劝 quàn
缺 quē
缺点 quēdiǎn
缺乏 quēfá
缺少 quēshǎo
缺陷 quēxiàn
却 què
确 què
确保 quèbǎo
确定 quèdìng
确立 quèlì
确切 quèqiè
确认 quèrèn
确实 quèshí
群 qún
群落 qúnluò
群体 qúntǐ
群众 qúnzhòng
然 rán

然而 rán’ér
然后 ránhòu
燃 rán
燃料 ránliào
燃烧 ránshāo
染 rǎn
染色 rǎnsè
染色体 rǎnsètǐ
嚷 rǎng
让 ràng
扰动 rǎodòng
扰乱 rǎoluàn
绕 rào
惹 rě
热 rè
热爱 rè’ài
热带 rèdài
热量 rèliàng
热烈 rèliè
热闹 rè · nao
热能 rènéng
热情 rèqíng
热心 rèxīn
人 rén
人才 réncái
人格 réngé
人工 réngōng
人家 rénjiā
人家 rén · jia
人间 rénjiān
人均 rénjūn
人口 rénkǒu
人类 rénlèi
人力 rénlì
人们 rén · men
人民 rénmín
人民币 rénmínbì
人群 rénqún
人身 rénshēn
人生 rénshēng
人士 rénshì
人事 rénshì
人体 réntǐ
人为 rénwéi
人物 rénwù
人心 rénxīn
人性 rénxìng
人影 rényǐng
人员 rényuán
人造 rénzào
仁 rén
任 Rén
忍 rěn
忍耐 rěnnài
忍受 rěnshòu
认 rèn
认定 rèndìng
认识 rèn · shi
认识论 rèn · shilùn
认为 rènwéi
认真 rènzhēn
任 rèn
任何 rènhé
任命 rènmìng
任务 rèn · wù
任意 rènyì
扔 rēng
仍 réng
仍旧 réngjiù
仍然 réngrán
日 rì
日报 rìbào
日常 rìcháng
日记 rìjì
日期 rìqī
日前 rìqián
日趋 rìqū
日夜 rìyè
日益 rìyì
日子 rì · zi
荣誉 róngyù
容 róng
容量 róngliàng
容纳 róngnà
容器 róngqì
容易 róngyì
溶 róng
溶剂 róngjì
溶解 róngjiě
溶液 róngyè
熔 róng
熔点 róngdiǎn
融合 rónghé
柔和 róuhé
柔软 róuruǎn
揉 róu
肉 ròu
肉体 ròutǐ
如 rú
如此 rúcǐ
如果 rúguǒ
如何 rúhé
如今 rújīn
如同 rútóng
如下 rúxià
儒家 rújiā
乳 rǔ
入 rù
入侵 rùqīn
入手 rùshǒu
入学 rùxué
软 ruǎn
若 ruò
若干 ruògān
若是 ruòshì
弱 ruò
弱点 ruòdiǎn
撒 sā
洒 sǎ
撒 sǎ
鳃 sāi
塞 sāi
塞 sài
赛 sài
三 sān
三角 sānjiǎo
三角形 sānjiǎoxíng
伞 sǎn
散 sǎn
散射 sǎnshè
散文 sǎnwén

散 sàn
散布 sànbù
散步 sànbù
散发 sànfā
嗓子 sǎng · zi
丧失 sàngshī
扫 sǎo
扫荡 sǎodàng
嫂子 sǎo · zi
色 sè
色彩 sècǎi
塞 sè
森林 sēnlín
僧 sēng
僧侣 sēnglǚ
杀 shā
杀害 shāhài
沙 shā
沙发 shāfā
沙漠 shāmò
沙滩 shātān
纱 shā
砂 shā
傻 shǎ
色 shǎi
晒 shài
山 shān
山地 shāndì
山峰 shānfēng
山谷 shāngǔ
山林 shānlín
山路 shānlù
山脉 shānmài
山区 shānqū
山水 shānshuǐ
山头 shāntóu
扇 shān
闪 shǎn
闪电 shǎndiàn
闪光 shǎnguāng
闪烁 shǎnshuò
单 Shàn
扇 shàn
善 shàn
善良 shànliáng
善于 shànyú
伤 shāng
伤害 shānghài
伤口 shāngkǒu
伤心 shāngxīn
伤员 shāngyuán
商 shāng
商标 shāngbiāo
商店 shāngdiàn
商量 shāng · liang
商品 shāngpǐn
商人 shāngrén
商业 shāngyè
上 shǎng
赏 shǎng
上 shàng
上班 shàngbān
上边 shàng · biān
上层 shàngcéng
上帝 shàngdì
上级 shàngjí
上课 shàngkè
上空 shàngkōng
上来 shàng · lái
上面 shàng · miàn
上去 shàng · qù
上山 shàngshān
上升 shàngshēng
上市 shàngshì
上述 shàngshù
上诉 shàngsù
上午 shàngwǔ
上下 shàngxià
上学 shàngxué
上衣 shàngyī
上游 shàngyóu
上涨 shàngzhǎng
尚 shàng
烧 shāo
梢 shāo
稍 shāo
稍稍 shāoshāo
稍微 shāowēi
少 shǎo
少量 shǎoliàng
少数 shǎoshù
少 shào
少年 shàonián
少女 shàonǚ
少爷 shào · ye
舌 shé
舌头 shé · tou
折 shé
蛇 shé
舍 shě
舍不得 shě · bù · dé
设 shè
设备 shèbèi
设法 shèfǎ
设计 shèjì
设立 shèlì
设施 shèshī
设想 shèxiǎng
设置 shèzhì
社 shè
社会 shèhuì
社会学 shèhuìxué
舍 shè
射 shè
射击 shèjī
射线 shèxiàn
涉及 shèjí
摄 shè
摄影 shèyǐng
谁 sheí
申请 shēnqǐng
伸 shēn
伸手 shēnshǒu
身 shēn
身边 shēnbiān
身材 shēncái
身份 shēn · fèn
身后 shēnhòu
身躯 shēnqū
身体 shēntǐ
身心 shēnxīn
身影 shēnyǐng

身子 shēn · zi
参 shēn
深 shēn
深沉 shēnchén
深度 shēndù
深厚 shēnhòu
深化 shēnhuà
深刻 shēnkè
深情 shēnqíng
深入 shēnrù
深夜 shēnyè
深远 shēnyuǎn
什么 shén · me
神 shén
神话 shénhuà
神经 shénjīng
神秘 shénmì
神奇 shénqí
神气 shén · qì
神情 shénqíng
神色 shénsè
神圣 shénshèng
神态 shéntài
神学 shénxué
沈 Shěn
审查 shěnchá
审美 shěnměi
审判 shěnpàn
婶 shěn
肾 shèn
甚 shèn
甚至 shènzhì
渗透 shèntòu
慎重 shènzhòng
升 shēng
生 shēng
生产 shēngchǎn
生产力 shēngchǎnlì
生成 shēngchéng
生存 shēngcún
生动 shēngdòng
生活 shēnghuó
生理 shēnglǐ
生命 shēngmìng
生命力 shēngmìnglì
生气 shēngqì
生前 shēngqián
生态 shēngtài
生物 shēngwù
生意 shēngyì
生意 shēng · yi
生育 shēngyù
生长 shēngzhǎng
生殖 shēngzhí
声 shēng
声调 shēngdiào
声明 shēngmíng
声响 shēngxiǎng
声音 shēngyīn
牲畜 shēngchù
牲口 shēng · kou
绳 shéng
绳子 shéng · zi
省 shěng
圣 shèng
圣经 Shèngjīng
胜 shèng
胜利 shènglì
盛 shèng
盛行 shèngxíng
剩 shèng
剩余 shèngyú
尸体 shītǐ
失 shī
失败 shībài
失掉 shīdiào
失去 shīqù
失调 shītiáo
失望 shīwàng
失误 shīwù
失业 shīyè
师 shī
师范 shīfàn
师傅 shī · fu
师长 zhīzhǎng
诗 shī
诗歌 shīgē
诗人 shīrén
诗意 shīyì
施 shī
施肥 shīféi
施工 shīgōng
施行 shīxíng
湿 shī
湿度 shīdù
湿润 shīrùn
十 shí
石 shí
石灰 shíhuī
石头 shí · tou
石油 shíyóu
时 shí
时常 shícháng
时代 shídài
时而 shí'ér
时候 shí · hou
时机 shíjī
时间 shíjiān
时节 shíjié
时刻 shíkè
时空 shíkōng
时髦 shímáo
时期 shíqī
识 shí
识别 shíbié
识字 shízì
实 shí
实际 shíjì
实践 shíjiàn
实力 shílì
实例 shílì
实施 shíshī
实体 shítǐ
实物 shíwù
实现 shíxiàn
实行 shíxíng
实验 shíyàn
实用 shíyòng
实在 shízài
实在 shí · zai
实质 shízhì
拾 shí

食 shí
食品 shípǐn
食堂 shítáng
食物 shíwù
食盐 shíyán
食用 shíyòng
史 shǐ
史学 shǐxué
使 shǐ
使得 shǐ · dé
使劲 shǐjìn
使命 shǐmìng
使用 shǐyòng
始 shǐ
始终 shǐzhōng
士 shì
士兵 shìbīng
氏 shì
氏族 shìzú
示 shì
示范 shìfàn
示威 shìwēi
世 shì
世代 shìdài
世纪 shìjì
世界 shìjiè
世界观 shìjièguān
市 shì
市场 shìchǎng
市民 shìmín
式 shì
似的 shì · de
事 shì
事变 shìbiàn
事故 shìgù
事后 shìhòu
事迹 shìjì
事件 shìjiàn
事例 shìlì
事情 shì · qing
事实 shìshí
事务 shìwù
事物 shìwù
事先 shìxiān
事业 shìyè
势 shì
势必 shìbì
势力 shì · lì
势能 shìnéng
试 shì
试管 shìguǎn
试图 shìtú
试验 shìyàn
试制 shìzhì
视 shì
视觉 shìjué
视线 shìxiàn
视野 shìyě
是 shì
是非 shìfēi
是否 shìfǒu
适 shì
适当 shìdàng
适合 shìhé
适宜 shìyí
适应 shìyìng
适用 shìyòng
室 shì
逝世 shìshì
释放 shìfàng
收 shōu
收购 shōugòu
收回 shōuhuí
收获 shōuhuò
收集 shōují
收入 shōurù
收拾 shōu · shi
收缩 shōusuō
收益 shōuyì
收音机 shōuyīnjī
熟 shóu
手 shǒu
手臂 shǒubì
手表 shǒubiǎo
手段 shǒuduàn
手法 shǒufǎ
手工 shǒugōng
手工业 shǒugōngyè
手脚 shǒujiǎo
手榴弹 shǒuliúdàn
手枪 shǒuqiāng
手势 shǒushì
手术 shǒushù
手续 shǒuxù
手掌 shǒuzhǎng
手指 shǒuzhǐ
守 shǒu
守恒 shǒuhéng
首 shǒu
首都 shǒudū
首领 shǒulǐng
首先 shǒuxiān
首要 shǒuyào
首长 shǒuzhǎng
寿命 shòumìng
受 shòu
受精 shòujīng
受伤 shòushāng
狩猎 shòuliè
授 shòu
兽 shòu
瘦 shòu
书 shū
书包 shūbāo
书本 shūběn
书籍 shūjí
书记 shū · jì
书面 shūmiàn
书写 shūxiě
抒情 shūqíng
叔叔 shū · shu
梳 shū
舒服 shū · fu
舒适 shūshì
疏 shū
输 shū
输出 shūchū
输入 shūrù
输送 shūsòng
蔬菜 shūcài
熟 shú

熟练 shúliàn
熟悉 shú・xī
属 shǔ
属性 shǔxìng
属于 shǔyú
鼠 shǔ
数 shǔ
术 shù
术语 shùyǔ
束 shù
束缚 shùfù
述 shù
树 shù
树干 shùgàn
树立 shùlì
树林 shùlín
树木 shùmù
树种 shùzhǒng
竖 shù
数 shù
数据 shùjù
数量 shùliàng
数目 shùmù
数学 shùxué
数值 shùzhí
数字 shùzì
刷 shuā
耍 shuǎ
衰变 shuāibiàn
衰老 shuāilǎo
摔 shuāi
甩 shuǎi
率 shuài

率领 shuàilǐng
拴 shuān
双 shuāng
双方 shuāngfāng
霜 shuāng
谁 shuí
水 shuǐ
水稻 shuǐdào
水分 shuǐfèn
水果 shuǐguǒ
水库 shuǐkù
水利 shuǐlì
水流 shuǐliú
水面 shuǐmiàn
水泥 shuǐní
水平 shuǐpíng
水汽 shuǐqì
水手 shuǐshǒu
水位 shuǐwèi
水文 shuǐwén
水银 shuǐyín
水源 shuǐyuán
水蒸气 shuǐzhēngqì
税 shuì
税收 shuìshōu
睡 shuì
睡觉 shuìjiào
睡眠 shuìmián
顺 shùn
顺利 shùnlì
顺手 shùnshǒu
顺序 shùnxù

瞬间 shùnjiān
说 shuō
说法 shuō・fǎ
说服 shuōfú
说话 shuōhuà
说明 shuōmíng
司 sī
司法 sīfǎ
司机 sījī
司令 sīlìng
丝 sī
丝毫 sīháo
私 sī
私人 sīrén
私营 sīyíng
私有 sīyǒu
私有制 sīyǒuzhì
思 sī
思潮 sīcháo
思考 sīkǎo
思路 sīlù
思索 sīsuǒ
思维 sīwéi
思想 sīxiǎng
思想家 sīxiǎngjiā
斯 sī
死 sǐ
死亡 sǐwáng
死刑 sǐxíng
四 sì
四边形 sìbiānxíng
四处 sìchù
四面 sìmiàn

四肢 sìzhī
四周 sìzhōu
寺 sì
寺院 sìyuàn
似 sì
似乎 sìhū
饲料 sìliào
饲养 sìyǎng
松 sōng
宋 sòng
送 sòng
搜集 sōují
艘 sōu
苏 sū
俗 sú
俗称 súchēng
诉讼 sùsòng
素 sù
素材 sùcái
素质 sùzhì
速 sù
速度 sùdù
速率 sùlǜ
宿 sù
宿舍 sùshè
塑料 sùliào
塑造 sùzào
酸 suān
算 suàn
虽 suī
虽然 suīrán
虽说 suīshuō
隋 Suí

随 suí
随便 suíbiàn
随后 suíhòu
随即 suíjí
随时 suíshí
随意 suíyì
遂 suí
髓 suǐ
岁 suì
岁月 suìyuè
遂 suì
碎 suì
穗 suì
孙 sūn
孙子 sūn · zi
损害 sǔnhài
损耗 sǔnhào
损伤 sǔnshāng
损失 sǔnshī
缩 suō
缩短 suōduǎn
缩小 suōxiǎo
所 suǒ
所属 suǒshǔ
所谓 suǒwèi
所以 suǒyǐ
所有 suǒyǒu
所有制 suǒyǒuzhì
所在 suǒzài
索 suǒ
锁 suǒ
他 tā
他们 tā · men

他人 tārén
它 tā
它们 tā · men
她 tā
她们 tā · men
塔 tǎ
踏 tà
胎 tāi
胎儿 tāi'ér
台 tái
台风 táifēng
抬 tái
抬头 táitóu
太 tài
太空 tàikōng
太平 tàipíng
太太 tài · tai
太阳 tài · yáng
太阳能 tàiyángnéng
太阳系 tàiyángxì
态 tài
态度 tài · dù
摊 tān
滩 tān
谈 tán
谈话 tánhuà
谈论 tánlùn
谈判 tánpàn
弹 tán
弹簧 tánhuáng
弹性 tánxìng
痰 tán

坦克 tǎnkè
叹 tàn
叹息 tànxī
探 tàn
探测 tàncè
探索 tànsuǒ
探讨 tàntǎo
碳 tàn
汤 tāng
唐 táng
堂 táng
塘 táng
糖 táng
倘若 tǎngruò
躺 tǎng
烫 tàng
趟 tàng
掏 tāo
逃 táo
逃避 táobì
逃跑 táopǎo
逃走 táozǒu
桃 táo
陶 táo
陶冶 táoyě
淘汰 táotài
讨 tǎo
讨论 tǎolùn
讨厌 tǎoyàn
套 tào
特 tè
特别 tèbié
特地 tèdì

特点 tèdiǎn
特定 tèdìng
特权 tèquán
特色 tèsè
特殊 tèshū
特务 tè · wu
特性 tèxìng
特意 tèyì
特征 tèzhēng
疼 téng
疼痛 téngtòng
藤 téng
踢 tī
提 tí
提倡 tíchàng
提高 tígāo
提供 tígōng
提炼 tíliàn
提起 tíqǐ
提前 tíqián
提取 tíqǔ
提醒 tíxǐng
提议 tíyì
题 tí
题材 tícái
题目 tímù
体 tǐ
体裁 tǐcái
体操 tǐcāo
体会 tǐhuì
体积 tǐjī
体力 tǐlì
体温 tǐwēn

体系 tǐxì
体现 tǐxiàn
体验 tǐyàn
体育 tǐyù
体制 tǐzhì
体质 tǐzhì
体重 tǐzhòng
替 tì
替代 tìdài
天 tiān
天才 tiāncái
天地 tiāndì
天鹅 tiān'é
天空 tiānkōng
天气 tiānqì
天然 tiānrán
天然气 tiānránqì
天生 tiānshēng
天体 tiāntǐ
天文 tiānwén
天下 tiānxià
天真 tiānzhēn
天主教 Tiānzhǔjiào
添 tiān
田 tián
田地 tiándì
田野 tiányě
甜 tián
填 tián
挑 tiāo
挑选 tiāoxuǎn
条 tiáo
条件 tiáojiàn
条款 tiáokuǎn
条例 tiáolì
条约 tiáoyuē
调 tiáo
调和 tiáohé
调节 tiáojié
调解 tiáojiě
调整 tiáozhěng
挑 tiǎo
挑战 tiǎozhàn
跳 tiào
跳动 tiàodòng
跳舞 tiàowǔ
跳跃 tiàoyuè
贴 tiē
铁 tiě
铁路 tiělù
厅 tīng
听 tīng
听话 tīnghuà
听见 tīng·jiàn
听觉 tīngjué
听取 tīngqǔ
听众 tīngzhòng
停 tíng
停顿 tíngdùn
停留 tíngliú
停止 tíngzhǐ
挺 tǐng
通 tōng
通常 tōngcháng
通道 tōngdào
通电 tōngdiàn
通过 tōngguò
通红 tōnghóng
通信 tōngxìn
通讯 tōngxùn
通用 tōngyòng
通知 tōngzhī
同 tóng
同伴 tóngbàn
同胞 tóngbāo
同等 tóngděng
同行 tóngháng
同化 tónghuà
同类 tónglèi
同年 tóngnián
同期 tóngqī
同情 tóngqíng
同时 tóngshí
同事 tóngshì
同行 tóngxíng
同学 tóngxué
同样 tóngyàng
同意 tóngyì
同志 tóngzhì
铜 tóng
童话 tónghuà
童年 tóngnián
统 tǒng
统计 tǒngjì
统一 tǒngyī
统治 tǒngzhì
桶 tǒng
筒 tǒng
通 tòng
痛 tòng
痛苦 tòngkǔ
痛快 tòng·kuài
偷 tōu
偷偷 tōutōu
头 tóu
头顶 tóudǐng
头发 tóu·fa
头脑 tóunǎo
投 tóu
投产 tóuchǎn
投机 tóujī
投入 tóurù
投降 tóuxiáng
投资 tóuzī
透 tòu
透镜 tòujìng
透露 tòulù
透明 tòumíng
凸 tū
突 tū
突变 tūbiàn
突出 tūchū
突击 tūjī
突破 tūpò
突然 tūrán
图 tú
图案 tú'àn
图画 túhuà
图书 túshū
图书馆 túshūguǎn
图形 túxíng

图纸 túzhǐ
徒 tú
途径 tújìng
涂 tú
屠杀 túshā
土 tǔ
土地 tǔdì
土匪 tǔfěi
土壤 tǔrǎng
吐 tǔ
吐 tù
兔子 tù · zi
湍流 tuānliú
团 tuán
团结 tuánjié
团体 tuántǐ
团员 tuányuán
推 tuī
推测 tuīcè
推动 tuīdòng
推翻 tuīfān
推广 tuīguǎng
推荐 tuījiàn
推进 tuījìn
推理 tuīlǐ
推论 tuīlùn
推销 tuīxiāo
推行 tuīxíng
腿 tuǐ
退 tuì
退出 tuìchū
退化 tuìhuà
退休 tuìxiū
托 tuō
拖 tuō
拖拉机 tuōlājī
脱 tuō
脱离 tuōlí
脱落 tuōluò
妥协 tuǒxié
挖 wā
挖掘 wājué
娃娃 wá · wa
瓦 wǎ
歪 wāi
歪曲 wāiqū
外 wài
外边 wài · biān
外表 wàibiǎo
外部 wàibù
外地 wàidì
外国 wàiguó
外汇 wàihuì
外交 wàijiāo
外界 wàijiè
外科 wàikē
外来 wàilái
外力 wàilì
外贸 wàimào
外面 wài · miàn
外商 wàishāng
外形 wàixíng
外语 wàiyǔ
外在 wàizài
外资 wàizī
弯 wān
弯曲 wānqū
完 wán
完备 wánbèi
完毕 wánbì
完成 wánchéng
完美 wánměi
完全 wánquán
完善 wánshàn
完整 wánzhěng
玩 wán
玩具 wánjù
玩笑 wánxiào
顽强 wánqiáng
挽 wǎn
晚 wǎn
晚饭 wǎnfàn
晚期 wǎnqī
晚上 wǎn · shang
碗 wǎn
万 wàn
万物 wànwù
万一 wànyī
汪 wāng
亡 wáng
王 wáng
王朝 wángcháo
王国 wángguó
网 wǎng
网络 wǎngluò
往 wǎng
往来 wǎnglái
往往 wǎngwǎng
忘 wàng
忘记 wàngjì
旺 wàng
旺盛 wàngshèng
望 wàng
望远镜 wàngyuǎnjìng
危害 wēihài
危机 wēijī
危险 wēixiǎn
威力 wēilì
威胁 wēixié
威信 wēixìn
微 wēi
微观 wēiguān
微粒 wēilì
微弱 wēiruò
微生物 wēishēngwù
微微 wēiwēi
微小 wēixiǎo
微笑 wēixiào
为 wéi
为难 wéinán
为人 wéirén
为首 wéishǒu
为止 wéizhǐ
违背 wéibèi
违法 wéifǎ
违反 wéifǎn
围 wéi
围剿 wéijiǎo
围绕 wéirào
唯 wéi

惟 wéi
维持 wéichí
维护 wéihù
维生素 wéishēngsù
维新 wéixīn
维修 wéixiū
伟大 wěidà
伪 wěi
尾 wěi
尾巴 wěi · ba
纬 wěi
纬度 wěidù
委屈 wěi · qu
委托 wěituō
委员 wěiyuán
委员会 wěiyuánhuì
卫 wèi
卫生 wèishēng
卫星 wèixīng
为 wèi
为何 wèihé
为了 wèi · le
未 wèi
未必 wèibì
未曾 wèicéng
未来 wèilái
位 wèi
位移 wèiyí
位置 wèi · zhi
味 wèi
味道 wèi · dào

胃 wèi
谓 wèi
喂 wèi
魏 wèi
温 wēn
温带 wēndài
温度 wēndù
温度计 wēndùjì
温和 wēnhé
温暖 wēnnuǎn
温柔 wēnróu
文 wén
文化 wénhuà
文件 wénjiàn
文明 wénmíng
文人 wénrén
文物 wénwù
文献 wénxiàn
文学 wénxué
文艺 wényì
文章 wénzhāng
文字 wénzì
纹 wén
闻 wén
蚊子 wén · zi
吻 wěn
稳 wěn
稳定 wěndìng
问 wèn
问世 wènshì
问题 wèntí
窝 wō
我 wǒ

我们 wǒ · men
卧 wò
卧室 wòshì
握 wò
握手 wòshǒu
乌龟 wūguī
污染 wūrǎn
屋 wū
屋子 wū · zi
无 wú
无比 wúbǐ
无从 wúcóng
无法 wúfǎ
无非 wúfēi
无关 wúguān
无机 wújī
无可奈何 wúkěnàihé
无力 wúlì
无论 wúlùn
无情 wúqíng
无穷 wúqióng
无声 wúshēng
无数 wúshù
无限 wúxiàn
无线电 wúxiàndiàn
无效 wúxiào
无形 wúxíng
无疑 wúyí
无意 wúyì
无知 wúzhī
吾 wú

吴 wú
五 wǔ
武 wǔ
武力 wǔlì
武器 wǔqì
武装 wǔzhuāng
侮辱 wǔrǔ
舞 wǔ
舞蹈 wǔdǎo
舞剧 wǔjù
舞台 wǔtái
勿 wù
务 wù
物 wù
物化 wùhuà
物价 wùjià
物理 wùlǐ
物力 wùlì
物品 wùpǐn
物体 wùtǐ
物质 wùzhì
物种 wùzhǒng
物资 wùzī
误 wù
误差 wùchā
误会 wùhuì
误解 wùjiě
恶 wù
雾 wù
西 xī
西北 xīběi
西方 xīfāng
西风 xīfēng

西瓜 xī · guā
西南 xīnán
西欧 XīŌu
吸 xī
吸附 xīfù
吸取 xīqǔ
吸收 xīshōu
吸引 xīyǐn
希望 xīwàng
牺牲 xīshēng
息 xī
稀 xī
稀少 xīshǎo
锡 xī
熄灭 xīmiè
习 xí
习惯 xíguàn
习俗 xísú
习性 xíxìng
席 xí
袭击 xíjī
媳妇 xí · fu
洗 xǐ
洗澡 xǐzǎo
喜 xǐ
喜爱 xǐ'ài
喜欢 xǐ · huan
喜剧 xǐjù
喜悦 xǐyuè
戏 xì
戏剧 xìjù
戏曲 xìqǔ
系 xì

系列 xìliè
系数 xìshù
系统 xìtǒng
细 xì
细胞 xìbāo
细节 xìjié
细菌 xìjūn
细小 xìxiǎo
细心 xìxīn
细致 xìzhì
虾 xiā
瞎 xiā
狭 xiá
狭隘 xiá'ài
狭义 xiáyì
狭窄 xiázhǎi
下 xià
下班 xiàbān
下边 xià · biān
下层 xiàcéng
下达 xiàdá
下颌 xiàhé
下级 xiàjí
下降 xiàjiàng
下来 xià · lái
下列 xiàliè
下令 xiàlìng
下落 xiàluò
下面 xià · miàn
下去 xià · qù
下属 xiàshǔ
下午 xiàwǔ
下旬 xiàxún

下游 xiàyóu
吓 xià
夏 xià
夏季 xiàjì
夏天 xiàtiān
仙 xiān
先 xiān
先后 xiānhòu
先进 xiānjìn
先前 xiānqián
先生 xiān · sheng
先天 xiāntiān
纤维 xiānwéi
掀起 xiānqǐ
鲜 xiān
鲜花 xiānhuā
鲜明 xiānmíng
鲜血 xiānxuè
鲜艳 xiānyàn
闲 xián
弦 xián
咸 xián
衔 xián
嫌 xián
显 xiǎn
显得 xiǎn · dé
显露 xiǎnlù
显然 xiǎnrán
显示 xiǎnshì
显微镜 xiǎnwēijìng
显现 xiǎnxiàn
显著 xiǎnzhù

险 xiǎn
鲜 xiǎn
县 xiàn
县城 xiànchéng
现 xiàn
现场 xiànchǎng
现存 xiàncún
现代 xiàndài
现代化 xiàndàihuà
现今 xiànjīn
现金 xiànjīn
现实 xiànshí
现象 xiànxiàng
现行 xiànxíng
现在 xiànzài
现状 xiànzhuàng
限 xiàn
限度 xiàndù
限于 xiànyú
限制 xiànzhì
线 xiàn
线段 xiànduàn
线路 xiànlù
线圈 xiànquān
线索 xiànsuǒ
线条 xiàntiáo
宪法 xiànfǎ
陷 xiàn
陷入 xiànrù
陷于 xiànyú
羡慕 xiànmù
献 xiàn
献身 xiànshēn

腺 xiàn
乡 xiāng
乡村 xiāngcūn
乡下 xiāng · xia
相 xiāng
相当 xiāngdāng
相等 xiāngděng
相对 xiāngduì
相反 xiāngfǎn
相关 xiāngguān
相互 xiānghù
相继 xiāngjì
相交 xiāngjiāo
相近 xiāngjìn
相连 xiānglián
相似 xiāngsì
相通 xiāngtōng
相同 xiāngtóng
相信 xiāngxìn
相应 xiāngyìng
香 xiāng
香烟 xiāngyān
箱 xiāng
箱子 xiāng · zi
详细 xiángxì
降 xiáng
享 xiǎng
享受 xiǎngshòu
享有 xiǎngyǒu
响 xiǎng
响声 xiǎngshēng
响应 xiǎngyìng
想 xiǎng
想法 xiǎng · fǎ
想象 xiǎngxiàng
想象力
xiǎngxiànglì
向 xiàng
向来 xiànglái
向上 xiàngshàng
向往 xiàngwǎng
项 xiàng
项目 xiàngmù
相 xiàng
象 xiàng
象征 xiàngzhēng
像 xiàng
橡胶 xiàngjiāo
橡皮 xiàngpí
削 xiāo
消 xiāo
消除 xiāochú
消毒 xiāodú
消费 xiāofèi
消费品 xiāofèipǐn
消耗 xiāohào
消化 xiāohuà
消极 xiāojí
消灭 xiāomiè
消失 xiāoshī
消亡 xiāowáng
消息 xiāo · xi
硝酸 xiāosuān
销 xiāo
销售 xiāoshòu
小 xiǎo
小儿 xiǎo'ér
小伙子 xiǎohuǒ · zi
小姐 xiǎo · jiě
小麦 xiǎomài
小朋友
xiǎopéngyǒu
小时 xiǎoshí
小说儿 xiǎoshuōr
小心 xiǎo · xīn
小型 xiǎoxíng
小学 xiǎoxué
小学生
xiǎoxuéshēng
小子 xiǎo · zi
小组 xiǎozǔ
晓得 xiǎo · dé
校 xiào
校长 xiàozhǎng
笑 xiào
笑话 xiào · hua
笑话儿 xiào · huar
笑容 xiàoróng
效 xiào
效果 xiàoguǒ
效力 xiàolì
效率 xiàolǜ
效益 xiàoyì
效应 xiàoyìng
些 xiē
歇 xiē
协定 xiédìng
协会 xiéhuì
协商 xiéshāng
协调 xiétiáo
协同 xiétóng
协议 xiéyì
协助 xiézhù
协作 xiézuò
邪 xié
斜 xié
携带 xiédài
鞋 xié
写 xiě
写作 xiězuò
血 xiě
泄 xiè
谢 xiè
谢谢 xiè · xie
解 jiè
蟹 xiè
心 xīn
心底 xīndǐ
心里 xīn · lǐ
心理 xīnlǐ
心灵 xīnlíng
心情 xīnqíng
心事 xīnshì
心思 xīn · si
心头 xīntóu
心血 xīnxuè
心脏 xīnzàng
辛苦 xīnkǔ
辛勤 xīnqín
欣赏 xīnshǎng
锌 xīn
新 xīn

新陈代谢 xīnchéndàixiè
新娘 xīnniáng
新奇 xīnqí
新人 xīnrén
新式 xīnshì
新闻 xīnwén
新鲜 xīn · xiān
新兴 xīnxīng
新型 xīnxíng
新颖 xīnyǐng
信 xìn
信贷 xìndài
信号 xìnhào
信念 xìnniàn
信任 xìnrèn
信徒 xìntú
信息 xìnxī
信心 xìnxīn
信仰 xìnyǎng
信用 xìnyòng
兴 xīng
兴奋 xīngfèn
兴建 xīngjiàn
兴起 xīngqǐ
星 xīng
星际 xīngjì
星期 xīngqī
星球 xīngqiú
星系 xīngxì
星星 xīng · xing
星云 xīngyún
刑 xíng
刑罚 xíngfá
刑法 xíngfǎ
刑事 xíngshì
行 xíng
行动 xíngdòng
行军 xíngjūn
行李 xíng · li
行人 xíngrén
行使 xíngshǐ
行驶 xíngshǐ
行为 xíngwéi
行星 xíngxīng
行政 xíngzhèng
行走 xíngzǒu
形 xíng
形成 xíngchéng
形容 xíngróng
形式 xíngshì
形势 xíngshì
形态 xíngtài
形体 xíngtǐ
形象 xíngxiàng
形状 xíngzhuàng
型 xíng
省 xǐng
醒 xǐng
兴 xìng
兴趣 xìngqù
幸福 xìngfú
性 xìng
性别 xìngbié
性格 xìnggé
性能 xìngnéng
性情 xìngqíng
性质 xìngzhì
性状 xìngzhuàng
姓 xìng
姓名 xìngmíng
凶 xiōng
兄 xiōng
兄弟 xiōngdì
兄弟 xiōng · di
胸 xiōng
胸脯 xiōngpú
雄 xióng
雄伟 xióngwěi
熊 xióng
休眠 xiūmián
休息 xiū · xi
修 xiū
修辞 xiūcí
修复 xiūfù
修改 xiūgǎi
修建 xiūjiàn
修理 xiūlǐ
修养 xiūyǎng
修正 xiūzhèng
宿 xiǔ
臭 xiù
袖 xiù
绣 xiù
宿 xiù
嗅 xiù
须 xū
虚 xū
需 xū
需求 xūqiú
需要 xūyào
徐 xú
许 xǔ
许多 xǔduō
许可 xǔkě
序 xù
叙述 xùshù
畜 xù
宣布 xuānbù
宣传 xuānchuán
宣告 xuāngào
宣言 xuānyán
宣扬 xuānyáng
悬 xuán
悬挂 xuánguà
旋 xuán
旋律 xuánlǜ
旋转 xuánzhuǎn
选 xuǎn
选拔 xuǎnbá
选举 xuǎnjǔ
选手 xuǎnshǒu
选用 xuǎnyòng
选择 xuǎnzé
旋 xuàn
削 xuē
削弱 xuēruò
穴 xué
学 xué
学会 xuéhuì
学科 xuékē
学派 xuépài

学生 xué · sheng
学术 xuéshù
学说 xuéshuō
学堂 xuétáng
学徒 xuétú
学问 xué · wen
学习 xuéxí
学校 xuéxiào
学员 xuéyuán
学院 xuéyuàn
学者 xuézhě
雪 xuě
雪白 xuěbái
雪花 xuěhuā
血 xuè
血管 xuèguǎn
血液 xuèyè
寻 xún
寻求 xúnqiú
寻找 xúnzhǎo
询问 xúnwèn
循环 xúnhuán
训 xùn
训练 xùnliàn
迅速 xùnsù
压 yā
压力 yālì
压迫 yāpò
压强 yāqiáng
压缩 yāsuō
压抑 yāyì
压制 yāzhì
押 yā
鸦片 yāpiàn
鸭 yā
牙 yá
牙齿 yáchǐ
芽 yá
亚 yà
咽 yān
烟 yān
烟囱 yān · cōng
延长 yáncháng
延伸 yánshēn
延续 yánxù
严 yán
严格 yángé
严寒 yánhán
严峻 yánjùn
严厉 yánlì
严密 yánmì
严肃 yánsù
严重 yánzhòng
言 yán
言论 yánlùn
言语 yányǔ
岩 yán
岩石 yánshí
炎 yán
沿 yán
沿岸 yán'àn
沿海 yánhǎi
研究 yánjiū
研究生 yánjiūshēng
研制 yánzhì
盐 yán
盐酸 yánsuān
颜色 yánsè
掩盖 yǎngài
掩护 yǎnhù
眼 yǎn
眼光 yǎnguāng
眼睛 yǎn · jing
眼镜 yǎnjìng
眼看 yǎnkàn
眼泪 yǎnlèi
眼前 yǎnqián
眼神 yǎnshén
演 yǎn
演变 yǎnbiàn
演唱 yǎnchàng
演出 yǎnchū
演化 yǎnhuà
演讲 yǎnjiǎng
演说 yǎnshuō
演绎 yǎnyì
演员 yǎnyuán
演奏 yǎnzòu
厌 yàn
厌恶 yànwù
咽 yàn
宴会 yànhuì
验 yàn
验证 yànzhèng
秧 yāng
扬 yáng
羊 yáng
羊毛 yángmáo
阳 yáng
阳光 yángguāng
杨 yáng
洋 yáng
仰 yǎng
养 yǎng
养分 yǎngfèn
养料 yǎngliào
养殖 yǎngzhí
氧 yǎng
氧化 yǎnghuà
氧气 yǎngqì
样 yàng
样本 yàngběn
样品 yàngpǐn
样式 yàngshì
样子 yàng · zi
约 yāo
要 yāo
要求 yāoqiú
腰 yāo
邀请 yāoqǐng
摇 yáo
摇晃 yáo · huàng
摇头 yáotóu
遥感 yáogǎn
遥远 yáoyuǎn
咬 yǎo
药 yào
药品 yàopǐn
药物 yàowù
要 yào
要紧 yàojǐn
要素 yàosù

钥匙 yào · shi
耶稣 Yēsū
爷爷 yé · ye
也 yě
也许 yěxǔ
冶金 yějīn
冶炼 yěliàn
野 yě
野蛮 yěmán
野生 yěshēng
野兽 yěshòu
野外 yěwài
业 yè
业务 yèwù
业余 yèyú
叶 yè
叶片 yèpiàn
叶子 yè · zi
页 yè
夜 yè
夜间 yèjiān
夜里 yè · lǐ
夜晚 yèwǎn
液 yè
液态 yètài
液体 yètǐ
一 yī
一般 yībān
一半 yībàn
一辈子 yībèi · zi
一边 yībiān
一带 yīdài
一旦 yīdàn
一定 yīdìng
一度 yīdù
一端 yīduān
一共 yīgòng
一贯 yīguàn
一会儿 yīhuìr
一块儿 yīkuàir
一连 yīlián
一律 yīlǜ
一面 yīmiàn
一旁 yīpáng
一齐 yīqí
一起 yīqǐ
一切 yīqiè
一时 yīshí
一体 yītǐ
一同 yītóng
一线 yīxiàn
一向 yīxiàng
一心 yīxīn
一再 yīzài
一早 yīzǎo
一直 yīzhí
一致 yīzhì
衣 yī
衣服 yī · fu
衣裳 yī · shang
医 yī
医疗 yīliáo
医生 yīshēng
医学 yīxué
医药 yīyào
医院 yīyuàn
依 yī
依次 yīcì
依法 yīfǎ
依附 yīfù
依旧 yījiù
依据 yījù
依靠 yīkào
依赖 yīlài
依然 yīrán
依照 yīzhào
仪 yí
仪器 yíqì
仪式 yíshì
宜 yí
移 yí
移动 yídòng
移民 yímín
移植 yízhí
遗 yí
遗产 yíchǎn
遗传 yíchuán
遗憾 yíhàn
遗留 yíliú
遗址 yízhǐ
遗嘱 yízhǔ
疑 yí
疑惑 yíhuò
疑问 yíwèn
乙 yǐ
已 yǐ
已经 yǐ · jīng
以 yǐ
以便 yǐbiàn
以后 yǐhòu
以及 yǐjí
以来 yǐlái
以免 yǐmiǎn
以内 yǐnèi
以前 yǐqián
以外 yǐwài
以往 yǐwǎng
以为 yǐwéi
以下 yǐxià
以至 yǐzhì
以致 yǐzhì
矣 yǐ
蚁 yǐ
倚 yǐ
椅子 yǐ · zi
亿 yì
义 yì
义务 yìwù
艺 yì
艺术 yìshù
艺术家 yìshùjiā
议 yì
议会 yìhuì
议论 yìlùn
议员 yìyuán
亦 yì
异 yì
异常 yìcháng
抑制 yìzhì
役 yì
译 yì
易 yì

易于 yìyú
益 yì
意 yì
意见 yì · jiàn
意境 yìjìng
意识 yì · shí
意思 yì · si
意图 yìtú
意外 yìwài
意味 yìwèi
意象 yìxiàng
意义 yìyì
意志 yìzhì
毅然 yìrán
翼 yì
因 yīn
因此 yīncǐ
因地制宜 yīndìzhìyí
因而 yīn'ér
因果 yīnguǒ
因素 yīnsù
因为 yīn · wèi
因子 yīnzǐ
阴 yīn
阴谋 yīnmóu
阴阳 yīnyáng
阴影 yīnyǐng
音 yīn
音调 yīndiào
音阶 yīnjiē
音节 yīnjié
音响 yīnxiǎng
音乐 yīnyuè
银 yín
银行 yínháng
引 yǐn
引导 yǐndǎo
引进 yǐnjìn
引力 yǐnlì
引起 yǐnqǐ
引用 yǐnyòng
饮 yǐn
饮食 yǐnshí
隐 yǐn
隐蔽 yǐnbì
隐藏 yǐncáng
印 yìn
印刷 yìnshuā
印象 yìnxiàng
饮 yìn
应 yīng
应当 yīngdāng
应该 yīnggāi
英 yīng
英雄 yīngxióng
英勇 yīngyǒng
婴儿 yīng'ér
鹰 yīng
迎 yíng
迎接 yíngjiē
荧光屏 yíngguāngpíng
盈利 yínglì
营 yíng
营养 yíngyǎng
营业 yíngyè
赢得 yíngdé
影 yǐng
影片 yǐngpiàn
影响 yǐngxiǎng
影子 yǐng · zi
应 yìng
应付 yìng · fù
应用 yìngyòng
映 yìng
硬 yìng
拥 yōng
拥护 yōnghù
拥挤 yōngjǐ
拥有 yōngyǒu
永 yǒng
永恒 yǒnghéng
永久 yǒngjiǔ
永远 yǒngyuǎn
勇敢 yǒnggǎn
勇气 yǒngqì
勇于 yǒngyú
涌 yǒng
涌现 yǒngxiàn
用 yòng
用处 yòng · chù
用户 yònghù
用力 yònglì
用品 yòngpǐn
用途 yòngtú
优 yōu
优点 yōudiǎn
优惠 yōuhuì
优良 yōuliáng
优美 yōuměi
优势 yōushì
优先 yōuxiān
优秀 yōuxiù
优越 yōuyuè
优质 yōuzhì
忧郁 yōuyù
幽默 yōumò
悠久 yōujiǔ
尤 yóu
尤其 yóuqí
尤为 yóuwéi
由 yóu
由于 yóuyú
邮票 yóupiào
犹 yóu
犹如 yóurú
犹豫 yóuyù
油 yóu
油画 yóuhuà
油田 yóutián
铀 yóu
游 yóu
游击 yóujī
游击队 yóujīduì
游戏 yóuxì
游行 yóuxíng
游泳 yóuyǒng
友 yǒu
友好 yǒuhǎo
友人 yǒurén
友谊 yǒuyì

有 yǒu
有关 yǒuguān
有机 yǒujī
有力 yǒulì
有利 yǒulì
有名 yǒumíng
有趣 yǒuqù
有如 yǒurú
有时 yǒushí
有限 yǒuxiàn
有效 yǒuxiào
有益 yǒuyì
有意 yǒuyì
又 yòu
右 yòu
右边 yòu·biān
右手 yòushǒu
幼 yòu
幼虫 yòuchóng
幼儿 yòu'ér
幼苗 yòumiáo
幼年 yòunián
诱导 yòudǎo
于 yú
于是 yúshì
予 yú
余 yú
余地 yúdì
鱼 yú
娱乐 yúlè
渔 yú
渔业 yúyè
愉快 yúkuài
舆论 yúlùn
与 yǔ
与其 yǔqí
予 yǔ
予以 yǔyǐ
宇宙 yǔzhòu
羽 yǔ
羽毛 yǔmáo
雨 yǔ
雨水 yǔshuǐ
语 yǔ
语法 yǔfǎ
语句 yǔjù
语气 yǔqì
语文 yǔwén
语言 yǔyán
语音 yǔyīn
玉 yù
玉米 yùmǐ
育 yù
育种 yùzhǒng
预报 yùbào
预备 yùbèi
预测 yùcè
预定 yùdìng
预防 yùfáng
预计 yùjì
预料 yùliào
预期 yùqī
预算 yùsuàn
预先 yùxiān
预言 yùyán
域 yù
欲 yù
欲望 yùwàng
遇 yù
遇见 yù·jiàn
愈 yù
元 yuán
元素 yuánsù
园 yuán
员 yuán
袁 yuán
原 yuán
原材料 yuáncáiliào
原来 yuánlái
原理 yuánlǐ
原谅 yuánliàng
原料 yuánliào
原始 yuánshǐ
原先 yuánxiān
原因 yuányīn
原则 yuánzé
原子 yuánzǐ
原子核 yuánzǐhé
圆 yuán
圆心 yuánxīn
援助 yuánzhù
缘 yuán
缘故 yuángù
源 yuán
源泉 yuánquán
远 yuǎn
远方 yuǎnfāng
怨 yuàn
院 yuàn
院子 yuàn·zi
愿 yuàn
愿望 yuànwàng
愿意 yuàn·yì
曰 yuē
约 yuē
约束 yuēshù
月 yuè
月初 yuèchū
月份 yuèfèn
月光 yuèguāng
月亮 yuè·liang
月球 yuèqiú
乐 yuè
乐队 yuèduì
乐器 yuèqì
乐曲 yuèqǔ
阅读 yuèdú
跃 yuè
越 yuè
越冬 yuèdōng
越过 yuèguò
粤 yuè
云 yún
匀 yún
允许 yǔnxǔ
运 yùn
运动 yùndòng
运动员 yùndòngyuán
运输 yùnshū
运算 yùnsuàn

运行 yùnxíng
运用 yùnyòng
运转 yùnzhuǎn
韵 yùn
蕴藏 yùncáng
扎 zā
杂 zá
杂交 zájiāo
杂志 zázhì
杂质 zázhì
砸 zá
灾难 zāinàn
栽 zāi
栽培 zāipéi
再 zài
再见 zàijiàn
再现 zàixiàn
在 zài
在场 zàichǎng
在家 zàijiā
在于 zàiyú
载 zài
咱 zán
咱们 zán·men
暂 zàn
暂时 zànshí
赞成 zànchéng
赞美 zànměi
赞叹 zàntàn
赞扬 zànyáng
脏 zāng
脏 zàng
葬 zàng

藏 zàng
遭 zāo
遭受 zāoshòu
遭遇 zāoyù
糟 zāo
早 zǎo
早晨 zǎo·chén
早期 zǎoqī
早日 zǎorì
早上 zǎo·shang
早已 zǎoyǐ
藻 zǎo
灶 zào
造 zào
造就 zàojiù
造型 zàoxíng
则 zé
责 zé
责任 zérèn
责任感 zérèngǎn
贼 zéi
怎 zěn
怎么 zěn·me
怎么样 zěn·meyàng
怎样 zěnyàng
曾 zēng
增 zēng
增产 zēngchǎn
增多 zēngduō
增高 zēnggāo
增加 zēngjiā
增进 zēngjìn

增强 zēngqiáng
增添 zēngtiān
增长 zēngzhǎng
增殖 zēngzhí
扎 zhā
炸 zhá
眨 zhǎ
炸 zhà
炸弹 zhàdàn
摘 zhāi
窄 zhǎi
债 zhài
债务 zhàiwù
寨 zhài
占 zhān
沾 zhān
粘 zhān
盏 zhǎn
展 zhǎn
展开 zhǎnkāi
展览 zhǎnlǎn
展示 zhǎnshì
展现 zhǎnxiàn
崭新 zhǎnxīn
占 zhàn
占据 zhànjù
占领 zhànlǐng
占用 zhànyòng
占有 zhànyǒu
战 zhàn
战场 zhànchǎng
战斗 zhàndòu
战国 zhànguó

战略 zhànlüè
战胜 zhànshèng
战士 zhànshì
战术 zhànshù
战线 zhànxiàn
战役 zhànyì
战友 zhànyǒu
战争 zhànzhēng
站 zhàn
张 zhāng
章 zhāng
章程 zhāngchéng
长 zhǎng
长官 zhǎngguān
涨 zhǎng
掌 zhǎng
掌握 zhǎngwò
丈 zhàng
丈夫 zhàng·fu
仗 zhàng
帐 zhàng
帐篷 zhàng·peng
账 zhàng
胀 zhàng
涨 zhàng
障碍 zhàng'ài
招 zhāo
招待 zhāodài
招呼 zhāo·hu
招生 zhāoshēng
着 zhāo
朝 zhāo
着 zháo

着急 zháojí
找 zhǎo
召集 zhàojí
召开 zhàokāi
赵 zhào
照 zhào
照顾 zhào · gù
照例 zhàolì
照明 zhàomíng
照片 zhàopiàn
照射 zhàoshè
照相 zhàoxiàng
照相机 zhàoxiàngjī
照样 zhàoyàng
照耀 zhàoyào
遮 zhē
折 zhé
折磨 zhé · mó
折射 shéshè
哲学 zhéxué
者 zhě
这 zhè
这个 zhè · ge
这里 zhè · lǐ
这么 zhè · me
这儿 zhèr
这些 zhèxiē
这样 zhèyàng
针 zhēn
针对 zhēnduì
针灸 zhēnjiǔ
侦查 zhēnchá
侦察 zhēnchá
珍贵 zhēnguì
珍珠 zhēnzhū
真 zhēn
真诚 zhēnchéng
真空 zhēnkōng
真理 zhēnlǐ
真实 zhēnshí
真正 zhēnzhèng
诊断 zhěnduàn
枕头 zhěn · tou
阵 zhèn
阵地 zhèndì
振 zhèn
振荡 zhèndàng
振动 zhèndòng
振奋 zhènfèn
振兴 zhènxīng
震 zhèn
震动 zhèndòng
震惊 zhènjīng
镇 zhèn
镇压 zhènyā
争 zhēng
争夺 zhēngduó
争论 zhēnglùn
争取 zhēngqǔ
征 zhēng
征服 zhēngfú
征求 zhēngqiú
征收 zhēngshōu
挣 zhēng
睁 zhēng
蒸 zhēng
蒸发 zhēngfā
蒸气 zhēngqì
整 zhěng
整顿 zhěngdùn
整个 zhěnggè
整理 zhěnglǐ
整齐 zhěngqí
整体 zhěngtǐ
正 zhèng
正常 zhèngcháng
正当 zhèngdāng
正当 zhèngdàng
正规 zhèngguī
正好 zhènghǎo
正面 zhèngmiàn
正确 zhèngquè
正式 zhèngshì
正义 zhèngyì
正在 zhèngzài
证 zhèng
证据 zhèngjù
证明 zhèngmíng
证实 zhèngshí
证书 zhèngshū
郑 zhèng
政 zhèng
政策 zhèngcè
政党 zhèngdǎng
政府 zhèngfǔ
政权 zhèngquán
政委 zhèngwěi
政治 zhèngzhì
挣 zhèng
症 zhèng
症状 zhèngzhuàng
之 zhī
之后 zhīhòu
之前 zhīqián
支 zhī
支部 zhībù
支撑 zhīchēng
支持 zhīchí
支出 zhīchū
支队 zhīduì
支付 zhīfù
支配 zhīpèi
支援 zhīyuán
只 zhī
汁 zhī
枝 zhī
枝条 zhītiáo
枝叶 zhīyè
知 zhī
知道 zhī · dào
知觉 zhījué
知识 zhī · shi
肢 zhī
织 zhī
脂肪 zhīfáng
执行 zhíxíng
直 zhí
直观 zhíguān
直角 zhíjiǎo
直接 zhíjiē
直径 zhíjìng

直觉 zhíjué
直立 zhílì
直辖市 zhíxiáshì
直线 zhíxiàn
直至 zhízhì
值 zhí
值班 zhíbān
值得 zhí · dé
职 zhí
职工 zhígōng
职能 zhínéng
职权 zhíquán
职务 zhíwù
职业 zhíyè
职员 zhíyuán
职责 zhízé
植 zhí
植物 zhíwù
植株 zhízhū
殖 zhí
殖民 zhímín
殖民地 zhímíndì
止 zhǐ
只 zhǐ
只得 zhǐdé
只顾 zhǐgù
只好 zhǐhǎo
只是 zhǐshì
只要 zhǐyào
只有 zhǐyǒu
纸 zhǐ
指 zhǐ
指标 zhǐbiāo
指导 zhǐdǎo
指定 zhǐdìng
指挥 zhǐhuī
指令 zhǐlìng
指明 zhǐmíng
指示 zhǐshì
指数 zhǐshù
指责 zhǐzé
至 zhì
至此 zhìcǐ
至今 zhìjīn
至少 zhìshǎo
至于 zhìyú
志 zhì
制 zhì
制订 zhìdìng
制定 zhìdìng
制度 zhìdù
制品 zhìpǐn
制约 zhìyuē
制造 zhìzào
制止 zhìzhǐ
制作 zhìzuò
质 zhì
质变 zhìbiàn
质量 zhìliàng
质子 zhìzǐ
治 zhì
治安 zhì'ān
治理 zhìlǐ
治疗 zhìliáo
致 zhì
致富 zhìfù
致使 zhìshǐ
秩序 zhìxù
智 zhì
智慧 zhìhuì
智力 zhìlì
智能 zhìnéng
滞 zhì
置 zhì
中 zhōng
中等 zhōngděng
中断 zhōngduàn
中华 zhōnghuá
中间 zhōngjiān
中年 zhōngnián
中期 zhōngqī
中世纪 zhōngshìjì
中枢 zhōngshū
中外 zhōngwài
中午 zhōngwǔ
中心 zhōngxīn
中性 zhōngxìng
中学 zhōngxué
中学生 zhōngxuéshēng
中旬 zhōngxún
中央 zhōngyāng
中叶 zhōngyè
中医 zhōngyī
中原 zhōngyuán
中子 zhōngzǐ
忠诚 zhōngchéng
忠实 zhōngshí
终 zhōng
终究 zhōngjiū
终年 zhōngnián
终身 zhōngshēn
终于 zhōngyú
钟 zhōng
钟头 zhōngtóu
肿 zhǒng
肿瘤 zhǒngliú
种 zhǒng
种类 zhǒnglèi
种群 zhǒngqún
种子 zhǒngzi
种族 zhǒngzú
中 zhòng
中毒 zhòngdú
众 zhòng
众多 zhòngduō
众人 zhòngrén
种 zhòng
种植 zhòngzhí
重 zhòng
重大 zhòngdà
重点 zhòngdiǎn
重工业 zhònggōngyè
重力 zhònglì
重量 zhòngliàng
重视 zhòngshì
重要 zhòngyào
州 zhōu
周 zhōu
周年 zhōunián
周期 zhōuqī

周围 zhōuwéi
周转 zhōuzhuǎn
轴 zhóu
昼夜 zhòuyè
皱 zhòu
朱 zhū
珠 zhū
株 zhū
诸 zhū
诸如 zhūrú
猪 zhū
竹 zhú
逐 zhú
逐步 zhúbù
逐渐 zhújiàn
逐年 zhúnián
主 zhǔ
主编 zhǔbiān
主持 zhǔchí
主导 zhǔdǎo
主动 zhǔdòng
主观 zhǔguān
主管 zhǔguǎn
主教 zhǔjiào
主力 zhǔlì
主权 zhǔquán
主人 zhǔ · rén
主人公
zhǔréngōng
主任 zhǔrèn
主题 zhǔtí
主体 zhǔtǐ
主席 zhǔxí
主要 zhǔyào
主义 zhǔyì
主意
zhǔyi（zhúyi）
主语 zhǔyǔ
主张 zhǔzhāng
煮 zhǔ
属 zhǔ
嘱咐 zhǔ · fù
助 zhù
助手 zhùshǒu
住 zhù
住房 zhùfáng
住宅 zhùzhái
贮藏 zhùcáng
贮存 zhùcún
注 zhù
注射 zhùshè
注视 zhùshì
注意 zhùyì
注重 zhùzhòng
驻 zhù
柱 zhù
祝 zhù
祝贺 zhùhè
著 zhù
著名 zhùmíng
著作 zhùzuò
筑 zhù
抓 zhuā
抓紧 zhuājǐn
专 zhuān
专家 zhuānjiā
专利 zhuānlì
专门 zhuānmén
专题 zhuāntí
专业 zhuānyè
专用 zhuānyòng
专政 zhuānzhèng
专制 zhuānzhì
砖 zhuān
转 zhuǎn
转变 zhuǎnbiàn
转化 zhuǎnhuà
转换 zhuǎnhuàn
转身 zhuǎnshēn
转向 zhuǎnxiàng
转移 zhuǎnyí
传 zhuàn
转 zhuàn
转动 zhuàndòng
转向 zhuànxiàng
赚 zhuàn
庄 zhuāng
庄稼 zhuāng · jia
庄严 zhuāngyán
桩 zhuāng
装 zhuāng
装备 zhuāngbèi
装饰 zhuāngshì
装置 zhuāngzhì
壮 zhuàng
壮大 zhuàngdà
状 zhuàng
状况 zhuàngkuàng
状态 zhuàngtài
撞 zhuàng
幢 zhuàng
追 zhuī
追究 zhuījiū
追求 zhuīqiú
追逐 zhuīzhú
准 zhǔn
准备 zhǔnbèi
准确 zhǔnquè
准则 zhǔnzé
捉 zhuō
桌 zhuō
桌子 zhuō · zi
卓越 zhuóyuè
啄木鸟
zhuómùniǎo
着 zhuó
着手 zhuóshǒu
着重 zhuózhòng
琢磨 zhuómó
咨询 zīxún
姿势 zīshì
姿态 zītài
资 zī
资本 zīběn
资产 zīchǎn
资格 zī · gé
资金 zījīn
资料 zīliào
资源 zīyuán
滋味 zīwèi
子 zǐ
子弹 zǐdàn

子弟 zǐdì
子宫 zǐgōng
子女 zǐnǚ
子孙 zǐsūn
仔细 zǐxì
姊妹 zǐmèi
紫 zǐ
自 zì
自称 zìchēng
自从 zìcóng
自动 zìdòng
自动化 zìdònghuà
自发 zìfā
自豪 zìháo
自己 zìjǐ
自觉 zìjué
自力更生 zìlìgēngshēng
自然 zìrán
自然界 zìránjiè
自杀 zìshā
自身 zìshēn
自卫 zìwèi
自我 zìwǒ
自信 zìxìn
自行 zìxíng
自行车 zìxíngchē
自由 zìyóu
自愿 zìyuàn
自在 zìzài
自在 zì · zai
自治 zìzhì
自治区 zìzhìqū
自主 zìzhǔ
自转 zìzhuàn
字 zì
字母 zìmǔ
宗 zōng
宗教 zōngjiào
宗旨 zōngzhǐ
综合 zōnghé
总 zǒng
总额 zǒng'é
总和 zǒnghé
总结 zǒngjié
总理 zǒnglǐ
总数 zǒngshù
总算 zǒngsuàn
总体 zǒngtǐ
总统 zǒngtǒng
总之 zǒngzhī
纵 zòng
纵队 zòngduì
走 zǒu
走廊 zǒuláng
走向 zǒuxiàng
奏 zòu
租 zū
租界 zūjiè
足 zú
足够 zúgòu
足球 zúqiú
足以 zúyǐ
族 zú
阻 zǔ
阻碍 zǔ'ài
阻力 zǔlì
阻止 zǔzhǐ
组 zǔ
组合 zǔhé
组织 zǔzhī
祖 zǔ
祖父 zǔfù
祖国 zǔguó
祖母 zǔmǔ
祖先 zǔxiān
祖宗 zǔ · zong
钻 zuān
钻研 zuānyán
钻 zuàn
嘴 zuǐ
嘴巴 zuǐ · ba
嘴唇 zuǐchún
最 zuì
最初 zuìchū
最后 zuìhòu
最近 zuìjìn
最为 zuìwéi
最终 zuìzhōng
罪 zuì
罪恶 zuì'è
罪犯 zuìfàn
罪行 zuìxíng
醉 zuì
尊 zūn
尊敬 zūnjìng
尊严 zūnyán
尊重 zūnzhòng
遵守 zūnshǒu
遵循 zūnxún
昨天 zuótiān
琢磨 zuó · mo
左 zuǒ
左边 zuǒ · biān
左手 zuǒshǒu
左右 zuǒyòu
作 zuò
作法 zuòfǎ
作风 zuòfēng
作家 zuòjiā
作品 zuòpǐn
作为 zuòwéi
作物 zuòwù
作业 zuòyè
作用 zuòyòng
作战 zuòzhàn
作者 zuòzhě
坐 zuò
坐标 zuòbiāo
座 zuò
座位 zuò · wèi
做 zuò
做法 zuòfǎ
做梦 zuòmèng

表二

哀 āi
哀愁 āichóu
哀悼 āidào
哀求 āiqiú
哀伤 āishāng
哀怨 āiyuàn
哀乐 āiyuè
皑皑 ái'ái
癌 ái
矮小 ǎixiǎo
艾 ài
爱戴 àidài
爱抚 àifǔ
爱慕 àimù
爱惜 àixī
碍 ài
碍事 àishì
安插 ānchā
安顿 āndùn
安放 ānfàng
安分 ānfèn
安抚 ānfǔ
安家 ānjiā
安居乐业 ānjūlèyè
安理会 Ānlǐhuì
安宁 ānníng
安生 ānshēng
安稳 ānwěn
安息 ānxī
安闲 ānxián
安详 ānxiáng
安逸 ānyì
安葬 ānzàng
庵 ān
按摩 ànmó
按捺 ànnà
按钮 ànniǔ
按期 ànqī
按时 ànshí
按说 ànshuō
案例 ànlì
案情 ànqíng
案头 àntóu
案子 àn · zi
暗藏 àncáng
暗淡 àndàn
暗号 ànhào
暗杀 ànshā
暗自 ànzì
黯 àn
黯然 ànrán
昂 áng
昂贵 ángguì
昂然 ángrán
昂首 ángshǒu
昂扬 ángyáng
盎然 àngrán
凹陷 āoxiàn
遨游 áoyóu
鳌 áo
翱翔 áoxiáng
袄 ǎo
坳 ào
傲 ào
傲慢 àomàn
傲然 àorán
奥 ào
奥妙 àomiào
澳 ào
懊悔 àohuǐ
懊恼 àonǎo
懊丧 àosàng
八股 bāgǔ
八卦 bāguà
八仙桌 bāxiānzhuō
八字 bāzì
巴掌 bā · zhang
芭蕉 bājiāo
芭蕾舞 bālěiwǔ
疤 bā
疤痕 bāhén
拔除 báchú
拔节 bájié
拔腿 bátuǐ
跋涉 báshè
把柄 bǎbǐng
把持 bǎchí
把门儿 bǎménr
把手 bǎ · shǒu
把守 bǎshǒu
把戏 bǎxì
把子 bǎ · zi
靶 bǎ
靶场 bǎchǎng
坝 bà
把子 bà · zi
耙 bà
罢官 bàguān
罢课 bàkè
罢免 bàmiǎn
罢休 bàxiū
霸 bà
霸权 bàquán
霸王 bàwáng
霸占 bàzhàn
掰 bāi
白菜 báicài
白费 báifèi
白骨 báigǔ
白果 báiguǒ
白话 báihuà
白话文 báihuàwén
白桦 báihuà
白净 bái · jing
白酒 báijiǔ
白人 báirén
白日 báirì
白薯 báishǔ
白糖 báitáng
白皙 báixī
白眼 báiyǎn
白蚁 báiyǐ

白银 báiyín
白昼 báizhòu
百般 bǎibān
百分比 bǎifēnbǐ
百合 bǎihé
百花齐放
bǎihuāqífàng
百货 bǎihuò
百家争鸣
bǎijiāzhēngmíng
百科全书
bǎikēquánshū
百灵 bǎilíng
柏 bǎi
柏油 bǎiyóu
摆布 bǎi · bù
摆弄 bǎi · nòng
摆设 bǎi · shè
败坏 bàihuài
败仗 bàizhàng
拜访 bàifǎng
拜年 bàinián
扳 bān
班车 bānchē
班级 bānjí
班主任 bānzhǔrèn
班子 bān · zi
颁发 bānfā
斑 bān
斑白 bānbái
斑驳 bānbó
斑点 bāndiǎn
斑斓 bānlán
斑纹 bānwén
搬迁 bānqiān
搬用 bānyòng
板栗 bǎnlì
板子 bǎn · zi
版本 bǎnběn
版画 bǎnhuà
版面 bǎnmiàn
版权 bǎnquán
版图 bǎntú
办案 bàn'àn
办公 bàngōng
办学 bànxué
半边 bànbiān
半成品
bànchéngpǐn
半截 bànjié
半空 bànkōng
半路 bànlù
半途 bàntú
半圆 bànyuán
扮 bàn
伴侣 bànlǚ
拌 bàn
绊 bàn
邦 bāng
帮办 bāngbàn
帮工 bānggōng
帮手 bāng · shou
帮凶 bāngxiōng
梆 bāng
梆子 bāngzi
绑 bǎng
绑架 bǎngjià
榜 bǎng
膀 bǎng
膀子 bǎng · zi
蚌 bàng
棒槌 bàng · chui
棒球 bàngqiú
棒子 bàng · zi
傍 bàng
磅 bàng
包办 bāobàn
包庇 bāobì
包工 bāogōng
包裹 bāoguǒ
包涵 bāo · han
包揽 bāolǎn
包罗万象
bāoluówànxiàng
包容 bāoróng
包销 bāoxiāo
包扎 bāozā
包子 bāo · zi
苞 bāo
胞 bāo
剥 bāo
褒贬 bāo · biǎn
雹 báo
饱含 bǎohán
饱满 bǎomǎn
宝剑 bǎojiàn
宝库 bǎokù
宝塔 bǎotǎ
宝物 bǎowù
宝藏 bǎozàng
宝座 bǎozuò
保安 bǎo'ān
保护色 bǎohùsè
保健 bǎojiàn
保密 bǎomì
保姆 bǎomǔ
保全 bǎoquán
保温 bǎowēn
保险丝 bǎoxiǎnsī
保养 bǎoyǎng
保佑 bǎoyòu
保证金
bǎozhèngjīn
保证人
bǎozhèngrén
保重 bǎozhòng
堡 bǎo
堡垒 bǎolěi
报表 bàobiǎo
报仇 bàochóu
报答 bàodá
报导 bàodǎo
报到 bàodào
报废 bàofèi
报馆 bàoguǎn
报警 bàojǐng
报考 bàokǎo
报请 bàoqǐng
报社 bàoshè
报喜 bàoxǐ
报销 bàoxiāo
报信 bàoxìn

报应 bào · yìng
刨 bào
抱不平 bàobùpíng
抱负 bàofù
抱歉 bàoqiàn
抱怨 bào · yuàn
豹 bào
豹子 bào · zi
鲍鱼 bàoyú
暴 bào
暴发 bàofā
暴风雪 bàofēngxuě
暴风雨 bàofēngyǔ
暴君 bàojūn
暴乱 bàoluàn
暴徒 bàotú
暴行 bàoxíng
暴躁 bàozào
暴涨 bàozhǎng
爆 bào
爆裂 bàoliè
爆破 bàopò
爆竹 bàozhú
杯子 bēi · zi
卑 bēi
卑鄙 bēibǐ
卑劣 bēiliè
卑微 bēiwēi
卑下 bēixià
背包 bēibāo
悲 bēi
悲愤 bēifèn
悲观 bēiguān
悲苦 bēikǔ
悲凉 bēiliáng
悲伤 bēishāng
悲痛 bēitòng
悲壮 bēizhuàng
碑 bēi
碑文 bēiwén
北半球 běibànqiú
北边 běi · biān
北国 běiguó
北极 běijí
北极星 běijíxīng
贝壳 bèiké
备案 bèi'àn
备课 bèikè
备用 bèiyòng
备战 bèizhàn
背道而驰 bèidào'érchí
背风 bèifēng
背脊 bèijǐ
背离 bèilí
背面 bèimiàn
背叛 bèipàn
背诵 bèisòng
背心 bèixīn
背影 bèiyǐng
钡 bèi
倍数 bèishù
倍增 bèizēng
被单 bèidān
被褥 bèirù
奔波 bēnbō
奔驰 bēnchí
奔放 bēnfàng
奔赴 bēnfù
奔流 bēnliú
奔腾 bēnténg
奔涌 bēnyǒng
奔走 bēnzǒu
本部 běnbù
本分 běnfèn
本行 běnháng
本家 běnjiā
本科 běnkē
本钱 běn · qián
本色 běnsè
本土 běntǔ
本位 běnwèi
本义 běnyì
本意 běnyì
本原 běnyuán
本源 běnyuán
本子 běn · zi
笨重 bènzhòng
笨拙 bènzhuō
崩 bēng
绷 bēng
绷带 bēngdài
绷 běng
泵 bèng
迸 bèng
迸发 bèngfā
绷 bèng
逼近 bījìn
逼迫 bīpò
逼真 bīzhēn
鼻尖 bíjiān
鼻梁 bí · liáng
鼻腔 bíqiāng
鼻涕 bí · tì
鼻音 bíyīn
匕首 bǐshǒu
比方 bǐ · fang
比分 bǐfēn
比例尺 bǐlìchǐ
比率 bǐlǜ
比拟 bǐnǐ
比热 bǐrì
比武 bǐwǔ
比值 bǐzhí
彼岸 bǐ'àn
笔触 bǐchù
笔法 bǐfǎ
笔画 bǐhuà
笔迹 bǐjì
笔尖 bǐjiān
笔名 bǐmíng
笔墨 bǐmò
笔直 bǐzhí
鄙 bǐ
鄙视 bǐshì
鄙夷 bǐyí
币 bì
币制 bìzhì
必需品 bìxūpǐn
毕 bì
毕生 bìshēng

闭幕 bìmù
闭塞 bìsè
庇护 bìhù
陛下 bìxià
毙 bì
婢女 bìnǚ
痹 bì
辟 bì
弊端 bìduān
碧 bì
碧波 bìbō
碧绿 bìlǜ
蔽 bì
弊 bì
壁垒 bìlěi
避雷针 bìléizhēn
避风 bìfēng
避难 bìnàn
臂膀 bìbǎng
璧 bì
边陲 biānchuí
边防 biānfáng
边际 biānjì
边沿 biānyán
边远 biānyuǎn
编导 biāndǎo
编号 biānhào
编码 biānmǎ
编排 biānpái
编造 biānzào
编者 biānzhě
编织 biānzhī
编撰 biānzhuàn
编纂 biānzuǎn
鞭策 biāncè
鞭打 biāndǎ
鞭炮 biānpào
贬 biǎn
贬低 biǎndī
贬义 biǎnyì
贬值 biǎnzhí
扁担 biǎn · dan
匾 biǎn
变故 biàngù
变幻 biànhuàn
变卖 biànmài
变色 biànsè
变数 biànshù
变通 biàntōng
变相 biànxiàng
变性 biànxìng
变压器 biànyāqì
变样 biànyàng
变质 biànzhì
变种 biànzhǒng
便秘 biànmì
便衣 biànyī
遍布 biànbù
遍地 biàndì
遍及 biànjí
辨证 biànzhèng
辩 biàn
辩驳 biànbó
辩护人 biànhùrén
辩解 biànjiě
辩论 biànlùn
辫 biàn
辫子 biàn · zi
标榜 biāobǎng
标兵 biāobīng
标尺 biāochǐ
标的 biāodì
标记 biāojì
标明 biāomíng
标签 biāoqiān
标新立异 biāoxīnlìyì
膘 biāo
表白 biǎobái
表格 biǎogé
表决 biǎojué
表露 biǎolù
表率 biǎoshuài
表态 biǎotài
憋 biē
鳖 biē
别出心裁 biéchūxīncái
别具一格 biéjùyīgé
别开生面 biékāishēngmiàn
别名 biémíng
别墅 biéshù
别有用心 biéyǒuyòngxīn
别致 biézhì
瘪 biě
别扭 biè · niu
宾馆 bīnguǎn
宾客 bīnkè
宾语 bīnyǔ
宾主 bīnzhǔ
滨 bīn
濒临 bīnlín
濒于 bīnyú
摈弃 bìnqì
鬓 bìn
冰雹 bīngbáo
冰点 bīngdiǎn
冰冻 bīngdòng
冰窖 bīngjiào
冰晶 bīngjīng
冰冷 bīnglěng
冰凉 bīngliáng
冰山 bīngshān
冰天雪地 bīngtiānxuědì
冰箱 bīngxiāng
兵法 bīngfǎ
兵家 bīngjiā
兵器 bīngqì
兵团 bīngtuán
兵役 bīngyì
兵营 bīngyíng
兵站 bīngzhàn
兵种 bīngzhǒng
饼干 bǐnggān
饼子 bǐng · zi
屏息 bǐngxī
禀 bǐng
并发 bìngfā

并肩 bìngjiān
并进 bìngjìn
并举 bìngjǔ
并联 bìnglián
并列 bìngliè
并排 bìngpái
并行 bìngxíng
并重 bìngzhòng
病程 bìngchéng
病床 bìngchuáng
病房 bìngfáng
病根 bìnggēn
病故 bìnggù
病害 bìnghài
病号 bìnghào
病菌 bìngjūn
病例 bìnglì
病魔 bìngmó
病史 bìngshǐ
病榻 bìngtà
病态 bìngtài
病痛 bìngtòng
病因 bìngyīn
病员 bìngyuán
病原体 bìngyuántǐ
病灶 bìngzào
病症 bìngzhèng
摒弃 bìngqì
拨款 bōkuǎn
拨弄 bō · nong
波段 bōduàn
波峰 bōfēng
波谷 bōgǔ
波及 bōjí
波澜 bōlán
波涛 bōtāo
波纹 bōwén
波折 bōzhé
钵 bō
剥离 bōlí
剥蚀 bōshí
菠菜 bōcài
菠萝 bōluó
播 bō
播放 bōfàng
播送 bōsòng
伯父 bófù
伯乐 bólè
伯母 bómǔ
驳 bó
驳斥 bóchì
驳回 bóhuí
帛 bó
泊 bó
铂 bó
脖 bó
脖颈儿 bógěngr
博 bó
博爱 bó’ài
博大 bódà
博得 bódé
博览会 bólǎnhuì
博物馆 bówùguǎn
搏 bó
搏击 bójī
箔 bó
膊 bó
跛 bǒ
簸箕 bò · ji
卜 bǔ
补丁 bǔ · ding
补给 bǔjǐ
补救 bǔjiù
补课 bǔkè
补习 bǔxí
补助 bǔzhù
补足 bǔzú
捕获 bǔhuò
捕杀 bǔshā
哺乳 bǔrǔ
哺育 bǔyù
卜 bǔ
不啻 bùchì
不得了 bùdéliǎo
不得已 bùdéyǐ
不动产 bùdòngchǎn
不动声色 bùdòngshēngsè
不乏 bùfá
不法 bùfǎ
不凡 bùfán
不符 bùfú
不甘 bùgān
不敢当 bùgǎndāng
不计其数 bùjìqíshù
不见得 bùjiàn · dé
不胫而走 bùjìng’érzǒu
不可思议 bùkěsīyì
不可一世 bùkěyīshì
不力 bùlì
不妙 bùmiào
不配 bùpèi
不屈 bùqū
不忍 bùrěn
不善 bùshàn
不适 bùshì
不速之客 bùsùzhīkè
不祥 bùxiáng
不像话 bùxiànghuà
不孝 bùxiào
不屑 bùxiè
不懈 bùxiè
不休 bùxiū
不朽 bùxiǔ
不锈钢 bùxiùgāng
不言而喻 bùyán’éryù
不一 bùyī
不依 bùyī
不以为然 bùyǐwéirán
不由得 bùyóu · de
不约而同 bùyuē’értóng

不在乎 bùzài · hu
不只 bùzhǐ
不至于 bùzhìyú
布告 bùgào
布景 bùjǐng
布匹 bùpǐ
布衣 bùyī
步兵 bùbīng
步履 bùlǚ
步枪 bùqiāng
步行 bùxíng
部件 bùjiàn
部属 bùshǔ
部委 bùwěi
部下 bùxià
埠 bù
簿 bù
擦拭 cāshì
猜测 cāicè
猜想 cāixiǎng
猜疑 cāiyí
才干 cáigàn
才华 cáihuá
才智 cáizhì
财经 cáijīng
财会 cáikuài
财贸 cáimào
财权 cáiquán
财团 cáituán
财物 cáiwù
财源 cáiyuán
财主 cái · zhu
裁 cái

裁定 cáidìng
裁缝 cái · feng
裁减 cáijiǎn
裁剪 cáijiǎn
裁决 cáijué
裁军 cáijūn
裁判 cáipàn
采伐 cǎifá
采掘 cǎijué
采矿 cǎikuàng
采纳 cǎinà
采写 cǎixiě
采样 cǎiyàng
采油 cǎiyóu
采摘 cǎizhāi
彩电 cǎidiàn
彩虹 cǎihóng
彩绘 cǎihuì
彩礼 cǎilǐ
彩旗 cǎiqí
彩塑 cǎisù
彩陶 cǎitáo
睬 cǎi
菜场 càichǎng
菜刀 càidāo
菜蔬 càishū
菜肴 càiyáo
菜园 càiyuán
参见 cānjiàn
参军 cānjūn
参看 cānkàn
参赛 cānsài
参天 cāntiān

参议院 cānyìyuàn
参阅 cānyuè
参展 cānzhǎn
参战 cānzhàn
参政 cānzhèng
餐 cān
餐具 cānjù
餐厅 cāntīng
餐桌 cānzhuō
残暴 cánbào
残存 cáncún
残废 cánfèi
残害 cánhài
残疾 cán · jí
残留 cánliú
残破 cánpò
残缺 cánquē
残忍 cánrěn
残杀 cánshā
蚕豆 cándòu
蚕食 cánshí
蚕丝 cánsī
惭愧 cánkuì
惨 cǎn
惨案 cǎn’àn
惨白 cǎnbái
惨败 cǎnbài
惨死 cǎnsǐ
惨痛 cǎntòng
惨重 cǎnzhòng
仓促 cāngcù
仓皇 cānghuáng
苍 cāng

苍翠 cāngcuì
苍老 cānglǎo
苍茫 cāngmáng
苍穹 cāngqióng
苍天 cāngtiān
沧桑 cāngsāng
藏身 cángshēn
藏书 cángshū
操办 cāobàn
操场 cāochǎng
操持 cāochí
操劳 cāoláo
操练 cāoliàn
操心 cāoxīn
嘈杂 cáozá
草本 cǎoběn
草场 cǎochǎng
草丛 cǎocóng
草帽 cǎomào
草莓 cǎoméi
草拟 cǎonǐ
草皮 cǎopí
草坪 cǎopíng
草率 cǎoshuài
草图 cǎotú
草屋 cǎowū
草鞋 cǎoxié
草药 cǎoyào
厕所 cèsuǒ
侧耳 cè’ěr
侧身 cèshēn
测绘 cèhuì
测试 cèshì

测算 cèsuàn
策 cè
策动 cèdòng
策划 cèhuà
层出不穷 céngchūbùqióng
层面 céngmiàn
蹭 cèng
叉腰 chāyāo
杈 chā
差错 chācuò
差额 chā'é
插队 chāduì
插话 chāhuà
插曲 chāqǔ
插手 chāshǒu
插图 chātú
插秧 chāyāng
插嘴 chāzuǐ
茬 chá
茶点 chádiǎn
茶花 cháhuā
茶几 chájī
茶具 chájù
茶水 cháshuǐ
茶园 cháyuán
查处 cháchǔ
查对 cháduì
查获 cháhuò
查禁 chájìn
查看 chákàn
查问 cháwèn
查询 cháxún
查阅 cháyuè
查找 cházhǎo
察觉 chájué
杈 chà
岔 chà
刹 chà
刹那 chànà
诧异 chàyì
拆除 chāichú
拆毁 chāihuǐ
拆迁 chāiqiān
拆卸 chāixiè
差使 chāishǐ
差事 chāi · shi
柴火 chái · huo
柴油 cháiyóu
掺 chān
搀 chān
搀扶 chānfú
馋 chán
禅 chán
禅宗 chánzōng
缠绵 chánmián
缠绕 chánrào
蝉 chán
潺潺 chánchán
蟾蜍 chánchú
产妇 chǎnfù
产权 chǎnquán
产销 chǎnxiāo
铲 chǎn
铲除 chǎnchú
阐发 chǎnfā
阐释 chǎnshì
忏悔 chànhuǐ
颤 chàn
颤动 chàndòng
昌 chāng
猖獗 chāngjué
猖狂 chāngkuáng
娼妓 chāngjì
长臂猿 chángbìyuán
长波 chángbō
长笛 chángdí
长方形 chángfāngxíng
长工 chánggōng
长颈鹿 chángjǐnglù
长空 chángkōng
长年 chángnián
长袍 chángpáo
长跑 chángpǎo
长篇 chángpiān
长衫 chángshān
长寿 chángshòu
长叹 chángtàn
长途 chángtú
长线 chángxiàn
长夜 chángyè
长于 chángyú
长足 chángzú
肠胃 chángwèi
肠子 cháng · zi
尝新 chángxīn
常人 chángrén
常设 chángshè
常态 chángtài
常委 chángwěi
常温 chángwēn
常务 chángwù
常住 chángzhù
偿 cháng
偿付 chángfù
偿还 chánghuán
厂家 chǎngjiā
厂矿 chǎngkuàng
厂商 chǎngshāng
厂子 chǎng · zi
场景 chǎngjǐng
场子 chǎng · zi
敞 chǎng
敞开 chǎngkāi
怅惘 chàngwǎng
畅 chàng
畅快 chàngkuài
畅所欲言 chàngsuǒyùyán
畅谈 chàngtán
畅通 chàngtōng
畅销 chàngxiāo
倡 chàng
倡导 chàngdǎo
倡议 chàngyì
唱词 chàngcí
唱片 chàngpiàn
唱腔 chàngqiāng
唱戏 chàngxì

抄袭 chāoxí
抄写 chāoxiě
钞 chāo
钞票 chāopiào
超产 chāochǎn
超常 chāocháng
超导体 chāodǎotǐ
超级 chāojí
超前 chāoqián
超然 chāorán
超人 chāorén
超声波 chāoshēngbō
超脱 chāotuō
剿 chāo
巢穴 cháoxué
朝拜 cháobài
朝代 cháodài
朝向 cháoxiàng
朝阳 cháoyáng
朝野 cháoyě
朝政 cháozhèng
嘲讽 cháofěng
嘲弄 cháonòng
嘲笑 cháoxiào
潮水 cháoshuǐ
潮汐 cháoxī
吵架 chǎojià
吵闹 chǎonào
吵嘴 chǎozuǐ
车床 chēchuáng
车队 chēduì
车夫 chēfū
车祸 chēhuò
车门 chēmén
车身 chēshēn
车头 chētóu
扯皮 chěpí
彻 chè
撤换 chèhuàn
撤回 chèhuí
撤离 chèlí
撤退 chètuì
撤销 chèxiāo
撤职 chèzhí
澈 chè
抻 chēn
臣民 chénmín
尘埃 chén'āi
尘土 chéntǔ
辰 chén
沉寂 chénjì
沉降 chénjiàng
沉浸 chénjìn
沉静 chénjìng
沉沦 chénlún
沉闷 chénmèn
沉没 chénmò
沉睡 chénshuì
沉痛 chéntòng
沉吟 chényín
沉郁 chényù
沉醉 chénzuì
陈腐 chénfǔ
陈规 chénguī
陈迹 chénjì
陈列 chénliè
陈设 chénshè
晨 chén
晨光 chénguāng
晨曦 chénxī
衬 chèn
衬衫 chènshān
衬托 chèntuō
衬衣 chènyī
趁机 chènjī
趁势 chènshì
趁早 chènzǎo
称职 chènzhí
称霸 chēngbà
称道 chēngdào
称颂 chēngsòng
称谓 chēngwèi
撑腰 chēngyāo
成败 chéngbài
成才 chéngcái
成材 chéngcái
成风 chéngfēng
成活 chénghuó
成家 chéngjiā
成见 chéngjiàn
成交 chéngjiāo
成名 chéngmíng
成品 chéngpǐn
成亲 chéngqīn
成全 chéngquán
成书 chéngshū
成套 chéngtào
成天 chéngtiān
成行 chéngxíng
成形 chéngxíng
成因 chéngyīn
丞 chéng
丞相 chéngxiàng
诚然 chéngrán
诚心 chéngxīn
诚挚 chéngzhì
承办 chéngbàn
承继 chéngjì
承建 chéngjiàn
承袭 chéngxí
城堡 chéngbǎo
城郊 chéngjiāo
城楼 chénglóu
城墙 chéngqiáng
城区 chéngqū
乘法 chéngfǎ
乘方 chéngfāng
乘积 chéngjī
乘凉 chéngliáng
乘务员 chéngwùyuán
乘坐 chéngzuò
惩 chéng
惩办 chéngbàn
惩处 chéngchǔ
惩戒 chéngjiè
惩治 chéngzhì
澄清 chéngqīng
橙 chéng
吃不消 chī・bùxiāo
吃苦 chīkǔ

吃亏 chīkuī
吃水 chīshuǐ
吃香 chīxiāng
嗤 chī
痴 chī
痴呆 chīdāi
池子 chí · zi
驰骋 chíchěng
驰名 chímíng
迟到 chídào
迟缓 chíhuǎn
迟疑 chíyí
迟早 chízǎo
持之以恒
chízhīyǐhéng
持重 chízhòng
尺寸 chǐ · cùn
尺子 chǐ · zi
齿轮 chǐlún
齿龈 chǐyín
耻辱 chǐrǔ
斥 chì
斥责 chìzé
赤诚 chìchéng
赤裸 chìluǒ
赤手空拳
chìshǒukōngquán
赤字 chìzì
炽烈 chìliè
炽热 chìrè
冲淡 chōngdàn
冲锋 chōngfēng
冲积 chōngjī

冲刷 chōngshuā
冲天 chōngtiān
冲洗 chōngxǐ
冲撞 chōngzhuàng
充斥 chōngchì
充电 chōngdiàn
充饥 chōngjī
充沛 chōngpèi
充塞 chōngsè
充血 chōngxuè
充溢 chōngyì
充裕 chōngyù
舂 chōng
憧憬 chōngjǐng
虫害 chónghài
虫子 chóng · zi
重叠 chóngdié
重逢 chóngféng
重申 chóngshēn
重围 chóngwéi
重行 chóngxíng
重修 chóngxiū
重演 chóngyǎn
崇敬 chóngjìng
崇尚 chóngshàng
宠 chǒng
宠爱 chǒng'ài
宠儿 chǒng'ér
抽查 chōuchá
抽搐 chōuchù
抽打 chōudǎ
抽调 chōudiào
抽空 chōukòng

抽泣 chōuqì
抽签 chōuqiān
抽取 chōuqǔ
抽穗 chōusuì
抽屉 chōu · tì
抽样 chōuyàng
踌躇 chóuchú
仇 chóu
仇敌 chóudí
仇人 chóurén
仇视 chóushì
惆怅 chóuchàng
绸 chóu
绸缎 chóuduàn
绸子 chóu · zi
稠 chóu
稠密 chóumì
愁苦 chóukǔ
筹 chóu
筹办 chóubàn
筹备 chóubèi
筹措 chóucuò
筹划 chóuhuà
筹集 chóují
筹建 chóujiàn
丑恶 chǒu'è
丑陋 chǒulòu
臭氧 chòuyǎng
出兵 chūbīng
出差 chūchāi
出厂 chūchǎng
出场 chūchǎng
出动 chūdòng

出工 chūgōng
出海 chūhǎi
出击 chūjī
出家 chūjiā
出嫁 chūjià
出境 chūjìng
出类拔萃
chūlèibácuì
出力 chūlì
出马 chūmǎ
出面 chūmiàn
出苗 chūmiáo
出名 chūmíng
出没 chūmò
出品 chūpǐn
出其不意
chūqíbùyì
出奇 chūqí
出气 chūqì
出勤 chūqín
出人意料
chūrényìliào
出任 chūrèn
出入 chūrù
出山 chūshān
出神 chūshén
出生率
chūshēnglǜ
出师 chūshī
出使 chūshǐ
出示 chūshì
出世 chūshì
出事 chūshì

出手 chūshǒu
出台 chūtái
出头 chūtóu
出外 chūwài
出院 chūyuàn
出征 chūzhēng
出众 chūzhòng
出资 chūzī
出走 chūzǒu
出租 chūzū
初春 chūchūn
初等 chūděng
初冬 chūdōng
初恋 chūliàn
初年 chūnián
初秋 chūqiū
初夏 chūxià
初学 chūxué
除尘 chúchén
除法 chúfǎ
除外 chúwài
除夕 chúxī
厨 chú
厨师 chúshī
锄 chú
锄头 chú · tou
雏 chú
雏形 chúxíng
橱 chú
橱窗 chúchuāng
处方 chǔfāng
处决 chǔjué
处女 chǔnǚ
处世 chǔshì
处事 chǔshì
处死 chǔsǐ
处置 chǔzhì
储 chǔ
储藏 chǔcáng
处所 chùsuǒ
畜力 chùlì
畜生 chù · sheng
触电 chùdiàn
触动 chùdòng
触发 chùfā
触犯 chùfàn
触及 chùjí
触角 chùjiǎo
触觉 chùjué
触摸 chùmō
触目惊心 chùmùjīngxīn
触手 chùshǒu
触须 chùxū
矗立 chùlì
揣 chuāi
揣测 chuǎicè
揣摩 chuǎimó
踹 chuài
川剧 chuānjù
川流不息 chuānliúbùxī
穿插 chuānchā
穿刺 chuāncì
穿戴 chuāndài
穿孔 chuānkǒng
穿山甲 chuānshānjiǎ
穿梭 chuānsuō
穿行 chuānxíng
穿越 chuānyuè
传布 chuánbù
传承 chuánchéng
传单 chuándān
传道 chuándào
传教 chuánjiào
传令 chuánlìng
传奇 chuánqí
传染 chuánrǎn
传人 chuánrén
传神 chuánshén
传输 chuánshū
传送 chuánsòng
传诵 chuánsòng
传闻 chuánwén
传真 chuánzhēn
船舱 chuáncāng
船夫 chuánfū
船台 chuántái
船家 chuánjiā
船台 chuántái
船舷 chuánxián
船员 chuányuán
船闸 chuánzhá
喘气 chuǎnqì
喘息 chuǎnxī
创口 chuāngkǒu
疮 chuāng
疮疤 chuāngbā
窗帘 chuānglián
窗台 chuāngtái
床单 chuángdān
床铺 chuángpù
床位 chuángwèi
创汇 chuànghuì
创见 chuàngjiàn
创建 chuàngjiàn
创举 chuàngjǔ
创刊 chuàngkān
创设 chuàngshè
创始 chuàngshǐ
创业 chuàngyè
创制 chuàngzhì
炊烟 chuīyān
吹拂 chuīfú
吹牛 chuīniú
吹捧 chuīpěng
吹嘘 chuīxū
吹奏 chuīzòu
垂钓 chuídiào
垂柳 chuíliǔ
垂死 chuísǐ
垂危 chuíwēi
捶 chuí
锤炼 chuíliàn
锤子 chuí · zi
春分 chūnfēn
春风 chūnfēng
春耕 chūngēng
春光 chūnguāng
春雷 chūnléi
春色 chūnsè

纯度 chúndù
纯净 chúnjìng
纯真 chúnzhēn
纯正 chúnzhèng
淳朴 chúnpǔ
醇 chún
蠢 chǔn
蠢事 chǔnshì
戳 chuō
戳穿 chuōchuān
啜泣 chuòqì
绰号 chuòhào
词句 cíjù
祠 cí
祠堂 cítáng
瓷 cí
瓷器 cíqì
瓷砖 cízhuān
辞典 cídiǎn
辞退 cítuì
慈 cí
慈爱 cí'ài
慈悲 cíbēi
慈善 císhàn
慈祥 cíxiáng
磁带 cídài
磁化 cíhuà
磁极 cíjí
磁体 cítǐ
磁头 cítóu
磁性 cíxìng
雌蕊 círuǐ
雌性 cíxìng
雌雄 cíxióng
此间 cǐjiān
此起彼伏 cǐqǐbǐfú
次第 cìdì
次品 cìpǐn
次日 cìrì
刺刀 cìdāo
刺耳 cì'ěr
刺骨 cìgǔ
刺客 cìkè
刺杀 cìshā
刺猬 cì · wei
刺绣 cìxiù
刺眼 cìyǎn
赐予 cìyǔ
匆忙 cōngmáng
葱 cōng
聪慧 cōnghuì
从容 cóngróng
从军 cóngjūn
从属 cóngshǔ
从头 cóngtóu
从新 cóngxīn
从业 cóngyè
从众 cóngzhòng
丛林 cónglín
丛生 cóngshēng
丛书 cóngshū
凑合 còu · he
凑近 còujìn
凑巧 còuqiǎo
粗暴 cūbào
粗笨 cūbèn
粗布 cūbù
粗大 cūdà
粗放 cūfàng
粗犷 cūguǎng
粗鲁 cūlǔ
粗略 cūlüè
粗俗 cūsú
粗细 cūxì
粗心 cūxīn
粗野 cūyě
粗壮 cūzhuàng
醋 cù
簇拥 cùyōng
蹿 cuān
攒 cuán
篡夺 cuànduó
篡改 cuàngǎi
崔 cuī
催促 cuīcù
催化 cuīhuà
催化剂 cuīhuàjì
催眠 cuīmián
摧 cuī
璀璨 cuǐcàn
脆 cuì
脆弱 cuìruò
萃取 cuìqǔ
啐 cuì
淬火 cuìhuǒ
翠 cuì
翠绿 cuìlǜ
村落 cūnluò
村民 cūnmín
村寨 cūnzhài
村镇 cūnzhèn
皴 cūn
存储 cúnchǔ
存放 cúnfàng
存活 cúnhuó
存货 cúnhuò
存留 cúnliú
存亡 cúnwáng
存心 cúnxīn
存折 cúnzhé
搓 cuō
磋商 cuōshāng
撮 cuō
挫 cuò
挫败 cuòbài
挫伤 cuòshāng
锉 cuò
错过 cuòguò
错觉 cuòjué
错位 cuòwèi
错综复杂 cuòzōngfùzá
耷拉 dā · la
搭救 dājiù
搭配 dāpèi
搭讪 dā · shàn
答辩 dábiàn
答话 dáhuà
打岔 dǎchà
打点 dǎ · dian
打动 dǎdòng
打赌 dǎdǔ

打盹儿 dǎdǔnr
打发 dǎ · fa
打火机 dǎhuǒjī
打交道 dǎjiāo · dào
打搅 dǎjiǎo
打垮 dǎkuǎ
打捞 dǎlāo
打猎 dǎliè
打趣 dǎqù
打扰 dǎrǎo
打扫 dǎsǎo
打铁 dǎtiě
打通 dǎtōng
打消 dǎxiāo
打印 dǎyìn
打颤 dǎzhàn
打字 dǎzì
大白 dàbái
大本营 dàběnyíng
大便 dàbiàn
大不了 dà · bùliǎo
大肠 dàcháng
大潮 dàcháo
大车 dàchē
大抵 dàdǐ
大殿 dàdiàn
大度 dàdù
大法 dàfǎ
大凡 dàfán
大方 dàfāng
大方 dà · fang
大副 dàfù
大公无私
dàgōngwúsī
大鼓 dàgǔ
大褂 dàguà
大汉 dàhàn
大号 dàhào
大户 dàhù
大计 dàjì
大将 dàjiàng
大惊小怪
dàjīngxiǎoguài
大局 dàjú
大举 dàjǔ
大理石 dàlǐshí
大陆架 dàlùjià
大路 dàlù
大略 dàlüè
大麻 dàmá
大麦 dàmài
大米 dàmǐ
大气层 dàqìcéng
大气压 dàqìyā
大权 dàquán
大人物 dàrénwù
大赛 dàsài
大使 dàshǐ
大势 dàshì
大肆 dàsì
大同小异
dàtóngxiǎoyì
大腿 dàtuǐ
大喜 dàxǐ
大显身手
dàxiǎnshēnshǒu
大相径庭
dàxiāngjìngtíng
大修 dàxiū
大选 dàxuǎn
大雪 dàxuě
大雁 dàyàn
大业 dàyè
大义 dàyì
大专 dàzhuān
大宗 dàzōng
大作 dàzuò
呆板 dāibǎn
呆滞 dāizhì
歹徒 dǎitú
逮 dǎi
代办 dàibàn
代表作 dàibiǎozuò
代词 dàicí
代号 dàihào
代数 dàishù
玳瑁 dàimào
带电 dàidiàn
带劲 dàijìn
带路 dàilù
带子 dài · zi
贷 dài
待命 dàimìng
待业 dàiyè
怠工 dàigōng
怠慢 dàimàn
袋子 dài · zi
逮 dài
丹 dān
丹顶鹤 dāndǐnghè
担保 dānbǎo
担当 dāndāng
担架 dānjià
担忧 dānyōu
单薄 dānbó
单产 dānchǎn
单词 dāncí
单方 dānfāng
单干 dāngàn
单价 dānjià
单据 dānjù
单身 dānshēn
单项 dānxiàng
单衣 dānyī
单元 dānyuán
单子 dān · zi
耽搁 dān · ge
胆固醇 dǎngùchún
胆量 dǎnliàng
胆略 dǎnlüè
胆囊 dǎnnáng
胆怯 dǎnqiè
胆小鬼 dǎnxiǎoguǐ
胆汁 dǎnzhī
胆子 dǎn · zi
掸 dǎn
旦 dàn
旦角儿 dànjuér
诞辰 dànchén
淡薄 dànbó
淡化 dànhuà
淡漠 dànmò

淡然 dànrán
弹片 dànpiàn
弹头 dàntóu
弹药 dànyào
蛋糕 dàngāo
氮肥 dànféi
氮气 dànqì
当差 dāngchāi
当归 dāngguī
当家 dāngjiā
当量 dāngliàng
当面 dāngmiàn
当权 dāngquán
当日 dāngrì
当下 dāngxià
当心 dāngxīn
当众 dāngzhòng
裆 dāng
党籍 dǎngjí
党纪 dǎngjì
党派 dǎngpài
党团 dǎngtuán
党务 dǎngwù
党校 dǎngxiào
党章 dǎngzhāng
当铺 dàng · pù
当日 dàngrì
当晚 dàngwǎn
当夜 dàngyè
当真 dàngzhēn
荡 dàng
荡漾 dàngyàng
档 dàng
档次 dàngcì
刀枪 dāoqiāng
刀子 dāo · zi
导电 dǎodiàn
导航 dǎoháng
导热 dǎorè
导师 dǎoshī
导向 dǎoxiàng
导游 dǎoyóu
导语 dǎoyǔ
捣 dǎo
捣鬼 dǎoguǐ
捣毁 dǎohuǐ
捣乱 dǎoluàn
倒闭 dǎobì
倒伏 dǎofú
倒卖 dǎomài
倒塌 dǎotā
祷告 dǎogào
蹈 dǎo
到家 dàojiā
倒挂 dàoguà
倒立 dàolì
倒数 dàoshǔ
倒数 dàoshù
倒退 dàotuì
倒影 dàoyǐng
倒置 dàozhì
倒转 dàozhuǎn
倒转 dàozhuàn
盗 dào
盗贼 dàozéi
悼念 dàoniàn
道家 Dàojiā
道具 dàojù
道歉 dàoqiàn
道士 dàoshi
道喜 dàoxǐ
道谢 dàoxiè
道义 dàoyì
稻草 dàocǎo
稻子 dào · zi
得逞 déchěng
得当 dédàng
得分 défēn
得救 déjiù
得力 délì
得失 déshī
得体 détǐ
得天独厚 détiāndúhòu
得心应手 déxīnyìngshǒu
得罪 dézuì
灯火 dēnghuǒ
灯笼 dēng · long
灯塔 dēngtǎ
登场 dēngcháng
登场 dēngchǎng
登高 dēnggāo
登陆 dēnglù
登门 dēngmén
登山 dēngshān
登台 dēngtái
登载 dēngzǎi
等号 děnghào
等价 děngjià
等式 děngshì
等同 děngtóng
凳 dèng
凳子 dèng · zi
澄 dèng
瞪眼 dèngyǎn
低层 dīcéng
低潮 dīcháo
低沉 dīchén
低估 dīgū
低空 dīkōng
低廉 dīlián
低劣 dīliè
低落 dīluò
低能 dīnéng
低洼 dīwā
低微 dīwēi
低压 dīyā
堤 dī
堤坝 dībà
提防 dī · fang
滴灌 dīguàn
敌国 díguó
敌后 díhòu
敌寇 díkòu
敌情 díqíng
敌视 díshì
敌意 díyì
涤纶 dílún
笛 dí
笛子 dí · zi
嫡 dí

诋毁 dǐhuǐ
抵偿 dǐcháng
抵触 dǐchù
抵达 dǐdá
抵挡 dǐdǎng
抵消 dǐxiāo
抵押 dǐyā
抵御 dǐyù
底片 dǐpiàn
底细 dǐ · xì
底子 dǐ · zi
地产 dìchǎn
地磁 dìcí
地道 dìdào
地道 dì · dao
地段 dìduàn
地核 dìhé
地基 dìjī
地窖 dìjiào
地雷 dìléi
地力 dìlì
地幔 dìmàn
地盘 dìpán
地皮 dìpí
地平线 dìpíngxiàn
地热 dìrè
地毯 dìtǎn
地下室 dìxiàshì
地衣 dìyī
地狱 dìyù
地址 dìzhǐ
弟妹 dìmèi
帝王 dìwáng

帝制 dìzhì
递减 dìjiǎn
递增 dìzēng
谛听 dìtīng
蒂 dì
缔 dì
缔结 dìjié
缔约 dìyuē
掂 diān
滇 diān
颠 diān
颠簸 diānbǒ
颠倒 diāndǎo
颠覆 diānfù
巅 diān
典 diǎn
典范 diǎnfàn
典故 diǎngù
典籍 diǎnjí
典礼 diǎnlǐ
典雅 diǎnyǎ
点滴 diǎndī
点火 diǎnhuǒ
点名 diǎnmíng
点心 diǎn · xin
点缀 diǎn · zhuì
电表 diànbiǎo
电波 diànbō
电车 diànchē
电磁场 diàncíchǎng
电镀 diàndù
电工 diàngōng

电光 diànguāng
电焊 diànhàn
电机 diànjī
电极 diànjí
电解 diànjiě
电解质 diànjiězhì
电缆 diànlǎn
电铃 diànlíng
电炉 diànlú
电气 diànqì
电气化 diànqìhuà
电扇 diànshàn
电梯 diàntī
电筒 diàntǒng
电网 diànwǎng
电文 diànwén
电信 diànxìn
电讯 diànxùn
电影院 diànyǐngyuàn
佃 diàn
店铺 diànpù
店堂 diàntáng
店员 diànyuán
垫圈 diànquān
惦记 diàn · jì
惦念 diànniàn
奠 diàn
奠基 diànjī
殿 diàn
殿堂 diàntáng
殿下 diànxià
刁 diāo

刁难 diāonàn
叼 diāo
貂 diāo
碉堡 diāobǎo
雕琢 diāozhuó
吊环 diàohuán
钓 diào
钓竿 diàogān
调度 diàodù
掉换 diàohuàn
调集 diàojí
调配 diàopèi
调遣 diàoqiǎn
调运 diàoyùn
调子 diào · zi
掉队 diàoduì
掉头 diàotóu
跌落 diēluò
碟 dié
蝶 dié
叮 dīng
叮咛 dīngníng
叮嘱 dīngzhǔ
钉子 dīng · zi
顶峰 dǐngfēng
顶替 dǐngtì
鼎 dǐng
鼎盛 dǐngshèng
订购 dìnggòu
订婚 dìnghūn
订立 dìnglì
订阅 dìngyuè
订正 dìngzhèng

定点 dìngdiǎn
定都 dìngdū
订购 dìnggòu
定价 dìngjià
定居 dìngjū
定论 dìnglùn
定名 dìngmíng
定神 dìngshén
定时 dìngshí
定位 dìngwèi
定性 dìngxìng
定语 dìngyǔ
定员 dìngyuán
定罪 dìngzuì
锭 dìng
丢掉 diūdiào
丢脸 diūliǎn
丢人 diūrén
丢失 diūshī
东边 dōng · biān
东道主 dōngdàozhǔ
东风 dōngfēng
东家 dōng · jia
东经 dōngjīng
东正教 Dōngzhèngjiào
冬眠 dōngmián
冬至 dōngzhì
董 dǒng
董事 dǒngshì
董事会 dǒngshìhuì
懂事 dǒngshì

动产 dòngchǎn
动荡 dòngdàng
动工 dònggōng
动画片 dònghuàpiàn
动乱 dòngluàn
动情 dòngqíng
动身 dòngshēn
动弹 dòng · tan
动听 dòngtīng
动物园 dòngwùyuán
动向 dòngxiàng
动心 dòngxīn
动用 dòngyòng
动辄 dòngzhé
冻疮 dòngchuāng
冻结 dòngjié
栋 dòng
洞察 dòngchá
洞房 dòngfáng
洞穴 dòngxué
斗笠 dǒulì
抖动 dǒudòng
抖擞 dǒusǒu
陡 dǒu
陡坡 dǒupō
陡峭 dǒuqiào
陡然 dǒurán
斗志 dòuzhì
豆浆 dòujiāng
豆芽儿 dòuyár
豆子 dòu · zi

逗乐儿 dòulèr
逗留 dòuliú
痘 dòu
窦 dòu
都城 dūchéng
督 dū
督办 dūbàn
督促 dūcù
督军 dūjūn
嘟囔 dū · nang
毒草 dúcǎo
毒打 dúdǎ
毒害 dúhài
毒剂 dújì
毒品 dúpǐn
毒气 dúqì
毒蛇 dúshé
毒物 dúwù
毒药 dúyào
毒霸 dúbà
独白 dúbái
独裁 dúcái
独唱 dúchàng
独创 dúchuàng
独到 dúdào
独断 dúduàn
独家 dújiā
独身 dúshēn
独舞 dúwǔ
独一无二 dúyīwú'èr
独奏 dúzòu
读数 dúshù

读物 dúwù
读音 dúyīn
犊 dú
笃信 dǔxìn
堵截 dǔjié
堵塞 dǔsè
赌 dǔ
赌博 dǔbó
赌气 dǔqì
睹 dǔ
杜鹃 dùjuān
杜绝 dùjué
妒忌 dùjì
度量 dùliàng
度日 dùrì
渡船 dùchuán
渡口 dùkǒu
镀 dù
端午 duānwǔ
端详 duānxiáng
端庄 duānzhuāng
短波 duǎnbō
短处 duǎn · chù
短促 duǎncù
短工 duǎngōng
短路 duǎnlù
短跑 duǎnpǎo
短缺 duǎnquē
短线 duǎnxiàn
短小 duǎnxiǎo
短语 duǎnyǔ
段落 duànluò
断层 duàncéng

断绝 duànjué
断然 duànrán
断送 duànsòng
断言 duànyán
缎 duàn
缎子 duàn · zi
煅 duàn
锻 duàn
堆放 duīfàng
堆砌 duīqì
队列 duìliè
对岸 duì'àn
对策 duìcè
对答 duìdá
对等 duìděng
对接 duìjiē
对口 duìkǒu
对联 duìlián
对路 duìlù
对门 duìmén
对偶 duì'ǒu
对数 duìshù
对头 duì · tou
对虾 duìxiā
对峙 duìzhì
队列 duìliè
兑 duì
兑换 duìhuàn
兑现 duìxiàn
敦促 dūncù
墩 dūn
囤 dùn
炖 dùn

钝 dùn
盾 dùn
顿悟 dùnwù
多寡 duōguǎ
多亏 duōkuī
多情 duōqíng
多事 duōshì
多谢 duōxiè
多嘴 duōzuǐ
夺目 duómù
踱 duó
垛 duǒ
躲避 duǒbì
躲藏 duǒcáng
躲闪 duǒshǎn
剁 duò
垛 duò
舵 duò
堕 duò
堕落 duòluò
惰性 duòxìng
跺 duò
跺脚 duòjiǎo
鹅卵石 éluǎnshí
蛾子 é · zi
额定 édìng
额角 éjiǎo
额头 étóu
额外 éwài
厄运 èyùn
扼 è
扼杀 èshā
扼要 èyào

恶霸 èbà
恶臭 èchòu
恶毒 èdú
恶棍 ègùn
恶果 èguǒ
恶魔 èmó
恶人 èrén
恶习 èxí
恶性 èxìng
恶意 èyì
恶作剧 èzuòjù
鄂 È
萼片 èpiàn
遏止 èzhǐ
遏制 èzhì
愕然 èrán
腭 è
恩赐 ēncì
恩情 ēnqíng
恩人 ēnrén
儿科 érkē
儿孙 érsūn
儿戏 érxì
而今 érjīn
而后 érhòu
耳光 ěrguāng
耳环 ěrhuán
耳机 ěrjī
耳鸣 ěrmíng
耳目 ěrmù
耳语 ěryǔ
饵 ěr
二胡 èrhú

发报 fābào
发财 fācái
发愁 fāchóu
发呆 fādāi
发放 fāfàng
发疯 fāfēng
发还 fāhuán
发火 fāhuǒ
发酵 fājiào
发狂 fākuáng
发愣 fālèng
发毛 fāmáo
发霉 fāméi
发怒 fānù
发配 fāpèi
发票 fāpiào
发情 fāqíng
发球 fāqiú
发散 fāsàn
发烧 fāshāo
发誓 fāshì
发售 fāshòu
发送 fāsòng
发文 fāwén
发问 fāwèn
发笑 fāxiào
发泄 fāxiè
发言人 fāyánrén
发源 fāyuán
乏 fá
乏力 fálì
乏味 fáwèi
伐 fá

伐木 fámù
罚金 fájīn
阀 fá
筏 fá
法案 fǎ'àn
法宝 fǎbǎo
法典 fǎdiǎn
法纪 fǎjì
法权 fǎquán
法师 fǎshī
法术 fǎshù
法医 fǎyī
法治 fǎzhì
发型 fàxíng
帆 fān
帆布 fānbù
帆船 fānchuán
番茄 fānqié
藩镇 fānzhèn
翻案 fān'àn
翻动 fāndòng
翻滚 fāngǔn
翻腾 fānténg
翻阅 fānyuè
凡人 fánrén
凡事 fánshì
烦 fán
烦闷 fánmèn
烦躁 fánzào
繁复 fánfù
繁华 fánhuá
繁忙 fánmáng
繁茂 fánmào
繁盛 fánshèng
繁琐 fánsuǒ
繁星 fánxīng
繁衍 fányǎn
繁育 fányù
繁杂 fánzá
反比 fǎnbǐ
反驳 fǎnbó
反常 fǎncháng
反刍 fǎnchú
反倒 fǎndào
反感 fǎngǎn
反攻 fǎngōng
反光 fǎnguāng
反击 fǎnjī
反叛 fǎnpàn
反扑 fǎnpū
反思 fǎnsī
反问 fǎnwèn
反响 fǎnxiǎng
反省 fǎnxǐng
反义词 fǎnyìcí
反证 fǎnzhèng
返航 fǎnháng
返还 fǎnhuán
返青 fǎnqīng
犯法 fànfǎ
犯人 fànrén
饭菜 fàncài
饭馆儿 fànguǎnr
饭盒 fànhé
饭厅 fàntīng
饭碗 fànwǎn
饭桌 fànzhuō
泛滥 fànlàn
范例 fànlì
贩 fàn
贩卖 fànmài
贩运 fànyùn
贩子 fàn·zi
梵文 fànwén
方剂 fāngjì
方略 fānglüè
方位 fāngwèi
方向盘 fāngxiàngpán
方兴未艾 fāngxīngwèi'ài
方圆 fāngyuán
方桌 fāngzhuō
芳香 fāngxiāng
防备 fángbèi
防毒 fángdú
防范 fángfàn
防寒 fánghán
防洪 fánghóng
防护 fánghù
防护林 fánghùlín
防空 fángkōng
防守 fángshǒu
防卫 fángwèi
防务 fángwù
防线 fángxiàn
防汛 fángxùn
防疫 fángyì
妨害 fánghài
房产 fángchǎn
房东 fángdōng
房租 fángzū
仿 fǎng
仿效 fǎngxiào
仿照 fǎngzhào
仿制 fǎngzhì
纺 fǎng
纺织品 fǎngzhīpǐn
放大镜 fàngdàjìng
放电 fàngdiàn
放火 fànghuǒ
放假 fàngjià
放宽 fàngkuān
放牧 fàngmù
放炮 fàngpào
放任 fàngrèn
放哨 fàngshào
放射线 fàngshèxiàn
放声 fàngshēng
放手 fàngshǒu
放肆 fàngsì
放行 fàngxíng
放学 fàngxué
放眼 fàngyǎn
放养 fàngyǎng
放映 fàngyìng
放置 fàngzhì
放纵 fàngzòng
飞驰 fēichí
飞碟 fēidié
飞溅 fēijiàn

飞禽 fēiqín
飞速 fēisù
飞腾 fēiténg
飞天 fēitiān
飞艇 fēitǐng
飞舞 fēiwǔ
飞行器 fēixíngqì
飞行员 fēixíngyuán
飞扬 fēiyáng
飞越 fēiyuè
飞涨 fēizhǎng
妃 fēi
非得 fēiděi
非凡 fēifán
非难 fēinàn
非同小可 fēitóngxiǎokě
非议 fēiyì
绯红 fēihóng
肥大 féidà
肥厚 féihòu
肥力 féilì
肥胖 féipàng
肥水 féishuǐ
肥沃 féiwò
肥效 féixiào
肥皂 féizào
匪帮 fěibāng
匪徒 fěitú
诽谤 fěibàng
翡翠 fěicuì
吠 fèi
肺病 fèibìng
肺活量 fèihuóliàng
肺结核 fèijiéhé
肺炎 fèiyán
废话 fèihuà
废旧 fèijiù
废料 fèiliào
废品 fèipǐn
废气 fèiqì
废弃 fèiqì
废水 fèishuǐ
废物 fèiwù
废物 fèi · wu
废渣 fèizhā
废止 fèizhǐ
沸 fèi
沸点 fèidiǎn
沸水 fèishuǐ
费解 fèijiě
费劲 fèijìn
费力 fèilì
分辩 fēnbiàn
分兵 fēnbīng
分寸 fēn · cùn
分担 fēndān
分队 fēnduì
分发 fēnfā
分隔 fēngé
分管 fēnguǎn
分红 fēnhóng
分家 fēnjiā
分居 fēnjū
分流 fēnliú
分娩 fēnmiǎn
分蘖 fēnniè
分派 fēnpài
分清 fēnqīng
分手 fēnshǒu
分数 fēnshù
分水岭 fēnshuǐlǐng
分摊 fēntān
分头 fēntóu
分享 fēnxiǎng
芬芳 fēnfāng
纷繁 fēnfán
纷飞 fēnfēi
纷乱 fēnluàn
纷纭 fēnyún
纷争 fēnzhēng
氛围 fēnwéi
酚 fēn
坟 fén
坟地 féndì
坟墓 fénmù
坟头 féntóu
焚 fén
焚毁 fénhuǐ
焚烧 fénshāo
粉笔 fěnbǐ
粉尘 fěnchén
粉刺 fěncì
粉红 fěnhóng
粉剂 fěnjì
粉饰 fěnshì
分外 fènwài
份额 fèn'é
份儿 fènr
份子 fèn · zi
奋不顾身 fènbùgùshēn
奋发 fènfā
奋力 fènlì
奋起 fènqǐ
奋勇 fènyǒng
奋战 fènzhàn
粪便 fènbiàn
愤 fèn
愤恨 fènhèn
愤慨 fènkǎi
愤然 fènrán
丰产 fēngchǎn
丰厚 fēnghòu
丰满 fēngmǎn
丰年 fēngnián
丰盛 fēngshèng
丰硕 fēngshuò
丰腴 fēngyú
风波 fēngbō
风采 fēngcǎi
风潮 fēngcháo
风车 fēngchē
风驰电掣 fēngchídiànchè
风度 fēngdù
风帆 fēngfān
风寒 fēnghán
风化 fēnghuà
风浪 fēnglàng

风流 fēngliú
风貌 fēngmào
风靡 fēngmǐ
风起云涌 fēngqǐyúnyǒng
风情 fēngqíng
风趣 fēngqù
风沙 fēngshā
风尚 fēngshàng
风声 fēngshēng
风水 fēng · shuǐ
风味 fēngwèi
风箱 fēngxiāng
风向 fēngxiàng
风行 fēngxíng
风雅 fēngyǎ
风云 fēngyún
风韵 fēngyùn
风筝 fēng · zheng
风姿 fēngzī
枫 fēng
封面 fēngmiàn
疯 fēng
疯子 fēng · zi
烽火 fēnghuǒ
锋利 fēnglì
锋芒 fēngmáng
蜂巢 fēngcháo
蜂房 fēngfáng
蜂蜜 fēngmì
蜂王 fēngwáng
蜂窝 fēngwō
逢 féng

缝合 fénghé
缝纫 féngrèn
讽 fěng
凤 fèng
凤凰 fèng · huáng
奉命 fèngmìng
奉行 fèngxíng
缝隙 fèngxì
佛典 fódiǎn
佛法 fófǎ
佛经 fójīng
佛寺 fósì
佛像 fóxiàng
佛学 fóxué
否决 fǒujué
夫子 fūzǐ
肤浅 fūqiǎn
肤色 fūsè
孵 fū
敷 fū
敷衍 fūyǎn
弗 fú
伏击 fújī
伏贴 fútiē
芙蓉 fúróng
扶持 fúchí
扶贫 fúpín
扶桑 fúsāng
扶手 fú · shǒu
抚养 fǔyǎng
扶植 fúzhí
扶助 fúzhù
拂 fú

拂晓 fúxiǎo
服饰 fúshì
服侍 fú · shì
服药 fúyào
服役 fúyì
氟 fú
俘 fú
俘获 fúhuò
浮雕 fúdiāo
浮力 fúlì
浮现 fúxiàn
浮云 fúyún
浮肿 fúzhǒng
符 fú
辐 fú
福气 fúqi
福音 fúyīn
甫 fǔ
抚 fǔ
抚摩 fǔmó
抚慰 fǔwèi
抚养 fǔyǎng
抚育 fǔyù
斧头 fǔ · tóu
斧子 fǔ · zi
俯 fǔ
俯冲 fǔchōng
俯瞰 fǔkàn
俯视 fǔshì
俯首 fǔshǒu
辅 fǔ
辅导 fǔdǎo
腐化 fǔhuà

腐烂 fǔlàn
父辈 fùbèi
父老 fùlǎo
负电 fùdiàn
负荷 fùhè
负极 fùjí
负离子 fùlízǐ
负伤 fùshāng
负载 fùzài
负债 fùzhài
负重 fùzhòng
妇科 fùkē
附带 fùdài
附和 fùhè
附件 fùjiàn
附录 fùlù
附设 fùshè
附属 fùshǔ
附庸 fùyōng
复查 fùchá
复仇 fùchóu
复发 fùfā
复古 fùgǔ
复核 fùhé
复活 fùhuó
复述 fùshù
复苏 fùsū
复习 fùxí
复兴 fùxīng
复眼 fùyǎn
复议 fùyì
复员 fùyuán
复原 fùyuán

副本 fùběn
副词 fùcí
副官 fùguān
副刊 fùkān
副食 fùshí
副作用 fùzuòyòng
赋税 fùshuì
富贵 fùguì
富丽 fùlì
富强 fùqiáng
富饶 fùráo
富庶 fùshù
富翁 fùwēng
富足 fùzú
腹地 fùdì
腹膜 fùmó
腹腔 fùqiāng
腹泻 fùxiè
缚 fù
覆 fù
覆灭 fùmiè
改道 gǎidào
改动 gǎidòng
改观 gǎiguān
改行 gǎiháng
改换 gǎihuàn
改悔 gǎihuǐ
改嫁 gǎijià
改建 gǎijiàn
改口 gǎikǒu
改写 gǎixiě
改选 gǎixuǎn
改制 gǎizhì
改装 gǎizhuāng
盖子 gài · zi
概 gài
概况 gàikuàng
概论 gàilùn
概述 gàishù
干杯 gānbēi
干瘪 gānbiě
干冰 gānbīng
干草 gāncǎo
干涸 gānhé
干枯 gānkū
干粮 gān · liáng
甘 gān
甘草 gāncǎo
甘露 gānlù
甘薯 gānshǔ
甘愿 gānyuàn
甘蔗 gān · zhe
杆子 gān · zi
坩埚 gānguō
柑 gān
柑橘 gānjú
竿 gān
杆菌 gǎnjūn
杆子 gǎn · zi
秆 gǎn
赶场 gǎnchǎng
赶车 gǎnchē
赶集 gǎnjí
赶路 gǎnlù
感触 gǎnchù
感光 gǎnguāng
感化 gǎnhuà
感冒 gǎnmào
感人 gǎnrén
感伤 gǎnshāng
感叹 gǎntàn
感想 gǎnxiǎng
橄榄 gǎnlǎn
擀 gǎn
干劲 gànjìn
干流 gànliú
干事 gān · shi
干线 gànxiàn
赣 gàn
刚好 gānghǎo
刚健 gāngjiàn
刚劲 gāngjìng
刚强 gāngqiáng
肛门 gāngmén
纲要 gāngyào
钢板 gāngbǎn
钢笔 gāngbǐ
钢材 gāngcái
钢筋 gāngjīn
钢盔 gāngkuī
缸 gāng
岗 gǎng
港币 gǎngbì
港湾 gǎngwān
杠 gàng
杠杆 gànggǎn
杠子 gàng · zi
高昂 gāo'áng
高傲 gāo'ào
高倍 gāobèi
高层 gāocéng
高超 gāochāo
高档 gāodàng
高贵 gāoguì
高寒 gāohán
高价 gāojià
高举 gāojǔ
高亢 gāokàng
高考 gāokǎo
高粱 gāo · liang
高龄 gāolíng
高明 gāomíng
高能 gāonéng
高强 gāoqiáng
高热 gāorè
高烧 gāoshāo
高深 gāoshēn
高手 gāoshǒu
高耸 gāosǒng
高下 gāoxià
高效 gāoxiào
高血压 gāoxuèyā
高雅 gāoyǎ
羔 gāo
羔皮 gāopí
羔羊 gāoyáng
膏 gāo
膏药 gāo · yao
篙 gāo
糕 gāo
糕点 gāodiǎn
镐 gǎo

稿费 gǎofèi
稿件 gǎojiàn
稿纸 gǎozhǐ
稿子 gǎo · zi
告辞 gàocí
告发 gàofā
告急 gàojí
告诫 gàojiè
告示 gào · shì
告知 gàozhī
告终 gàozhōng
告状 gàozhuàng
戈壁 gēbì
哥们儿 gē · menr
搁置 gēzhì
割断 gēduàn
割据 gējù
割裂 gēliè
割让 gēràng
歌词 gēcí
歌喉 gēhóu
歌手 gēshǒu
歌星 gēxīng
歌咏 gēyǒng
革 gé
革除 géchú
阁 gé
阁楼 gélóu
阁下 géxià
格调 gédiào
格局 géjú
格律 gélǜ
格式 gé · shì

格言 géyán
格子 gé · zi
隔断 géduàn
隔阂 géhé
隔绝 géjué
隔膜 gémó
膈 gé
葛 gě
个子 gè · zi
各别 gèbié
根除 gēnchú
根基 gēnjī
根深蒂固 gēnshēndìgù
根治 gēnzhì
根子 gēn · zi
跟头 gēn · tou
跟踪 gēnzōng
更改 gēnggǎi
更换 gēnghuàn
更替 gēngtì
更正 gēngzhèng
庚 gēng
耕耘 gēngyún
耕种 gēngzhòng
羹 gēng
埂 gěng
耿 gěng
哽咽 gěngyè
梗 gěng
工段 gōngduàn
工分 gōngfēn
工匠 gōngjiàng

工矿 gōngkuàng
工龄 gōnglíng
工期 gōngqī
工钱 gōng · qián
工时 gōngshí
工事 gōngshì
工头 gōngtóu
工效 gōngxiào
工序 gōngxù
工艺品 gōngyìpǐn
工友 gōngyǒu
工种 gōngzhǒng
工作日 gōngzuòrì
弓子 gōng · zi
公案 gōng’àn
公报 gōngbào
公差 gōngchāi
公道 gōng · dào
公法 gōngfǎ
公费 gōngfèi
公告 gōnggào
公关 gōngguān
公馆 gōngguǎn
公海 gōnghǎi
公害 gōnghài
公函 gōnghán
工会 gōnghuì
公积金 gōngjījīn
公家 gōng · jiā
公款 gōngkuǎn
公墓 gōngmù
公婆 gōngpó
公仆 gōngpú

公然 gōngrán
公使 gōngshǐ
公事 gōngshì
公私 gōngsī
公诉 gōngsù
公文 gōngwén
公务 gōngwù
公务员 gōngwùyuán
公益 gōngyì
公用 gōngyòng
公寓 gōngyù
公约 gōngyuē
公债 gōngzhài
公证 gōngzhèng
公职 gōngzhí
公众 gōngzhòng
公转 gōngzhuàn
公子 gōngzǐ
功臣 gōngchén
功德 gōngdé
功绩 gōngjì
功劳 gōngláo
功力 gōnglì
功利 gōnglì
功名 gōngmíng
功效 gōngxiào
功勋 gōngxūn
功用 gōngyòng
攻打 gōngdǎ
攻读 gōngdú
攻关 gōngguān
攻克 gōngkè

攻破 gōngpò
攻势 gōngshì
攻陷 gōngxiàn
攻占 gōngzhàn
供销 gōngxiāo
供需 gōngxū
供养 gōngyǎng
宫殿 gōngdiàn
宫女 gōngnǚ
恭敬 gōngjìng
恭维 gōng · wéi
恭喜 gōngxǐ
躬 gōng
龚 Gōng
拱桥 gǒngqiáo
拱手 gǒngshǒu
共存 gòngcún
共和 gònghé
共计 gòngjì
共生 gòngshēng
共事 gòngshì
共通 gòngtōng
共性 gòngxìng
共振 gòngzhèn
贡 gòng
供奉 gòngfèng
供养 gòngyǎng
勾 gōu
勾画 gōuhuà
勾勒 gōulè
勾引 gōuyǐn
沟谷 gōugǔ
沟渠 gōuqú

钩子 gōu · zi
篝火 gōuhuǒ
苟且 gǒuqiě
狗熊 gǒuxióng
勾当 gòu · dàng
构件 gòujiàn
构图 gòutú
构想 gòuxiǎng
构筑 gòuzhù
购置 gòuzhì
垢 gòu
估 gū
估价 gūjià
估量 gū · liáng
估算 gūsuàn
姑姑 gū · gu
姑且 gūqiě
姑息 gūxī
孤 gū
孤单 gūdān
孤儿 gū’ér
孤寂 gūjì
孤军 gūjūn
孤僻 gūpì
辜负 gūfù
古董 gǔdǒng
古怪 gǔguài
古籍 gǔjí
古迹 gǔjì
古兰经 Gǔlánjīng
古朴 gǔpǔ
古书 gǔshū
古文 gǔwén

古音 gǔyīn
谷地 gǔdì
谷物 gǔwù
谷子 gǔ · zi
股东 gǔdōng
股份 gǔfèn
股金 gǔjīn
股息 gǔxī
骨灰 gǔhuī
骨架 gǔjià
骨盆 gǔpén
骨气 gǔqì
骨肉 gǔròu
骨髓 gǔsuǐ
骨折 gǔzhé
鼓动 gǔdòng
鼓膜 gǔmó
鼓掌 gǔzhǎng
固守 gùshǒu
固态 gùtài
故此 gùcǐ
故而 gù’ér
故宫 gùgōng
故国 gùguó
故土 gùtǔ
故障 gùzhàng
顾及 gùjí
顾忌 gùjì
顾名思义 gùmíngsīyì
顾盼 gùpàn
雇工 gùgōng
雇佣 gùyōng

雇用 gùyòng
雇员 gùyuán
雇主 gùzhǔ
瓜分 guāfēn
瓜子 guāzǐ
寡 guǎ
卦 guà
挂钩 guàgōu
挂念 guàniàn
挂帅 guàshuài
褂子 guà · zi
乖 guāi
拐棍 guǎigùn
拐弯 guǎiwān
拐杖 guǎizhàng
怪事 guàishì
怪异 guàiyì
关口 guānkǒu
关门 guānmén
关卡 guānqiǎ
关切 guānqiè
关税 guānshuì
关头 guāntóu
关押 guānyā
关照 guānzhào
观光 guānguāng
观摩 guānmó
观赏 guānshǎng
观望 guānwàng
官办 guānbàn
官场 guānchǎng
官方 guānfāng
官府 guānfǔ

官司 guān · si
官职 guānzhí
管家 guǎnjiā
管教 guǎnjiào
管事 guǎnshì
管弦乐 guǎnxiányuè
管用 guǎnyòng
管制 guǎnzhì
贯通 guàntōng
惯例 guànlì
惯用 guànyòng
灌木 guànmù
灌区 guànqū
灌输 guànshū
灌注 guànzhù
罐 guàn
罐头 guàn · tou
罐子 guàn · zi
光波 guāngbō
光度 guāngdù
光复 guāngfù
光顾 guānggù
光环 guānghuán
光洁 guāngjié
光临 guānglín
光能 guāngnéng
光年 guāngnián
光束 guāngshù
光速 guāngsù
光阴 guāngyīn
广博 guǎngbó
广度 guǎngdù
广袤 guǎngmào
广漠 guǎngmò
归队 guīduì
归附 guīfù
归还 guīhuán
归侨 guīqiáo
归属 guīshǔ
归宿 guīsù
归途 guītú
归于 guīyú
龟 guī
规 guī
规程 guīchéng
规范化 guīfànhuà
规劝 guīquàn
规章 guīzhāng
皈依 guīyī
瑰丽 guīlì
轨 guǐ
轨迹 guǐjì
诡辩 guǐbiàn
诡秘 guǐmì
鬼魂 guǐhún
鬼脸 guǐliǎn
鬼神 guǐshén
柜 guì
柜台 guìtái
柜子 guì · zi
贵宾 guìbīn
贵妃 guìfēi
贵贱 guìjiàn
贵人 guìrén
贵姓 guìxìng
贵重 guìzhòng
桂冠 guìguān
桂花 guìhuā
桂圆 guìyuán
滚动 gǔndòng
滚烫 gǔntàng
棍 gùn
棍棒 gùnbàng
棍子 gùn · zi
锅炉 guōlú
锅台 guōtái
锅子 guō · zi
国策 guócè
国产 guóchǎn
国度 guódù
国法 guófǎ
国歌 guógē
国画 guóhuà
国货 guóhuò
国籍 guójí
国界 guójiè
国境 guójìng
国君 guójūn
国库 guókù
国力 guólì
国立 guólì
国难 guónàn
国旗 guóqí
国庆 guóqìng
国人 guórén
国事 guóshì
国势 guóshì
国体 guótǐ
国务 guówù
国语 guóyǔ
果木 guǒmù
果皮 guǒpí
果品 guǒpǐn
果肉 guǒròu
果园 guǒyuán
果真 guǒzhēn
果子 guǒ · zi
过场 guòchǎng
过错 guòcuò
过道 guòdào
过冬 guòdōng
过关 guòguān
过火 guòhuǒ
过境 guòjìng
过量 guòliàng
过路 guòlù
过滤 guòlǜ
过敏 guòmǐn
过热 guòrè
过人 guòrén
过剩 guòshèng
过失 guòshī
过时 guòshí
过头 guòtóu
过往 guòwǎng
过问 guòwèn
过夜 guòyè
过瘾 guòyǐn
过硬 guòyìng
哈密瓜 hāmìguā
蛤蟆 há · ma

孩提 háití
海岸线 hǎi'ànxiàn
海报 hǎibào
海滨 hǎibīn
海潮 hǎicháo
海岛 hǎidǎo
海盗 hǎidào
海防 hǎifáng
海风 hǎifēng
海港 hǎigǎng
海口 hǎikǒu
海里 hǎilǐ
海流 hǎiliú
海轮 hǎilún
海绵 hǎimián
海参 hǎishēn
海市蜃楼 hǎishìshènlóu
海滩 hǎitān
海棠 hǎitáng
海豚 hǎitún
海峡 hǎixiá
海啸 hǎixiào
海员 hǎiyuán
海运 hǎiyùn
海蜇 hǎizhé
骇 hài
氦 hài
害处 hài · chù
害羞 hàixiū
酣 hān
酣睡 hānshuì
憨 hān
憨厚 hānhòu
鼾声 hānshēng
含糊 hán · hu
含混 hánhùn
含笑 hánxiào
含蓄 hánxù
含意 hányì
函 hán
函授 hánshòu
涵义 hányì
韩 hán
寒潮 háncháo
寒带 hándài
寒假 hánjià
寒噤 hánjìn
寒流 hánliú
寒气 hánqì
寒热 hánrè
寒暑 hánshǔ
寒暄 hánxuān
寒意 hányì
寒战 hánzhàn
罕 hǎn
喊叫 hǎnjiào
汗流浃背 hànliújiābèi
汗毛 hànmáo
汗衫 hànshān
旱地 hàndì
旱烟 hànyān
旱灾 hànzāi
捍卫 hànwèi
悍然 hànrán
焊 hàn
焊接 hànjiē
憾 hàn
行当 háng · dang
行会 hánghuì
行家 háng · jiā
行情 hángqíng
杭 Háng
航 háng
航程 hángchéng
航船 hángchuán
航道 hángdào
航路 hánglù
航天 hángtiān
航线 hángxiàn
航运 hángyùn
巷道 hàngdào
毫 háo
豪 háo
豪放 háofàng
豪华 háohuá
豪迈 háomài
豪情 háoqíng
豪爽 háoshuǎng
壕 háo
壕沟 háogōu
嚎 háo
嚎啕 háotáo
好歹 hǎodǎi
好感 hǎogǎn
好汉 hǎohàn
好评 hǎopíng
好受 hǎoshòu
好说 hǎoshuō
好似 hǎosì
好玩儿 hǎowánr
好笑 hǎoxiào
好心 hǎoxīn
好意 hǎoyì
郝 Hǎo
号称 hàochēng
号角 hàojiǎo
号令 hàolìng
号码 hàomǎ
好客 hàokè
好恶 hàowù
耗资 hàozī
浩大 hàodà
浩劫 hàojié
呵斥 hēchì
禾 hé
合唱 héchàng
合伙 héhuǒ
合击 héjī
合计 héjì
合流 héliú
合算 hésuàn
合体 hétǐ
合营 héyíng
合影 héyǐng
合用 héyòng
合资 hézī
合奏 hézòu
何尝 hécháng
何苦 hékǔ
何止 hézhǐ

和蔼 hé'ǎi
和缓 héhuǎn
和解 héjiě
和睦 hémù
和气 hé · qì
和声 héshēng
和约 héyuē
河床 héchuáng
河道 hédào
河谷 hégǔ
河口 hékǒu
河山 héshān
河滩 hétān
河豚 hétún
荷包 hé · bāo
核定 hédìng
核对 héduì
核能 hénéng
核实 héshí
核桃 hé · tao
核准 hézhǔn
核子 hézǐ
盒子 hé · zi
贺 hè
贺喜 hèxǐ
喝彩 hècǎi
赫 hè
赫然 hèrán
褐 hè
鹤 hè
壑 hè
黑白 hēibái
黑板 hēibǎn
黑洞 hēidòng
黑体 hēitǐ
痕 hén
狠 hěn
狠心 hěnxīn
恒定 héngdìng
恒温 héngwēn
恒心 héngxīn
横渡 héngdù
横亘 hénggèn
横贯 héngguàn
横扫 héngsǎo
横行 héngxíng
衡 héng
轰动 hōngdòng
轰击 hōngjī
轰鸣 hōngmíng
轰然 hōngrán
轰响 hōngxiǎng
轰炸 hōngzhà
烘 hōng
烘托 hōngtuō
弘扬 hóngyáng
红火 hóng · huo
红利 hónglì
红领巾 hónglǐngjīn
红木 hóngmù
红娘 hóngniáng
红润 hóngrùn
红烧 hóngshāo
红外线 hóngwàixiàn
红星 hóngxīng
红叶 hóngyè
红晕 hóngyùn
宏大 hóngdà
虹 hóng
洪亮 hóngliàng
洪流 hóngliú
鸿沟 hónggōu
侯 hóu
喉 hóu
喉舌 hóushé
吼 hǒu
吼叫 hǒujiào
吼声 hǒushēng
后备 hòubèi
后盾 hòudùn
后顾之忧 hòugùzhīyōu
后继 hòujì
后劲 hòujìn
后门 hòumén
后台 hòutái
后头 hòu · tou
后退 hòutuì
后卫 hòuwèi
后续 hòuxù
后裔 hòuyì
后院 hòuyuàn
厚薄 hòubó
厚道 hòu · dao
候补 hòubǔ
候鸟 hòuniǎo
候审 hòushěn
呼号 hūhào
呼叫 hūjiào
呼救 hūjiù
呼声 hūshēng
呼啸 hūxiào
呼应 hūyìng
忽而 hū'ér
狐狸 hú · li
狐疑 húyí
弧光 húguāng
胡乱 húluàn
胡萝卜 húluó · bo
胡闹 húnào
胡琴 hú · qin
胡同儿 hútòngr
胡须 húxū
糊 hú
唬 hǔ
互利 hùlì
户主 hùzhǔ
护理 hùlǐ
护送 hùsòng
护照 hùzhào
花白 huābái
花瓣 huābàn
花边 huābiān
花草 huācǎo
花丛 huācóng
花旦 huādàn
花萼 huā'è
花岗岩 huāgāngyán
花冠 huāguān

花卉 huāhuì
花轿 huājiào
花蕾 huālěi
花脸 huāliǎn
花蜜 huāmì
花木 huāmù
花鸟 huāniǎo
花瓶 huāpíng
花圃 huāpǔ
花期 huāqī
花圈 huāquān
花蕊 huāruǐ
花坛 huātán
花厅 huātīng
花样 huāyàng
华贵 huáguì
华丽 huálì
华美 huáměi
华人 huárén
华夏 huáxià
哗然 huárán
滑稽 huá · jī
滑轮 huálún
滑行 huáxíng
滑雪 huáxuě
化脓 huànóng
化身 huàshēn
化纤 huàxiān
化验 huàyàn
化妆 huàzhuāng
化妆品 huàzhuāngpǐn
化装 huàzhuāng
画报 huàbào
画笔 huàbǐ
画册 huàcè
画卷 huàjuàn
画廊 huàláng
画片 huàpiàn
画师 huàshī
画室 huàshì
画坛 huàtán
画图 huàtú
画外音 huàwàiyīn
画院 huàyuàn
画展 huàzhǎn
话音 huàyīn
桦 huà
怀孕 huáiyùn
淮 Huái
槐 huái
坏蛋 huàidàn
坏事 huàishì
坏死 huàisǐ
欢 huān
欢呼 huānhū
欢快 huānkuài
欢送 huānsòng
欢腾 huānténg
欢笑 huānxiào
欢心 huānxīn
欢欣 huānxīn
还击 huánjī
环抱 huánbào
环顾 huángù
环球 huánqiú
环绕 huánrào
环视 huánshì
环形 huánxíng
缓冲 huǎnchōng
缓解 huǎnjiě
缓刑 huǎnxíng
幻 huàn
幻灯 huàndēng
幻象 huànxiàng
幻影 huànyǐng
宦官 huànguān
换取 huànqǔ
换算 huànsuàn
唤醒 huànxǐng
涣散 huànsàn
患难 huànnàn
焕发 huànfā
焕然一新 huànrányīxīn
豢养 huànyǎng
荒诞 huāngdàn
荒地 huāngdì
荒废 huāngfèi
荒凉 huāngliáng
荒谬 huāngmiù
荒漠 huāngmò
荒僻 huāngpì
荒唐 huāng · táng
荒芜 huāngwú
荒野 huāngyě
荒原 huāngyuán
慌乱 huāngluàn
慌忙 huāngmáng
慌张 huāngzhāng
皇 huáng
皇宫 huánggōng
皇冠 huángguān
皇后 huánghòu
皇家 huángjiā
皇权 huángquán
皇上 huáng · shang
皇室 huángshì
黄疸 huángdǎn
黄澄澄 huángdēngdēng
黄帝 Huángdì
黄豆 huángdòu
黄瓜 huáng · guā
黄花 huánghuā
黄连 huánglián
黄鼠狼 huángshǔláng
黄莺 huángyīng
惶惑 huánghuò
惶恐 huángkǒng
蝗虫 huángchóng
簧 huáng
恍惚 huǎng · hū
恍然 huǎngrán
谎 huǎng
谎话 huǎnghuà
谎言 huǎngyán
幌子 huǎng · zi
晃动 huàngdòng
灰暗 huī'àn
灰白 huībái

灰烬 huījìn
灰心 huīxīn
诙谐 huīxié
挥动 huīdòng
挥发 huīfā
挥霍 huīhuò
挥手 huīshǒu
挥舞 huīwǔ
辉 huī
辉映 huīyìng
徽 huī
回报 huíbào
回荡 huídàng
回复 huífù
回归线 huíguīxiàn
回合 huíhé
回话 huíhuà
回环 huíhuán
回击 huíjī
回敬 huíjìng
回流 huíliú
回路 huílù
回身 huíshēn
回升 huíshēng
回声 huíshēng
回师 huíshī
回收 huíshōu
回首 huíshǒu
回味 huíwèi
回响 huíxiǎng
回想 huíxiǎng
回信 huíxìn
回旋 huíxuán
回忆录 huíyìlù
回音 huíyīn
回应 huíyìng
回转 huízhuǎn
洄游 huíyóu
蛔虫 huíchóng
悔 huǐ
悔改 huǐgǎi
悔恨 huǐhèn
毁坏 huǐhuài
汇 huì
汇编 huìbiān
汇合 huìhé
汇集 huìjí
汇率 huìlǜ
汇总 huìzǒng
会合 huìhé
会话 huìhuà
会聚 huìjù
会面 huìmiàn
会师 huìshī
会谈 huìtán
会堂 huìtáng
会晤 huìwù
会心 huìxīn
会意 huìyì
会战 huìzhàn
讳言 huìyán
荟萃 huìcuì
绘制 huìzhì
贿赂 huìlù
彗星 huìxīng
晦气 huì · qì
惠 huì
喙 huì
慧 huì
昏 hūn
昏暗 hūn'àn
昏黄 hūnhuáng
昏迷 hūnmí
昏睡 hūnshuì
荤 hūn
婚配 hūnpèi
婚事 hūnshì
浑 hún
浑厚 húnhòu
浑浊 húnzhuó
魂魄 húnpò
混沌 hùndùn
混合物 hùnhéwù
混凝土 hùnníngtǔ
混同 hùntóng
混杂 hùnzá
混战 hùnzhàn
浑浊 húnzhuó
豁 huō
豁口 huōkǒu
活命 huómìng
活期 huóqī
活塞 huósāi
活体 huótǐ
活捉 huózhuō
火把 huǒbǎ
火海 huǒhǎi
火红 huǒhóng
火候 huǒ · hou
火花 huǒhuā
火化 huǒhuà
火炬 huǒjù
火坑 huǒkēng
火力 huǒlì
火炉 huǒlú
火苗 huǒmiáo
火炮 huǒpào
火气 huǒ · qì
火器 huǒqì
火热 huǒrè
火速 huǒsù
火线 huǒxiàn
火药 huǒyào
火灾 huǒzāi
火葬 huǒzàng
火种 huǒzhǒng
伙 huǒ
伙房 huǒfáng
伙计 huǒ · ji
伙食 huǒ · shí
货场 huòchǎng
货车 huòchē
货款 huòkuǎn
货轮 huòlún
货色 huòsè
货源 huòyuán
货运 huòyùn
获悉 huòxī
祸 huò
祸害 huò · hài
惑 huò
霍 huò

霍乱 huòluàn
豁免 huòmiǎn
几率 jīlǜ
讥讽 jīfěng
讥笑 jīxiào
击败 jībài
击毙 jībì
击毁 jīhuǐ
击落 jīluò
饥 jī
机舱 jīcāng
机床 jīchuáng
机电 jīdiàn
机动 jīdòng
机井 jījǐng
机警 jījǐng
机理 jīlǐ
机灵 jī · ling
机密 jīmì
机敏 jīmǐn
机枪 jīqiāng
机遇 jīyù
机缘 jīyuán
机智 jīzhì
机组 jīzǔ
肌肤 jīfū
肌腱 jījiàn
肌体 jītǐ
积存 jīcún
积分 jīfēn
积聚 jījù
积蓄 jīxù
姬 jī

基本功 jīběngōng
基调 jīdiào
基石 jīshí
基数 jīshù
激昂 jī'áng
激荡 jīdàng
激愤 jīfèn
激化 jīhuà
激活 jīhuó
激进 jījìn
激流 jīliú
激怒 jīnù
激增 jīzēng
激战 jīzhàn
羁绊 jībàn
及格 jígé
及早 jízǎo
吉 jí
吉利 jílì
吉普车 jípǔchē
吉他 jítā
吉祥 jíxiáng
汲取 jíqǔ
级别 jíbié
级差 jíchā
极地 jídì
极点 jídiǎn
极度 jídù
极限 jíxiàn
即便 jíbiàn
即刻 jíkè
即日 jírì
即时 jíshí

即位 jíwèi
即兴 jíxìng
急促 jícù
急救 jíjiù
急遽 jíjù
急流 jíliú
急迫 jípò
急切 jíqiè
急事 jíshì
急速 jísù
急中生智 jízhōngshēngzhì
疾 jí
疾驰 jíchí
疾患 jíhuàn
疾苦 jíkǔ
棘手 jíshǒu
集成 jíchéng
集结 jíjié
集聚 jíjù
集权 jíquán
集市 jíshì
集训 jíxùn
集邮 jíyóu
集约 jíyuē
集镇 jízhèn
集装箱 jízhuāngxiāng
辑 jí
嫉妒 jídù
瘠 jí
几经 jǐjīng
几时 jǐshí

纪 Jǐ
给养 jǐyǎng
脊背 jǐbèi
脊梁 jǐ · liang
脊髓 jǐsuǐ
脊柱 jǐzhù
脊椎 jǐzhuī
戟 jǐ
麂 jǐ
计价 jìjià
计较 jìjiào
计量 jìliàng
计数 jìshù
记号 jì · hao
记事 jìshì
记述 jìshù
记性 jì · xing
记忆力 jìyìlì
伎俩 jìliǎng
纪年 jìnián
纪实 jìshí
纪要 jìyào
技法 jìfǎ
技工 jìgōng
技师 jìshī
忌 jì
忌讳 jì · huì
妓女 jìnǚ
季度 jìdù
剂量 jìliàng
迹象 jìxiàng
继承权 jìchéngquán

继而 jì'ér
继母 jìmǔ
继任 jìrèn
祭礼 jìlǐ
祭坛 jìtán
寄居 jìjū
寄予 jìyǔ
寂 jì
暨 jì
髻 jì
冀 jì
加班 jiābān
加倍 jiābèi
加法 jiāfǎ
加固 jiāgù
加油 jiāyóu
夹攻 jiāgōng
夹击 jiājī
夹杂 jiāzá
夹子 jiā · zi
佳话 jiāhuà
佳节 jiājié
佳肴 jiāyáo
佳作 jiāzuò
枷锁 jiāsuǒ
家产 jiāchǎn
家常 jiācháng
家访 jiāfǎng
家教 jiājiào
家境 jiājìng
家眷 jiājuàn
家禽 jiāqín
家业 jiāyè

家用 jiāyòng
家喻户晓
jiāyùhùxiǎo
家园 jiāyuán
嘉奖 jiājiǎng
荚 jiá
颊 jiá
甲虫 jiǎchóng
甲骨文 jiǎgǔwén
甲壳 jiǎqiào
甲鱼 jiǎyú
甲状腺
jiǎzhuàngxiàn
贾 jiǎ
钾肥 jiǎféi
假借 jiǎjiè
假冒 jiǎmào
假若 jiǎruò
假想 jiǎxiǎng
假象 jiǎxiàng
假意 jiǎyì
假装 jiǎzhuāng
驾 jià
驾驭 jiàyù
架空 jiàkōng
架设 jiàshè
架势 jià · shi
假期 jiàqī
假日 jiàrì
嫁妆 jià · zhuang
尖刀 jiāndāo
尖端 jiānduān
尖利 jiānlì

尖子 jiān · zi
奸 jiān
奸商 jiānshāng
歼 jiān
坚 jiān
坚韧 jiānrèn
坚守 jiānshǒu
坚信 jiānxìn
坚毅 jiānyì
坚贞 jiānzhēn
间距 jiānjù
肩负 jiānfù
肩胛 jiānjiǎ
肩头 jiāntóu
艰险 jiānxiǎn
艰辛 jiānxīn
监 jiān
监测 jiāncè
监察 jiānchá
监工 jiāngōng
监管 jiānguǎn
监禁 jiānjìn
监牢 jiānláo
兼备 jiānbèi
兼并 jiānbìng
兼顾 jiāngù
兼任 jiānrèn
兼职 jiānzhí
缄默 jiānmò
煎 jiān
煎熬 jiān'áo
茧子 jiǎn · zi
柬 jiǎn

检测 jiǎncè
检察 jiǎnchá
检举 jiǎnjǔ
检索 jiǎnsuǒ
检讨 jiǎntǎo
检修 jiǎnxiū
检疫 jiǎnyì
检阅 jiǎnyuè
减产 jiǎnchǎn
减低 jiǎndī
减免 jiǎnmiǎn
减速 jiǎnsù
减退 jiǎntuì
剪裁 jiǎncái
剪刀 jiǎndāo
剪纸 jiǎnzhǐ
剪子 jiǎn · zi
简便 jiǎnbiàn
简短 jiǎnduǎn
简洁 jiǎnjié
简介 jiǎnjiè
简练 jiǎnliàn
简陋 jiǎnlòu
简略 jiǎnlüè
简明 jiǎnmíng
简朴 jiǎnpǔ
简要 jiǎnyào
简易 jiǎnyì
见长 jiàncháng
见地 jiàndì
见识 jiànshi
见闻 jiànwén
见效 jiànxiào

见于 jiànyú
见证 jiànzhèng
间谍 jiàndié
间断 jiànduàn
间或 jiànhuò
间隙 jiànxì
间歇 jiànxiē
间作 jiànzuò
建材 jiàncái
建交 jiànjiāo
建树 jiànshù
建制 jiànzhì
荐 jiàn
贱 jiàn
涧 jiàn
健儿 jiàn'ér
健将 jiànjiàng
健美 jiànměi
健身 jiànshēn
舰 jiàn
舰队 jiànduì
舰艇 jiàntǐng
渐变 jiànbiàn
渐次 jiàncì
渐进 jiànjìn
谏 jiàn
践踏 jiàntà
毽子 jiàn · zi
腱 jiàn
溅 jiàn
鉴赏 jiànshǎng
鉴于 jiànyú
箭头 jiàntóu
江湖 jiānghú
江山 jiāngshān
将就 jiāng · jiu
姜 jiāng
僵 jiāng
僵化 jiānghuà
僵死 jiāngsǐ
僵硬 jiāngyìng
缰 jiāng
缰绳 jiāngshéng
疆 jiāng
疆域 jiāngyù
讲解 jiǎngjiě
讲理 jiǎnglǐ
讲求 jiǎngqiú
讲师 jiǎngshī
讲授 jiǎngshòu
讲台 jiǎngtái
讲坛 jiǎngtán
讲学 jiǎngxué
讲演 jiǎngyǎn
讲义 jiǎngyì
讲座 jiǎngzuò
奖惩 jiǎngchéng
奖品 jiǎngpǐn
奖券 jiǎngquàn
奖赏 jiǎngshǎng
奖章 jiǎngzhāng
奖状 jiǎngzhuàng
桨 jiǎng
匠 jiàng
降价 jiàngjià
降临 jiànglín
降生 jiàngshēng
降温 jiàngwēn
将领 jiànglǐng
将士 jiàngshì
绛 jiàng
酱 jiàng
酱油 jiàngyóu
犟 jiàng
交待 jiāodài
交道 jiāodào
交点 jiāodiǎn
交锋 jiāofēng
交付 jiāofù
交互 jiāohù
交还 jiāohuán
交汇 jiāohuì
交加 jiāojiā
交接 jiāojiē
交界 jiāojiè
交纳 jiāonà
交配 jiāopèi
交情 jiāo · qing
交融 jiāoróng
交涉 jiāoshè
交尾 jiāowěi
交响乐 jiāoxiǎngyuè
交易所 jiāoyìsuǒ
交战 jiāozhàn
郊 jiāo
郊外 jiāowài
郊野 jiāoyě
浇灌 jiāoguàn
娇 jiāo
娇嫩 jiāonèn
娇艳 jiāoyàn
胶布 jiāobù
胶片 jiāopiàn
教书 jiāoshū
椒 jiāo
焦距 jiāojù
焦虑 jiāolǜ
焦炭 jiāotàn
焦躁 jiāozào
焦灼 jiāozhuó
跤 jiāo
礁 jiāo
礁石 jiāoshí
角膜 jiǎomó
角质 jiǎozhì
狡猾 jiǎohuá
饺子 jiǎo · zi
绞 jiǎo
矫 jiǎo
矫健 jiǎojiàn
矫揉造作 jiǎoróuzàozuò
矫正 jiǎozhèng
矫治 jiǎozhì
皎洁 jiǎojié
脚背 jiǎobèi
脚跟 jiǎogēn
脚尖 jiǎojiān
脚手架 jiǎoshǒujià
脚掌 jiǎozhǎng
脚趾 jiǎozhǐ

搅拌 jiǎobàn
搅动 jiǎodòng
剿 jiǎo
缴 jiǎo
缴获 jiǎohuò
缴纳 jiǎonà
叫喊 jiàohǎn
叫好 jiàohǎo
叫唤 jiào · huan
叫卖 jiàomài
叫嚷 jiàorǎng
叫嚣 jiàoxiāo
校对 jiàoduì
校样 jiàoyàng
校正 jiàozhèng
轿 jiào
轿车 jiàochē
轿子 jiào · zi
较量 jiàoliàng
教案 jiào'àn
教程 jiàochéng
教官 jiàoguān
教规 jiàoguī
教化 jiàohuà
教皇 jiàohuáng
教诲 jiàohuì
教科书 jiàokēshū
教士 jiàoshì
教条 jiàotiáo
教徒 jiàotú
教务 jiàowù
教益 jiàoyì
窖 jiào

酵母 jiàomǔ
阶 jiē
阶梯 jiētī
接管 jiēguǎn
接合 jiēhé
接济 jiējì
接见 jiējiàn
接纳 jiēnà
接洽 jiēqià
接壤 jiērǎng
接生 jiēshēng
接替 jiētì
接头 jiētóu
接吻 jiēwěn
接线 jiēxiàn
接种 jiēzhòng
秸 jiē
秸秆 jiēgǎn
揭 jiē
揭穿 jiēchuān
揭发 jiēfā
揭晓 jiēxiǎo
街坊 jiē · fang
街市 jiēshì
节俭 jiéjiǎn
节律 jiélǜ
节能 jiénéng
节拍 jiépāi
节余 jiéyú
节制 jiézhì
劫 jié
劫持 jiéchí
杰作 jiézuò

洁 jié
洁净 jiéjìng
结伴 jiébàn
结核 jiéhé
结集 jiéjí
结膜 jiémó
结社 jiéshè
结石 jiéshí
结识 jiéshí
结尾 jiéwěi
结业 jiéyè
结余 jiéyú
捷 jié
捷报 jiébào
捷径 jiéjìng
睫毛 jiémáo
截断 jiéduàn
截面 jiémiàn
截取 jiéqǔ
截然 jiérán
截止 jiézhǐ
截至 jiézhì
竭 jié
姐夫 jiě · fu
解冻 jiědòng
解毒 jiědú
解雇 jiěgù
解救 jiějiù
解渴 jiěkě
解说 jiěshuō
解体 jiětǐ
介 jiè
介入 jièrù

介意 jièyì
戒备 jièbèi
戒律 jièlǜ
戒严 jièyán
戒指 jiè · zhi
届时 jièshí
界定 jièdìng
界面 jièmiàn
界线 jièxiàn
诫 jiè
借贷 jièdài
借以 jièyǐ
借重 jièzhòng
巾 jīn
金刚 jīngāng
金龟子 jīnguīzǐ
金黄 jīnhuáng
金库 jīnkù
金石 jīnshí
金丝猴 jīnsīhóu
金文 jīnwén
金星 jīnxīng
金鱼 jīnyú
金子 jīn · zi
金字塔 jīnzìtǎ
津贴 jīntiē
津液 jīnyè
矜持 jīnchí
筋 jīn
筋骨 jīngǔ
禁 jīn
禁不住 jīn · bùzhù
襟 jīn

尽早 jǐnzǎo
紧凑 jǐncòu
紧迫 jǐnpò
紧俏 jǐnqiào
紧缺 jǐnquē
紧缩 jǐnsuō
紧要 jǐnyào
锦 jǐn
锦旗 jǐnqí
锦绣 jǐnxiù
谨 jǐn
尽情 jìnqíng
尽头 jìntóu
尽心 jìnxīn
进逼 jìnbī
进餐 jìncān
进出 jìnchū
进度 jìndù
进发 jìnfā
进犯 jìnfàn
进贡 jìngòng
进货 jìnhuò
进食 jìnshí
进退 jìntuì
进位 jìnwèi
进行曲 jìnxíngqǔ
进修 jìnxiū
进驻 jìnzhù
近海 jìnhǎi
近郊 jìnjiāo
近邻 jìnlín
近旁 jìnpáng
近期 jìnqī

近亲 jìnqīn
近视 jìn · shì
劲头 jìntóu
晋级 jìnjí
晋升 jìnshēng
浸泡 jìnpào
浸润 jìnrùn
浸透 jìntòu
靳 Jìn
禁 jìn
禁锢 jìngù
禁忌 jìnjì
禁令 jìnlìng
禁区 jìnqū
京城 jīngchéng
京师 jīngshī
京戏 jīngxì
经纪人 jīngjìrén
经久 jīngjiǔ
经络 jīngluò
经脉 jīngmài
经贸 jīngmào
经商 jīngshāng
经书 jīngshū
经线 jīngxiàn
经销 jīngxiāo
经由 jīngyóu
荆 jīng
荆棘 jīngjí
惊诧 jīngchà
惊动 jīngdòng
惊愕 jīng'è
惊骇 jīnghài

惊慌 jīnghuāng
惊惶 jīnghuáng
惊恐 jīngkǒng
惊扰 jīngrǎo
惊叹 jīngtàn
惊吓 jīngxià
惊险 jīngxiǎn
惊疑 jīngyí
晶莹 jīngyíng
睛 jīng
精彩 jīngcǎi
精干 jīnggàn
精光 jīngguāng
精华 jīnghuá
精简 jīngjiǎn
精练 jīngliàn
精灵 jīng · líng
精美 jīngměi
精明 jīngmíng
精辟 jīngpì
精品 jīngpǐn
精巧 jīngqiǎo
精锐 jīngruì
精髓 jīngsuǐ
精通 jīngtōng
精微 jīngwēi
精益求精 jīngyìqiújīng
精英 jīngyīng
精湛 jīngzhàn
精制 jīngzhì
精致 jīngzhì
颈椎 jǐngzhuī

景观 jǐngguān
景况 jǐngkuàng
景致 jǐngzhì
警 jǐng
警报 jǐngbào
警备 jǐngbèi
警车 jǐngchē
警官 jǐngguān
警戒 jǐngjiè
警觉 jǐngjué
警犬 jǐngquǎn
警卫 jǐngwèi
劲旅 jìnglǚ
径直 jìngzhí
净土 jìngtǔ
竞 jìng
竞技 jìngjì
竞相 jìngxiāng
竞选 jìngxuǎn
敬爱 jìng'ài
敬礼 jìnglǐ
敬佩 jìngpèi
敬畏 jìngwèi
敬仰 jìngyǎng
敬意 jìngyì
敬重 jìngzhòng
静电 jìngdiàn
静谧 jìngmì
静默 jìngmò
静穆 jìngmù
静态 jìngtài
境况 jìngkuàng
境遇 jìngyù

镜框 jìngkuàng
镜片 jìngpiàn
炯炯 jiǒngjiǒng
窘 jiǒng
窘迫 jiǒngpò
纠 jiū
纠缠 jiūchán
纠葛 jiūgé
纠集 jiūjí
揪 jiū
久远 jiǔyuǎn
灸 jiǔ
韭菜 jiǔcài
酒吧 jiǔbā
酒店 jiǔdiàn
酒会 jiǔhuì
酒家 jiǔjiā
酒席 jiǔxí
旧历 jiùlì
旧式 jiùshì
旧址 jiùzhǐ
臼齿 jiùchǐ
厩 jiù
救护 jiùhù
救火 jiùhuǒ
救命 jiùmìng
救亡 jiùwáng
救援 jiùyuán
救灾 jiùzāi
救助 jiùzhù
就餐 jiùcān
就此 jiùcǐ
就地 jiùdì

就读 jiùdú
就近 jiùjìn
就任 jiùrèn
就绪 jiùxù
就学 jiùxué
就职 jiùzhí
就座 jiùzuò
舅妈 jiùmā
拘 jū
拘谨 jūjǐn
拘留 jūliú
拘泥 jūnì
拘束 jūshù
居留 jūliú
居室 jūshì
驹 jū
鞠躬 jūgōng
鞠躬尽瘁
jūgōngjìncuì
局促 júcù
菊 jú
橘子 jú · zi
沮丧 jǔsàng
矩 jǔ
矩形 jǔxíng
举例 jǔlì
举目 jǔmù
举止 jǔzhǐ
举重 jǔzhòng
举足轻重
jǔzúqīngzhòng
巨额 jù'é
巨人 jùrén

巨星 jùxīng
巨著 jùzhù
句法 jùfǎ
拒 jù
俱乐部 jùlèbù
剧变 jùbiàn
剧目 jùmù
剧情 jùqíng
剧院 jùyuàn
据悉 jùxī
惧 jù
惧怕 jùpà
锯 jù
锯齿 jùchǐ
聚变 jùbiàn
聚餐 jùcān
聚合 jùhé
聚会 jùhuì
聚积 jùjī
聚居 jùjū
踞 jù
捐款 juānkuǎn
捐税 juānshuì
捐赠 juānzèng
卷烟 juǎnyān
卷子 juàn · zi
倦 juàn
绢 juàn
眷恋 juànliàn
撅 juē
决断 juéduàn
决裂 juéliè
决赛 juésài

决死 juésǐ
决算 juésuàn
决意 juéyì
决战 juézhàn
诀 jué
诀别 juébié
诀窍 juéqiào
抉择 juézé
角逐 juézhú
觉醒 juéxǐng
绝迹 juéjì
绝技 juéjì
绝境 juéjìng
绝妙 juémiào
绝食 juéshí
绝缘 juéyuán
倔强 juéjiàng
掘 jué
崛起 juéqǐ
厥 jué
蕨 jué
爵 jué
爵士 juéshì
爵士乐 juéshìyuè
攫 jué
攫取 juéqǔ
倔 juè
军备 jūnbèi
军费 jūnfèi
军服 jūnfú
军工 jūngōng
军火 jūnhuǒ
军机 jūnjī

军礼 jūnlǐ
军粮 jūnliáng
军属 jūnshǔ
军务 jūnwù
军校 jūnxiào
军需 jūnxū
军训 jūnxùn
军医 jūnyī
军营 jūnyíng
军用 jūnyòng
军装 jūnzhuāng
均等 jūnděng
君权 jūnquán
君子 jūnzǐ
钧 jūn
俊 jùn
俊美 jùnměi
俊俏 jùnqiào
郡 jùn
峻 jùn
骏马 jùnmǎ
竣工 jùngōng
卡车 kǎchē
卡片 kǎpiàn
咯 kǎ
开场 kāichǎng
开车 kāichē
开春 kāichūn
开刀 kāidāo
开导 kāidǎo
开动 kāidòng
开端 kāiduān
开饭 kāifàn

开赴 kāifù
开工 kāigōng
开荒 kāihuāng
开火 kāihuǒ
开机 kāijī
开掘 kāijué
开朗 kāilǎng
开明 kāimíng
开炮 kāipào
开启 kāiqǐ
开窍 kāiqiào
开山 kāishān
开庭 kāitíng
开通 kāitōng
开脱 kāituō
开外 kāiwài
开销 kāixiāo
开心 kāixīn
开学 kāixué
开业 kāiyè
开凿 kāizáo
开战 kāizhàn
开张 kāizhāng
揩 kāi
凯歌 kǎigē
凯旋 kǎixuán
慨然 kǎirán
慨叹 kǎitàn
楷模 kǎimó
刊 kān
刊载 kānzǎi
看管 kānguǎn
看护 kānhù

看守 kānshǒu
勘测 kāncè
勘察 kānchá
堪 kān
坎 kǎn
坎坷 kǎnkě
砍伐 kǎnfá
看病 kànbìng
看不起 kàn·buqǐ
看穿 kànchuān
看好 kànhǎo
看台 kàntái
看透 kàntòu
看中 kànzhòng
看重 kànzhòng
看作 kànzuò
康 kāng
康复 kāngfù
慷慨 kāngkǎi
糠 kāng
亢奋 kàngfèn
亢进 kàngjìn
抗旱 kànghàn
抗衡 kànghéng
抗击 kàngjī
抗拒 kàngjù
抗体 kàngtǐ
抗原 kàngyuán
抗灾 kàngzāi
抗争 kàngzhēng
考查 kǎochá
考场 kǎochǎng
考究 kǎo·jiū

考据 kǎojù
考取 kǎoqǔ
考生 kǎoshēng
考问 kǎowèn
考证 kǎozhèng
烤 kǎo
烤火 kǎohuǒ
靠不住 kào·bùzhù
靠拢 kàolǒng
靠山 kàoshān
苛刻 kēkè
苛求 kēqiú
柯 kē
科班 kēbān
科举 kējǔ
科目 kēmù
科普 kēpǔ
科室 kēshì
磕 kē
磕头 kētóu
瞌睡 kēshuì
蝌蚪 kēdǒu
可悲 kěbēi
可耻 kěchǐ
可观 kěguān
可贵 kěguì
可恨 kěhèn
可口 kěkǒu
可取 kěqǔ
可恶 kěwù
可喜 kěxǐ
可行 kěxíng
可疑 kěyí

渴 kě
渴求 kěqiú
克己 kèjǐ
克制 kèzhì
刻板 kèbǎn
刻薄 kèbó
刻不容缓 kèbùrónghuǎn
恪守 kèshǒu
客车 kèchē
客房 kèfáng
客户 kèhù
客机 kèjī
客轮 kèlún
客商 kèshāng
客运 kèyùn
课外 kèwài
课文 kèwén
课余 kèyú
垦 kěn
垦荒 kěnhuāng
恳切 kěnqiè
恳求 kěnqiú
坑道 kēngdào
吭声 kēngshēng
铿锵 kēngqiāng
空洞 kōngdòng
空话 kōnghuà
空旷 kōngkuàng
空谈 kōngtán
空投 kōngtóu
空袭 kōngxí
空想 kōngxiǎng
空心 kōngxīn
孔洞 kǒngdòng
孔隙 kǒngxì
恐 kǒng
恐吓 kǒnghè
恐龙 kǒnglóng
空地 kòngdì
空隙 kòngxì
空闲 kòngxián
空子 kòng · zi
控 kòng
控告 kònggào
控诉 kòngsù
抠 kōu
口岸 kǒu'àn
口服 kǒufú
口角 kǒujiǎo
口径 kǒujìng
口诀 kǒujué
口粮 kǒuliáng
口令 kǒulìng
口琴 kǒuqín
口哨 kǒushào
口水 kǒushuǐ
口味 kǒuwèi
口吻 kǒuwěn
口音 kǒuyīn
口罩 kǒuzhào
口子 kǒu · zi
叩 kòu
叩头 kòutóu
扣除 kòuchú
扣留 kòuliú
扣押 kòuyā
扣子 kòu · zi
寇 kòu
枯 kū
枯黄 kūhuáng
枯竭 kūjié
枯萎 kūwěi
枯燥 kūzào
哭泣 kūqì
哭诉 kūsù
窟 kū
窟窿 kū · long
苦果 kǔguǒ
苦力 kǔlì
苦闷 kǔmèn
苦涩 kǔsè
苦痛 kǔtòng
苦头 kǔtóu
苦笑 kǔxiào
苦心 kǔxīn
苦于 kǔyú
苦战 kǔzhàn
苦衷 kǔzhōng
库房 kùfáng
裤 kù
裤脚 kùjiǎo
裤腿 kùtuǐ
酷 kù
酷爱 kù'ài
酷热 kùrè
酷暑 kùshǔ
酷似 kùsì
夸 kuā
夸大 kuādà
夸奖 kuājiǎng
夸耀 kuāyào
垮 kuǎ
垮台 kuǎtái
挎 kuà
挎包 kuàbāo
跨度 kuàdù
跨越 kuàyuè
快感 kuàigǎn
快慢 kuàimàn
快艇 kuàitǐng
快意 kuàiyì
脍炙人口 kuàizhìrénkǒu
宽敞 kuān · chǎng
宽度 kuāndù
宽广 kuānguǎng
宽厚 kuānhòu
宽容 kuānróng
宽恕 kuānshù
宽慰 kuānwèi
宽裕 kuānyù
款待 kuǎndài
款式 kuǎnshì
款项 kuǎnxiàng
狂奔 kuángbēn
狂风 kuángfēng
狂欢 kuánghuān
狂热 kuángrè
狂妄 kuángwàng
狂喜 kuángxǐ
狂笑 kuángxiào

旷 kuàng
旷工 kuànggōng
旷野 kuàngyě
况 kuàng
矿藏 kuàngcáng
矿床 kuàngchuáng
矿工 kuànggōng
矿井 kuàngjǐng
矿区 kuàngqū
矿山 kuàngshān
矿石 kuàngshí
矿业 kuàngyè
框 kuàng
框架 kuàngjià
框子 kuàng · zi
眶 kuàng
亏本 kuīběn
盔 kuī
窥 kuī
窥见 kuījiàn
窥探 kuītàn
奎 kuí
葵花 kuíhuā
魁梧 kuí · wú
傀儡 kuǐlěi
匮乏 kuìfá
溃 kuì
溃烂 kuìlàn
溃疡 kuìyáng
愧 kuì
坤 kūn
昆曲 kūnqǔ
困惑 kùnhuò
困苦 kùnkǔ
困扰 kùnrǎo
扩 kuò
扩充 kuòchōng
扩建 kuòjiàn
括 kuò
括号 kuòhào
阔气 kuò · qi
廓 kuò
拉力 lālì
拉拢 lā · lǒng
喇嘛 lǎ · ma
腊 là
蜡梅 làméi
腊月 làyuè
辣 là
来宾 láibīn
来电 láidiàn
来访 láifǎng
来客 láikè
来历 láilì
来龙去脉 láilóngqùmài
来年 láinián
来去 láiqù
来世 láishì
来势 láishì
来意 láiyì
来者 láizhě
癞 lài
兰花 lánhuā
拦 lán
拦截 lánjié
拦腰 lányāo
拦阻 lánzǔ
栏杆 lángān
蓝图 lántú
篮 lán
篮球 lánqiú
篮子 lán · zi
览 lǎn
揽 lǎn
缆 lǎn
懒 lǎn
懒得 lǎn · de
懒惰 lǎnduò
懒汉 lǎnhàn
懒散 lǎnsǎn
烂泥 lànní
滥 làn
滥用 lànyòng
郎 láng
狼狈 lángbèi
廊 láng
朗读 lǎngdú
朗诵 lǎngsòng
浪潮 làngcháo
浪漫 làngmàn
浪涛 làngtāo
浪头 làng · tou
劳工 láogōng
劳驾 láojià
劳教 láojiào
劳苦 láokǔ
劳累 láolèi
劳模 láomó
劳务 láowù
劳役 láoyì
劳资 láozī
劳作 láozuò
牢房 láofáng
牢记 láojì
牢笼 láolóng
牢骚 láo · sāo
牢狱 láoyù
老伯 lǎobó
老化 lǎohuà
老家 lǎojiā
老练 lǎoliàn
老少 lǎoshào
老生 lǎoshēng
老式 lǎoshì
老天爷 lǎotiānyé
老头儿 lǎotóur
老鹰 lǎoyīng
老者 lǎozhě
老总 lǎozǒng
姥姥 lǎo · lao
烙 lào
烙印 làoyìn
涝 lào
乐趣 lèqù
乐意 lèyì
乐于 lèyú
乐园 lèyuán
勒 lè
勒令 lèlìng
勒索 lèsuǒ
勒 lè

累赘 léi · zhui
雷暴 léibào
雷电 léidiàn
雷鸣 léimíng
雷同 léitóng
雷雨 léiyǔ
擂 léi
镭 léi
垒 lěi
累积 lěijī
累及 lěijí
累计 lěijì
肋 lèi
肋骨 lèigǔ
泪痕 lèihén
泪花 lèihuā
泪眼 lèiyǎn
泪珠 lèizhū
类比 lèibǐ
类别 lèibié
类推 lèituī
擂 lèi
棱 léng
棱角 léngjiǎo
棱镜 léngjìng
冷不防 lěng · bùfáng
冷藏 lěngcáng
冷淡 lěngdàn
冷冻 lěngdòng
冷风 lěngfēng
冷汗 lěnghàn
冷峻 lěngjùn
冷酷 lěngkù
冷落 lěngluò
冷漠 lěngmò
冷凝 lěngníng
冷暖 lěngnuǎn
冷气 lěngqì
冷清 lěng · qīng
冷眼 lěngyǎn
冷饮 lěngyǐn
冷遇 lěngyù
厘 lí
离别 líbié
离奇 líqí
离散 lísàn
离心 líxīn
离心力 líxīnlì
离休 líxiū
离异 líyì
离职 lízhí
梨园 líyuán
黎明 límíng
篱笆 lí · ba
礼拜 lǐbài
礼法 lǐfǎ
礼教 lǐjiào
礼节 lǐjié
礼品 lǐpǐn
礼让 lǐràng
礼堂 lǐtáng
礼仪 lǐyí
里程 lǐchéng
里程碑 lǐchéngbēi
理财 lǐcái
理睬 lǐcǎi
理发 lǐfà
理会 lǐhuì
理科 lǐkē
理事 lǐ · shì
理应 lǐyīng
理直气壮 lǐzhíqìzhuàng
锂 lǐ
鲤 lǐ
力度 lìdù
力争 lìzhēng
历程 lìchéng
历次 lìcì
历法 lìfǎ
历届 lìjiè
历尽 lìjìn
历经 lìjīng
历年 lìnián
历书 lìshū
厉声 lìshēng
立案 lì'àn
立方 lìfāng
立功 lìgōng
立国 lìguó
立论 lìlùn
立宪 lìxiàn
立意 lìyì
立正 lìzhèng
立志 lìzhì
立足 lìzú
吏 lì
利弊 lìbì
利落 lì · luo
利尿 lìniào
利索 lì · suo
沥青 lìqīng
例证 lìzhèng
隶 lì
隶属 lìshǔ
荔枝 lìzhī
栗子 lì · zi
砾石 lìshí
痢疾 lì · ji
连带 liándài
连贯 liánguàn
连环 liánhuán
连环画 liánhuánhuà
连累 lián · lei
连绵 liánmián
连年 liánnián
连日 liánrì
连声 liánshēng
连锁 liánsuǒ
连通 liántōng
连夜 liányè
连衣裙 liányīqún
怜 lián
怜悯 liánmǐn
帘 lián
帘子 lián · zi
莲 lián
莲花 liánhuā
涟漪 liányī
联欢 liánhuān

联名 liánmíng
联赛 liánsài
联姻 liányīn
廉 lián
廉洁 liánjié
镰 lián
镰刀 liándāo
敛 liǎn
脸红 liǎnhóng
脸颊 liǎnjiá
脸面 liǎnmiàn
脸庞 liǎnpáng
脸皮 liǎnpí
脸谱 liǎnpǔ
练兵 liànbīng
练功 liàngōng
练武 liànwǔ
恋 liàn
恋人 liànrén
链条 liàntiáo
良机 liángjī
良久 liángjiǔ
良田 liángtián
良性 liángxìng
凉快 liáng · kuai
凉爽 liángshuǎng
凉水 liángshuǐ
凉鞋 liángxié
粮仓 liángcāng
两口子
liǎngkǒu · zi
两栖 liǎngqī
两性 liǎngxìng

两样 liǎngyàng
两翼 liǎngyì
亮度 liàngdù
亮光 liàngguāng
亮相 liàngxiàng
谅解 liàngjiě
量变 liàngbiàn
量词 liàngcí
量刑 liàngxíng
晾 liàng
踉跄 liàngqiàng
撩 liāo
辽 liáo
疗 liáo
疗程 liáochéng
疗效 liáoxiào
疗养 liáoyǎng
疗养院
liáoyǎngyuàn
聊 liáo
聊天儿 liáotiānr
撩 liáo
嘹亮 liáoliàng
潦倒 liáodǎo
缭绕 liáorào
燎 liáo
了不得 liǎo · bùdé
了结 liǎojié
了然 liǎorán
了如指掌
liǎorúzhǐzhǎng
燎 liǎo
料理 liàolǐ

料想 liàoxiǎng
料子 liào · zi
撂 liào
廖 Liào
瞭望 liàowàng
列强 lièqiáng
列席 lièxí
劣 liè
劣等 lièděng
劣势 lièshì
劣质 lièzhì
烈 liè
烈火 lièhuǒ
烈日 lièrì
烈性 lièxìng
烈焰 lièyàn
猎狗 liègǒu
猎枪 lièqiāng
猎取 lièqǔ
猎犬 lièquǎn
猎人 lièrén
猎手 lièshǒu
猎物 lièwù
裂变 lièbiàn
裂缝 lièfèng
裂痕 lièhén
裂纹 lièwén
裂隙 lièxì
拎 līn
邻里 línlǐ
邻舍 línshè
林带 líndài
林地 líndì

林立 línlì
林荫道 línyīndào
林子 lín · zi
临别 línbié
临到 líndào
临界 línjiè
临近 línjìn
临摹 línmó
临终 línzhōng
淋巴结 línbājié
淋漓 línlí
淋漓尽致
línlíjìnzhì
琳琅满目
línlángmǎnmù
嶙峋 línxún
霖 lín
磷肥 línféi
磷脂 línzhī
鳞 lín
鳞片 línpiàn
吝啬 lìnsè
伶 líng
伶俐 líng · lì
灵巧 língqiǎo
灵堂 língtáng
灵通 língtōng
灵性 língxìng
灵芝 língzhī
玲珑 línglóng
凌 líng
凌晨 língchén
凌空 língkōng

凌乱 língluàn
陵 líng
陵墓 língmù
陵园 língyuán
聆听 língtīng
菱形 língxíng
翎子 líng · zi
羚羊 língyáng
绫 líng
零点 língdiǎn
凌乱 língluàn
零散 língsǎn
零碎 língsuì
零星 língxīng
领带 lǐngdài
领地 lǐngdì
领队 lǐngduì
领海 lǐnghǎi
领教 lǐngjiào
领口 lǐngkǒu
领略 lǐnglüè
领取 lǐngqǔ
领事馆 lǐngshìguǎn
领受 lǐngshòu
领头 lǐngtóu
领悟 lǐngwù
领先 lǐngxiān
领主 lǐngzhǔ
领子 lǐng · zi
另行 lìngxíng
溜达 liū · da
蹓 liū

浏览 liúlǎn
留成 liúchéng
留存 liúcún
留恋 liúliàn
留神 liúshén
留声机 liúshēngjī
留守 liúshǒu
留心 liúxīn
留意 liúyì
流产 liúchǎn
流畅 liúchàng
流程 liúchéng
流毒 liúdú
流放 liúfàng
流浪 liúlàng
流利 liúlì
流量 liúliàng
流落 liúluò
流失 liúshī
流逝 liúshì
流水线 liúshuǐxiàn
流速 liúsù
流淌 liútǎng
流亡 liúwáng
流星 liúxīng
流言 liúyán
流转 liúzhuǎn
琉璃 liú · lí
硫黄 liúhuáng
绺 liǔ
蹓 liù
龙船 lóngchuán
龙灯 lóngdēng

龙骨 lónggǔ
龙卷风 lóngjuǎnfēng
龙王 lóngwáng
龙眼 lóngyǎn
聋 lóng
笼子 lóng · zi
隆冬 lóngdōng
隆重 lóngzhòng
陇 Lǒng
垄 lǒng
笼络 lǒngluò
笼统 lǒngtǒng
楼阁 lóugé
楼台 lóutái
楼梯 lóutī
篓 lǒu
陋 lòu
漏洞 lòudòng
漏斗 lòudǒu
卢 Lú
芦笙 lúshēng
芦苇 lúwěi
炉灶 lúzào
颅 Lú
卤水 lǔshuǐ
卤素 lǔsù
虏 lǔ
掳 lǔ
鲁莽 lǔmǎng
陆路 lùlù
录取 lùqǔ
录像 lùxiàng

录像机 lùxiàngjī
录音 lùyīn
录音机 lùyīnjī
录用 lùyòng
录制 lùzhì
绿林 lùlín
禄 lù
路标 lùbiāo
路灯 lùdēng
路费 lùfèi
路径 lùjìng
路口 lùkǒu
路面 lùmiàn
路人 lùrén
路途 lùtú
麓 lù
露骨 lùgǔ
露水 lù · shuǐ
露天 lùtiān
露珠 lùzhū
吕 lǚ
捋 lǚ
旅伴 lǚbàn
旅程 lǚchéng
旅店 lǚdiàn
旅途 lǚtú
屡 lǚ
屡次 lǚcì
屡见不鲜 lǚjiànbùxiān
履 lǚ
虑 lǜ
绿灯 lǜdēng

绿地 lǜdì
绿豆 lǜdòu
绿肥 lǜféi
绿洲 lǜzhōu
峦 luán
孪生 luánshēng
卵石 luǎnshí
卵子 luǎnzǐ
掠 lüè
略微 lüèwēi
抡 lūn
沦陷 lúnxiàn
轮班 lúnbān
轮番 lúnfān
轮换 lúnhuàn
轮回 lúnhuí
轮胎 lúntāi
轮椅 lúnyǐ
轮子 lún · zi
论调 lùndiào
论断 lùnduàn
论据 lùnjù
论理 lùnlǐ
论说 lùnshuō
论坛 lùntán
论战 lùnzhàn
论著 lùnzhù
捋 luō
罗汉 luóhàn
罗列 luóliè
罗盘 luópán
萝卜 luó · bo
锣 luó
锣鼓 luógǔ
箩 luó
箩筐 luókuāng
骡子 luó · zi
螺 luó
螺丝 luósī
螺旋桨
luóxuánjiǎng
裸 luǒ
裸露 luǒlù
裸体 luǒtǐ
洛 Luò
落差 luòchā
落成 luòchéng
落户 luòhù
落脚 luòjiǎo
落空 luòkōng
落日 luòrì
落水 luòshuǐ
落伍 luòwǔ
摞 luò
抹布 mābù
麻痹 mábì
麻袋 mádài
麻将 májiàng
麻利 má · li
麻木 mámù
麻雀 máquè
麻疹 mázhěn
麻子 má · zi
马达 mădá
马灯 mădēng
马褂 măguà
马虎 mă · hu
马力 mălì
马铃薯
mălíngshǔ
马匹 măpǐ
马蹄 mătí
马桶 mătǒng
马戏 măxì
玛瑙 mănăo
埋藏 máicáng
埋伏 mái · fú
埋没 máimò
埋头 máitóu
埋葬 máizàng
买主 măizhǔ
迈步 màibù
迈进 màijìn
麦收 màishōu
麦子 mài · zi
卖国 màiguó
卖力 màilì
卖命 màimìng
卖弄 mài · nòng
卖主 màizhǔ
脉搏 màibó
脉冲 màichōng
脉络 màiluò
蛮干 mángàn
蛮横 mánhèng
鳗 mán
满腹 mănfù
满怀 mănhuái
满口 mănkǒu
满面 mănmiàn
满目 mănmù
满腔 mănqiāng
满心 mănxīn
满月 mănyuè
满载 mănzài
满嘴 mănzuǐ
螨 măn
曼 màn
谩骂 mànmà
蔓 màn
蔓延 mànyán
漫 màn
漫不经心
mànbùjīngxīn
漫步 mànbù
漫画 mànhuà
漫天 màntiān
漫游 mànyóu
慢条斯理
màntiáosīlǐ
忙活 máng · huo
忙乱 mángluàn
盲 máng
盲肠 mángcháng
盲从 mángcóng
盲流 mángliú
盲人 mángrén
蟒 măng
猫头鹰
máotóuyīng
毛笔 máobǐ
毛虫 máochóng

毛发 máofà
毛骨悚然 máogǔsǒngrán
毛料 máoliào
毛驴 máolǘ
毛囊 máonáng
毛皮 máopí
毛毯 máotǎn
毛线 máoxiàn
毛衣 máoyī
矛 máo
矛头 máotóu
茅草 máocǎo
茅屋 máowū
锚 máo
卯 mǎo
铆 mǎo
茂密 màomì
茂盛 màoshèng
冒充 màochōng
冒火 màohuǒ
冒昧 màomèi
冒失 mào · shi
贸然 màorán
貌 mào
貌似 màosì
没劲 méijìn
没命 méimìng
没趣 méiqù
没准儿 méizhǔnr
玫瑰 méi · guī
眉飞色舞 méifēisèwǔ
眉开眼笑 méikāiyǎnxiào
眉目 méimù
眉眼 méiyǎn
眉宇 méiyǔ
梅花 méihuā
梅雨 méiyǔ
媒 méi
媒人 méi · ren
煤气 méiqì
煤油 méiyóu
霉 méi
霉菌 méijūn
霉烂 méilàn
美德 měidé
美观 měiguān
美景 měijǐng
美酒 měijiǔ
美满 měimǎn
美貌 měimào
美女 měinǚ
美人 měirén
美容 měiróng
美谈 měitán
美味 měiwèi
美育 měiyù
昧 mèi
媚 mèi
闷热 mēnrè
门板 ménbǎn
门道 mén · dao
门第 méndì
门洞儿 méndòngr
门户 ménhù
门槛 ménkǎn
门框 ménkuàng
门类 ménlèi
门帘 ménlián
门铃 ménlíng
门面 mén · miàn
门票 ménpiào
门生 ménshēng
门徒 méntú
门牙 ményá
门诊 ménzhěn
萌 méng
萌动 méngdòng
萌生 méngshēng
蒙蔽 méngbì
蒙昧 méngmèi
蒙受 méngshòu
盟 méng
盟国 méngguó
猛然 měngrán
猛兽 měngshòu
蒙古包 ménggǔbāo
锰 měng
梦幻 mènghuàn
梦境 mèngjìng
梦寐以求 mèngmèiyǐqiú
梦乡 mèngxiāng
梦想 mèngxiǎng
梦呓 mèngyì
眯 mī
眯缝 mī · feng
弥 mí
弥散 mísàn
迷宫 mígōng
迷糊 mí · hu
迷惑 míhuò
迷离 mílí
迷恋 míliàn
迷路 mílù
迷茫 mímáng
迷蒙 míméng
迷失 míshī
迷惘 míwǎng
迷雾 míwù
猕猴 míhóu
糜烂 mílàn
米饭 mǐfàn
觅 mì
秘 mì
秘诀 mìjué
密闭 mìbì
密布 mìbù
密封 mìfēng
密码 mìmǎ
幂 mì
蜜月 mìyuè
眠 mián
绵 mián
绵延 miányán
绵羊 miányáng
棉布 miánbù
棉纱 miánshā

棉田 miántián
棉絮 miánxù
免除 miǎnchú
免得 miǎn · dé
免费 miǎnfèi
免税 miǎnshuì
勉 miǎn
勉励 miǎnlì
缅怀 miǎnhuái
面额 miàn'é
面粉 miànfěn
面颊 miànjiá
面具 miànjù
面庞 miànpáng
面容 miànróng
面色 miànsè
面纱 miànshā
面谈 miàntán
面条儿 miàntiáor
面子 miàn · zi
苗木 miáomù
苗圃 miáopǔ
苗条 miáo · tiao
苗头 miáo · tou
描 miáo
描画 miáohuà
描摹 miáomó
瞄 miáo
瞄准 miáozhǔn
渺 miǎo
渺茫 miǎománg
渺小 miǎoxiǎo
藐视 miǎoshì

庙会 miàohuì
庙宇 miàoyǔ
灭火 mièhuǒ
灭绝 mièjué
蔑视 mièshì
蔑 miè
民办 mínbàn
民法 mínfǎ
民房 mínfáng
民工 míngōng
民航 mínháng
民警 mínjǐng
民情 mínqíng
民权 mínquán
民生 mínshēng
民心 mínxīn
民谣 mínyáo
民意 mínyì
民营 mínyíng
民用 mínyòng
民政 mínzhèng
皿 mǐn
抿 mǐn
泯灭 mǐnmiè
闽 Mǐn
名次 míngcì
名单 míngdān
名额 míng'é
名副其实 míngfùqíshí
名贵 míngguì
名家 míngjiā
名利 mínglì

名列前茅 mínglièqiánmáo
名流 míngliú
名目 míngmù
名牌 míngpái
名片 míngpiàn
名气 míngqì
名人 míngrén
名山 míngshān
名声 míngshēng
名胜 míngshèng
明师 míngshī
名堂 míng · tang
名望 míngwàng
名下 míngxià
名言 míngyán
名誉 míngyù
名著 míngzhù
明矾 míngfán
明净 míngjìng
明镜 míngjìng
明快 míngkuài
明朗 mínglǎng
明了 míngliǎo
明媚 míngmèi
明日 míngrì
明晰 míngxī
明星 míngxīng
明珠 míngzhū
鸣叫 míngjiào
冥想 míngxiǎng
铭 míng
铭文 míngwén

命脉 mìngmài
命中 mìngzhòng
谬 miù
谬论 miùlùn
谬误 miùwù
摹 mó
模特儿 mótèr
摩登 módēng
摩托 mótuō
摩擦 mócā
磨练 móliàn
磨难 mónàn
磨损 mósǔn
蘑菇 mó · gu
魔 mó
魔法 mófǎ
魔鬼 móguǐ
魔力 mólì
魔术 móshù
魔王 mówáng
魔爪 mózhǎo
抹杀 mǒshā
末日 mòrì
末梢 mòshāo
末尾 mòwěi
沫 mò
莫大 mòdà
莫非 mòfēi
蓦然 mòrán
漠然 mòrán
漠视 mòshì
墨水 mòshuǐ
默 mò

默念 mòniàn
默契 mòqì
默然 mòrán
眸 móu
谋害 móuhài
谋略 móulüè
谋求 móuqiú
谋取 móuqǔ
谋杀 móushā
谋生 móushēng
模板 múbǎn
母爱 mǔ'ài
母本 mǔběn
母系 mǔxì
母校 mǔxiào
母语 mǔyǔ
牡丹 mǔ·dān
牡蛎 mǔlì
拇指 mǔzhǐ
木本 mùběn
木柴 mùchái
木耳 mù'ěr
木筏 mùfá
木工 mùgōng
木匠 mù·jiang
木刻 mùkè
木料 mùliào
木偶 mù'ǒu
木炭 mùtàn
木星 mùxīng
目不转睛
mùbùzhuǎnjīng
目瞪口呆
mùdèngkǒudāi
目睹 mùdǔ
目录 mùlù
目送 mùsòng
沐浴 mùyù
牧 mù
牧草 mùcǎo
牧场 mùchǎng
牧民 mùmín
牧区 mùqū
募 mù
募捐 mùjuān
墓碑 mùbēi
墓地 mùdì
墓室 mùshì
墓葬 mùzàng
幕后 mùhòu
暮 mù
暮色 mùsè
穆 mù
穆斯林 mùsīlín
纳粹 Nàcuì
纳闷儿 nàmènr
娜 nà
捺 nà
奶粉 nǎifěn
奶牛 nǎiniú
奶油 nǎiyóu
氖 nǎi
奈何 nàihé
耐力 nàilì
耐用 nàiyòng
男方 nánfāng
男生 nánshēng
南半球 nánbànqiú
南边 nán·biān
南瓜 nán·guā
南面 nánmiàn
南洋 Nányáng
难保 nánbǎo
难产 nánchǎn
难处 nán·chù
难点 nándiǎn
难度 nándù
难关 nánguān
难堪 nánkān
难看 nánkàn
难说 nánshuō
难听 nántīng
难为 nán·wei
难为情
nánwéiqíng
难民 nànmín
难友 nànyǒu
囊括 nángkuò
挠 náo
恼 nǎo
恼火 nǎohuǒ
恼怒 nǎonù
脑海 nǎohǎi
脑际 nǎojì
脑筋 nǎojīn
脑力 nǎolì
脑髓 nǎosuǐ
闹市 nàoshì
闹事 nàoshì
闹钟 nàozhōng
内阁 nèigé
内海 nèihǎi
内行 nèiháng
内疚 nèijiù
内科 nèikē
内力 nèilì
内陆 nèilù
内乱 nèiluàn
内幕 nèimù
内情 nèiqíng
内燃机 nèiránjī
内伤 nèishāng
内务 nèiwù
内线 nèixiàn
内向 nèixiàng
内销 nèixiāo
内省 nèixǐng
内衣 nèiyī
内因 nèiyīn
内政 nèizhèng
嫩绿 nènlǜ
能干 nénggàn
能耐 néng·nai
能人 néngrén
能事 néngshì
能手 néngshǒu
尼 ní
尼姑 nígū
尼龙 nílóng
呢绒 níróng
泥浆 níjiāng
泥坑 níkēng

泥泞 nínìng
泥鳅 ní · qiū
泥塑 nísù
泥炭 nítàn
倪 ní
霓虹灯 níhóngdēng
拟订 nǐdìng
拟定 nǐdìng
拟人 nǐrén
逆差 nìchā
逆境 nìjìng
逆流 nìliú
逆向 nìxiàng
逆转 nìzhuǎn
腻 nì
溺 nì
溺爱 nì'ài
拈 niān
蔫 niān
年份 niánfèn
年华 niánhuá
年画 niánhuà
年会 niánhuì
年景 niánjǐng
年轮 niánlún
年迈 niánmài
年岁 niánsuì
年限 niánxiàn
年终 niánzhōng
黏 nián
捻 niǎn
碾 niǎn
撵 niǎn
廿 niàn
念白 niànbái
念叨 niàn · dao
娘家 niáng · jia
酿 niàng
鸟瞰 niǎokàn
袅袅 niǎoniǎo
尿布 niàobù
尿素 niàosù
捏造 niēzào
聂 niè
涅槃 nièpán
啮 niè
镊子 niè · zi
镍 niè
孽 niè
狞笑 níngxiào
凝神 níngshén
凝望 níngwàng
宁可 nìngkě
宁肯 nìngkěn
宁愿 nìngyuàn
牛犊 niúdú
牛皮 niúpí
牛仔裤 niúzǎikù
扭曲 niǔqū
纽带 niǔdài
纽扣 niǔkòu
拗 niù
农夫 nóngfū
农妇 nóngfù
农耕 nónggēng
农机 nóngjī
农家 nóngjiā
农垦 nóngkěn
农历 nónglì
农忙 nóngmáng
农事 nóngshì
农闲 nóngxián
浓淡 nóngdàn
浓烈 nóngliè
浓眉 nóngméi
浓密 nóngmì
浓缩 nóngsuō
浓郁 nóngyù
浓重 nóngzhòng
弄虚作假 nòngxūzuòjiǎ
奴 nú
奴才 nú · cai
奴仆 núpú
怒放 nùfàng
怒吼 nùhǒu
怒火 nùhuǒ
怒气 nùqì
女方 nǚfāng
女皇 nǚhuáng
女郎 nǚláng
女神 nǚshén
女生 nǚshēng
女王 nǚwáng
暖和 nuǎn · huo
暖流 nuǎnliú
暖瓶 nuǎnpíng
暖气 nuǎnqì
疟疾 nüè · ji
虐待 nüèdài
挪 nuó
挪动 nuó · dòng
挪用 nuóyòng
诺言 nuòyán
懦弱 nuòruò
糯米 nuòmǐ
讴歌 ōugē
鸥 ōu
殴打 ōudǎ
呕 ǒu
呕吐 ǒutù
偶像 ǒuxiàng
藕 ǒu
趴 pā
爬行 páxíng
耙 pá
帕 pà
拍板 pāibǎn
拍卖 pāimài
拍手 pāishǒu
拍照 pāizhào
拍子 pāi · zi
排场 pái · chǎng
排队 páiduì
排挤 páijǐ
排练 páiliàn
排卵 páiluǎn
排球 páiqiú
排戏 páixì
排泄 páixiè

排演 páiyǎn
排忧解难 páiyōujiěnàn
牌坊 pái · fāng
牌价 páijià
牌楼 pái · lou
派别 pàibié
派生 pàishēng
派头 pàitóu
派系 pàixì
派性 pàixìng
攀登 pāndēng
攀谈 pāntán
攀缘 pānyuán
盘剥 pánbō
盘踞 pánjù
盘算 pán · suan
盘问 pánwèn
盘旋 pánxuán
盘子 pán · zi
判别 pànbié
判决书 pànjuéshū
判明 pànmíng
判刑 pànxíng
叛 pàn
叛变 pànbiàn
叛乱 pànluàn
叛逆 pànnì
叛徒 pàntú
畔 pàn
膀 pāng
庞 páng
旁白 pángbái
旁人 pángrén
旁听 pángtīng
膀胱 pángguāng
磅礴 pángbó
胖子 pàng · zi
刨 páo
咆哮 páoxiào
狍子 páo · zi
炮制 páozhì
袍 páo
跑步 pǎobù
跑道 pǎodào
泡菜 pàocài
泡沫 pàomò
炮兵 pàobīng
炮火 pàohuǒ
炮击 pàojī
炮楼 pàolóu
炮台 pàotái
胚芽 pēiyá
陪伴 péibàn
陪衬 péichèn
陪同 péitóng
培 péi
培土 péitǔ
培植 péizhí
赔 péi
赔款 péikuǎn
赔钱 péiqián
裴 péi
佩 pèi
佩戴 pèidài
配备 pèibèi
配对 pèiduì
配方 pèifāng
配件 pèijiàn
配角 pèijué
配偶 pèi'ǒu
配伍 pèiwǔ
配制 pèizhì
配种 pèizhǒng
喷发 pēnfā
喷泉 pēnquán
喷洒 pēnsǎ
喷射 pēnshè
喷嚏 pēn · tì
喷涂 pēntú
盆景 pénjǐng
盆栽 pénzāi
盆子 pén · zi
抨击 pēngjī
烹饪 pēngrèn
烹调 pēngtiáo
棚子 péng · zi
蓬 péng
蓬乱 péngluàn
蓬松 péngsōng
硼 péng
篷 péng
膨大 péngdà
碰见 pèng · jiàn
碰巧 pèngqiǎo
碰头 pèngtóu
碰撞 pèngzhuàng
批驳 pībó
批量 pīliàng
批示 pīshì
坯 pī
披露 pīlù
劈 pī
霹雳 pīlì
皮包 píbāo
皮层 pícéng
皮带 pídài
皮革 pígé
皮毛 pímáo
皮球 píqiú
皮肉 píròu
皮子 pí · zi
毗邻 pílín
疲 pí
疲惫 píbèi
疲乏 pífá
啤酒 píjiǔ
琵琶 pí · pá
脾胃 píwèi
脾脏 pízàng
匹配 pǐpèi
痞子 pǐ · zi
劈 pǐ
癖 pǐ
屁 pì
辟 pì
媲美 pìměi
僻静 pìjìng
片子 piān · zi
偏爱 piān'ài
偏差 piānchā
偏激 piānjī

偏离 piānlí
偏旁 piānpáng
偏僻 piānpì
偏颇 piānpō
偏心 piānxīn
偏重 piānzhòng
篇幅 piān · fú
篇章 piānzhāng
片段 piànduàn
片断 piànduàn
骗局 piànjú
骗取 piànqǔ
骗子 piàn · zi
漂 piāo
漂泊 piāobó
漂浮 piāofú
漂流 piāoliú
漂移 piāoyí
飘带 piāodài
飘荡 piāodàng
飘动 piāodòng
飘浮 piāofú
飘忽 piāohū
飘零 piāolíng
飘落 piāoluò
飘然 piāorán
飘散 piāosàn
飘扬 piāoyáng
飘逸 piāoyì
朴 Piáo
瓢 piáo
漂 piǎo
漂白粉 piǎobáifěn
瞟 piǎo
票据 piàojù
票子 piào · zi
撇 piē
撇开 piē · kāi
瞥 piē
瞥见 piējiàn
撇 piě
拼 pīn
拼搏 pīnbó
拼凑 pīncòu
拼死 pīnsǐ
拼音 pīnyīn
贫乏 pínfá
贫寒 pínhán
贫瘠 pínjí
贫苦 pínkǔ
贫民 pínmín
贫血 pínxuè
频 pín
频道 píndào
品尝 pǐncháng
品格 pǐngé
品评 pǐnpíng
品位 pǐnwèi
品味 pǐnwèi
品行 pǐnxíng
聘 pìn
聘请 pìnqǐng
平安 píng'ān
平板 píngbǎn
平淡 píngdàn
平地 píngdì
平定 píngdìng
平反 píngfǎn
平方 píngfāng
平房 píngfáng
平衡木 pínghéngmù
平滑 pínghuá
平缓 pínghuǎn
平价 píngjià
平米 píngmǐ
平生 píngshēng
平素 píngsù
平台 píngtái
平稳 píngwěn
平息 píngxī
平移 píngyí
平庸 píngyōng
平整 píngzhěng
评比 píngbǐ
评定 píngdìng
评分 píngfēn
评估 pínggū
评奖 píngjiǎng
评剧 píngjù
评判 píngpàn
评审 píngshěn
评述 píngshù
评弹 píngtán
评议 píngyì
评语 píngyǔ
坪 píng
凭吊 píngdiào
凭空 píngkōng
凭证 píngzhèng
屏风 píngfēng
屏障 píngzhàng
瓶子 píng · zi
萍 píng
坡地 pōdì
坡度 pōdù
泼 pō
泼辣 pō · là
婆家 pó · jia
迫不及待 pòbùjídài
破案 pò'àn
破除 pòchú
破格 pògé
破获 pòhuò
破旧 pòjiù
破烂 pòlàn
破例 pòlì
破灭 pòmiè
破碎 pòsuì
破绽 pò · zhàn
魄 pò
魄力 pò · lì
剖 pōu
剖析 pōuxī
仆 pū
扑鼻 pūbí
扑克 pūkè
扑灭 pūmiè
铺盖 pū · gai
铺设 pūshè
仆 pú

仆人 púrén
仆役 púyì
匍匐 púfú
葡萄酒 pú · táojiǔ
蒲公英 púgōngyīng
蒲扇 púshàn
朴实 pǔshí
圃 pǔ
浦 pǔ
普 pǔ
普查 pǔchá
普法 pǔfǎ
普选 pǔxuǎn
谱写 pǔxiě
堡 pù
瀑 pù
瀑布 pùbù
沏 qī
栖息 qīxī
凄惨 qīcǎn
凄楚 qīchǔ
凄厉 qīlì
凄然 qīrán
戚 qī
期刊 qīkān
欺 qī
欺负 qī · fu
欺凌 qīlíng
欺侮 qīwǔ
欺压 qīyā
欺诈 qīzhà
漆黑 qīhēi

漆器 qīqì
齐备 qíbèi
齐名 qímíng
齐全 qíquán
齐整 qízhěng
奇观 qíguān
奇妙 qímiào
奇闻 qíwén
歧视 qíshì
歧途 qítú
歧义 qíyì
祈 qí
祈祷 qídǎo
祈求 qíqiú
畦 qí
崎岖 qíqū
骑兵 qíbīng
棋 qí
棋盘 qípán
旗号 qíhào
旗袍 qípáo
旗子 qí · zi
鳍 qí
乞丐 qǐgài
乞求 qǐqiú
乞讨 qǐtǎo
岂有此理 qǐyǒucǐlǐ
企鹅 qǐ'é
启 qǐ
启程 qǐchéng
启迪 qǐdí
启动 qǐdòng

启蒙 qǐméng
启事 qǐshì
起兵 qǐbīng
起步 qǐbù
起草 qǐcǎo
起床 qǐchuáng
起飞 qǐfēi
起哄 qǐhòng
起火 qǐhuǒ
起家 qǐjiā
起见 qǐjiàn
起劲 qǐjìn
起居 qǐjū
起立 qǐlì
起落 qǐluò
起事 qǐshì
起诉 qǐsù
起先 qǐxiān
起因 qǐyīn
绮丽 qǐlì
气喘 qìchuǎn
气垫 qìdiàn
气度 qìdù
气概 qìgài
气功 qìgōng
气管 qìguǎn
气急 qìjí
气节 qìjié
气孔 qìkǒng
气力 qìlì
气囊 qìnáng
气恼 qìnǎo
气馁 qìněi

气派 qìpài
气泡 qìpào
气魄 qìpò
气球 qìqiú
气色 qìsè
气势 qìshì
气态 qìtài
气虚 qìxū
气旋 qìxuán
气焰 qìyàn
迄 qì
迄今 qìjīn
汽 qì
汽笛 qìdí
汽缸 qìgāng
汽化 qìhuà
汽水 qìshuǐ
汽艇 qìtǐng
泣 qì
契 qì
契机 qìjī
器件 qìjiàn
器具 qìjù
器皿 qìmǐn
器物 qìwù
器械 qìxiè
器乐 qìyuè
器重 qìzhòng
掐 qiā
洽 qià
洽谈 qiàtán
恰 qià
恰巧 qiàqiǎo

恰如 qiàrú
恰似 qiàsì
千古 qiāngǔ
千金 qiānjīn
千钧一发 qiānjūnyīfà
千卡 qiānkǎ
千瓦 qiānwǎ
扦 qiān
迁就 qiānjiù
迁居 qiānjū
牵动 qiāndòng
牵挂 qiānguà
牵连 qiānlián
牵涉 qiānshè
牵引 qiānyǐn
牵制 qiānzhì
谦虚 qiānxū
谦逊 qiānxùn
签 qiān
签发 qiānfā
签名 qiānmíng
签署 qiānshǔ
签约 qiānyuē
签证 qiānzhèng
签字 qiānzì
前辈 qiánbèi
前臂 qiánbì
前程 qiánchéng
前额 qián'é
前锋 qiánfēng
前列 qiánliè
前年 qiánnián

前仆后继 qiánpūhòujì
前哨 qiánshào
前身 qiánshēn
前世 qiánshì
前天 qiántiān
前卫 qiánwèi
前沿 qiányán
前夜 qiányè
前肢 qiánzhī
前奏 qiánzòu
虔诚 qiánchéng
钱包 qiánbāo
钱币 qiánbì
钱财 qiáncái
钳工 qiángōng
钳子 qián · zi
乾 qián
乾坤 qiánkūn
潜藏 qiáncáng
潜伏 qiánfú
潜入 qiánrù
潜水 qiánshuǐ
潜艇 qiántǐng
潜移默化 qiányímòhuà
黔 Qián
浅薄 qiǎnbó
浅海 qiǎnhǎi
浅滩 qiǎntān
浅显 qiǎnxiǎn
谴责 qiǎnzé
欠缺 qiànquē

纤 qiàn
歉 qiàn
歉收 qiànshōu
歉意 qiànyì
呛 qiāng
枪毙 qiāngbì
枪弹 qiāngdàn
枪杀 qiāngshā
枪支 qiāngzhī
腔调 qiāngdiào
强渡 qiángdù
强攻 qiánggōng
强国 qiángguó
强加 qiángjiā
强健 qiángjiàn
强劲 qiángjìng
强力 qiánglì
强盛 qiángshèng
强行 qiángxíng
强硬 qiángyìng
强占 qiángzhàn
强壮 qiángzhuàng
墙根 qiánggēn
墙角 qiángjiǎo
墙头 qiángtóu
抢夺 qiǎngduó
抢购 qiǎnggòu
抢劫 qiǎngjié
抢先 qiǎngxiān
抢险 qiǎngxiǎn
抢修 qiǎngxiū
抢占 qiǎngzhàn
强求 qiǎngqiú

呛 qiàng
跷 qiāo
锹 qiāo
敲打 qiāo · dǎ
乔 qiáo
乔木 qiáomù
侨胞 qiáobāo
侨眷 qiáojuàn
侨民 qiáomín
侨务 qiáowù
桥头 qiáotóu
翘 qiáo
瞧见 qiáo · jiàn
巧合 qiǎohé
悄然 qiǎorán
悄声 qiǎoshēng
俏 qiào
俏皮 qiào · pí
峭壁 qiàobì
窍 qiào
窍门 qiàomén
翘 qiào
撬 qiào
鞘 qiào
切除 qiēchú
切磋 qiēcuō
切点 qiēdiǎn
切割 qiēgē
切口 qiēkǒu
切面 qiēmiàn
切片 qiēpiàn
切线 qiēxiàn
茄子 qié · zi

切合 qièhé
切忌 qièjì
切身 qièshēn
妾 qiè
怯 qiè
怯懦 qiènuò
窃 qiè
窃取 qièqǔ
惬意 qièyì
钦差 qīnchāi
钦佩 qīnpèi
侵害 qīnhài
侵吞 qīntūn
侵袭 qīnxí
亲爱 qīn'ài
亲笔 qīnbǐ
亲近 qīnjìn
亲口 qīnkǒu
亲临 qīnlín
亲昵 qīnnì
亲朋 qīnpéng
亲身 qīnshēn
亲生 qīnshēng
亲事 qīn · shì
亲手 qīnshǒu
亲王 qīnwáng
亲吻 qīnwěn
亲信 qīnxìn
亲缘 qīnyuán
亲子 qīnzǐ
禽 qín
禽兽 qínshòu
勤奋 qínfèn
勤俭 qínjiǎn
勤快 qínkuai
擒 qín
噙 qín
寝 qǐn
寝室 qǐnshì
沁 qìn
青菜 qīngcài
青草 qīngcǎo
青翠 qīngcuì
青稞 qīngkē
青睐 qīnglài
青霉素 qīngméisù
青苔 qīngtái
青天 qīngtiān
青铜 qīngtóng
青衣 qīngyī
轻便 qīngbiàn
轻而易举 qīng'éryìjǔ
轻浮 qīngfú
轻快 qīngkuài
轻描淡写 qīngmiáodànxiě
轻蔑 qīngmiè
轻骑 qīngqí
轻巧 qīng · qiǎo
轻柔 qīngróu
轻率 qīngshuài
轻信 qīngxìn
轻音乐 qīngyīnyuè
轻盈 qīngyíng
氢弹 qīngdàn
倾倒 qīngdǎo
倾倒 qīngdào
倾角 qīngjiǎo
倾诉 qīngsù
倾吐 qīngtǔ
倾销 qīngxiāo
倾泻 qīngxiè
倾心 qīngxīn
倾注 qīngzhù
卿 qīng
清白 qīngbái
清查 qīngchá
清偿 qīngcháng
清澈 qīngchè
清脆 qīngcuì
清单 qīngdān
清淡 qīngdàn
清风 qīngfēng
清高 qīnggāo
清官 qīngguān
清净 qīngjìng
清静 qīngjìng
清冷 qīnglěng
清凉 qīngliáng
清明 qīngmíng
清扫 qīngsǎo
清瘦 qīngshòu
清爽 qīngshuǎng
清算 qīngsuàn
清洗 qīngxǐ
清闲 qīngxián
清香 qīngxiāng
清新 qīngxīn
清秀 qīngxiù
清早 qīngzǎo
清真寺 qīngzhēnsì
蜻蜓 qīngtíng
情不自禁 qíngbùzìjīn
情调 qíngdiào
情怀 qínghuái
情理 qínglǐ
情侣 qínglǚ
情人 qíngrén
情势 qíngshì
情书 qíngshū
情思 qíngsī
情态 qíngtài
情谊 qíngyì
情意 qíngyì
情欲 qíngyù
情愿 qíngyuàn
晴 qíng
晴空 qíngkōng
晴朗 qínglǎng
擎 qíng
顷 qǐng
顷刻 qǐngkè
请假 qǐngjià
请教 qǐngjiào
清客 qīngkè
请愿 qǐngyuàn
庆 qìng
庆贺 qìnghè
庆幸 qìngxìng

亲家 qìng · jia
磬 qìng
穷尽 qióngjìn
穷苦 qióngkǔ
穷困 qióngkùn
琼 qióng
丘陵 qiūlíng
邱 Qiū
秋风 qiūfēng
秋收 qiūshōu
仇 Qiú
囚 qiú
囚犯 qiúfàn
囚禁 qiújìn
囚徒 qiútú
求爱 qiú'ài
求婚 qiúhūn
求救 qiújiù
求解 qiújiě
求教 qiújiào
求人 qiúrén
求生 qiúshēng
求实 qiúshí
求学 qiúxué
求援 qiúyuán
求知 qiúzhī
求助 qiúzhù
球场 qiúchǎng
球迷 qiúmí
球面 qiúmiàn
球赛 qiúsài
球体 qiútǐ
裘 qiú
裘皮 qiúpí
区划 qūhuà
区间 qūjiān
曲解 qūjiě
曲面 qūmiàn
曲轴 qūzhóu
驱车 qūchē
驱除 qūchú
驱赶 qūgǎn
驱散 qūsàn
驱使 qūshǐ
屈 qū
屈从 qūcóng
屈辱 qūrǔ
祛 qū
蛆 qū
躯 qū
躯干 qūgàn
躯壳 qūqiào
躯体 qūtǐ
曲调 qǔdiào
曲目 qǔmù
曲牌 qǔpái
曲艺 qǔyì
曲子 qǔ · zi
取材 qǔcái
取缔 qǔdì
取经 qǔjīng
取乐 qǔlè
取暖 qǔnuǎn
取舍 qǔshě
取胜 qǔshèng
取笑 qǔxiào
取样 qǔyàng
取悦 qǔyuè
去处 qù · chù
去路 qùlù
去向 qùxiàng
趣 qù
圈套 quāntào
圈子 quān · zi
权贵 quánguì
权衡 quánhéng
权势 quánshì
权限 quánxiàn
全集 quánjí
全力 quánlì
全貌 quánmào
全能 quánnéng
全盘 quánpán
全权 quánquán
全文 quánwén
全线 quánxiàn
泉水 quánshuǐ
泉源 quányuán
拳击 quánjī
痊愈 quányù
蜷 quán
蜷缩 quánsuō
犬 quǎn
犬齿 quǎnchǐ
劝导 quàndǎo
劝告 quàngào
劝解 quànjiě
劝说 quànshuō
劝慰 quànwèi
劝阻 quànzǔ
券 quàn
缺德 quēdé
缺憾 quēhàn
缺口 quēkǒu
缺损 quēsǔn
瘸 qué
雀 què
确信 quèxìn
确凿 quèzáo
确证 quèzhèng
阙 què
裙 qún
裙子 qún · zi
群岛 qúndǎo
群居 qúnjū
冉冉 rǎnrǎn
染料 rǎnliào
让步 ràngbù
让位 ràngwèi
饶 ráo
饶恕 ráoshù
扰 rǎo
绕道 ràodào
热潮 rècháo
热诚 rèchéng
热度 rèdù
热浪 rèlàng
热泪 rèlèi
热力 rèlì
热恋 rèliàn
热流 rèliú
热门 rèmén

热气 rèqì
热切 rèqiè
热望 rèwàng
热血 rèxuè
热源 rèyuán
人称 rénchēng
人次 réncì
人道 réndào
人丁 réndīng
人和 rénhé
人际 rénjì
人迹 rénjì
人流 rénliú
人伦 rénlún
人马 rénmǎ
人命 rénmìng
人品 rénpǐn
人情 rénqíng
人权 rénquán
人参 rénshēn
人声 rénshēng
人世 rénshì
人手 rénshǒu
人文 rénwén
人像 rénxiàng
人行道
rénxíngdào
人选 rénxuǎn
人烟 rényān
人中 rénzhōng
人种 rénzhǒng
仁慈 réncí
仁义 rényì
忍痛 rěntòng
忍心 rěnxīn
刃 rèn
认错 rèncuò
认购 rèngòu
认可 rènkě
认同 rèntóng
认罪 rènzuì
任教 rènjiào
任免 rènmiǎn
任凭 rènpíng
任期 rènqī
任性 rènxìng
任用 rènyòng
任职 rènzhí
韧 rèn
韧带 rèndài
韧性 rènxìng
妊娠 rènshēn
日程 rìchéng
日光 rìguāng
日后 rìhòu
日见 rìjiàn
日渐 rìjiàn
日历 rìlì
日食 rìshí
日用 rìyòng
荣 róng
荣获 rónghuò
荣幸 róngxìng
荣耀 róngyào
绒 róng
绒毛 róngmáo
绒线 róngxiàn
容积 róngjī
容貌 róngmào
容忍 róngrěn
容许 róngxǔ
容颜 róngyán
溶洞 róngdòng
溶化 rónghuà
溶血 róngxuè
熔化 rónghuà
融 róng
融化 rónghuà
融洽 róngqià
融资 róngzī
冗长 rǒngcháng
柔 róu
柔道 róudào
柔美 róuměi
柔情 róuqíng
柔弱 róuruò
柔顺 róushùn
蹂躏 róulìn
肉食 ròushí
肉眼 ròuyǎn
肉质 ròuzhì
如期 rúqī
如实 rúshí
如释重负
rúshìzhòngfù
如意 rúyì
儒 rú
儒学 rúxué
蠕动 rúdòng
汝 rǔ
乳白 rǔbái
乳房 rǔfáng
乳牛 rǔniú
乳汁 rǔzhī
辱 rǔ
入股 rùgǔ
入境 rùjìng
入口 rùkǒu
入门 rùmén
入迷 rùmí
入睡 rùshuì
入伍 rùwǔ
入夜 rùyè
入座 rùzuò
褥子 rù · zi
软骨 ruǎngǔ
软化 ruǎnhuà
软件 ruǎnjiàn
软禁 ruǎnjìn
软弱 ruǎnruò
蕊 ruǐ
锐 ruì
锐角 ruìjiǎo
锐利 ruìlì
瑞 ruì
闰 rùn
润 rùn
润滑 rùnhuá
若无其事
ruòwúqíshì
弱小 ruòxiǎo
仨 sā

撒谎 sāhuǎng
撒娇 sājiāo
撒手 sāshǒu
洒脱 sǎ · tuō
卅 sà
腮 sāi
塞子 sāi · zi
赛场 sàichǎng
赛跑 sàipǎo
赛事 sàishì
三角洲 sānjiǎozhōu
三轮车 sānlúnchē
散漫 sǎnmàn
散场 sànchǎng
散会 sànhuì
散伙 sànhuǒ
散落 sànluò
散失 sànshī
丧事 sāngshì
丧葬 sāngzàng
桑 sāng
嗓 sǎng
嗓门儿 sǎngménr
嗓音 sǎngyīn
丧气 sàngqì
搔 sāo
骚 sāo
骚动 sāodòng
骚扰 sāorǎo
缫 sāo
臊 sāo
扫除 sǎochú
扫地 sǎodì
扫盲 sǎománg
扫描 sǎomiáo
扫射 sǎoshè
扫视 sǎoshì
扫兴 sǎoxìng
扫帚 sào · zhou
臊 sào
色调 sèdiào
色光 sèguāng
色盲 sèmáng
色情 sèqíng
色素 sèsù
色泽 sèzé
涩 sè
瑟 sè
森严 sēnyán
僧尼 sēngní
杀菌 shājūn
杀戮 shālù
杀伤 shāshāng
杉木 shāmù
沙丘 shāqiū
沙土 shātǔ
沙哑 shāyǎ
沙子 shā · zi
纱布 shābù
纱锭 shādìng
刹 shā
刹车 shāchē
煞 shā
傻瓜 shǎguā
煞 shà
霎时 shàshí
筛 shāi
筛选 shāixuǎn
山坳 shān'ào
山茶 shānchá
山川 shānchuān
山村 shāncūn
山歌 shāngē
山沟 shāngōu
山河 shānhé
山洪 shānhóng
山涧 shānjiàn
山脚 shānjiǎo
山梁 shānliáng
山岭 shānlǐng
山麓 shānlù
山峦 shānluán
山门 shānmén
山系 shānxì
山崖 shānyá
山羊 shānyáng
山腰 shānyāo
山野 shānyě
山岳 shānyuè
山楂 shānzhā
杉 shān
衫 shān
珊瑚 shānhú
扇动 shāndòng
煽动 shāndòng
闪现 shǎnxiàn
闪耀 shǎnyào
陕 Shǎn
扇贝 shànbèi
扇子 shàn · zi
善后 shànhòu
善意 shànyì
善战 shànzhàn
禅 shàn
擅长 shàncháng
擅自 shànzì
膳 shàn
膳食 shànshí
赡养 shànyǎng
伤疤 shāngbā
伤感 shānggǎn
伤寒 shānghán
伤痕 shānghén
伤势 shāngshì
伤亡 shāngwáng
商场 shāngchǎng
商船 shāngchuán
商定 shāngdìng
商贩 shāngfàn
商贾 shānggǔ
商会 shānghuì
商检 shāngjiǎn
商榷 shāngquè
商谈 shāngtán
商讨 shāngtǎo
商务 shāngwù
商议 shāngyì
晌 shǎng
晌午 shǎng · wu
赏赐 shǎngcì
赏识 shǎngshí

上报 shàngbào
上臂 shàngbì
上场 shàngchǎng
上当 shàngdàng
上等 shàngděng
上吊 shàngdiào
上风 shàngfēng
上工 shànggōng
上古 shànggǔ
上好 shànghǎo
上将 shàngjiàng
上缴 shàngjiǎo
上进 shàngjìn
上列 shàngliè
上流 shàngliú
上路 shànglù
上马 shàngmǎ
上门 shàngmén
上品 shàngpǐn
上任 shàngrèn
上身 shàngshēn
上书 shàngshū
上司 shàng · si
上台 shàngtái
上头 shàng · tou
上行 shàngxíng
上旬 shàngxún
上演 shàngyǎn
上阵 shàngzhèn
上肢 shàngzhī
上座 shàngzuò
尚且 shàngqiě
捎 shāo
烧杯 shāobēi
烧饼 shāo · bing
烧毁 shāohuǐ
烧火 shāohuǒ
烧酒 shāojiǔ
烧瓶 shāopíng
烧伤 shāoshāng
烧香 shāoxiāng
勺 sháo
勺子 sháo · zi
少见 shǎojiàn
少儿 shào'ér
少妇 shàofù
少将 shàojiàng
哨 shào
哨兵 shàobīng
哨所 shàosuǒ
哨子 shào · zi
奢侈 shēchǐ
舌苔 shétāi
舍弃 shěqì
舍身 shěshēn
设防 shèfáng
社交 shèjiāo
社论 shèlùn
社区 shèqū
社团 shètuán
射程 shèchéng
射箭 shèjiàn
射门 shèmén
射手 shèshǒu
涉 shè
涉外 shèwài
涉足 shèzú
赦 shè
赦免 shèmiǎn
摄取 shèqǔ
摄食 shèshí
摄制 shèzhì
麝 shè
申 shēn
申报 shēnbào
申明 shēnmíng
申诉 shēnsù
伸缩 shēnsuō
伸展 shēnzhǎn
伸张 shēnzhāng
身长 shēncháng
身段 shēnduàn
身高 shēngāo
身价 shēnjià
身世 shēnshì
呻吟 shēnyín
绅士 shēnshì
砷 shēn
深奥 shēn'ào
深层 shēncéng
深海 shēnhǎi
深浅 shēnqiǎn
深切 shēnqiè
深秋 shēnqiū
深山 shēnshān
深思 shēnsī
深邃 shēnsuì
深信 shēnxìn
深渊 shēnyuān
深造 shēnzào
深重 shēnzhòng
神采 shéncǎi
神化 shénhuà
神经病 shénjīngbìng
神经质 shénjīngzhì
神龛 shénkān
神灵 shénlíng
神明 shénmíng
神速 shénsù
神通 shéntōng
神童 shéntóng
神往 shénwǎng
神仙 shén · xiān
神像 shénxiàng
神韵 shényùn
神志 shénzhì
神州 shénzhōu
审 shěn
审定 shěndìng
审核 shěnhé
审理 shěnlǐ
审批 shěnpī
审慎 shěnshèn
审视 shěnshì
审问 shěnwèn
审讯 shěnxùn
审议 shěnyì
婶子 shěn · zi
肾脏 shènzàng
甚而 shèn'ér

渗 shèn
渗入 shènrù
慎 shèn
升华 shēnghuá
升级 shēngjí
升降 shēngjiàng
升任 shēngrèn
升腾 shēngténg
升学 shēngxué
生病 shēngbìng
生发 shēngfā
生根 shēnggēn
生机 shēngjī
生计 shēngjì
生路 shēnglù
生怕 shēngpà
生平 shēngpíng
生日 shēng · rì
生疏 shēngshū
生死 shēngsǐ
生息 shēngxī
生肖 shēngxiào
生效 shēngxiào
生性 shēngxìng
生涯 shēngyá
生硬 shēngyìng
生字 shēngzì
声波 shēngbō
声部 shēngbù
声称 shēngchēng
声带 shēngdài
声浪 shēnglàng
声名 shēngmíng

声势 shēngshì
声速 shēngsù
声望 shēngwàng
声息 shēngxī
声学 shēngxué
声言 shēngyán
声誉 shēngyù
声援 shēngyuán
声乐 shēngyuè
笙 shēng
绳索 shéngsuǒ
省城 shěngchéng
省份 shěngfèn
省会 shěnghuì
省略 shěnglüè
省事 shěngshì
圣诞节 Shèngdànjié
圣地 shèngdì
圣母 shèngmǔ
圣人 shèngrén
圣旨 shèngzhǐ
胜地 shèngdì
胜任 shèngrèn
胜仗 shèngzhàng
盛产 shèngchǎn
盛大 shèngdà
盛会 shènghuì
盛开 shèngkāi
盛况 shèngkuàng
盛名 shèngmíng
盛怒 shèngnù
盛夏 shèngxià

盛装 shèngzhuāng
尸 shī
尸骨 shīgǔ
尸首 shī · shǒu
失常 shīcháng
失传 shīchuán
失地 shīdì
失火 shīhuǒ
失控 shīkòng
失礼 shīlǐ
失利 shīlì
失恋 shīliàn
失灵 shīlíng
失落 shīluò
失眠 shīmián
失明 shīmíng
失散 shīsàn
失神 shīshén
失声 shīshēng
失实 shīshí
失守 shīshǒu
失陷 shīxiàn
失效 shīxiào
失血 shīxuè
失意 shīyì
失真 shīzhēn
失职 shīzhí
失重 shīzhòng
失踪 shīzōng
失足 shīzú
师父 shī · fu
师母 shīmǔ
师资 shīzī

诗集 shījí
诗句 shījù
诗篇 shīpiān
虱子 shī · zi
狮子 shī · zi
施放 shīfàng
施加 shījiā
施舍 shīshě
施展 shīzhǎn
施政 shīzhèng
湿热 shīrè
十足 shízú
什 shí
石板 shíbǎn
石雕 shídiāo
石膏 shígāo
石匠 shíjiàng
石刻 shíkè
石窟 shíkū
石料 shíliào
石榴 shí · liu
石棉 shímián
石墨 shímò
石笋 shísǔn
石英 shíyīng
石子儿 shízǐr
时分 shífēn
时光 shíguāng
时局 shíjú
时区 shíqū
时日 shírì
时尚 shíshàng
时事 shíshì

时势 shíshì
时务 shíwù
时效 shíxiào
时兴 shíxīng
时针 shízhēn
时钟 shízhōng
时装 shízhuāng
识破 shípò
实测 shícè
实地 shídì
实话 shíhuà
实惠 shíhuì
实况 shíkuàng
实情 shíqíng
实权 shíquán
实事 shíshì
实数 shíshù
实习 shíxí
实效 shíxiào
实心 shíxīn
实业 shíyè
实战 shízhàn
实证 shízhèng
拾掇 shí · duo
食道 shídào
食管 shíguǎn
食粮 shíliáng
食谱 shípǔ
事物链 shìwùliàn
食性 shíxìng
食欲 shíyù
食指 shízhǐ
蚀 shí

史册 shǐcè
史籍 shǐjí
史料 shǐliào
史前 shǐqián
史诗 shǐshī
史实 shǐshí
史书 shǐshū
矢 shǐ
使馆 shǐguǎn
使唤 shǐ · huan
使节 shǐjié
使者 shǐzhě
始祖 shǐzǔ
驶 shǐ
屎 shǐ
士气 shìqì
士族 shìzú
示弱 shìruò
示意 shìyì
示众 shìzhòng
世道 shìdào
世故 shìgù
世故 shì · gu
世家 shìjiā
世间 shìjiān
世面 shìmiàn
世人 shìrén
世事 shìshì
世俗 shìsú
世袭 shìxí
仕 shì
市价 shìjià
市郊 shìjiāo

市面 shìmiàn
市镇 shìzhèn
市政 shìzhèng
式样 shìyàng
事理 shìlǐ
事态 shìtài
事项 shìxiàng
事宜 shìyí
势头 shì · tóu
侍 shì
侍从 shìcóng
侍奉 shìfèng
侍候 shìhòu
侍卫 shìwèi
饰 shì
试点 shìdiǎn
试剂 shìjì
试卷 shìjuàn
试看 shìkàn
试探 shìtàn
试题 shìtí
试问 shìwèn
试想 shìxiǎng
试行 shìxíng
试用 shìyòng
试纸 shìzhǐ
视察 shìchá
视角 shìjiǎo
视力 shìlì
视图 shìtú
视网膜 shìwǎngmó
柿子 shì · zi

拭 shì
适度 shìdù
适量 shìliàng
适时 shìshí
适中 shìzhōng
恃 shì
逝 shì
舐 shì
嗜 shì
嗜好 shìhào
誓 shì
誓言 shìyán
噬 shì
螫 shì
收藏 shōucáng
收场 shōuchǎng
收成 shōu · cheng
收发 shōufā
收复 shōufù
收割 shōugē
收工 shōugōng
收缴 shōujiǎo
收看 shōukàn
收敛 shōuliǎn
收留 shōuliú
收录 shōulù
收买 shōumǎi
收取 shōuqǔ
收容 shōuróng
收听 shōutīng
收效 shōuxiào
收养 shōuyǎng
手背 shǒubèi

手册 shǒucè
手稿 shǒugǎo
手巾 shǒu·jīn
手绢儿 shǒujuànr
手铐 shǒukào
手帕 shǒupà
手软 shǒuruǎn
手套 shǒutào
手腕 shǒuwàn
手下 shǒuxià
手心 shǒuxīn
手艺 shǒuyì
手杖 shǒuzhàng
手足 shǒuzú
守备 shǒubèi
守法 shǒufǎ
守候 shǒuhòu
守护 shǒuhù
守旧 shǒujiù
守卫 shǒuwèi
守则 shǒuzé
首创 shǒuchuàng
首府 shǒufǔ
首届 shǒujiè
首脑 shǒunǎo
首饰 shǒu·shi
首尾 shǒuwěi
首席 shǒuxí
首相 shǒuxiàng
寿 shòu
受挫 shòucuò
受害 shòuhài
受贿 shòuhuì
受奖 shòujiǎng
受戒 shòujiè
受惊 shòujīng
受苦 shòukǔ
受累 shòulěi
受累 shòulèi
受理 shòulǐ
受命 shòumìng
受难 shòunàn
受骗 shòupiàn
受气 shòuqì
受热 shòurè
受训 shòuxùn
受益 shòuyì
受灾 shòuzāi
受制 shòuzhì
受阻 shòuzǔ
受罪 shòuzuì
授粉 shòufěn
授课 shòukè
授权 shòuquán
授予 shòuyǔ
售 shòu
兽医 shòuyī
瘦弱 shòuruò
瘦小 shòuxiǎo
书法 shūfǎ
书房 shūfáng
书画 shūhuà
书架 shūjià
书局 shūjú
书卷 shūjuàn
书刊 shūkān
书目 shūmù
书生 shūshēng
书信 shūxìn
书院 shūyuàn
书桌 shūzhuō
抒发 shūfā
枢 shū
枢纽 shūniǔ
倏然 shūrán
梳理 shūlǐ
梳子 shū·zi
舒 shū
舒畅 shūchàng
舒坦 shū·tan
舒展 shūzhǎn
舒张 shūzhāng
疏导 shūdǎo
疏忽 shū·hu
疏散 shūsàn
疏松 shūsōng
疏通 shūtōng
疏远 shūyuǎn
孰 shú
赎 shú
赎罪 shúzuì
熟人 shúrén
熟睡 shúshuì
熟知 shúzhī
暑 shǔ
暑假 shǔjià
署 shǔ
署名 shǔmíng
蜀 shǔ
曙光 shǔguāng
述评 shùpíng
述说 shùshuō
树丛 shùcóng
树冠 shùguān
树苗 shùmiáo
树脂 shùzhī
竖立 shùlì
恕 shù
庶民 shùmín
数额 shù'é
数码 shùmǎ
刷新 shuāxīn
衰 shuāi
衰败 shuāibài
衰减 shuāijiǎn
衰竭 shuāijié
衰落 shuāiluò
衰弱 shuāiruò
衰退 shuāituì
衰亡 shuāiwáng
摔跤 shuāijiāo
帅 shuài
率先 shuàixiān
栓 shuān
涮 shuàn
双边 shuāngbiān
双重 shuāngchóng
双亲 shuāngqīn
双向 shuāngxiàng
双语 shuāngyǔ
霜冻 shuāngdòng

霜期 shuāngqī
爽 shuǎng
爽快 shuǎng · kuai
爽朗 shuǎnglǎng
水泵 shuǐbèng
水兵 shuǐbīng
水波 shuǐbō
水草 shuǐcǎo
水产 shuǐchǎn
水车 shuǐchē
水花 shuǐhuā
水火 shuǐhuǒ
水晶 shuǐjīng
水井 shuǐjǐng
水力 shuǐlì
水龙头 shuǐlóngtóu
水陆 shuǐlù
水路 shuǐlù
水鸟 shuǐniǎo
水牛 shuǐniú
水情 shuǐqíng
水渠 shuǐqú
水势 shuǐshì
水塔 shuǐtǎ
水獭 shuǐtǎ
水土 shuǐtǔ
水系 shuǐxì
水仙 shuǐxiān
水乡 shuǐxiāng
水箱 shuǐxiāng
水星 shuǐxīng
水性 shuǐxìng
水域 shuǐyù
水运 shuǐyùn
水灾 shuǐzāi
水闸 shuǐzhá
水质 shuǐzhì
水肿 shuǐzhǒng
水准 shuǐzhǔn
税额 shuì'é
税法 shuìfǎ
税利 shuìlì
税率 shuìlǜ
税务 shuìwù
睡梦 shuìmèng
睡意 shuìyì
吮 shǔn
顺便 shùnbiàn
顺从 shùncóng
顺风 shùnfēng
顺口 shùnkǒu
顺势 shùnshì
顺心 shùnxīn
顺眼 shùnyǎn
顺应 shùnyìng
舜 shùn
瞬时 shùnshí
说唱 shuōchàng
说穿 shuōchuān
说谎 shuōhuǎng
说教 shuōjiào
说理 shuōlǐ
说笑 shuōxiào
硕大 shuòdà
硕士 shuòshì
司空见惯 sīkōngjiànguàn
丝绸 sīchóu
丝绒 sīróng
丝线 sīxiàn
私产 sīchǎn
私法 sīfǎ
私立 sīlì
私利 sīlì
私事 sīshì
私塾 sīshú
私下 sīxià
私心 sīxīn
私语 sīyǔ
私自 sīzì
思辨 sībiàn
思忖 sīcǔn
思量 sī · liang
思虑 sīlǜ
思念 sīniàn
思绪 sīxù
斯文 sīwén
厮杀 sīshā
撕 sī
撕毁 sīhuǐ
嘶哑 sīyǎ
死板 sǐbǎn
死活 sǐhuó
死寂 sǐjì
死伤 sǐshāng
死神 sǐshén
死守 sǐshǒu
四季 sìjì
四散 sìsàn
四时 sìshí
四外 sìwài
四围 sìwéi
寺庙 sìmiào
似是而非 sìshì'érfēi
伺机 sìjī
祀 sì
饲 sì
俟 sì
肆无忌惮 sìwújìdàn
肆意 sìyì
嗣 sì
松动 sōngdòng
松软 sōngruǎn
松散 sōngsǎn
松手 sōngshǒu
松鼠 sōngshǔ
松懈 sōngxiè
怂恿 sǒngyǒng
耸 sǒng
耸立 sǒnglì
讼 sòng
送别 sòngbié
送礼 sònglǐ
送气 sòngqì
送行 sòngxíng
送葬 sòngzàng
诵 sòng
诵读 sòngdú
颂 sòng

颂扬 sòngyáng
搜 sōu
搜捕 sōubǔ
搜查 sōuchá
搜刮 sōuguā
搜罗 sōuluó
搜索 sōusuǒ
搜寻 sōuxún
苏醒 sūxǐng
酥 sū
俗话 súhuà
俗名 súmíng
俗人 súrén
俗语 súyǔ
诉 sù
诉苦 sùkǔ
诉说 sùshuō
肃穆 sùmù
肃清 sùqīng
素来 sùlái
素描 sùmiáo
素养 sùyǎng
速成 sùchéng
速写 sùxiě
宿营 sùyíng
粟 sù
塑 sù
塑像 sùxiàng
溯 sù
酸痛 suāntòng
酸雨 suānyǔ
酸枣 suānzǎo
蒜 suàn
算计 suàn · ji
算命 suànmìng
算盘 suàn · pán
算术 suànshù
算账 suànzhàng
绥 suí
随处 suíchù
随从 suícóng
随军 suíjūn
随身 suíshēn
随同 suítóng
随心所欲 suíxīnsuǒyù
岁数 suì · shu
隧道 suìdào
孙女 sūn · nǚ
损 sǔn
损坏 sǔnhuài
笋 sǔn
唆使 suōshǐ
梭 suō
蓑衣 suōyī
缩减 suōjiǎn
缩影 suōyǐng
索取 suǒqǔ
索性 suǒxìng
琐事 suǒshì
琐碎 suǒsuì
锁链 suǒliàn
他乡 tāxiāng
塌 tā
拓 tà
榻 tà
踏步 tàbù
胎盘 tāipán
胎生 tāishēng
台词 táicí
台灯 táidēng
台阶 táijiē
台子 tái · zi
抬升 táishēng
太后 tàihòu
太监 tài · jiàn
太子 tàizǐ
汰 tài
态势 tàishì
钛 tài
泰 tài
泰山 tàishān
坍塌 tāntā
贪 tān
贪婪 tānlán
贪图 tāntú
贪污 tānwū
摊贩 tānfàn
摊派 tānpài
摊子 tān · zi
滩涂 tāntú
瘫痪 tānhuàn
坛 tán
坛子 tán · zi
谈天 tántiān
谈吐 tántǔ
谈心 tánxīn
弹劾 tánhé
弹力 tánlì
弹跳 tántiào
谭 Tán
潭 tán
坦白 tǎnbái
坦然 tǎnrán
坦率 tǎnshuài
毯子 tǎn · zi
叹气 tànqì
炭 tàn
探究 tànjiū
探亲 tànqīn
探求 tànqiú
探视 tànshì
探听 tàntīng
探头 tàntóu
探望 tànwàng
探问 tànwèn
探险 tànxiǎn
探寻 tànxún
探询 tànxún
堂皇 tánghuáng
搪瓷 tángcí
搪塞 tángsè
糖果 tángguǒ
糖尿病 tángniàobìng
螳螂 tángláng
倘使 tǎngshǐ
淌 tǎng
烫伤 tàngshāng
涛 tāo
绦虫 tāochóng
滔滔 tāotāo

逃兵 táobīng
逃窜 táocuàn
逃荒 táohuāng
逃命 táomìng
逃难 táonàn
逃脱 táotuō
逃亡 táowáng
逃学 táoxué
桃李 táolǐ
桃子 táo · zi
陶瓷 táocí
陶器 táoqì
陶醉 táozuì
淘 táo
淘气 táoqì
讨伐 tǎofá
讨饭 tǎofàn
讨好 tǎohǎo
套用 tàoyòng
特产 tèchǎn
特长 tècháng
特技 tèjì
特例 tèlì
特派 tèpài
特区 tèqū
特赦 tèshè
特写 tèxiě
特许 tèxǔ
特异 tèyì
特约 tèyuē
特制 tèzhì
特质 tèzhì
特种 tèzhǒng
疼爱 téng'ài
腾飞 téngfēi
腾空 téngkōng
藤 téng
藤萝 téngluó
剔除 tīchú
梯 tī
梯田 tītián
梯形 tīxíng
梯子 tī · zi
提案 tí'àn
提拔 tí · bá
提包 tíbāo
提成 tíchéng
提纯 tíchún
提纲 tígāng
提货 tíhuò
提交 tíjiāo
提留 tíliú
提名 tímíng
提琴 tíqín
提请 tíqǐng
提升 tíshēng
提示 tíshì
提问 tíwèn
提携 tíxié
提早 tízǎo
啼 tí
啼哭 tíkū
啼笑皆非 tíxiàojiēfēi
题词 tící
蹄 tí
蹄子 tí · zi
体察 tǐchá
体罚 tǐfá
体格 tǐgé
体检 tǐjiǎn
体谅 tǐ · liàng
体面 tǐ · miàn
体魄 tǐpò
体态 tǐtài
体贴 tǐtiē
体味 tǐwèi
体形 tǐxíng
体型 tǐxíng
体液 tǐyè
体育场 tǐyùchǎng
体育馆 tǐyùguǎn
体征 tǐzhēng
剃 tì
剃头 tìtóu
替换 tì · huàn
天边 tiānbiān
天窗 tiānchuāng
天敌 tiāndí
天赋 tiānfù
天国 tiānguó
天花 tiānhuā
天花板 tiānhuābǎn
天际 tiānjì
天经地义 tiānjīngdìyì
天井 tiānjǐng
天理 tiānlǐ
天亮 tiānliàng
天明 tiānmíng
天命 tiānmìng
天幕 tiānmù
天平 tiānpíng
天色 tiānsè
天时 tiānshí
天使 tiānshǐ
天书 tiānshū
天堂 tiāntáng
天外 tiānwài
天线 tiānxiàn
天象 tiānxiàng
天性 tiānxìng
天涯 tiānyá
天灾 tiānzāi
天职 tiānzhí
天资 tiānzī
天子 tiānzǐ
添置 tiānzhì
田赋 tiánfù
田埂 tiángěng
田亩 tiánmǔ
田鼠 tiánshǔ
田园 tiányuán
恬静 tiánjìng
甜菜 tiáncài
甜美 tiánměi
甜蜜 tiánmì
填补 tiánbǔ
填充 tiánchōng
填空 tiánkòng
填塞 tiánsè

填写 tiánxiě
舔 tiǎn
挑剔 tiāo · ti
挑子 tiāo · zi
条理 tiáolǐ
条文 tiáowén
条子 tiáo · zi
调剂 tiáojì
调价 tiáojià
调控 tiáokòng
调配 tiáopèi
调皮 tiáopí
调试 tiáoshì
调停 tiáotíng
调制 tiáozhì
挑拨 tiǎobō
挑衅 tiǎoxìn
眺望 tiàowàng
跳板 tiàobǎn
跳高 tiàogāo
跳水 tiàoshuǐ
跳蚤 tiào · zao
贴近 tiējìn
贴切 tiēqiè
帖 tiě
铁道 tiědào
铁轨 tiěguǐ
铁匠 tiě · jiang
铁青 tiěqīng
铁丝 tiěsī
铁索 tiěsuǒ
铁蹄 tiětí
铁锨 tiěxiān

帖 tiè
厅堂 tīngtáng
听从 tīngcóng
听候 tīnghòu
听讲 tīngjiǎng
听课 tīngkè
听任 tīngrèn
听筒 tīngtǒng
听信 tīngxìn
廷 tíng
亭 tíng
亭子 tíng · zi
庭审 tíngshěn
庭院 tíngyuàn
停办 tíngbàn
停泊 tíngbó
停车 tíngchē
停放 tíngfàng
停刊 tíngkān
停息 tíngxī
停歇 tíngxiē
停业 tíngyè
停战 tíngzhàn
停滞 tíngzhì
挺拔 tǐngbá
挺进 tǐngjìn
挺立 tǐnglì
挺身 tǐngshēn
艇 tǐng
通报 tōngbào
通畅 tōngchàng
通车 tōngchē
通称 tōngchēng

通达 tōngdá
通风 tōngfēng
通告 tōnggào
通航 tōngháng
通话 tōnghuà
通婚 tōnghūn
通货 tōnghuò
通令 tōnglìng
通路 tōnglù
通气 tōngqì
通融 tōng · róng
通商 tōngshāng
通俗 tōngsú
通宵 tōngxiāo
通晓 tōngxiǎo
通行 tōngxíng
通则 tōngzé
同班 tóngbān
同辈 tóngbèi
同步 tóngbù
同感 tónggǎn
同居 tóngjū
同龄 tónglíng
同盟 tóngméng
同名 tóngmíng
同位素 tóngwèisù
同乡 tóngxiāng
同心 tóngxīn
同性 tóngxìng
同姓 tóngxìng
佟 Tóng
铜板 tóngbǎn
铜臭 tóngxiù

铜钱 tóngqián
童 tóng
童工 tónggōng
童心 tóngxīn
童子 tóngzǐ
瞳孔 tóngkǒng
统称 tǒngchēng
统筹 tǒngchóu
统购 tǒnggòu
统领 tǒnglǐng
统帅 tǒngshuài
统率 tǒngshuài
统辖 tǒngxiá
统一体 tǒngyītǐ
统制 tǒngzhì
捅 tǒng
痛斥 tòngchì
痛楚 tòngchǔ
痛恨 tònghèn
痛觉 tòngjué
痛哭 tòngkū
痛心 tòngxīn
偷懒 tōulǎn
偷窃 tōuqiè
偷袭 tōuxí
头等 tóuděng
头骨 tóugǔ
头号 tóuhào
头巾 tóujīn
头盔 tóukuī
头颅 tóulú
头目 tóumù
头疼 tóuténg

头痛 tóutòng
头衔 tóuxián
头绪 tóuxù
头子 tóu · zi
投案 tóu'àn
投保 tóubǎo
投奔 tóubèn
投标 tóubiāo
投递 tóudì
投放 tóufàng
投考 tóukǎo
投靠 tóukào
投票 tóupiào
投射 tóushè
投身 tóushēn
投诉 tóusù
投影 tóuyǐng
投掷 tóuzhì
透彻 tòuchè
透亮 tòu · liàng
透气 tòuqì
透视 tòushì
秃顶 tūdǐng
突起 tūqǐ
突围 tūwéi
突袭 tūxí
图表 túbiǎo
图解 tújiě
图景 tújǐng
图谋 túmóu
图片 túpiàn
图腾 túténg
图像 túxiàng

图样 túyàng
徒步 túbù
徒弟 tú · dì
徒工 túgōng
徒然 túrán
徒手 túshǒu
徒刑 túxíng
途 tú
涂料 túliào
涂抹 túmǒ
屠 tú
屠刀 túdāo
屠宰 túzǎi
土产 tǔchǎn
土豆 tǔdòu
土星 tǔxīng
土语 tǔyǔ
土质 tǔzhì
土著 tǔzhù
吐露 tǔlù
吐血 tùxiě
湍急 tuānjí
团队 tuánduì
团伙 tuánhuǒ
团聚 tuánjù
团圆 tuányuán
推迟 tuīchí
推崇 tuīchóng
推辞 tuīcí
推导 tuīdǎo
推倒 tuīdǎo
推定 tuīdìng
推断 tuīduàn

推举 tuījǔ
推力 tuīlì
推敲 tuīqiāo
推算 tuīsuàn
推想 tuīxiǎng
推卸 tuīxiè
推选 tuīxuǎn
推演 tuīyǎn
推移 tuīyí
颓废 tuífèi
颓然 tuírán
颓丧 tuísàng
腿脚 tuǐjiǎo
退步 tuìbù
退还 tuìhuán
退回 tuìhuí
退路 tuìlù
退却 tuìquè
退让 tuìràng
退守 tuìshǒu
退缩 tuìsuō
退位 tuìwèi
退伍 tuìwǔ
退学 tuìxué
蜕 tuì
蜕变 tuìbiàn
蜕化 tuìhuà
蜕皮 tuìpí
褪 tuì
吞 tūn
吞并 tūnbìng
吞没 tūnmò
吞食 tūnshí

吞噬 tūnshì
吞吐 tūntǔ
吞咽 tūnyàn
屯 tún
囤 tún
囤积 túnjī
臀 tún
拖车 tuōchē
拖累 tuōlěi
拖欠 tuōqiàn
拖鞋 tuōxié
拖延 tuōyán
托管 tuōguǎn
托盘 tuōpán
脱节 tuōjié
脱口 tuōkǒu
脱身 tuōshēn
脱水 tuōshuǐ
脱胎 tuōtāi
脱险 tuōxiǎn
脱销 tuōxiāo
驮 tuó
陀螺 tuóluó
驼 tuó
驼背 tuóbèi
妥 tuǒ
妥当 tuǒ · dang
妥善 tuǒshàn
椭圆 tuǒyuán
拓 tuò
唾 tuò
唾沫 tuò · mo
唾液 tuòyè

挖苦 wā · ku
挖潜 wāqián
洼 wā
洼地 wādì
蛙 wā
瓦解 wǎjiě
瓦砾 wǎlì
瓦斯 wǎsī
袜 wà
袜子 wà · zi
外币 wàibì
外宾 wàibīn
外出 wàichū
外感 wàigǎn
外公 wàigōng
外观 wàiguān
外海 wàihǎi
外行 wàiháng
外号 wàihào
外籍 wàijí
外加 wàijiā
外流 wàiliú
外露 wàilù
外貌 wàimào
外婆 wàipó
外人 wàirén
外伤 wàishāng
外省 wàishěng
外事 wàishì
外套 wàitào
外围 wàiwéi
外文 wàiwén
外线 wàixiàn
外销 wàixiāo
外延 wàiyán
外衣 wàiyī
外因 wàiyīn
外债 wàizhài
外长 wàizhǎng
外族 wàizú
外祖父 wàizǔfù
外祖母 wàizǔmǔ
弯路 wānlù
剜 wān
湾 wān
丸 wán
完工 wángōng
完好 wánhǎo
完结 wánjié
完满 wánmǎn
玩弄 wánnòng
玩赏 wánshǎng
玩耍 wánshuǎ
玩味 wánwèi
玩物 wánwù
玩意儿 wányìr
顽固 wángù
顽皮 wánpí
宛如 wǎnrú
挽回 wǎnhuí
挽救 wǎnjiù
挽留 wǎnliú
晚报 wǎnbào
晚辈 wǎnbèi
晚会 wǎnhuì
晚婚 wǎnhūn
晚年 wǎnnián
晚霞 wǎnxiá
惋惜 wǎnxī
婉转 wǎnzhuǎn
皖 Wǎn
万恶 wàn'è
万国 wànguó
万能 wànnéng
万岁 wànsuì
万紫千红 wànzǐqiānhóng
腕 wàn
蔓 wàn
汪洋 wāngyáng
亡灵 wánglíng
王府 wángfǔ
王宫 wánggōng
王冠 wángguān
王后 wánghòu
王室 wángshì
王位 wángwèi
王子 wángzǐ
网点 wǎngdiǎn
网罗 wǎngluó
网球 wǎngqiú
枉 wǎng
往常 wǎngcháng
往返 wǎngfǎn
往复 wǎngfù
往年 wǎngnián
往日 wǎngrì
往事 wǎngshì
往昔 wǎngxī
妄 wàng
妄图 wàngtú
妄想 wàngxiǎng
忘恩负义 wàng'ēnfùyì
忘怀 wànghuái
忘情 wàngqíng
忘却 wàngquè
忘我 wàngwǒ
旺季 wàngjì
危 wēi
危及 wēijí
危急 wēijí
危难 wēinàn
危亡 wēiwáng
威 wēi
威风 wēifēng
威吓 wēihè
威望 wēiwàng
威武 wēiwǔ
威严 wēiyán
微波 wēibō
微风 wēifēng
微机 wēijī
微妙 wēimiào
微细 wēixì
微型 wēixíng
巍峨 wēi'é
韦 wéi
为害 wéihài
违 wéi
违犯 wéifàn
违抗 wéikàng

违心 wéixīn	卫队 wèiduì	文官 wénguān	问卷 wènjuàn
违约 wéiyuē	卫士 wèishì	文集 wénjí	翁 wēng
违章 wéizhāng	未尝 wèicháng	文教 wénjiào	瓮 wèng
围攻 wéigōng	未免 wèimiǎn	文静 wénjìng	涡 wō
围观 wéiguān	未遂 wèisuì	文具 wénjù	涡流 wōliú
围巾 wéijīn	未能 wèinéng	文科 wénkē	窝头 wōtóu
围困 wéikùn	位子 wèi · zi	文盲 wénmáng	蜗牛 wōniú
围棋 wéiqí	味觉 wèijué	文凭 wénpíng	卧床 wòchuáng
围墙 wéiqiáng	畏 wèi	文书 wénshū	乌 wū
围裙 wéi · qún	畏惧 wèijù	文坛 wéntán	乌黑 wūhēi
桅杆 wéigān	畏缩 wèisuō	文体 wéntǐ	乌鸦 wūyā
帷幕 wéimù	胃口 wèikǒu	文武 wénwǔ	乌云 wūyún
唯恐 wéikǒng	胃液 wèiyè	文选 wénxuǎn	乌贼 wūzéi
唯一 wéiyī	谓语 wèiyǔ	文雅 wényǎ	污秽 wūhuì
唯有 wéiyǒu	喂养 wèiyǎng	文言 wényán	污蔑 wūmiè
维 wéi	蔚蓝 wèilán	文娱 wényú	侮辱 wǔrǔ
维系 wéixì	慰藉 wèijiè	纹理 wénlǐ	污浊 wūzhuó
伟 wěi	慰劳 wèiláo	纹饰 wénshì	巫 wū
伟人 wěirén	慰问 wèiwèn	闻名 wénmíng	巫师 wūshī
伪善 wěishàn	温饱 wēnbǎo	蚊虫 wénchóng	呜咽 wūyè
伪造 wěizào	温差 wēnchā	蚊帐 wénzhàng	诬告 wūgào
伪装 wěizhuāng	温存 wēncún	吻合 wěnhé	污蔑 wūmiè
苇 wěi	温情 wēnqíng	紊乱 wěnluàn	诬陷 wūxiàn
尾声 wěishēng	温泉 wēnquán	稳步 wěnbù	屋脊 wūjǐ
尾随 wěisuí	温室 wēnshì	稳产 wěnchǎn	屋檐 wūyán
纬线 wěixiàn	温顺 wēnshùn	稳当 wěn · dang	无边 wúbiān
委 wěi	温馨 wēnxīn	稳固 wěngù	无常 wúcháng
委派 wěipài	瘟 wēn	稳健 wěnjiàn	无偿 wúcháng
委任 wěirèn	瘟疫 wēnyì	稳妥 wěntuǒ	无耻 wúchǐ
委婉 wěiwǎn	文本 wénběn	稳重 wěnzhòng	无端 wúduān
萎 wěi	文笔 wénbǐ	问答 wèndá	无辜 wúgū
萎缩 wěisuō	文法 wénfǎ	问号 wènhào	无故 wúgù
卫兵 wèibīng	文风 wénfēng	问候 wènhòu	无尽 wújìn

无赖 wúlài
无理 wúlǐ
无量 wúliàng
无聊 wúliáo
无奈 wúnài
无能 wúnéng
无视 wúshì
无私 wúsī
无损 wúsǔn
无望 wúwàng
无畏 wúwèi
无谓 wúwèi
无误 wúwù
无暇 wúxiá
无心 wúxīn
无须 wúxū
无需 wúxū
无遗 wúyí
无益 wúyì
无垠 wúyín
无缘 wúyuán
毋 wú
梧桐 wútóng
五谷 wǔgǔ
五行 wǔxíng
五脏 wǔzàng
午 wǔ
午餐 wǔcān
午饭 wǔfàn
午睡 wǔshuì
午夜 wǔyè
伍 wǔ
武打 wǔdǎ
武断 wǔduàn
武功 wǔgōng
武生 wǔshēng
武士 wǔshì
武术 wǔshù
武艺 wǔyì
捂 wǔ
舞弊 wǔbì
舞步 wǔbù
舞场 wǔchǎng
舞动 wǔdòng
舞会 wǔhuì
舞女 wǔnǚ
舞曲 wǔqǔ
舞厅 wǔtīng
舞姿 wǔzī
务必 wùbì
务农 wùnóng
物产 wùchǎn
物件 wùjiàn
物象 wùxiàng
悟 wù
悟性 wùxìng
晤 wù
雾气 wùqì
夕 xī
夕阳 xīyáng
兮 xī
西服 xīfú
西红柿 xīhóngshì
西天 xītiān
西医 xīyī
西域 xīyù
西装 xīzhuāng
吸毒 xīdú
吸盘 xīpán
吸食 xīshí
吸吮 xīshǔn
希冀 xījì
昔 xī
昔日 xīrì
析出 xīchū
唏嘘 xīxū
奚落 xīluò
悉 xī
惜 xī
稀薄 xībó
稀饭 xīfàn
稀罕 xī · han
稀奇 xīqí
稀释 xīshì
稀疏 xīshū
稀有 xīyǒu
犀利 xīlì
溪 xī
溪流 xīliú
蜥蜴 xīyì
熄 xī
熄灯 xīdēng
膝 xī
嬉戏 xīxì
习气 xíqì
习题 xítí
习作 xízuò
席卷 xíjuǎn
席位 xíwèi
席子 xí · zi
袭 xí
洗涤 xǐdí
洗礼 xǐlǐ
洗刷 xǐshuā
铣 xǐ
喜好 xǐhào
喜庆 xǐqìng
喜鹊 xǐquè
喜人 xǐrén
喜事 xǐshì
喜讯 xǐxùn
戏弄 xìnòng
戏台 xìtái
戏谑 xìxuè
戏院 xìyuàn
细胞核 xìbāohé
细密 xìmì
细腻 xìnì
细弱 xìruò
细碎 xìsuì
细微 xìwēi
细则 xìzé
瞎子 xiā · zi
匣 xiá
匣子 xiá · zi
峡 xiá
峡谷 xiágǔ
狭长 xiácháng
狭小 xiáxiǎo
遐想 xiáxiǎng
辖 xiá
辖区 xiáqū

霞 xiá
下巴 xià · ba
下笔 xiàbǐ
下等 xiàděng
下跌 xiàdiē
下海 xiàhǎi
下课 xiàkè
下流 xiàliú
下马 xiàmǎ
下手 xiàshǒu
下台 xiàtái
下文 xiàwén
下行 xiàxíng
下野 xiàyě
下肢 xiàzhī
吓唬 xià · hu
吓人 xiàrén
夏令 xiàlìng
仙鹤 xiānhè
仙境 xiānjìng
仙女 xiānnǚ
仙人 xiānrén
先辈 xiānbèi
先导 xiāndǎo
先锋 xiānfēng
先例 xiānlì
先驱 xiānqū
先人 xiānrén
先行 xiānxíng
先知 xiānzhī
纤 xiān
纤毛 xiānmáo
纤细 xiānxì

掀 xiān
鲜红 xiānhóng
鲜美 xiānměi
鲜嫩 xiānnèn
闲话 xiánhuà
闲人 xiánrén
闲散 xiánsǎn
闲谈 xiántán
闲暇 xiánxiá
闲置 xiánzhì
贤 xián
咸菜 xiáncài
涎 xián
娴熟 xiánshú
衔接 xiánjiē
舷窗 xiánchuāng
嫌弃 xiánqì
嫌疑 xiányí
显赫 xiǎnhè
显明 xiǎnmíng
显眼 xiǎnyǎn
险恶 xiǎn'è
险峻 xiǎnjùn
险情 xiǎnqíng
险要 xiǎnyào
现成 xiànchéng
现货 xiànhuò
现款 xiànkuǎn
现任 xiànrèn
现役 xiànyì
限定 xiàndìng
限额 xiàn'é
限期 xiànqī

宪兵 xiànbīng
宪章 xiànzhāng
宪政 xiànzhèng
陷害 xiànhài
陷阱 xiànjǐng
陷落 xiànluò
馅儿 xiànr
霰 xiàn
乡间 xiāngjiān
乡里 xiānglǐ
乡亲 xiāngqīn
乡土 xiāngtǔ
乡音 xiāngyīn
乡镇 xiāngzhèn
相称 xiāngchèn
相持 xiāngchí
相处 xiāngchǔ
相传 xiāngchuán
相得益彰 xiāngdéyìzhāng
相仿 xiāngfǎng
相逢 xiāngféng
相符 xiāngfú
相干 xiānggān
相隔 xiānggé
相间 xiāngjiàn
相距 xiāngjù
相识 xiāngshí
相思 xiāngsī
相宜 xiāngyí
相约 xiāngyuē
香火 xiānghuǒ
香蕉 xiāngjiāo

香料 xiāngliào
香炉 xiānglú
香水 xiāngshuǐ
香甜 xiāngtián
厢 xiāng
厢房 xiāngfáng
湘 Xiāng
镶 xiāng
镶嵌 xiāngqiàn
详 xiáng
详尽 xiángjìn
详情 xiángqíng
祥 xiáng
翔 xiáng
享福 xiǎngfú
享乐 xiǎnglè
享用 xiǎngyòng
响动 xiǎng · dong
响亮 xiǎngliàng
饷 xiǎng
想必 xiǎngbì
想见 xiǎngjiàn
想来 xiǎnglái
想念 xiǎngniàn
向导 xiàngdǎo
向日葵 xiàngrìkuí
向阳 xiàngyáng
项链 xiàngliàn
巷 xiàng
相机 xiàngjī
相貌 xiàngmào
相片 xiàngpiàn
相声 xiàng · sheng

象棋 xiàngqí
象形 xiàngxíng
象牙 xiàngyá
像样 xiàngyàng
肖 Xiāo
逍遥 xiāoyáo
消沉 xiāochén
消防 xiāofáng
消磨 xiāomó
消遣 xiāoqiǎn
消融 xiāoróng
消散 xiāosàn
消逝 xiāoshì
消瘦 xiāoshòu
消退 xiāotuì
消长 xiāozhǎng
萧 xiāo
萧条 xiāotiáo
硝 xiāo
硝烟 xiāoyān
销毁 xiāohuǐ
销路 xiāolù
箫 xiāo
潇 xiāo
潇洒 xiāosǎ
嚣张 xiāozhāng
小便 xiǎobiàn
小菜 xiǎocài
小肠 xiǎocháng
小车 xiǎochē
小吃 xiǎochī
小丑 xiǎochǒu
小调 xiǎodiào
小贩 xiǎofàn
小褂 xiǎoguà
小鬼 xiǎoguǐ
小节 xiǎojié
小结 xiǎojié
小看 xiǎokàn
小米 xiǎomǐ
小脑 xiǎonǎo
小品 xiǎopǐn
小气 xiǎo · qi
小巧 xiǎoqiǎo
小区 xiǎoqū
小人 xiǎorén
小生 xiǎoshēng
小数 xiǎoshù
小偷 xiǎotōu
小腿 xiǎotuǐ
小雪 xiǎoxuě
小夜曲 xiǎoyèqǔ
晓 xiǎo
孝 xiào
孝敬 xiàojìng
孝顺 xiàoshùn
孝子 xiàozǐ
肖 xiào
肖像 xiàoxiàng
校风 xiàofēng
校舍 xiàoshè
校园 xiàoyuán
哮喘 xiàochuǎn
笑脸 xiàoliǎn
笑语 xiàoyǔ
效法 xiàofǎ
效劳 xiàoláo
效能 xiàonéng
效验 xiàoyàn
效用 xiàoyòng
效忠 xiàozhōng
啸 xiào
楔 xiē
歇脚 xiējiǎo
协 xié
协和 xiéhé
协力 xiélì
协约 xiéyuē
协奏曲 xiézòuqǔ
邪恶 xié'è
邪路 xiélù
邪气 xiéqì
胁 xié
胁迫 xiépò
挟 xié
偕 xié
斜面 xiémiàn
斜坡 xiépō
协调 xiétiáo
携 xié
携手 xiéshǒu
写法 xiěfǎ
写生 xiěshēng
写实 xiěshí
写意 xiěyì
写照 xiězhào
写字台 xiězìtái
泄漏 xièlòu
泄露 xièlòu
泄气 xièqì
泻 xiè
卸 xiè
屑 xiè
械 xiè
械斗 xièdòu
亵渎 xièdú
谢绝 xièjué
心爱 xīn'ài
心病 xīnbìng
心不在焉 xīnbùzàiyān
心肠 xīncháng
心得 xīndé
心地 xīndì
心烦 xīnfán
心房 xīnfáng
心肝 xīngān
心慌 xīnhuāng
心急 xīnjí
心计 xīnjì
心悸 xīnjì
心境 xīnjìng
心坎 xīnkǎn
心口 xīnkǒu
心旷神怡 xīnkuàngshényí
心力 xīnlì
心律 xīnlǜ
心率 xīnlǜ
心切 xīnqiè
心神 xīnshén
心声 xīnshēng

心室 xīnshì
心酸 xīnsuān
心态 xīntài
心疼 xīnténg
心田 xīntián
心跳 xīntiào
心弦 xīnxián
心胸 xīnxiōng
心虚 xīnxū
心绪 xīnxù
心眼儿 xīnyǎnr
心意 xīnyì
心愿 xīnyuàn
芯 xīn
辛 xīn
辛辣 xīnlà
辛劳 xīnláo
辛酸 xīnsuān
欣然 xīnrán
欣慰 xīnwèi
欣喜 xīnxǐ
新潮 xīncháo
新房 xīnfáng
新婚 xīnhūn
新近 xīnjìn
新居 xīnjū
新郎 xīnláng
新年 xīnnián
新诗 xīnshī
新书 xīnshū
新星 xīnxīng
新秀 xīnxiù
新学 xīnxué
新意 xīnyì
新月 xīnyuè
薪 xīn
薪金 xīnjīn
薪水 xīn · shui
信步 xìnbù
信风 xìnfēng
信封 xìnfēng
信奉 xìnfèng
信服 xìnfú
信函 xìnhán
信件 xìnjiàn
信赖 xìnlài
信使 xìnshǐ
信条 xìntiáo
信托 xìntuō
信誉 xìnyù
信纸 xìnzhǐ
兴办 xīngbàn
兴盛 xīngshèng
兴衰 xīngshuāi
兴亡 xīngwáng
兴旺 xīngwàng
兴修 xīngxiū
星辰 xīngchén
星光 xīngguāng
星空 xīngkōng
星体 xīngtǐ
星座 xīngzuò
猩猩 xīng · xīng
腥 xīng
刑场 xíngchǎng
刑期 xíngqī
刑侦 xíngzhēn
邢 xíng
行车 xíngchē
行程 xíngchéng
行船 xíngchuán
行将 xíngjiāng
行进 xíngjìn
行径 xíngjìng
行礼 xínglǐ
行文 xíngwén
行销 xíngxiāo
行凶 xíngxiōng
行医 xíngyī
行装 xíngzhuāng
形容词 xíngróngcí
型号 xínghào
醒目 xǐngmù
醒悟 xǐngwù
兴高采烈 xìnggāocǎiliè
兴致 xìngzhì
杏儿 xìngr
杏仁 xìngrén
幸 xìng
幸存 xìngcún
幸而 xìng'ér
幸好 xìnghǎo
幸亏 xìngkuī
幸免 xìngmiǎn
幸运 xìngyùn
性爱 xìng'ài
性病 xìngbìng
性急 xìngjí
性命 xìngmìng
性子 xìng · zi
姓氏 xìngshì
凶残 xiōngcán
凶恶 xiōng'è
凶犯 xiōngfàn
凶狠 xiōnghěn
凶猛 xiōngměng
凶手 xiōngshǒu
匈奴 xiōngnú
汹涌 xiōngyǒng
胸骨 xiōnggǔ
胸怀 xiōnghuái
胸襟 xiōngjīn
胸口 xiōngkǒu
胸腔 xiōngqiāng
胸膛 xiōngtáng
胸有成竹 xiōngyǒuchéngzhú
雄辩 xióngbiàn
雄厚 xiónghòu
雄浑 xiónghún
雄蕊 xióngruǐ
雄心 xióngxīn
雄性 xióngxìng
雄壮 xióngzhuàng
雄姿 xióngzī
熊猫 xióngmāo
休 xiū
休假 xiūjià
休想 xiūxiǎng
修养 xiūyǎng
休整 xiūzhěng

休止 xiūzhǐ
修补 xiūbǔ
修长 xiūcháng
修订 xiūdìng
修好 xiūhǎo
修剪 xiūjiǎn
修配 xiūpèi
修缮 xiūshàn
修饰 xiūshì
修行 xiū · xíng
修整 xiūzhěng
修筑 xiūzhù
羞 xiū
羞耻 xiūchǐ
羞愧 xiūkuì
羞怯 xiūqiè
羞辱 xiūrǔ
羞涩 xiūsè
朽 xiǔ
秀 xiù
秀才 xiù · cai
秀丽 xiùlì
秀美 xiùměi
秀气 xiù · qi
袖口 xiùkǒu
袖珍 xiùzhēn
袖子 xiù · zi
绣花 xiùhuā
锈 xiù
嗅觉 xiùjué
戌 xū
须要 xūyào
须臾 xūyú
须知 xūzhī
虚构 xūgòu
虚幻 xūhuàn
虚假 xūjiǎ
虚拟 xūnǐ
虚弱 xūruò
虚实 xūshí
虚妄 xūwàng
虚伪 xūwěi
虚无 xūwú
虚线 xūxiàn
虚心 xūxīn
嘘 xū
许久 xǔjiǔ
许诺 xǔnuò
许愿 xǔyuàn
旭日 xùrì
序列 xùliè
序幕 xùmù
序曲 xùqǔ
序数 xùshù
序言 xùyán
叙 xù
叙事 xùshì
叙说 xùshuō
畜牧 xùmù
绪 xù
续 xù
絮 xù
蓄 xù
蓄电池 xùdiànchí
蓄积 xùjī
蓄意 xùyì
宣 xuān
宣称 xuānchēng
宣读 xuāndú
宣讲 xuānjiǎng
宣誓 xuānshì
宣泄 xuānxiè
宣战 xuānzhàn
喧哗 xuānhuá
喧闹 xuānnào
喧嚷 xuānrǎng
喧嚣 xuānxiāo
玄 xuán
悬浮 xuánfú
悬空 xuánkōng
悬念 xuánniàn
悬殊 xuánshū
悬崖 xuányá
旋即 xuánjí
旋涡 xuánwō
选集 xuǎnjí
选民 xuǎnmín
选派 xuǎnpài
选票 xuǎnpiào
选取 xuǎnqǔ
选送 xuǎnsòng
选种 xuǎnzhǒng
癣 xuǎn
炫耀 xuànyào
绚丽 xuànlì
眩晕 xuànyùn
旋风 xuànfēng
渲染 xuànrǎn
削价 xuējià
削减 xuējiǎn
靴 xuē
靴子 xuē · zi
薛 Xuē
穴位 xuéwèi
学报 xuébào
学费 xuéfèi
学风 xuéfēng
学府 xuéfǔ
学界 xuéjiè
学历 xuélì
学龄 xuélíng
学年 xuénián
学期 xuéqī
学识 xuéshí
学士 xuéshì
学位 xuéwèi
学业 xuéyè
学制 xuézhì
雪茄 xuějiā
雪亮 xuěliàng
雪片 xuěpiàn
雪山 xuěshān
雪线 xuěxiàn
雪原 xuěyuán
血汗 xuèhàn
血红 xuèhóng
血迹 xuèjì
血浆 xuèjiāng
血泪 xuèlèi
血脉 xuèmài
血泊 xuèpō
血气 xuèqì

血亲 xuèqīn
血清 xuèqīng
血肉 xuèròu
血色 xuèsè
血糖 xuètáng
血统 xuètǒng
血腥 xuèxīng
血型 xuèxíng
血压 xuèyā
血缘 xuèyuán
勋章 xūnzhāng
熏 xūn
熏陶 xūntáo
薰 xūn
旬 xún
寻常 xúncháng
寻根 xúngēn
寻觅 xúnmì
巡 xún
巡回 xúnhuí
巡警 xúnjǐng
巡逻 xúnluó
巡视 xúnshì
循 xún
训斥 xùnchì
训话 xùnhuà
讯 xùn
讯号 xùnhào
汛 xùn
汛期 xùnqī
迅 xùn
迅猛 xùnměng
驯 xùn
驯服 xùnfú
驯化 xùnhuà
驯鹿 xùnlù
驯养 xùnyǎng
逊 xùn
逊色 xùnsè
丫头 yā · tou
压倒 yādǎo
压低 yādī
压榨 yāzhà
押送 yāsòng
押韵 yāyùn
鸭子 yā · zi
牙膏 yágāo
牙关 yáguān
牙刷 yáshuā
牙龈 yáyín
蚜虫 yáchóng
崖 yá
衙门 yá · men
哑 yǎ
哑巴 yǎ · ba
哑剧 yǎjù
雅 yǎ
雅致 yǎzhì
轧 yà
亚军 yàjūn
亚麻 yàmá
亚热带 yàrèdài
咽喉 yānhóu
殷红 yānhóng
胭脂 yān · zhi
烟草 yāncǎo
烟尘 yānchén
烟袋 yāndài
烟斗 yāndǒu
烟花 yānhuā
烟灰 yānhuī
烟火 yānhuǒ
烟幕 yānmù
烟雾 yānwù
烟叶 yānyè
焉 yān
淹 yān
淹没 yānmò
腌 yān
湮没 yānmò
燕 Yān
延 yán
延迟 yánchí
延缓 yánhuǎn
延期 yánqī
延误 yánwù
严惩 yánchéng
严冬 yándōng
严谨 yánjǐn
严禁 yánjìn
严酷 yánkù
严守 yánshǒu
严正 yánzhèng
言传 yánchuán
言辞 yáncí
言谈 yántán
岩层 yáncéng
岩洞 yándòng
岩浆 yánjiāng
炎热 yánrè
炎症 yánzhèng
沿路 yánlù
沿途 yántú
沿袭 yánxí
沿线 yánxiàn
沿用 yányòng
研读 yándú
研究员 yánjiūyuán
研讨 yántǎo
盐场 yánchǎng
盐分 yánfèn
盐田 yántián
阎 Yán
筵席 yánxí
颜 yán
颜料 yánliào
颜面 yánmiàn
檐 yán
俨然 yǎnrán
衍 yǎn
掩 yǎn
掩蔽 yǎnbì
掩埋 yǎnmái
掩饰 yǎnshì
掩映 yǎnyìng
眼底 yǎndǐ
眼红 yǎnhóng
眼花 yǎnhuā
眼睑 yǎnjiǎn
眼见 yǎnjiàn
眼角 yǎnjiǎo
眼界 yǎnjiè

眼眶 yǎnkuàng
眼力 yǎnlì
眼帘 yǎnlián
眼皮 yǎnpí
眼球 yǎnqiú
眼圈 yǎnquān
眼色 yǎnsè
眼窝 yǎnwō
演技 yǎnjì
演进 yǎnjìn
演示 yǎnshì
演算 yǎnsuàn
演习 yǎnxí
演戏 yǎnxì
演义 yǎnyì
厌烦 yànfán
厌倦 yànjuàn
厌世 yànshì
砚 yàn
艳 yàn
艳丽 yànlì
宴 yàn
宴席 yànxí
验收 yànshōu
谚语 yànyǔ
堰 yàn
雁 yàn
焰 yàn
燕 yàn
燕麦 yànmài
燕子 yàn · zi
央求 yāngqiú
秧歌 yāng · ge

秧苗 yāngmiáo
秧田 yāngtián
扬弃 yángqì
扬言 yángyán
羊羔 yánggāo
阳历 yánglì
阳台 yángtái
阳性 yángxìng
杨柳 yángliǔ
杨梅 yángméi
佯 yáng
洋葱 yángcōng
洋流 yángliú
洋溢 yángyì
仰慕 yǎngmù
仰望 yǎngwàng
养病 yǎngbìng
养护 yǎnghù
养活 yǎng · huo
养老 yǎnglǎo
养生 yǎngshēng
养育 yǎngyù
痒 yǎng
样板 yàngbǎn
漾 yàng
夭折 yāozhé
吆喝 yāo · he
妖 yāo
妖怪 yāo · guài
妖精 yāo · jing
要挟 yāoxié
腰带 yāodài
腰身 yāoshēn

邀 yāo
尧 Yáo
姚 yáo
窑 yáo
窑洞 yáodòng
谣言 yáoyán
摇摆 yáobǎi
摇动 yáodòng
摇篮 yáolán
摇曳 yáoyè
徭役 yáoyì
遥控 yáokòng
遥望 yáowàng
瑶 yáo
舀 yǎo
窈窕 yǎotiǎo
药材 yàocái
药店 yàodiàn
药方 yàofāng
药剂 yàojì
药水 yàoshuǐ
要道 yàodào
要地 yàodì
要点 yàodiǎn
要害 yàohài
要好 yàohǎo
要件 yàojiàn
要领 yàolǐng
要命 yàomìng
要人 yàorén
要职 yàozhí
耀 yào
耀眼 yàoyǎn

掖 yē
椰子 yē · zi
噎 yē
冶 yě
野菜 yěcài
野地 yědì
野心 yěxīn
野性 yěxìng
业绩 yèjì
业已 yèyǐ
业主 yèzhǔ
叶柄 yèbǐng
叶绿素 yèlǜsù
叶脉 yèmài
曳 yè
夜班 yèbān
夜空 yèkōng
夜幕 yèmù
夜色 yèsè
夜市 yèshì
夜校 yèxiào
掖 yè
液化 yèhuà
液晶 yèjīng
腋 yè
一筹莫展 yīchóumòzhǎn
一点儿 yīdiǎnr
一帆风顺 yīfānfēngshùn
一概 yīgài
一举 yījǔ
一流 yīliú

一目了然 yīmùliǎorán
一瞥 yīpiē
一气 yīqì
一瞬 yīshùn
一丝不苟 yīsībùgǒu
伊 yī
衣襟 yījīn
衣料 yīliào
衣衫 yīshān
衣食 yīshí
衣物 yīwù
衣着 yīzhuó
医师 yīshī
医务 yīwù
医治 yīzhì
依存 yīcún
依恋 yīliàn
依托 yītuō
依偎 yīwēi
依稀 yīxī
依仗 yīzhàng
仪表 yíbiǎo
夷 yí
宜人 yírén
贻误 yíwù
姨 yí
姨妈 yímā
胰岛素 yídǎosù
胰腺 yíxiàn
移交 yíjiāo
移居 yíjū
移存 yícún
遗风 yífēng
遗迹 yíjì
遗漏 yílòu
遗弃 yíqì
遗失 yíshī
遗体 yítǐ
遗忘 yíwàng
遗物 yíwù
遗像 yíxiàng
遗言 yíyán
疑虑 yílǜ
疑难 yínán
疑团 yítuán
疑心 yíxīn
已然 yǐrán
已往 yǐwǎng
倚靠 yǐkào
义气 yì · qì
艺人 yìrén
忆 yì
议案 yì'àn
议程 yìchéng
议定 yìdìng
议价 yìjià
议决 yìjué
议题 yìtí
屹立 yìlì
异彩 yìcǎi
异端 yìduān
异国 yìguó
异化 yìhuà
异己 yìjǐ
异体 yìtǐ
异同 yìtóng
异物 yìwù
异乡 yìxiāng
异性 yìxìng
异样 yìyàng
异议 yìyì
异族 yìzú
抑 yì
抑或 yìhuò
抑扬顿挫 yìyángdùncuò
抑郁 yìyù
邑 yì
役使 yìshǐ
译本 yìběn
译文 yìwén
驿站 yìzhàn
疫 yì
疫苗 yìmiáo
益虫 yìchóng
益处 yìchù
逸 yì
翌日 yìrì
意会 yìhuì
意料 yìliào
意念 yìniàn
意想 yìxiǎng
意向 yìxiàng
意愿 yìyuàn
意蕴 yìyùn
意旨 yìzhǐ
溢 yì
毅力 yìlì
熠熠 yìyì
臆造 yìzào
因袭 yīnxí
阴暗 yīn'àn
阴沉 yīnchén
阴极 yīnjí
阴间 yīnjiān
阴冷 yīnlěng
阴历 yīnlì
阴凉 yīnliáng
阴霾 yīnmái
阴森 yīnsēn
阴险 yīnxiǎn
阴性 yīnxìng
阴雨 yīnyǔ
阴郁 yīnyù
阴云 yīnyún
音标 yīnbiāo
音程 yīnchéng
音符 yīnfú
音高 yīngāo
音量 yīnliàng
音律 yīnlǜ
音色 yīnsè
音讯 yīnxùn
音译 yīnyì
音韵 yīnyùn
姻缘 yīnyuán
殷 yīn
殷切 yīnqiè
殷勤 yīnqín
吟 yín

银河 yínhé
银幕 yínmù
银杏 yínxìng
银圆 yínyuán
银子 yín・zi
淫 yín
淫秽 yínhuì
寅 yín
尹 yǐn
引发 yǐnfā
引路 yǐnlù
引擎 yǐnqíng
引申 yǐnshēn
引水 yǐnshuǐ
引文 yǐnwén
引诱 yǐnyòu
引证 yǐnzhèng
饮料 yǐnliào
饮水 yǐnshuǐ
隐患 yǐnhuàn
隐居 yǐnjū
隐瞒 yǐnmán
隐秘 yǐnmì
隐没 yǐnmò
隐士 yǐnshì
隐约 yǐnyuē
瘾 yǐn
印发 yìnfā
印花 yìnhuā
印记 yìnjì
印染 yìnrǎn
印行 yìnxíng
印章 yìnzhāng
印证 yìnzhèng
荫庇 yìnbì
应届 yīngjiè
应允 yīngyǔn
英镑 yīngbàng
英俊 yīngjùn
英明 yīngmíng
英武 yīngwǔ
婴 yīng
樱花 yīnghuā
樱桃 yīng・táo
鹦鹉 yīngwǔ
膺 yīng
迎风 yíngfēng
迎合 yínghé
迎面 yíngmiàn
迎亲 yíngqīn
迎头 yíngtóu
迎战 yíngzhàn
荧光 yíngguāng
荧屏 yíngpíng
盈 yíng
盈亏 yíngkuī
盈余 yíngyú
萤 yíng
营地 yíngdì
营房 yíngfáng
营救 yíngjiù
营垒 yínglěi
营造 yíngzào
萦绕 yíngrào
蝇 yíng
赢 yíng
赢利 yínglì
影射 yǐngshè
影像 yǐngxiàng
影院 yǐngyuàn
应变 yìngbiàn
应酬 yìng・chou
应对 yìngduì
应急 yìngjí
应考 yìngkǎo
应邀 yìngyāo
应战 yìngzhàn
应征 yìngzhēng
映照 yìngzhào
硬币 yìngbì
硬度 yìngdù
硬化 yìnghuà
硬件 yìngjiàn
硬性 yìngxìng
拥抱 yōngbào
拥戴 yōngdài
痈 yōng
庸俗 yōngsú
壅 yōng
臃肿 yōngzhǒng
永别 yǒngbié
永生 yǒngshēng
甬道 yǒngdào
咏 yǒng
咏叹调 yǒngtàndiào
泳 yǒng
勇 yǒng
勇猛 yǒngměng
勇士 yǒngshì
蛹 yǒng
踊跃 yǒngyuè
用场 yòngchǎng
用法 yòngfǎ
用工 yònggōng
用功 yònggōng
用劲 yòngjìn
用具 yòngjù
用心 yòngxīn
用意 yòngyì
佣金 yòngjīn
优待 yōudài
优厚 yōuhòu
优化 yōuhuà
优生 yōushēng
优胜 yōushèng
优雅 yōuyǎ
优异 yōuyì
忧 yōu
忧愁 yōuchóu
忧虑 yōulǜ
忧伤 yōushāng
幽暗 yōu'àn
幽静 yōujìng
幽灵 yōulíng
幽深 yōushēn
幽雅 yōuyǎ
悠长 yōucháng
悠然 yōurán
悠闲 yōuxián
悠扬 yōuyáng
由来 yóulái

由衷 yóuzhōng
邮 yóu
邮电 yóudiàn
邮寄 yóujì
邮件 yóujiàn
邮局 yóujú
邮政 yóuzhèng
犹疑 yóuyí
油菜 yóucài
油茶 yóuchá
油井 yóujǐng
油轮 yóulún
油门 yóumén
油墨 yóumò
油腻 yóunì
油漆 yóuqī
油条 yóutiáo
油污 yóuwū
油脂 yóuzhī
游荡 yóudàng
游记 yóujì
游客 yóukè
游览 yóulǎn
游乐 yóulè
游离 yóulí
游历 yóulì
游牧 yóumù
游人 yóurén
游玩 yóuwán
游艺 yóuyì
游子 yóuzǐ
友爱 yǒu'ài
友邦 yǒubāng
友情 yǒuqíng
有偿 yǒucháng
有待 yǒudài
有的放矢 yǒudìfàngshǐ
有理 yǒulǐ
有心 yǒuxīn
有形 yǒuxíng
有幸 yǒuxìng
有余 yǒuyú
酉 yǒu
黝黑 yǒuhēi
右面 yòumiàn
右倾 yòuqīng
右翼 yòuyì
幼儿园 yòu'éryuán
幼体 yòutǐ
幼小 yòuxiǎo
幼稚 yòuzhì
佑 yòu
柚子 yòu · zi
诱 yòu
诱发 yòufā
诱惑 yòuhuò
诱因 yòuyīn
釉 yòu
迂 yū
迂回 yūhuí
淤 yū
淤积 yūjī
淤泥 yūní
余额 yú'é
余粮 yúliáng
余年 yúnián
鱼雷 yúléi
鱼鳞 yúlín
鱼苗 yúmiáo
俞 Yú
渔场 yúchǎng
渔船 yúchuán
渔村 yúcūn
渔夫 yúfū
渔民 yúmín
渔网 yúwǎng
隅 yú
逾 yú
逾期 yúqī
逾越 yúyuè
愉悦 yúyuè
榆 yú
虞 yú
愚 yú
愚蠢 yúchǔn
愚昧 yúmèi
愚弄 yúnòng
与日俱增 yǔrìjùzēng
宇航 yǔháng
羽毛球 yǔmáoqiú
羽绒 yǔróng
雨点儿 yǔdiǎnr
雨季 yǔjì
雨量 yǔliàng
雨伞 yǔsǎn
雨衣 yǔyī
禹 Yǔ
语词 yǔcí
语调 yǔdiào
语汇 yǔhuì
语录 yǔlù
语重心长 yǔzhòngxīncháng
与会 yùhuì
郁 yù
郁闷 yùmèn
育才 yùcái
育苗 yùmiáo
狱 yù
浴 yù
浴场 yùchǎng
浴池 yùchí
浴室 yùshì
预感 yùgǎn
预见 yùjiàn
预示 yùshì
预想 yùxiǎng
预约 yùyuē
预兆 yùzhào
预知 yùzhī
欲念 yùniàn
谕 yù
遇难 yùnàn
喻 yù
御 yù
寓 yù
寓所 yùsuǒ
寓言 yùyán
寓意 yùyì
寓于 yùyú

愈合 yùhé
愈加 yùjiā
愈益 yùyì
誉 yù
豫 yù
鸳鸯 yuān · yāng
冤 yuān
冤案 yuān'àn
冤枉 yuān · wang
渊 yuān
渊博 yuānbó
渊源 yuānyuán
元宝 yuánbǎo
元旦 yuándàn
元件 yuánjiàn
元老 yuánlǎo
元气 yuánqì
元首 yuánshǒu
元帅 yuánshuài
元宵 yuánxiāo
元音 yuányīn
元月 yuányuè
园地 yuándì
园丁 yuándīng
园林 yuánlín
园艺 yuányì
员工 yuángōng
垣 yuán
原本 yuánběn
原稿 yuángǎo
原告 yuángào
原籍 yuánjí
原价 yuánjià
原煤 yuánméi
原文 yuánwén
原形 yuánxíng
原型 yuánxíng
原样 yuányàng
原野 yuányě
原意 yuányì
原油 yuányóu
原著 yuánzhù
原状 yuánzhuàng
原作 yuánzuò
圆场 yuánchǎng
圆满 yuánmǎn
圆圈 yuánquān
圆润 yuánrùn
圆舞曲 yuánwǔqǔ
圆周 yuánzhōu
圆柱 yuánzhù
圆锥 yuánzhuī
圆桌 yuánzhuō
援 yuán
援兵 yuánbīng
缘由 yuányóu
猿 yuán
猿猴 yuánhóu
猿人 yuánrén
源流 yuánliú
源头 yuántóu
远程 yuǎnchéng
远大 yuǎndà
远古 yuǎngǔ
远航 yuǎnháng
远见 yuǎnjiàn
远近 yuǎnjìn
远景 yuǎnjǐng
远洋 yuǎnyáng
远征 yuǎnzhēng
苑 yuàn
怨恨 yuànhèn
怨气 yuànqì
怨言 yuànyán
院落 yuànluò
院士 yuànshì
约定 yuēdìng
约法 yuēfǎ
约会 yuēhuì
月饼 yuè · bing
月季 yuè · jì
月刊 yuèkān
月色 yuèsè
月食 yuèshí
月夜 yuèyè
乐谱 yuèpǔ
乐师 yuèshī
乐团 yuètuán
乐音 yuèyīn
乐章 yuèzhāng
岳 yuè
岳父 yuèfù
岳母 yuèmǔ
阅 yuè
阅兵 yuèbīng
阅历 yuèlì
悦 yuè
悦耳 yuè'ěr
越发 yuèfā
越轨 yuèguǐ
晕 yūn
云彩 yún · cai
云层 yúncéng
云端 yúnduān
云朵 yúnduǒ
云海 yúnhǎi
云集 yúnjí
云雾 yúnwù
云游 yúnyóu
匀称 yún · chèn
允 yǔn
陨石 yǔnshí
孕 yùn
孕妇 yùnfù
孕育 yùnyù
运筹 yùnchóu
运费 yùnfèi
运河 yùnhé
运气 yùn · qi
运送 yùnsòng
运销 yùnxiāo
运载 yùnzài
运作 yùnzuò
晕 yùn
酝酿 yùnniàng
韵律 yùnlǜ
韵味 yùnwèi
蕴 yùn
蕴含 yùnhán
咂 zā
杂费 záfèi
杂技 zájì

杂居 zájū
杂剧 zájù
杂粮 záliáng
杂乱 záluàn
杂事 záshì
杂文 záwén
杂音 záyīn
灾 zāi
灾害 zāihài
灾荒 zāihuāng
灾祸 zāihuò
灾民 zāimín
灾情 zāiqíng
哉 zāi
栽植 zāizhí
栽种 zāizhòng
宰 zǎi
宰割 zǎigē
宰相 zǎixiàng
崽 zǎi
再度 zàidù
再会 zàihuì
再婚 zàihūn
再造 zàizào
在行 zàiháng
在乎 zài·hu
在世 zàishì
在望 zàiwàng
在位 zàiwèi
在意 zàiyì
在职 zàizhí
在座 zàizuò
载体 zàitǐ
载重 zàizhòng
攒 zǎn
暂且 zànqiě
暂行 zànxíng
赞 zàn
赞歌 zàngē
赞赏 zànshǎng
赞颂 zànsòng
赞同 zàntóng
赞许 zànxǔ
赞誉 zànyù
赞助 zànzhù
脏腑 zàngfǔ
葬礼 zànglǐ
葬身 zàngshēn
葬送 zàngsòng
遭殃 zāoyāng
糟糕 zāogāo
糟粕 zāopò
糟蹋 zāo·tà
凿 záo
早春 zǎochūn
早稻 zǎodào
早点 zǎodiǎn
早饭 zǎofàn
早婚 zǎohūn
早年 zǎonián
早熟 zǎoshú
早晚 zǎowǎn
早先 zǎoxiān
枣 zǎo
澡 zǎo
造反 zàofǎn
造福 zàofú
造价 zàojià
造句 zàojù
造谣 zàoyáo
造诣 zàoyì
噪 zào
噪声 zàoshēng
噪音 zàoyīn
燥 zào
躁 zào
责备 zébèi
责成 zéchéng
责怪 zéguài
责令 zélìng
责骂 zémà
责难 zénàn
责问 zéwèn
择 zé
择优 zéyōu
泽 zé
啧啧 zézé
仄 zè
增补 zēngbǔ
增设 zēngshè
增生 zēngshēng
增收 zēngshōu
增援 zēngyuán
增值 zēngzhí
憎 zēng
憎恨 zēnghèn
憎恶 zēngwù
赠 zèng
赠送 zèngsòng
扎根 zhāgēn
扎实 zhā·shi
渣滓 zhā·zǐ
轧 zhá
闸 zhá
闸门 zhámén
铡 zhá
眨巴 zhǎ·ba
眨眼 zhǎyǎn
乍 zhà
诈 zhà
诈骗 zhàpiàn
栅栏 zhà·lan
炸药 zhàyào
蚱蜢 zhàměng
榨 zhà
榨取 zhàqǔ
斋 zhāi
摘除 zhāichú
宅 zhái
宅子 zhái·zi
择菜 zháicài
债权 zhàiquán
债券 zhàiquàn
寨子 zhai·zi
占卜 zhānbǔ
沾染 zhānrǎn
毡 zhān
粘连 zhānlián
瞻 zhān
瞻仰 zhānyǎng
斩 zhǎn
展翅 zhǎnchì

展望 zhǎnwàng
展销 zhǎnxiāo
辗转 zhǎnzhuǎn
战败 zhànbài
战备 zhànbèi
战地 zhàndì
战犯 zhànfàn
战俘 zhànfú
战功 zhàngōng
战壕 zhànháo
战火 zhànhuǒ
战绩 zhànjì
战局 zhànjú
战栗 zhànlì
战乱 zhànluàn
战区 zhànqū
战事 zhànshì
站岗 zhàngǎng
站立 zhànlì
站台 zhàntái
蘸 zhàn
张罗 zhāng · luo
张贴 zhāngtiē
张望 zhāngwàng
章法 zhāngfǎ
章节 zhāngjié
樟脑 zhāngnǎo
长辈 zhǎngbèi
长老 zhǎnglǎo
长相 zhǎngxiàng
长者 zhǎngzhě
涨潮 zhǎngcháo
掌舵 zhǎngduò
掌管 zhǎngguǎn
掌权 zhǎngquán
掌心 zhǎngxīn
丈量 zhàngliáng
丈人 zhàng · ren
杖 zhàng
帐子 zhàng · zi
账本 zhàngběn
账房 zhàngfáng
账目 zhàngmù
障 zhàng
招标 zhāobiāo
招考 zhāokǎo
招徕 zhāolái
招募 zhāomù
招牌 zhāo · pai
招聘 zhāopìn
招收 zhāoshōu
招手 zhāoshǒu
招致 zhāozhì
昭 zhāo
朝气 zhāoqì
朝夕 zhāoxī
朝霞 zhāoxiá
朝阳 zhāoyáng
着火 zháohuǒ
着迷 zháomí
爪 zhǎo
爪牙 zhǎoyá
找寻 zhǎoxún
沼气 zhǎoqì
沼泽 zhǎozé
召 zhào
召唤 zhàohuàn
召见 zhàojiàn
兆 zhào
诏 zhào
诏书 zhàoshū
照搬 zhàobān
照办 zhàobàn
照常 zhàocháng
照管 zhàoguǎn
照会 zhàohuì
照旧 zhàojiù
照看 zhàokàn
照料 zhàoliào
照应 zhào · yìng
罩 zhào
肇事 zhàoshì
折腾 zhē · teng
遮蔽 zhēbì
遮挡 zhēdǎng
遮盖 zhēgài
遮掩 zhēyǎn
折叠 zhédié
折光 zhéguāng
折合 zhéhé
折旧 zhéjiù
折扣 zhékòu
折算 zhésuàn
折中 zhézhōng
哲 zhé
哲理 zhélǐ
哲人 zhérén
辙 zhé
褶 zhě
褶皱 zhězhòu
浙 Zhè
蔗 zhè
蔗糖 zhètáng
贞 zhēn
贞操 zhēncāo
针头 zhēntóu
侦破 zhēnpò
侦探 zhēntàn
珍 zhēn
珍宝 zhēnbǎo
珍藏 zhēncáng
珍品 zhēnpǐn
珍视 zhēnshì
珍惜 zhēnxī
珍稀 zhēnxī
珍重 zhēnzhòng
真迹 zhēnjì
真菌 zhēnjūn
真皮 zhēnpí
真切 zhēnqiè
真情 zhēnqíng
真丝 zhēnsī
真相 zhēnxiàng
真心 zhēnxīn
真知 zhēnzhī
真挚 zhēnzhì
砧 zhēn
斟 zhēn
斟酌 zhēnzhuó
臻 zhēn
诊 zhěn
诊所 zhěnsuǒ

诊治 zhěnzhì
枕 zhěn
阵容 zhènróng
阵势 zhèn · shì
阵亡 zhènwáng
阵线 zhènxiàn
阵营 zhènyíng
振作 zhènzuò
朕 zhèn
震颤 zhènchàn
震荡 zhèndàng
震耳欲聋 zhèn'ěryùlóng
震撼 zhènhàn
镇定 zhèndìng
镇静 zhènjìng
镇守 zhènshǒu
正月 zhēngyuè
争辩 zhēngbiàn
争吵 zhēngchǎo
争斗 zhēngdòu
争端 zhēngduān
争光 zhēngguāng
争鸣 zhēngmíng
争气 zhēngqì
争议 zhēngyì
争执 zhēngzhí
征购 zhēnggòu
征集 zhēngjí
征途 zhēngtú
征文 zhēngwén
征询 zhēngxún
征兆 zhēngzhào
症结 zhēngjié
蒸馏 zhēngliú
蒸馏水 zhēngliúshuǐ
蒸汽 zhēngqì
蒸腾 zhēngténg
拯救 zhěngjiù
整编 zhěngbiān
整风 zhěngfēng
整洁 zhěngjié
整数 zhěngshù
整形 zhěngxíng
整修 zhěngxiū
整治 zhěngzhì
正比 zhèngbǐ
正比例 zhèngbǐlì
正步 zhèngbù
正道 zhèngdào
正轨 zhèngguǐ
正极 zhèngjí
正门 zhèngmén
正派 zhèngpài
正气 zhèngqì
正巧 zhèngqiǎo
正视 zhèngshì
正统 zhèngtǒng
正文 zhèngwén
正午 zhèngwǔ
正直 zhèngzhí
正中 zhèngzhōng
正宗 zhèngzōng
证件 zhèngjiàn
证券 zhèngquàn
证人 zhèng · rén
郑重 zhèngzhòng
政变 zhèngbiàn
政法 zhèngfǎ
政界 zhèngjiè
政局 zhèngjú
政客 zhèngkè
政论 zhènglùn
政事 zhèngshì
政体 zhèngtǐ
政务 zhèngwù
支架 zhījià
支流 zhīliú
支票 zhīpiào
支取 zhīqǔ
支柱 zhīzhù
只身 zhīshēn
汁液 zhīyè
芝麻 zhī · ma
知己 zhījǐ
知了 zhīliǎo
知名 zhīmíng
知情 zhīqíng
知晓 zhīxiǎo
知心 zhīxīn
知音 zhīyīn
肢体 zhītǐ
织物 zhīwù
脂 zhī
脂粉 zhīfěn
执 zhí
执笔 zhíbǐ
执法 zhífǎ
执教 zhíjiào
执拗 zhíniù
执勤 zhíqín
执意 zhíyì
执照 zhízhào
执政 zhízhèng
执着 zhízhuó
直播 zhíbō
直肠 zhícháng
直达 zhídá
直属 zhíshǔ
直率 zhíshuài
直爽 zhíshuǎng
侄 zhí
侄女 zhí · nǚ
侄子 zhí · zi
值勤 zhíqín
值日 zhírì
职称 zhíchēng
职位 zhíwèi
植被 zhíbèi
止步 zhǐbù
只管 zhǐguǎn
只消 zhǐxiāo
旨 zhǐ
旨意 zhǐyì
址 zhǐ
纸板 zhǐbǎn
纸币 zhǐbì
纸浆 zhǐjiāng
纸烟 zhǐyān
纸张 zhǐzhāng
指点 zhǐdiǎn

指甲 zhǐ·jia（zhī·jia）
指控 zhǐkòng
指南 zhǐnán
指南针 zhǐnánzhēn
指派 zhǐpài
指使 zhǐshǐ
指头 zhǐ·tou（zhí·tou）
指望 zhǐwang
指纹 zhǐwén
指引 zhǐyǐn
指摘 zhǐzhāi
指针 zhǐzhēn
趾 zhǐ
至多 zhìduō
至上 zhìshàng
志气 zhì·qì
志趣 zhìqù
志向 zhìxiàng
志愿 zhìyuàn
志愿军 zhìyuànjūn
帜 zhì
制备 zhìbèi
制裁 zhìcái
制服 zhìfú
制剂 zhìjì
制图 zhìtú
质地 zhìdì
质朴 zhìpǔ
质问 zhìwèn
炙 zhì

治水 zhìshuǐ
治学 zhìxué
桎梏 zhìgù
致敬 zhìjìng
致密 zhìmì
致命 zhìmìng
致死 zhìsǐ
致意 zhìyì
掷 zhì
窒息 zhìxī
智育 zhìyù
滞留 zhìliú
滞销 zhìxiāo
置换 zhìhuàn
置身 zhìshēn
稚 zhì
稚嫩 zhìnèn
稚气 zhìqì
中层 zhōngcéng
中级 zhōngjí
中间人 zhōngjiānrén
中介 zhōngjiè
中立 zhōnglì
中秋 zhōngqiū
中途 zhōngtú
中文 zhōngwén
中西 zhōngxī
中线 zhōngxiàn
中药 zhōngyào
中庸 zhōngyōng
中用 zhōngyòng
中游 zhōngyóu

中止 zhōngzhǐ
中转 zhōngzhuǎn
忠 zhōng
忠厚 zhōnghòu
忠于 zhōngyú
忠贞 zhōngzhēn
终点 zhōngdiǎn
终端 zhōngduān
终归 zhōngguī
终极 zhōngjí
终结 zhōngjié
终了 zhōngliǎo
终日 zhōngrì
终生 zhōngshēng
终止 zhōngzhǐ
盅 zhōng
钟表 zhōngbiǎo
钟点 zhōngdiǎn
衷心 zhōngxīn
肿胀 zhǒngzhàng
种姓 zhǒngxìng
冢 zhǒng
中风 zhòngfēng
中肯 zhòngkěn
中意 zhòngyì
仲 zhòng
仲裁 zhòngcái
众生 zhòngshēng
种地 zhòngdì
种田 zhòngtián
重兵 zhòngbīng
重担 zhòngdàn
重金 zhòngjīn

重任 zhòngrèn
重伤 zhòngshāng
重心 zhòngxīn
重型 zhòngxíng
重音 zhòngyīn
重用 zhòngyòng
舟 zhōu
洲 zhōu
周报 zhōubào
周到 zhōu·dào
周而复始 zhōu'érfùshǐ
周刊 zhōukān
周末 zhōumò
周身 zhōushēn
周岁 zhōusuì
周旋 zhōuxuán
周延 zhōuyán
周折 zhōuzhé
洲 zhōu
粥 zhōu
轴线 zhóuxiàn
肘 zhǒu
咒 zhòu
咒骂 zhòumà
昼 zhòu
皱纹 zhòuwén
骤 zhòu
骤然 zhòurán
诛 zhū
珠宝 zhūbǎo
珠子 zhū·zi
株连 zhūlián

诸侯 zhūhóu
诸如此类 zhūrúcǐlèi
诸位 zhūwèi
蛛网 zhūwǎng
竹竿 zhúgān
竹笋 zhúsǔn
竹子 zhú · zi
烛 zhú
主办 zhǔbàn
主次 zhǔcì
主峰 zhǔfēng
主干 zhǔgàn
主根 zhǔgēn
主攻 zhǔgōng
主顾 zhǔgù
主机 zhǔjī
主见 zhǔjiàn
主将 zhǔjiàng
主角 zhǔjué
主考 zhǔkǎo
主流 zhǔliú
主人翁 zhǔrénwēng
主食 zhǔshí
主事 zhǔshì
主线 zhǔxiàn
主演 zhǔyǎn
主宰 zhǔzǎi
主旨 zhǔzhǐ
主子 zhǔ · zi
拄 zhǔ
嘱 zhǔ
嘱托 zhǔtuō
瞩目 zhǔmù
伫立 zhùlì
助教 zhùjiào
助理 zhùlǐ
助长 zhùzhǎng
住处 zhù · chù
住户 zhùhù
住家 zhùjiā
住宿 zhùsù
住所 zhùsuǒ
住院 zhùyuàn
住址 zhùzhǐ
贮 zhù
贮备 zhùbèi
注册 zhùcè
注定 zhùdìng
注解 zhùjiě
注目 zhùmù
注射器 zhùshèqì
注释 zhùshì
注销 zhùxiāo
注音 zhùyīn
驻地 zhùdì
驻防 zhùfáng
驻军 zhùjūn
驻守 zhùshǒu
驻扎 zhùzhā
柱子 zhù · zi
祝福 zhùfú
祝愿 zhùyuàn
著称 zhùchēng
著述 zhùshù
著者 zhùzhě
蛀 zhù
铸 zhù
铸造 zhùzào
抓获 zhuāhuò
爪 zhuǎ
爪子 zhuǎ · zi
拽 zhuài
专长 zhuāncháng
专车 zhuānchē
专程 zhuānchéng
专断 zhuānduàn
专横 zhuānhèng
专科 zhuānkē
专款 zhuānkuǎn
专栏 zhuānlán
专卖 zhuānmài
专区 zhuānqū
专人 zhuānrén
专心 zhuānxīn
专一 zhuānyī
专员 zhuānyuán
专职 zhuānzhí
专注 zhuānzhù
专著 zhuānzhù
砖头 zhuāntóu
转播 zhuǎnbō
转产 zhuǎnchǎn
转达 zhuǎndá
转告 zhuǎngào
转机 zhuǎnjī
转嫁 zhuǎnjià
转交 zhuǎnjiāo
转脸 zhuǎnliǎn
转念 zhuǎnniàn
转让 zhuǎnràng
转手 zhuǎnshǒu
转瞬 zhuǎnshùn
转弯 zhuǎnwān
转眼 zhuǎnyǎn
转业 zhuǎnyè
转运 zhuǎnyùn
转战 zhuǎnzhàn
转折 zhuǎnzhé
传记 zhuànjì
转速 zhuànsù
转悠 zhuàn · you
转轴 zhuànzhóu
撰 zhuàn
撰写 zhuànxiě
篆 zhuàn
篆刻 zhuànkè
妆 zhuāng
庄园 zhuāngyuán
庄重 zhuāngzhòng
庄子 zhuāngzǐ
装扮 zhuāngbàn
装点 zhuāngdiǎn
装潢 zhuānghuáng
装配 zhuāngpèi
装束 zhuāngshù
装卸 zhuāngxiè
装修 zhuāngxiū
装运 zhuāngyùn
装载 zhuāngzài
壮丁 zhuàngdīng
壮观 zhuàngguān

壮举 zhuàngjǔ
壮丽 zhuànglì
壮烈 zhuàngliè
壮年 zhuàngnián
壮实 zhuàng · shi
壮士 zhuàngshì
壮志 zhuàngzhì
状语 zhuàngyǔ
状元 zhuàngyuan
撞击 zhuàngjī
追捕 zhuībǔ
追查 zhuīchá
追悼 zhuīdào
追肥 zhuīféi
追赶 zhuīgǎn
追击 zhuījī
追加 zhuījiā
追溯 zhuīsù
追随 zhuīsuí
追问 zhuīwèn
追寻 zhuīxún
追忆 zhuīyì
追踪 zhuīzōng
椎 zhuī
锥 zhuī
锥子 zhuī · zi
坠 zhuì
坠落 zhuìluò
缀 zhuì
赘 zhuì
赘述 zhuìshù
准绳 zhǔnshéng
准时 zhǔnshí
准许 zhǔnxǔ
拙 zhuō
捉拿 zhuōná
灼 zhuó
灼热 zhuórè
茁壮 zhuózhuàng
卓 zhuó
卓著 zhuózhù
浊 zhuó
酌 zhuó
啄 zhuó
着力 zhuólì
着陆 zhuólù
着落 zhuóluò
着实 zhuóshí
着想 zhuóxiǎng
着眼 zhuóyǎn
着意 zhuóyì
姿 zī
兹 zī
资财 zīcái
资方 zīfāng
资历 zīlì
资助 zīzhù
滋 zī
滋补 zībǔ
滋润 zīrùn
滋生 zīshēng
滋养 zīyǎng
滋长 zīzhǎng
籽 zǐ
紫菜 zǐcài
紫外线 zǐwàixiàn
自卑 zìbēi
自大 zìdà
自得 zìdé
自费 zìfèi
自封 zìfēng
自负 zìfù
自给 zìjǐ
自家 zìjiā
自尽 zìjìn
自救 zìjiù
自居 zìjū
自来水 zìláishuǐ
自理 zìlǐ
自立 zìlì
自流 zìliú
自律 zìlǜ
自满 zìmǎn
自强 zìqiáng
自如 zìrú
自始至终 zìshǐzhìzhōng
自首 zìshǒu
自述 zìshù
自私 zìsī
自修 zìxiū
自学 zìxué
自以为是 zìyǐwéishì
自制 zìzhì
自重 zìzhòng
自传 zìzhuàn
自尊 zìzūn
字典 zìdiǎn
字号 zìhào
字画 zìhuà
字迹 zìjì
字句 zìjù
字体 zìtǐ
字条 zìtiáo
字形 zìxíng
字义 zìyì
字音 zìyīn
渍 zì
宗法 zōngfǎ
宗派 zōngpài
宗室 zōngshì
棕 zōng
棕榈 zōnglǘ
棕色 zōngsè
踪 zōng
踪迹 zōngjì
踪影 zōngyǐng
鬃 zōng
总称 zǒngchēng
总得 zǒngděi
总队 zǒngduì
总共 zǒnggòng
总管 zǒngguǎn
总归 zǒngguī
总计 zǒngjì
总务 zǒngwù
纵横 zònghéng
纵然 zòngrán
纵容 zòngróng
纵身 zòngshēn
纵深 zòngshēn

纵使 zòngshǐ
纵向 zòngxiàng
粽子 zòng · zi
走动 zǒudòng
走访 zǒufǎng
走私 zǒusī
奏鸣曲 zòumíngqǔ
奏效 zòuxiào
奏章 zòuzhāng
揍 zòu
租借 zūjiè
租金 zūjīn
租赁 zūlìn
租用 zūyòng
足迹 zújì
足见 zújiàn
卒 zú
诅咒 zǔzhòu
阻挡 zǔdǎng
阻隔 zǔgé
阻击 zǔjī
阻拦 zǔlán
阻挠 zǔnáo
阻塞 zǔsè
组建 zǔjiàn
组装 zǔzhuāng
祖传 zǔchuán
钻探 zuāntàn
钻石 zuànshí
钻头 zuàntóu
攥 zuàn
嘴脸 zuǐliǎn
罪过 zuìguò
罪名 zuìmíng
罪孽 zuìniè
罪人 zuìrén
罪证 zuìzhèng
罪状 zuìzhuàng
醉人 zuìrén
醉心 zuìxīn
尊称 zūnchēng
尊贵 zūnguì
遵 zūn
遵从 zūncóng
遵照 zūnzhào
作坊 zuō · fang
左面 zuǒ · miàn
左倾 zuǒqīng
左翼 zuǒyì
佐 zuǒ
撮 zuǒ
作案 zuò'àn
作对 zuòduì
作恶 zuò'è
作怪 zuòguài
作价 zuòjià
作客 zuòkè
作祟 zuòsuì
作文 zuòwén
坐落 zuòluò
坐镇 zuòzhèn
座舱 zuòcāng
座谈 zuòtán
做工 zuògōng
做功 zuògōng
做人 zuòrén
做声 zuòshēng
做戏 zuòxì
做主 zuòzhǔ

普通话水平测试用必读轻声词语表

A

爱人 àiren
案子 ànzi

B

巴掌 bāzhang
把子 bǎzi
把子 bàzi
爸爸 bàba
白净 báijing
班子 bānzi
板子 bǎnzi
帮手 bāngshou
梆子 bāngzi
膀子 bǎngzi
棒槌 bàngchui
棒子 bàngzi
包袱 bāofu
包涵 bāohan
包子 bāozi
豹子 bàozi
杯子 bēizi
被子 bèizi
本事 běnshi
本子 běnzi
鼻子 bízi
比方 bǐfang
鞭子 biānzi
扁担 biǎndan
辫子 biànzi
别扭 bièniu
饼子 bǐngzi
拨弄 bōnong
脖子 bózi
簸箕 bòji
补丁 bǔding
不由得 bùyóude
不在乎 bùzàihu
步子 bùzi
部分 bùfen

C

财主 cáizhu
裁缝 cáifeng
苍蝇 cāngying
差事 chāishi
柴火 cháihuo
池子 chízi
肠子 chángzi

厂子 chǎngzi
场子 chǎngzi
车子 chēzi
称呼 chēnghu
尺子 chǐzi
虫子 chóngzi
绸子 chóuzi
除了 chúle
锄头 chútou
畜生 chùsheng
窗户 chuānghu
窗子 chuāngzi
锤子 chuízi
刺猬 cìwei
凑合 còuhe
村子 cūnzi

D

耷拉 dāla
答应 dāying
打扮 dǎban
打点 dǎdian
打发 dǎfa
打量 dǎliang
打算 dǎsuan
打听 dǎting
大方 dàfang
大爷 dàye
大夫 dàifu
带子 dàizi
袋子 dàizi
单子 dānzi
耽搁 dānge
耽误 dānwu
胆子 dǎnzi
担子 dànzi
刀子 dāozi
道士 dàoshi
稻子 dàozi
灯笼 dēnglong
凳子 dèngzi
提防 dīfang
笛子 dízi
底子 dǐzi
地道 dìdao
地方 dìfang
弟弟 dìdi
弟兄 dìxiong
点心 diǎnxin
调子 diàozi
钉子 dīngzi
东家 dōngjia
东西 dōngxi
动静 dòngjing
动弹 dòngtan
豆腐 dòufu
豆子 dòuzi
嘟囔 dūnang
肚子 dǔzi
肚子 dùzi
缎子 duànzi
队伍 duìwu
对付 duìfu
对头 duìtou
多么 duōme

E

蛾子 ézi
儿子 érzi
耳朵 ěrduo

F

贩子 fànzi
房子 fángzi
废物 fèiwu
份子 fènzi
风筝 fēngzheng
疯子 fēngzi
福气 fúqi
斧子 fǔzi

G

盖子 gàizi
甘蔗 gānzhe
杆子 gānzi
杆子 gǎnzi
干事 gànshi
杠子 gàngzi
高粱 gāoliang
膏药 gāoyao
稿子 gǎozi
告诉 gàosu
疙瘩 gēda
哥哥 gēge
胳膊 gēbo
鸽子 gēzi
格子 gézi
个子 gèzi
根子 gēnzi
跟头 gēntou
工夫 gōngfu
弓子 gōngzi
公公 gōnggong
功夫 gōngfu
钩子 gōuzi
姑姑 gūgu
姑娘 gūniang
谷子 gǔzi
骨头 gǔtou
故事 gùshi
寡妇 guǎfu
褂子 guàzi
怪物 guàiwu
关系 guānxi
官司 guānsi
罐头 guàntou
罐子 guànzi
规矩 guīju
闺女 guīnü
鬼子 guǐzi
柜子 guìzi
棍子 gùnzi
锅子 guōzi
果子 guǒzi

H

蛤蟆 háma

孩子 háizi
含糊 hánhu
汉子 hànzi
行当 hángdang
合同 hétong
和尚 héshang
核桃 hétao
盒子 hézi
红火 hónghuo
猴子 hóuzi
后头 hòutou
厚道 hòudao
狐狸 húli
胡萝卜 húluóbo
胡琴 húqin
糊涂 hútu
护士 hùshi
皇上 huángshang
幌子 huǎngzi
活泼 huópo
火候 huǒhou
伙计 huǒji

J

机灵 jīling
脊梁 jǐliang
记号 jìhao
记性 jìxing
夹子 jiāzi
家伙 jiāhuo
架势 jiàshi
架子 jiàzi
嫁妆 jiàzhuang
尖子 jiānzi
茧子 jiǎnzi
剪子 jiǎnzi
见识 jiànshi
毽子 jiànzi
将就 jiāngjiu
交情 jiāoqing
饺子 jiǎozi
叫唤 jiàohuan
轿子 jiàozi
结实 jiēshi
街坊 jiēfang
姐夫 jiěfu
姐姐 jiějie
戒指 jièzhi
金子 jīnzi
精神 jīngshen
镜子 jìngzi
舅舅 jiùjiu
橘子 júzi
句子 jùzi
卷子 juànzi

K

咳嗽 késou
客气 kèqi
空子 kòngzi
口袋 kǒudai
口子 kǒuzi
扣子 kòuzi
窟窿 kūlong
裤子 kùzi
快活 kuàihuo
筷子 kuàizi
框子 kuàngzi
阔气 kuòqi

L

喇叭 lǎba
喇嘛 lǎma
篮子 lánzi
懒得 lǎnde
浪头 làngtou
老婆 lǎopo
老实 lǎoshi
老太太 lǎotàitai
老头子 lǎotóuzi
老爷 lǎoye
老子 lǎozi
姥姥 lǎolao
累赘 léizhui
篱笆 líba
里头 lǐtou
力气 lìqi
厉害 lìhai
利落 lìluo
利索 lìsuo
例子 lìzi
栗子 lìzi
痢疾 lìji
连累 liánlei
帘子 liánzi
凉快 liángkuai
粮食 liángshi
两口子 liǎngkǒuzi
料子 liàozi
林子 línzi
翎子 língzi
领子 lǐngzi
溜达 liūda
聋子 lóngzi
笼子 lóngzi
炉子 lúzi
路子 lùzi
轮子 lúnzi
萝卜 luóbo
骡子 luózi
骆驼 luòtuo

M

妈妈 māma
麻烦 máfan
麻利 máli
麻子 mázi
马虎 mǎhu
码头 mǎtou
买卖 mǎimai
麦子 màizi
馒头 mántou
忙活 mánghuo
冒失 màoshi
帽子 màozi
眉毛 méimao
媒人 méiren
妹妹 mèimei

门道 méndao
眯缝 mīfeng
迷糊 míhu
面子 miànzi
苗条 miáotiao
苗头 miáotou
名堂 míngtang
名字 míngzi
明白 míngbai
模糊 móhu
蘑菇 mógu
木匠 mùjiang
木头 mùtou

N

那么 nàme
奶奶 nǎinai
难为 nánwei
脑袋 nǎodai
脑子 nǎozi
能耐 néngnai
你们 nǐmen
念叨 niàndao
念头 niàntou
娘家 niángjia
镊子 nièzi
奴才 núcai
女婿 nǚxu
暖和 nuǎnhuo
疟疾 nüèji

p

拍子 pāizi
牌楼 páilou
牌子 páizi
盘算 pánsuan
盘子 bánzi
胖子 pàngzi
狍子 páozi
盆子 pénzi
朋友 péngyou
棚子 péngzi
脾气 píqi
皮子 pízi
痞子 pǐzi
屁股 pìgu
片子 piānzi
便宜 piányi
骗子 piànzi
票子 piàozi
漂亮 piàoliang
瓶子 píngzi
婆家 pójia
婆婆 pópo
铺盖 pūgai

Q

欺负 qīfu
旗子 qízi
前头 qiántou
钳子 qiánzi
茄子 qiézi
亲戚 qīnqi
勤快 qínkuai
清楚 qīngchu
亲家 qìngjia
曲子 qǔzi
圈子 quānzi
拳头 quántou
裙子 qúnzi

R

热闹 rènao
人家 rénjia
人们 rénmen
认识 rènshi
日子 rìzi
褥子 rùzi

S

塞子 sāizi
嗓子 sǎngzi
嫂子 sǎozi
扫帚 sàozhou
沙子 shāzi
傻子 shǎzi
扇子 shànzi
商量 shāngliang
晌午 shǎngwu
上司 shàngsi
上头 shàngtou
烧饼 shāobing
勺子 sháozi
少爷 shàoye
哨子 shàozi
舌头 shétou
身子 shēnzi
什么 shénme
婶子 shěnzi
生意 shēngyi
牲口 shēngkou
绳子 shéngzi
师父 shīfu
师傅 shīfu
虱子 shīzi
狮子 shīzi
石匠 shíjiang
石榴 shíliu
石头 shítou
时候 shíhou
实在 shízai
拾掇 shíduo
使唤 shǐhuan
世故 shìgu
似的 shìde
事情 shìqing
柿子 shìzi
收成 shōucheng
收拾 shōushi
首饰 shǒushi
叔叔 shūshu
梳子 shūzi
舒服 shūfu
舒坦 shūtan
疏忽 shūhu

爽快 shuǎngkuai
思量 sīliang
算计 suànji
岁数 suìshu
孙子 sūnzi

T

他们 tāmen
它们 tāmen
她们 tāmen
台子 táizi
太太 tàitai
摊子 tānzi
坛子 tánzi
毯子 tǎnzi
桃子 táozi
特务 tèwu
梯子 tīzi
蹄子 tízi
挑剔 tiāoti
挑子 tiāozi
条子 tiáozi
跳蚤 tiàozao
铁匠 tiějiang
亭子 tíngzi
头发 tóufa
头子 tóuzi
兔子 tùzi
妥当 tuǒdang
唾沫 tuòmo

W

挖苦 wāku
娃娃 wáwa
袜子 wàzi
晚上 wǎnshang
尾巴 wěiba
委屈 wěiqu
为了 wèile
位置 wèizhi
位子 wèizi
蚊子 wénzi
稳当 wěndang
我们 wǒmen
屋子 wūzi

X

稀罕 xīhan
席子 xízi
媳妇 xífu
喜欢 xǐhuan
瞎子 xiāzi
匣子 xiázi
下巴 xiàba
吓唬 xiàhu
先生 xiānsheng
乡下 xiāngxia
箱子 xiāngzi
相声 xiàngsheng
消息 xiāoxi
小伙子 xiǎohuǒzi
小气 xiǎoqi
小子 xiǎozi
笑话 xiàohua
谢谢 xièxie
心思 xīnsi
星星 xīngxing
猩猩 xīngxing
行李 xíngli
性子 xìngzi
兄弟 xiōngdi
休息 xiūxi
秀才 xiùcai
秀气 xiùqi
袖子 xiùzi
靴子 xuēzi
学生 xuésheng
学问 xuéwen

Y

丫头 yātou
鸭子 yāzi
衙门 yámen
哑巴 yǎba
胭脂 yānzhi
烟筒 yāntong
眼睛 yǎnjing
燕子 yànzi
秧歌 yāngge
养活 yǎnghuo
样子 yàngzi
吆喝 yāohe
妖精 yāojing
钥匙 yàoshi
椰子 yēzi
爷爷 yéye
叶子 yèzi
一辈子 yībèizi
衣服 yīfu
衣裳 yīshang
椅子 yǐzi
意思 yìsi
银子 yínzi
影子 yǐngzi
应酬 yìngchou
柚子 yòuzi
冤枉 yuānwang
院子 yuànzi
月饼 yuèbing
月亮 yuèliang
云彩 yúncai
运气 yùnqi

Z

在乎 zàihu
咱们 zánmen
早上 zǎoshang
怎么 zěnme
扎实 zhāshi
眨巴 zhǎba
栅栏 zhàlan
宅子 zháizi
寨子 zhàizi
张罗 zhāngluo
丈夫 zhàngfu

帐篷 zhàngpeng
丈人 zhàngren
帐子 zhàngzi
招呼 zhāohu
招牌 zhāopai
折腾 zhēteng
这个 zhège
这么 zhème
枕头 zhěntou
芝麻 zhīma
知识 zhīshi
侄子 zhízi
指甲 zhǐjia(zhījia)
指头 zhǐtou(zhítou)
种子 zhǒngzi
珠子 zhūzi
竹子 zhúzi
主意 zhǔyi(zhúyi)
主子 zhǔzi
柱子 zhùzi
爪子 zhuǎzi
转悠 zhuànyou
庄稼 zhuāngjia
庄子 zhuāngzi
壮实 zhuàngshi
状元 zhuàngyuan
锥子 zhuīzi
桌子 zhuōzi
字号 zìhao
自在 zìzai
粽子 zòngzi
祖宗 zǔzong
嘴巴 zuǐba
作坊 zuōfang
琢磨 zuómo

普通话水平测试用儿化词语表

刀把儿 dāobàr
号码儿 hàomǎr
戏法儿 xìfǎr
在哪儿 zàinǎr
找碴儿 zhǎochár
打杂儿 dǎzár
板擦儿 bǎncār
名牌儿 míngpáir
鞋带儿 xiédàir
壶盖儿 húgàir
小孩儿 xiǎoháir
加塞儿 jiāsāir
快板儿 kuàibǎnr
老伴儿 lǎobànr
蒜瓣儿 suànbànr
脸盘儿 liǎnpánr
脸蛋儿 liǎndànr
收摊儿 shōutānr
栅栏儿 zhàlanr
包干儿 bāogānr
笔杆儿 bǐgǎnr
门槛儿 ménkǎnr
药方儿 yàofāngr
赶趟儿 gǎntàngr
香肠儿 xiāngchángr
瓜瓤儿 guārángr
掉价儿 diàojiàr
一下儿 yīxiàr
豆芽儿 dòuyár
小辫儿 xiǎobiànr
照片儿 zhàopiānr
扇面儿 shànmiànr
差点儿 chàdiǎnr
一点儿 yīdiǎnr
雨点儿 yǔdiǎnr
聊天儿 liáotiānr
拉链儿 lāliànr
冒尖儿 màojiānr
坎肩儿 kǎnjiānr
牙签儿 yáqiānr
露馅儿 lòuxiànr
心眼儿 xīnyǎnr
鼻梁儿 bíliángr
透亮儿 tòuliàngr
花样儿 huāyàngr
脑瓜儿 nǎoguār
大褂儿 dàguàr
麻花儿 máhuār
笑话儿 xiàohuar
牙刷儿 yáshuār
一块儿 yīkuàir
茶馆儿 cháguǎnr
饭馆儿 fànguǎnr
火罐儿 huǒguànr
落款儿 luòkuǎnr
打转儿 dǎzhuànr
拐弯儿 guǎiwānr
好玩儿 hǎowánr
大腕儿 dàwànr
蛋黄儿 dànhuángr
打晃儿 dǎhuàngr
天窗儿 tiānchuāngr
烟卷儿 yānjuǎnr
手绢儿 shǒujuànr
出圈儿 chūquānr
包圆儿 bāoyuánr
人缘儿 rényuánr
绕远儿 ràoyuǎnr
杂院儿 záyuànr
刀背儿 dāobèir
摸黑儿 mōhēir
老本儿 lǎoběnr
花盆儿 huāpénr
嗓门儿 sǎngménr
把门儿 bǎménr
哥们儿 gēmenr
纳闷儿 nàmènr
后跟儿 hòugēnr
高跟儿鞋 gāogēnrxié
别针儿 biézhēnr
一阵儿 yīzhènr
走神儿 zǒushénr
大婶儿 dàshěnr
小人儿书 xiǎorénrshū

杏仁儿 xìngrénr
刀刃儿 dāorènr
钢镚儿 gāngbèngr
夹缝儿 jiāfèngr
脖颈儿 bógěngr
提成儿 tíchéngr
半截儿 bànjiér
小鞋儿 xiǎoxiér
旦角儿 dànjuér
主角儿 zhǔjuér
跑腿儿 pǎotuǐr
一会儿 yīhuìr
耳垂儿 ěrchuír
墨水儿 mòshuǐr
围嘴儿 wéizuǐr
走味儿 zǒuwèir
打盹儿 dǎdǔnr
胖墩儿 pàngdūnr
砂轮儿 shālúnr
冰棍儿 bīnggùnr
没准儿 méizhǔnr
开春儿 kāichūnr
小瓮儿 xiǎowèngr
瓜子儿 guāzǐr
石子儿 shízǐr
没词儿 méicír
挑刺儿 tiāocìr
墨汁儿 mòzhīr
锯齿儿 jùchǐr
记事儿 jìshìr
针鼻儿 zhēnbír
垫底儿 diàndǐr
肚脐儿 dùqír

玩意儿 wányìr
有劲儿 yǒujìnr
送信儿 sòngxìnr
脚印儿 jiǎoyìnr
花瓶儿 huāpíngr
打鸣儿 dǎmíngr
图钉儿 túdīngr
门铃儿 ménlíngr
眼镜儿 yǎnjìngr
蛋清儿 dànqīngr
火星儿 huǒxīngr
人影儿 rényǐngr
毛驴儿 máolǘr
小曲儿 xiǎoqǔr
痰盂儿 tányúr
合群儿 héqúnr
模特儿 mótèr
逗乐儿 dòulèr
唱歌儿 chànggēr
挨个儿 āigèr
打嗝儿 dǎgér
饭盒儿 fànhér
在这儿 zàizhèr
碎步儿 suìbùr
没谱儿 méipǔr
儿媳妇儿 érxífur
梨核儿 líhúr
泪珠儿 lèizhūr
有数儿 yǒushùr
果冻儿 guǒdòngr
门洞儿 méndòngr
胡同儿 hútòngr
抽空儿 chōukòngr

酒盅儿 jiǔzhōngr
小葱儿 xiǎocōngr
小熊儿 xiǎoxióngr
红包儿 hóngbāor
灯泡儿 dēngpàor
半道儿 bàndàor
手套儿 shǒutàor
跳高儿 tiàogāor
叫好儿 jiàohǎor
口罩儿 kǒuzhàor
绝着儿 juézhāor
口哨儿 kǒushàor
蜜枣儿 mìzǎor
鱼漂儿 yúpiāor
火苗儿 huǒmiáor
跑调儿 pǎodiàor
面条儿 miàntiáor
豆角儿 dòujiǎor
开窍儿 kāiqiàor
衣兜儿 yīdōur
老头儿 lǎotóur
年头儿 niántóur
小偷儿 xiǎotōur
门口儿 ménkǒur
纽扣儿 niǔkòur
线轴儿 xiànzhóur
小丑儿 xiǎochǒur
顶牛儿 dǐngniúr
抓阄儿 zhuājiūr
棉球儿 miánqiúr
加油儿 jiāyóur
火锅儿 huǒguōr
做活儿 zuòhuór

大伙儿 dàhuǒr
邮戳儿 yóuchuōr
小说儿 xiǎoshuōr
被窝儿 bèiwōr
耳膜儿 ěrmór
粉末儿 fěnmòr

第二部分

普通话水平测试朗读作品

作品 1 号

那是力争上游的一种树，笔直的干，笔直的枝。它的干呢，通常是丈把高，像是加以人工似的，一丈以内，绝无旁枝；它所有的丫枝呢，一律向上，而且紧紧靠拢，也像是加以人工似的，成为一束，绝无横斜逸出；它的宽大的叶子也是片片向上，几乎没有斜生的，更不用说倒垂了；它的皮，光滑而有银色的晕圈，微微泛出淡青色。这是虽在北方的风雪的压迫下却保持着倔强挺立的一种树！哪怕只有碗来粗细罢，它却努力向上发展，高到丈许，两丈，参天耸立，不折不挠，对抗着西北风。

这就是白杨树，西北极普通的一种树，然而决不是平凡的树！

它没有婆娑的姿态，没有屈曲盘旋的虬枝，也许你要说它不美丽，——如果美是专指“婆娑”或“横斜逸出”之类而言，那么白杨树算不得树中的好女子；但是它却是伟岸，正直，朴质，严肃，也不缺乏温和，更不用提它的坚强不屈与挺拔，它是树中的伟丈夫！当你在积雪初融的高原上走过，看见平坦的大地上傲然挺立这么一株或一排白杨树，难道你觉得树只是树，难道你就不想到它的朴质，严肃，坚强不屈，至少也象征了北方的农民；难道你竟一点也不联想到，在敌后的广大土地上，到处有坚强不屈，就像这白杨树一样傲然挺立的守卫他们家乡的哨兵！难道你又不更远一点想到这样枝枝叶叶靠紧团结，力求上进的白杨树，宛然象征了今天在华北平原纵横决荡用血写出新中国历史的那种精神和意志？

——茅盾《白杨礼赞》

作品 2 号

两个同龄的年轻人同时受雇于一家店铺，并且拿同样的薪水。

可是一段时间后，叫阿诺德的那个小伙子青云直上，而那个叫布鲁诺的小伙子却仍在原地踏步。布鲁诺很不满意老板的不公正待遇。终于有一天他到老板那儿发牢骚了。老板一边耐心地听着他的抱怨，一边在心里盘算着怎样向他解释清楚他和阿诺德之间的差别。

“布鲁诺先生，“老板开口说话了，“您现在到集市上去一下，看看今天早上有什么卖的。”

布鲁诺从集市上回来向老板汇报说，今早集市上只有一个农民拉了一车土豆在卖。

“有多少？”

布鲁诺赶快戴上帽子又跑到集上，然后回来告诉老板一共四十袋土豆。

“价格是多少？”

布鲁诺又第三次跑到集上问来了价格。

“好吧，“老板对他说，“现在请您坐到这把椅子上一句话也不要说，看看阿诺德怎么说。”

阿诺德很快就从集市上回来了。向老板汇报说到现在为止只有一个农民在卖土豆，一共四十口袋，价格是多少多少；土豆质量很不错，他带回来一个让老板看看。这个农民一个钟头以后还会弄来几箱西红柿，据他看价格非常公道。昨天他们铺子的西红柿卖得很快，库存已经不多了。他想这么便宜的西红柿，老板肯定会要进一些的，所以他不仅带回了一个西红柿做样品，而且把那个农民也带来了，他现在正在外面等回话呢。

此时老板转向了布鲁诺，说：“现在您肯定知道为什么阿诺德的薪水比您高了吧！”

——《差别》

作品 3 号

我常常遗憾我家门前那块丑石：它黑黝黝地卧在那里，牛似的模样；谁也不知道是什么时候留在这里的，谁也不去理会它。只是麦收时节，门前摊了麦子，奶奶总是说：这块丑石，多碍地面啊，抽空把它搬走吧。

它不像汉白玉那样的细腻，可以刻字雕花，也不像大青石那样的光滑，可以供来浣纱捶布；它静静地卧在那里，院边的槐荫没有庇覆它，花儿也不再在它身边生长。荒草便繁衍出来，枝蔓上下，慢慢地，它竟锈上了绿苔、黑斑。我们这些做孩子的，也讨厌起它来，曾合伙要搬走它，但力气又不足；虽时时咒骂它，嫌弃它，也无可奈何，只好任它留在那里了。

终有一日，村子里来了一个天文学家。他在我家门前路过，突然发现了这块石头，眼光立即就拉直了。他再没有离开，就住了下来；以后又来了好些人，都说这是一块陨石，从天上落下来已经有二三百年了，是一件了不起的东西。不久便来了车，小心翼翼地将它运走了。

这使我们都很惊奇！这又怪又丑的石头，原来是天上的啊！它补过天，在天上发过热，闪过光，我们的先祖或许仰望过它，它给了他们光明，向往，憧憬；而它落下来了，在污土里，荒草里，一躺就是几百年了！

我感到自己的可耻，也感到了丑石的伟大；我甚至怨恨它这么多年竟会默默地忍受着这一切？而我又立即深深地感到它那种不屈于误解、寂寞的生存的伟大。

——贾平凹《丑石》

作品4号

在达瑞八岁的时候，有一天他想去看电影。因为没有钱，他想是向爸妈要钱，还是自己挣钱。最后他选择了后者。他自己调制了一种汽水，向过路的行人出售。可那时正是寒冷的冬天，没有人买，只有两个人例外——他的爸爸和妈妈。

他偶然有一个和非常成功的商人谈话的机会。当他对商人讲述了自己的"破产史"后，商人给了他两个重要的建议：一是尝试为别人解决一个难题；二是把精力集中在你知道的、你会的和你拥有的东西上。

这两个建议很关键。因为对于一个八岁的孩子而言，他不会做的事情很多。于是他穿过大街小巷，不停地思考：人们会有什么难题，他又如何利用这个机会？

一天，吃早饭时父亲让达瑞去取报纸。美国的送报员总是把报纸从花园篱笆的一个特制的管子里塞进来。假如你想穿着睡衣舒舒服服地吃早饭和看报纸，就必须离开温暖的房间，冒着寒风，到花园去取。虽然路短，但十分麻烦。

当达瑞为父亲取报纸的时候，一个主意诞生了。当天他就按响邻居的门铃，对他们说，每个月只需付给他一美元，他就每天早上把报纸塞到他们的房门底下。大多数人都同意了，很快他有了七十多个顾客。一个月后，当他拿到自己赚的钱时，觉得自己简直是飞上了天。

很快他又有了新的机会，他让他的顾客每天把垃圾袋放在门前，然后由他早上运到垃圾桶里，每个月加一美元。之后他还想出了许多孩子赚钱的办法，并把它集结成书，书名为《儿童挣钱的二百五十个主意》。为此，达瑞十二岁时就成了畅销书作家，十五岁有了自己的谈话节目，十七岁就拥有了几百万美元。

——费舍尔《达瑞的故事》

作品5号

这是入冬以来，胶东半岛上第一场雪。

雪纷纷扬扬，下得很大。开始还伴着一阵儿小雨，不久就只见大片大片的雪花，从彤云密布的天空中飘落下来。地面上一会儿就白了。冬天的山村，到了夜里就万籁俱寂，只听得雪花簌簌地不断往下落，树木的枯枝被雪压断了，偶尔咯吱一声响。

大雪整整下了一夜。今天早晨，天放晴了，太阳出来了。推开门一看，嗬！好大的雪啊！山川、河流、树木、房屋，全都罩上了一层厚厚的雪，万里江山，变成了粉妆玉砌的世界。落光了叶子的柳树上挂满了毛茸茸亮晶晶的银条儿；而那些冬夏常青的松树和柏树上，则挂满了蓬松松沉甸甸的雪球儿。一阵风吹来，树枝轻轻地摇晃，美丽的银条儿和雪球儿簌簌地落下来，玉屑似的雪末儿随风飘扬，映着清晨的阳光，显出一道道五光十色的彩虹。

大街上的积雪足有一尺多深，人踩上去，脚底下发出咯吱咯吱的响声。一群群孩子在雪地里堆雪人，掷雪球，那欢乐的叫喊声，把树枝上的雪都震落下来了。

俗话说，“瑞雪兆丰年”。这个话有充分的科学根据，并不是一句迷信的成语。寒冬大雪，可以冻死一部分越冬的害虫；融化了的水渗进土层深处，又能供应庄稼生长的需要。我相信这一场十分及时的大雪，一定会促进明年春季作物，尤其是小麦的丰收。有经验的老农把雪比做是“麦子的棉被”。冬天“棉被”盖得越厚，明春麦子就长得越好，所以又有这样一句谚语：“冬天麦盖三层被，来年枕着馒头睡。”

我想，这就是人们为什么把及时的大雪称为“瑞雪”的道理吧。

——峻青《第一场雪》

作品6号

我常想读书人是世间幸福人，因为他除了拥有现实的世界之外，还拥有另一个更为浩瀚也更为丰富的世界。现实的世界是人人都有的，而后一个世界却为读书人所独有。由此我想，那些失去或不能阅读的人是多么的不幸，他们的丧失是不可补偿的。世间有诸多的不平等，财富的不平等，权力的不平等，而阅读能力的拥有或丧失却体现为精神的不平等。

一个人的一生，只能经历自己拥有的那一份欣悦，那一份苦难，也许再加上他亲自闻知的那一些关于自身以外的经历和经验。然而，人们通过阅读，却能进入不同时空的诸多他人的世界。这样，具有阅读能力的人，无形间获得了超越有限生命的无限可能性。阅读不仅使他多识了草木虫鱼之名，而且可以上溯远古下及未来，饱览存在的与非存在的奇风异俗。

更为重要的是，读书加惠于人们的不仅是知识的增广，而且还在于精神的感化与陶冶。人们从读书学做人，从那些往哲先贤以及当代才俊的著述中学得他们的人格。人们从《论语》中学得智慧的思考，从《史记》中学得严肃的历史精神，从《正气歌》中学得人格的刚烈，从马克思学得人世的激情，从鲁迅学得批判精神，从托尔斯泰学得道德的执着。歌德的诗句刻写着睿智的人生，拜伦的诗句呼唤着奋斗的热情。一个读书人，一个有机会拥有超乎个人生命体验的幸运人。

——谢冕《读书人是幸福的人》

作品 7 号

一天，爸爸下班回到家已经很晚了，他很累也有点儿烦，他发现五岁的儿子靠在门旁正等着他。

“爸，我可以问您一个问题吗？”

“什么问题？”“爸，您一小时可以赚多少钱？”“这与你无关，你为什么问这个问题？”父亲生气地说。

“我只是想知道，请告诉我，您一小时赚多少钱？”小孩儿哀求道。“假如你一定要知道的话，我一小时赚二十美金。”

“哦，“小孩儿低下了头，接着又说，“爸，可以借我十美金吗？”父亲发怒了：“如果你只是要借钱去买毫无意义的玩具的话，给我回到你的房间睡觉去。好好想想为什么你会那么自私。我每天辛苦工作，没时间和你玩儿小孩子的游戏。”

小孩儿默默地回到自己的房间关上门。

父亲坐下来还在生气。后来，他平静下来。心想他可能对孩子太凶了——或许孩子真的很想买什么东西，再说他平时很少要过钱。

父亲走进孩子的房间：“你睡了吗？”“爸，还没有，我还醒着。”孩子回答。

“我刚才可能对你太凶了，”父亲说，“我不应该发那么大的火儿——这是你要的十美金。”“爸，谢谢您。”孩子高兴地从枕头下拿出一些被弄皱的钞票，慢慢地数着。

“为什么你已经有钱了还要？”父亲不解地问。

“因为原来不够，但现在凑够了。”孩子回答，“爸，我现在有二十美金了，我可以向您买一个小时的时间吗？明天请早一点儿回家——我想和您一起吃晚餐。”

——《二十美金的价值》

作品8号

我爱月夜，但我也爱星天。从前在家乡七八月的夜晚在庭院里纳凉的时候，我最爱看天上密密麻麻的繁星。望着星天，我就会忘记一切，仿佛回到了母亲的怀里似的。

三年前在南京我住的地方有一道后门，每晚我打开后门，便看见一个静寂的夜。下面是一片菜园，上面是星群密布的蓝天。星光在我们的肉眼里虽然微小，然而它使我们觉得光明无处不在。那时候我正在读一些天文学的书，也认得一些星星，好像它们就是我的朋友，它们常常在和我谈话一样。

如今在海上，每晚和繁星相对，我把它们认得很熟了。我躺在舱面上，仰望天空。深蓝色的天空里悬着无数半明半昧的星。船在动，星也在动，它们是这样低，真是摇摇欲坠呢！渐渐地我的眼睛模糊了，我好像看见无数萤火虫在我的周围飞舞。海上的夜是柔和的，是静寂的，是梦幻的。我望着许多认识的星，我仿佛看见它们在对我眨眼，我仿佛听见它们在小声说话。这时我忘记了一切。在星的怀抱中我微笑着，我沉睡着。我觉得自己是一个小孩子，现在睡在母亲的怀里了。

有一夜，那个在哥伦波上船的英国人指给我看天上的巨人。他用手指着：那四颗明亮的星是头，下面的几颗是身子，这几颗是手，那几颗是腿和脚，还有三颗星算是腰带。经他这一番指点。我果然看清楚了那个天上的巨人。看，那个巨人还在跑呢！

——巴金《繁星》

作品9号

假日到河滩上转转，看见许多孩子在放风筝。一根根长长的引线，一头系在天上，一头系在地上，孩子同风筝都在天与地之间悠荡，连心也被悠荡得恍恍惚惚了，好像又回到了童年。

儿时放的风筝，大多是自己的长辈或家人编扎的，几根削得很薄的篾，用细纱线扎成种种鸟兽的造型，糊上雪白的纸片，再用彩笔勾勒出面孔与翅膀的图案。通常扎得最多的是“老雕”“美人儿”“花蝴蝶”等。

我们家前院就有位叔叔，擅扎风筝，远近闻名。他扎的风筝不只体形好看，色彩艳丽，放飞得高远，还在风筝上绷一叶用蒲苇削成的膜片，经风一吹，发出“嗡嗡”的声响，仿佛是风筝的歌唱，在蓝天下播扬，给开阔的天地增添了无尽的韵味，给驰荡的童心带来几分疯狂。

我们那条胡同的左邻右舍的孩子们放的风筝几乎都是叔叔编扎的。他的风筝不卖钱，谁上门去要，就给谁，他乐意自己贴钱买材料。

后来，这位叔叔去了海外，放风筝也渐与孩子们远离了。不过年年叔叔给家乡写信，总不忘提起儿时的放风筝。香港回归之后，他在家信中说到，他这只被故乡放飞到海外的风筝，尽管飘荡游弋，经沐风雨，可那线头儿一直在故乡和亲人手中牵着，如今飘得太累了，也该要回归到家乡和亲人身边来了。

是的。我想，不光是叔叔，我们每个人都是风筝，在妈妈手中牵着，从小放到大，再从家乡放到祖国最需要的地方去啊！

——李恒瑞《风筝畅想曲》

作品10号

爸不懂得怎样表达爱，使我们一家人融洽相处的是我妈。他只是每天上班下班，而妈则把我们做过的错事开列清单，然后由他来责骂我们。

有一次我偷了一块糖果，他要我把它送回去，告诉卖糖的说是我偷来的，说我愿意替他拆箱卸货作为赔偿。但妈妈却明白我只是个孩子。

我在运动场打秋千跌断了腿，在前往医院的途中一直抱着我的，是我妈。爸把汽车停在急诊室门口，他们叫他驶开，说那空位是留给紧急车辆停放的。爸听了便叫嚷道："你以为这是什么车？旅游车？"

在我生日会上，爸总是显得有些不大相称。他只是忙于吹气球，布置餐桌，做杂务。把插着蜡烛的蛋糕推过来让我吹的，是我妈。

我翻阅照相册时，人们总是问："你爸爸是什么样子的？"天晓得！他老是忙着替别人拍照。妈和我笑容可掬地一起拍的照片，多得不可胜数。

我记得妈有一次叫他教我骑自行车。我叫他别放手，但他却说是应该放手的时候了。我摔倒之后，妈跑过来扶我，爸却挥手要她走开。我当时生气极了，决心要给他点颜色看。于是我马上爬上自行车，而且自己骑给他看。他只是微笑。

我念大学时，所有的家信都是妈写的。他除了寄支票外，还寄过一封短柬给我，说因为我没有在草坪上踢足球了，所以他的草坪长得很美。

每次我打电话回家，他似乎都想跟我说话，但结果总是说："我叫你妈来接。"

我结婚时，掉眼泪的是我妈。他只是大声擤了一下鼻子，便走出房间。

我从小到大都听他说："你到哪里去？什么时候回家？汽车有没有汽油？不，不准去。"爸完全不知道怎样表达爱。除非……

会不会是他已经表达了而我却未能察觉？

——［美］艾尔玛·邦贝克《父亲的爱》

作品 11 号

一个大问题一直盘踞在我脑袋里：

世界杯怎么会有如此巨大的吸引力？除去足球本身的魅力之外，还有什么超乎其上而更伟大的东西？

近来观看世界杯，忽然从中得到了答案：是由于一种无上崇高的精神情感——国家荣誉感！

地球上的人都会有国家的概念，但未必时时都有国家的感情。往往人到异国思念家乡，心怀故国，这国家概念就变得有血有肉，爱国之情来得非常具体。而现代社会，科技畅达，信息快捷，事事上网，世界真是太小太小，国家的界限似乎也不那么清晰了。再说足球正在快速世界化，平日里各国球员频繁转会，往来随意，致使越来越多的国家联赛都具有国际的因素。球员们不论国籍，只效力于自己的俱乐部，他们比赛时的激情中完全没有爱国主义的因子。

然而，到了世界杯大赛，天下大变。各国球员都回国效力，穿上与光荣的国旗同样色彩的服装。在每一场比赛前，还高唱国歌以宣誓对自己祖国的热爱与忠诚。一种血缘情感开始在全身的血管里燃烧起来，而且立刻热血沸腾。

在历史时代，国家间经常发生对抗，好男儿戎装卫国。国家的荣誉往往需要以自己的生命换取。但在和平时代，只有这种国家之间大规模对抗性的大赛，才可以唤起那种遥远而神圣的情感，那就是：为祖国而战！

——冯骥才《国家荣誉感》

作品 12 号

夕阳落山不久，西方的天空，还燃烧着一片橘红色的晚霞。大海，也被这霞光染成了红色，而且比天空的景色更要壮观。因为它是活动的，每当一排排波浪涌起的时候，那映照在浪峰上的霞光，又红又亮，简直就像一片片霍霍燃烧着的火焰，闪烁着，消失了。而后面的一排，又闪烁着，滚动着，涌了过来。

天空的霞光渐渐地淡下去了，深红的颜色变成了绯红，绯红又变为浅红。最后，当这一切红光都消失了的时候，那突然显得高而远了的天空，则呈现出一片肃穆的神色。最早出现的启明星，在这蓝色的天幕上闪烁起来了。它是那么大，那么亮，整个广漠的天幕上只有它在那里放射着令人注目的光辉，活像一盏悬挂在高空的明灯。

夜色加浓，苍空中的“明灯”越来越多了。而城市各处的真的灯火也次第亮了起来，尤其是围绕在海港周围山坡上的那一片灯光，从半空倒映在乌蓝的海面上，随着波浪，晃动着，闪烁着，像一串流动着的珍珠，和那一片片密布在苍穹里的星斗互相辉映，煞是好看。

在这幽美的夜色中，我踏着软绵绵的沙滩，沿着海边，慢慢地向前走去。海水，轻轻地抚摸着细软的沙滩，发出温柔的刷刷声。晚来的海风，清新而又凉爽。我的心里，有着说不出的兴奋和愉快。

夜风轻飘飘地吹拂着，空气中飘荡着一种大海和田禾相混合的香味，柔软的沙滩上还残留着白天太阳炙晒的余温。那些在各个工作岗位上劳动了一天的人们，三三两两地来到这软绵绵的沙滩上，他们浴着凉爽的海风，望着那缀满了星星的夜空，尽情地说笑，尽情地休憩。

——峻青《海滨仲夏夜》

作品 13 号

生命在海洋里诞生绝不是偶然的，海洋的物理和化学性质，使它成为孕育原始生命的摇篮。

我们知道，水是生物的重要组成部分，许多动物组织的含水量在百分之八十以上，而一些海洋生物的含水量高达百分之九十五。水是新陈代谢的重要媒介，没有它，体内的一系列生理和生物化学反应就无法进行，生命也就停止。因此，在短时期内动物缺水要比缺少食物更加危险。水对今天的生命是如此重要，它对脆弱的原始生命，更是举足轻重了。生命在海洋里诞生，就不会有缺水之忧。

水是一种良好的溶剂。海洋中含有许多生命所必需的无机盐，如氯化钠、氯化钾、碳酸盐、磷酸盐，还有溶解氧，原始生命可以毫不费力地从中吸取它所需要的元素。

水具有很高的热容量，加之海洋浩大，任凭夏季烈日曝晒，冬季寒风扫荡，它的温度变化却比较小。因此，巨大的海洋就像是天然的“温箱”，是孕育原始生命的温床。

阳光虽然为生命所必需，但是阳光中的紫外线却有扼杀原始生命的危险。水能有效地吸收紫外线，因而又为原始生命提供了天然的“屏障”。

这一切都是原始生命得以产生和发展的必要条件。

——童裳亮《海洋与生命》

作品 14 号

读小学的时候，我的外祖母去世了。外祖母生前最疼爱我，我无法排除自己的忧伤，每天在学校的操场上一圈儿又一圈儿地跑着，跑得累倒在地上，扑在草坪上痛哭。

那哀痛的日子，断断续续地持续了很久，爸爸妈妈也不知道如何安慰我。他们知道与其骗我说外祖母睡着了，还不如对我说实话：外祖母永远不会回来了。

“什么是永远不会回来？”我问着。

“所有时间里的事物，都永远不会回来了。你的昨天过去，它就永远变成昨天，你不能再回到昨天。爸爸以前也和你一样小，现在也不能回到你这么小的童年了；有一天你会长大，你会像外祖母一样老；有一天你度过了你的时间，就永远不会回来了。”爸爸说。

爸爸等于给我一个谜语，这谜语比课本上的“日历挂在墙壁，一天撕去一页，使我心里着急”和“一寸光阴一寸金，寸金难买寸光阴”还让我感到可怕；也比作文本上的“光阴似箭，日月如梭”更让我觉得有一种说不出的滋味。

时间过得那么飞快，使我的小心眼里不只是着急，还有悲伤。有一天我放学回家，看到太阳快落山了，就下决心说：“我要比太阳更快地回家。”我狂奔回去，站在庭院前喘气的时候，看到太阳还露着半边脸，我高兴地跳跃起来，那一天我跑赢了太阳。以后我就时常做那样的游戏，有时和太阳赛跑，有时和西北风比快，有时一个暑假才能做完的作业，我十天就做完了；那时我三年级，常常把哥哥五年级的作业拿来做。每一次比赛胜过时间，我就快乐得不知道怎么形容。

如果将来我有什么要教给我的孩子，我会告诉他：假若你一直和时间比赛，你就可以成功！

——（台湾）林清玄《和时间赛跑》

作品 15 号

三十年代初，胡适在北京大学任教授。讲课时他常常对白话文大加称赞，引起一些只喜欢文言文而不喜欢白话文的学生的不满。

一次，胡适正讲得得意的时候，一位姓魏的学生突然站了起来，生气地问：“胡先生，难道说白话文就毫无缺点吗？”胡适微笑着回答说：“没有。”那位学生更加激动了：“肯定有！白话文废话太多，打电报用字多，花钱多。”胡适的目光顿时变亮了，轻声地解释说："不一定吧！前几天有位朋友给我打来电报，请我去政府部门工作，我决定不去，就回电拒绝了。复电是用白话写的，看来也很省字。请同学们根据我这个意思，用文言文写一个回电，看看究竟是白话文省字，还是文言文省字？"胡教授刚说完，同学们立刻认真地写了起来。

十五分钟过去，胡适让同学举手，报告用字的数目，然后挑了一份用字最少的文言电报稿，电文是这样写的：

"才疏学浅，恐难胜任，不堪从命。"白话文的意思是：学问不深，恐怕很难担任这个工作，不能服从安排。

胡适说，这份写得确实不错，仅用了十二个字。但我的白话电报却只用了五个字：

"干不了，谢谢！"

胡适又解释说："干不了"就有才疏学浅、恐难胜任的意思；"谢谢"既对朋友的介绍表示感谢，又有拒绝的意思。所以，废话多不多，并不看它是文言文还是白话文，只要注意选用字词，白话文是可以比文言文更省字的。

——《胡适的白话电报》

作品 16 号

很久以前，在一个漆黑的秋天的夜晚，我泛舟在西伯利亚一条阴森森的河上。船到一个转弯处，只见前面黑黢黢的山峰下面一星火光蓦地一闪。

火光又明又亮，好像就在眼前……

"好啦，谢天谢地！"我高兴地说，"马上就到过夜的地方啦！"

船夫扭头朝身后的火光望了一眼，又不以为然地划起桨来。

"远着呢！"

我不相信他的话，因为火光冲破朦胧的夜色，明明在那儿闪烁。不过船夫是对的，事实上，火光的确还远着呢。

这些黑夜的火光的特点是：驱散黑暗，闪闪发亮，近在眼前，令人神往。乍一看，再划几下就到了……其实却还远着呢！……

我们在漆黑如墨的河上又划了很久。一个个峡谷和悬崖，迎面驶来，又向后移去，仿佛消失在茫茫的远方，而火光却依然停在前头，闪闪发亮，令人神往——依然是这么近，又依然是那么远……

现在，无论是这条被悬崖峭壁的阴影笼罩的漆黑的河流，还是那一星明亮的火光，都经常浮现在我的脑际，在这以前和在这以后，曾有许多火光，似乎近在咫尺，不只使我一人心驰神往。可是生活之河却仍然在那阴森森的两岸之间流着，而火光也依旧非常遥远。因此，必须加劲划桨……

然而，火光啊……毕竟……毕竟就在前头！

——[俄]柯罗连科《火光》

作品17号

对于一个在北平住惯的人，像我，冬天要是不刮风，便觉得是奇迹；济南的冬天是没有风声的。对于一个刚由伦敦回来的人，像我，冬天要能看得见日光，便觉得是怪事；济南的冬天是响晴的。自然，在热带的地方，日光永远是那么毒，响亮的天气，反有点叫人害怕。可是，在北方的冬天，而能有温晴的天气，济南真得算个宝地。

设若单单是有阳光，那也算不了出奇。请闭上眼睛想：一个老城，有山有水，全在天底下晒着阳光，暖和安适地睡着，只等春风来把它们唤醒，这是不是理想的境界？小山把济南围了个圈儿，只有北边缺着点口儿。这一圈小山在冬天特别可爱，好像是把济南放在一个小摇篮里，它们安静不动地低声地说："你们放心吧，这儿准保暖和。"济南的人们在冬天是面上含笑的。他们一看那些小山，心中便觉得有了着落，有了依靠。他们由天上看到山上，便不知不觉地想起："明天也许就是春天了吧？这样的温暖，今天夜里山草也许就绿起来了吧？"就是这点幻想不能一时实现，他们也并不着急，因为这样慈善的冬天，干什么还希望别的呢！

最妙的是下点小雪呀。看吧，山上的矮松越发的青黑，树尖上顶着一髻儿白花，好像日本看护妇。山尖全白了，给蓝天镶上一道银边。山坡上，有的地方雪厚点，有的地方草色还露着；这样，一道儿白，一道儿暗黄，给山们穿上一件带水纹的花衣；看着看着，这件花衣好像被风儿吹动，叫你希望看见一点更美的山的肌肤。等到快日落的时候，微黄的阳光斜射在山腰上，那点薄雪好像忽然害羞，微微露出点粉色。就是下小雪吧，济南是受不住大雪的，那些小山太秀气。

——老舍《济南的冬天》

作品18号

纯朴的家乡村边有一条河，曲曲弯弯，河中架一弯石桥，弓样的小桥横跨两岸。

每天，不管是鸡鸣晓月，日丽中天，还是月华泻地，小桥都印下串串足迹，洒落串串汗珠。那是乡亲为了追求多棱的希望，兑现美好的遐想。弯弯小桥，不时荡过轻吟低唱，不时露出舒心的笑容。

因而，我稚小的心灵，曾将心声献给小桥：你是一弯银色的新月，给人间普照光辉；你是一把闪亮的镰刀，割刈着欢笑的花果；你是一根晃悠悠的扁担，挑起了彩色的明天！哦，小桥走进我的梦中。

我在漂泊他乡的岁月，心中总涌动着故乡的河水，梦中总看到弓样的小桥。当我访南疆探北国，眼帘闯进座座雄伟的长桥时，我的梦变得丰满了，增添了赤橙黄绿青蓝紫。

三十多年过去，我带着满头霜花回到故乡，第一紧要的便是去看望小桥。

啊！小桥呢？它躲起来了？河中一道长虹，浴着朝霞熠熠闪光。哦，雄浑的大桥敞开胸怀，汽车的呼啸、摩托的笛音、自行车的叮零，合奏着进行交响乐；南来的钢筋、花布，北往的柑橙、家禽，绘出交流欢跃图……

啊！蜕变的桥，传递了家乡进步的消息，透露了家乡富裕的声音。时代的春风，美好的追求，我蓦地记起儿时唱给小桥的歌，哦，明艳艳的太阳照耀了，芳香甜蜜的花果捧来了，五彩斑斓的岁月拉开了！

我心中涌动的河水，激荡起甜美的浪花。我仰望一碧蓝天，心底轻声呼喊：家乡的桥啊，我梦中的桥！

——郑莹《家乡的桥》

作品 19 号

三百多年前，建筑设计师莱伊恩受命设计了英国温泽市政府大厅。他运用工程力学的知识，依据自己多年的实践，巧妙地设计了只用一根柱子支撑的大厅天花板。一年以后，市政府权威人士进行工程验收时，却说只用一根柱子支撑天花板太危险，要求莱伊恩再多加几根柱子。

莱伊恩自信只要一根坚固的柱子足以保证大厅安全，他的“固执”惹恼了市政官员，险些被送上法庭。他非常苦恼，坚持自己原先的主张吧，市政官员肯定会另找人修改设计；不坚持吧，又有悖自己为人的准则，矛盾了很长一段时间，莱伊恩终于想出了一条妙计，他在大厅里增加了四根柱子，不过这些柱子并未与天花板接触，只不过是装装样子。

三百年过去了，这个秘密始终没有被人发现。直到前两年，市政府准备修缮大厅的天花板，才发现莱伊恩当年的“弄虚作假”。消息传出后，世界各国的建筑专家和游客云集，当地政府对此也不加掩饰，在新世纪到来之际，特意将大厅作为一个旅游景点对外开放，旨在引导人们崇尚和相信科学。

作为一名建筑师，莱伊恩并不是最出色的。但作为一个人，他无疑非常伟大，这种伟大表现在他始终恪守着自己的原则，给高贵的心灵一个美丽的住所：哪怕是遭遇到最大的阻力，也要想办法抵达胜利。

——游宇明《坚守你的高贵》

作品 20 号

自从传言有人在萨文河畔散步时无意发现了金子后，这里便常有来自四面八方的淘金者。他们都想成为富翁，于是寻遍了整个河床，还在河床上挖出很多大坑，希望借助它们找到更多的金子。的确，有一些人找到了，但另外一些人因为一无所得而只好扫兴归去。

也有不甘心落空的，便驻扎在这里，继续寻找。彼得·弗雷特就是其中一员。他在河床附近买了一块没人要的土地，一个人默默地工作。他为了找金子，已把所有的钱都押在这块土地上。他埋头苦干了几个月，直到土地全变成了坑坑洼洼，他失望了——他翻遍了整块土地，但连一丁点儿金子都没看见。

六个月后，他连买面包的钱都没有了。于是他准备离开这儿到别处去谋生。

就在他即将离去的前一天晚上，天下起了倾盆大雨，并且一下就是三天三夜。雨终于停了，彼得走出小木屋，发现眼前的土地看上去好像和以前不一样：坑坑洼洼已被大水冲刷平整，松软的土地上长出一层绿茸茸的小草。

“这里没找到金子，“彼得忽有所悟地说，“但这土地很肥沃，我可以用来种花，并且拿到镇上去卖给那些富人，他们一定会买些花装扮他们华丽的客厅。如果真是这样的话，那么我一定会赚许多钱。有朝一日我也会成为富人……”

于是他留了下来。彼得花了不少精力培育花苗，不久田地里长满了美丽鲜艳的各色鲜花。

五年以后，彼得终于实现了他的梦想——成了一个富翁。“我是唯一一个找到真金的人！”他时常不无骄傲地告诉别人，“别人在这儿找不到金子后便远远地离开，而我的‘金子’是在这块土地里，只有诚实的人用勤劳才能采集到。”

——陶猛译《金子》

作品 21 号

我在加拿大学习期间遇到过两次募捐，那情景至今使我难以忘怀。

一天，我在渥太华的街上被两个男孩子拦住去路，他们十来岁，穿得整整齐齐，每人头上戴着个做工精巧、色彩鲜艳的纸帽，上面写着“为帮助患小儿麻痹的伙伴募捐”。其中的一个，不由分说就坐在小凳上给我擦起皮鞋来，另一个则彬彬有礼地发问："小姐，您是哪国人？喜欢渥太华吗？""小姐，在你们国家有没有小孩儿患小儿麻痹？谁给他们医疗费？"一连串的问题，使我这个有生以来头一次在众目睽睽之下让别人擦鞋的异乡人，从近乎狼狈的窘态中解脱出来。我们像朋友一样聊起天来……

几个月之后，也是在街上。一些十字路口处或车站坐着几位老人。他们满头银发，身穿各种老式军装，上面布满了大大小小形形色色的徽章、奖章，每人手捧一大束鲜花。有水仙、石竹、玫瑰及叫不出名字的，一色雪白。匆匆过往的行人纷纷止步，把钱投进这些老人身旁的白色木箱内，然后向他们微微鞠躬，从他们手中接过一朵花。我看了一会儿，有人投一两元，有人投几百元，还有人掏出支票填好后投进木箱。那些老军人毫不注意人们捐多少钱，一直不停地向人们低声道谢。同行的朋友告诉我，这是为纪念二次大战中参战的勇士，募捐救济残废军人和烈士遗孀，每年一次；认捐的人可谓踊跃，而且秩序井然，气氛庄严。有些地方，人们还耐心地排着队。我想，这是因为他们都知道：正是这些老人们的流血牺牲换来了包括他们信仰自由在内的许许多多。

我两次把那微不足道的一点钱捧给他们，只想对他们说声"谢谢"。

——青白《捐诚》

作品 22 号

没有一片绿叶，没有一缕炊烟，没有一粒泥土，没有一丝花香，只有水的世界，云的海洋。

一阵台风袭过，一只孤单的小鸟无家可归，落到被卷到洋里的木板上，乘流而下，姗姗而来，近了，近了！……

忽然，小鸟张开翅膀，在人们头顶盘旋了几圈，"噗啦"一声落到了船上。许是累了？还是发现了"新大陆"？水手撵它，它不走，抓它，它乖乖地落在掌心。可爱的小鸟和善良的水手结成了朋友。

瞧，它多美丽，娇巧的小嘴，啄理着绿色的羽毛，鸭子样的扁脚，呈现出春草的鹅黄。水手们把它带到舱里，给它"搭铺"，让它在船上安家落户，每天，把分到的一塑料桶淡水匀给它喝，把从祖国带来的鲜美的鱼肉分给它吃，天长日久，小鸟和水手的感情日趋笃厚。清晨，当第一束阳光射进舷窗时，它便敞开美丽的歌喉，唱啊唱，嘤嘤有韵，宛如春水淙淙。人类给它以生命，它毫不悭吝地把自己的艺术青春奉献给了哺育它的人。可能都是这样？艺术家们的青春只会献给尊敬他们的人。

小鸟给远航生活蒙上了一层浪漫色调，返航时，人们爱不释手，恋恋不舍地想把它带到异乡。可小鸟憔悴了，给水，不喝！喂肉，不吃！油亮的羽毛失去了光泽。是啊，我们有自己的祖国，小鸟也有它的归宿，人和动物都是一样啊，哪儿也不如故乡好！

慈爱的水手们决定放开它，让它回到大海的摇篮去，回到蓝色的故乡去。离别前，这个大自然的朋友与水手们留影纪念。它站在许多人的头上，肩上，掌上，胳膊上，与喂养过它的人们，一起融进那蓝色的画面……

——王文杰《可爱的小鸟》

作品 23 号

纽约的冬天常有大风雪，扑面的雪花不但令人难以睁开眼睛，甚至呼吸都会吸入冰冷的雪花。有时前一天晚上还是一片晴朗，第十天拉开窗帘，却已经积雪盈尺，连门都推不开了。

遇到这样的情况，公司、商店常会停止上班，学校也通过广播，宣布停课。但令人不解的是，唯有公立小学，仍然开放。只见黄色的校车，艰难地在路边接孩子，老师则一大早就口中喷着热气，铲去车子前后的积雪，小心翼翼地开车去学校。

据统计，十年来纽约的公立小学只因为超级暴风雪停过七次课。这是多么令人惊讶的事。犯得着在大人都无须上班的时候让孩子去学校吗？小学的老师也太倒霉了吧？

于是，每逢大雪而小学不停课时，都有家长打电话去骂。妙的是，每个打电话的人，反应全一样——先是怒气冲冲地责问，然后满口道歉，最后笑容满面地挂上电话。原因是，学校告诉家长：

在纽约有许多百万富翁，但也有不少贫困的家庭。后者白天开不起暖气，供不起午餐，孩子的营养全靠学校里免费的中饭，甚至可以多拿些回家当晚餐。学校停课一天，穷孩子就受一天冻，挨一天饿，所以老师们宁愿自己苦一点儿，也不能停课。

或许有家长会说：何不让富裕的孩子在家里，让贫穷的孩子去学校享受暖气和营养午餐呢？

学校的答复是：我们不愿让那些穷苦的孩子感到他们是在接受救济，因为施舍的最高原则是保持受施者的尊严。

——（台湾）刘墉《课不能停》

作品 24 号

十年，在历史上不过是一瞬间。只要稍加注意，人们就会发现：在这一瞬间里，各种事物都悄悄经历了自己的千变万化。

这次重新访日，我处处感到亲切和熟悉，也在许多方面发觉了日本的变化。就拿奈良的一个角落来说吧，我重游了为之感受很深的唐招提寺，在寺内各处匆匆走了一遍，庭院依旧，但意想不到还看到了一些新的东西。其中之一，就是近几年从中国移植来的“友谊之莲”。

在存放鉴真遗像的那个院子里，几株中国莲昂然挺立，翠绿的宽大荷叶正迎风而舞，显得十分愉快。开花的季节已过，荷花朵朵已变为莲蓬累累。莲子的颜色正在由青转紫，看来已经成熟了。

我禁不住想：“因”已转化为“果”。

中国的莲花开在日本，日本的樱花开在中国，这不是偶然。我希望这样一种盛况延续不衰。可能有人不欣赏花，但决不会有人欣赏落在自己面前的炮弹。

在这些日子里，我看到了不少多年不见的老朋友，又结识了一些新朋友。大家喜欢涉及的话题之一，就是古长安和古奈良。那还用得着问吗，朋友们缅怀过去，正是瞩望未来。瞩目于未来的人们必将获得未来。

我不例外，也希望一个美好的未来。

为了中日人民之间的友谊，我将不浪费今后生命的每一瞬间。

——严文井《莲花和樱花》

作品 25 号

梅雨潭闪闪的绿色招引着我们，我们开始追捉她那离合的神光了。揪着草，攀着乱石，小心探身下去，又鞠躬过了一个石穹门，便到了汪汪一碧的潭边了。

瀑布在襟袖之间；但我的心中已没有瀑布了。我的心随潭水的绿而摇荡。那醉人的绿呀！仿佛一张极大极大的荷叶铺着，满是奇异的绿呀。我想张开两臂抱住她，但这是怎样一个妄想呀。

站在水边，望到那面，居然觉着有些远呢！这平铺着、厚积着的绿，着实可爱。她松松的皱缬着，像少妇拖着的裙幅；她滑滑的明亮着，像涂了“明油”一般，有鸡蛋清那样软，那样嫩；她又不杂些儿尘滓，宛然一块温润的碧玉，只清清的一色——但你却看不透她！

我曾见过北京什刹海拂地的绿杨，脱不了鹅黄的底子，似乎太淡了。我又曾见过杭州虎跑寺近旁高峻而深密的“绿壁”，丛叠着无穷的碧草与绿叶的，那又似乎太浓了。其余呢，西湖的波太明了，秦淮河的也太暗了。可爱的，我将什么来比拟你呢？我怎么比拟得出呢？大约潭是很深的，故能蕴蓄着这样奇异的绿；仿佛蔚蓝的天融了一块在里面似的，这才这般的鲜润呀。

那醉人的绿呀！我若能裁你以为带，我将赠给那轻盈的舞女，她必能临风飘举了。我若能挹你以为眼，我将赠给那善歌的盲妹，她必明眸善睐了。我舍不得你，我怎舍得你呢？我用手拍着你，抚摩着你，如同一个十二三岁的小姑娘。我又掬你入口，便是吻着她了。我送你一个名字，我从此叫你“女儿绿”，好么？

第二次到仙岩的时候，我不禁惊诧于梅雨潭的绿了。

——朱自清《绿》

作品 26 号

我们家的后园有半亩空地，母亲说：“让它荒着怪可惜的，你们那么爱吃花生，就开辟出来种花生吧。”我们姐弟几个都很高兴，买种，翻地，播种，浇水，没过几个月，居然收获了。

母亲说：“今晚我们过一个收获节，请你们父亲也来尝尝我们的新花生，好不好？”我们都说好。母亲把花生做成了好几样食品，还吩咐就在后园的茅亭里过这个节。

晚上天色不太好，可是父亲也来了，实在很难得。

父亲说：“你们爱吃花生么？”

我们争着答应：“爱！”

“谁能把花生的好处说出来？”

姐姐说：“花生的味美。”

哥哥说：“花生可以榨油。”

我说：“花生的价钱便宜，谁都可以买来吃，都喜欢吃。这就是它的好处。”

父亲说：“花生的好处很多，有一样最可贵，它的果实埋在地里，不像桃子、石榴、苹果那样，把鲜红嫩绿的果实高高地挂在枝头上，使人一见就生爱慕之心。你们看它矮矮地长在地上，等到成熟了，也不能立刻分辨出来它有没有果实，必须挖出来才知道。”

我们都说是，母亲也点点头。

父亲接下去说：“所以你们要像花生，它虽然不好看，可是很有用，不是外表好看而没有实用的东西。”

我说：“那么，人要做有用的人，不要做只讲体面，而对别人没有好处的人了。”

父亲说：“对。这是我对你们的希望。”

我们谈到夜深才散。花生做的食品都吃完了，父亲的话却深深地印在我的心上。

——许地山《落花生》

作品 27 号

我打猎回来，沿着花园的林荫路走着，狗跑在我前边。

突然，狗放慢脚步，蹑足潜行，好像嗅到了前边有什么野物。

我顺着林荫路望去，看见了一只嘴边还带着黄色、头上生着柔毛的小麻雀。风猛烈地吹打着林荫路上的白桦树，麻雀从巢里跌落下来，呆呆地伏在地上，孤立无援地张开两只羽毛还未丰满的小翅膀。

我的狗慢慢向它靠近，忽然，从附近一棵树上飞下一只黑胸脯的老麻雀，像一颗石子似的落到狗的跟前。老麻雀全身倒竖着羽毛，惊恐万状，发出绝望、凄惨的叫声，接着向露出牙齿、大张着的狗嘴扑去。

老麻雀是猛扑下来救护幼雀的。它用身体掩护着自己的幼儿……但它整个小小的身体因恐怖而战栗着！它小小的声音也变得粗暴嘶哑。它在牺牲自己！

在它看来，狗该是多么庞大的怪物啊！然而它还是不能站在自己高高的安全的树枝上……一种比它的理智更强烈的力量，使它从那儿扑下身来。

我的狗站住了，向后退了退……看来，它也感到了这种力量。

我赶紧唤住惊慌失措的狗，然后我怀着崇敬的心情，走开了。

是啊，请不要见笑。我崇敬那只小小的、英勇的鸟儿，我崇敬它那种爱的冲动和力量。

爱，我想，比死和死的恐惧更强大，只有依靠它，依靠这种爱，生命才能维持下去，发展下去。

——[俄] 屠格涅夫《麻雀》

作品 28 号

那年我 6 岁。离我家仅一箭之遥的小山坡旁，有一个早已被废弃的采石场，双亲从来不准我去那儿，其实那儿风景十分迷人。

一个夏季的下午，我随着一群小伙伴偷偷上那儿去了。就在我们穿越了一条孤寂的小路后，他们却把我一个人留在原地，然后奔向“更危险的地带”了。

等他们走后，我惊慌失措地发现，再也找不到要回家的那条孤寂的小道了。像只无头的苍蝇，我到处乱钻，衣裤上挂满了芒刺。太阳已落山，而此时此刻，家里一定开始吃晚餐了，双亲正盼着我回家…… 想着想着，我不由得背靠着一棵树，伤心地呜呜大哭起来……

突然，不远处传来了声声柳笛。我像找到了救星，急忙循声走去。一条小道边的树桩上坐着一位吹笛人，手里还正削着什么。走近细看，他不就是被大家称为“乡巴佬”的卡廷吗?

“你好，小家伙，“卡廷说，“看天气多美，你是出来散步的吧？”

我怯生生地点点头，答道:“我要回家了。”

“请耐心等上几分钟，“卡廷说，“瞧，我正在削一支柳笛，差不多就要做好了，完工后就送给你吧！”

卡廷边削边不时把尚未成形的柳笛放在嘴里试吹一下。没过多久，一支柳笛便递到我手中。我俩在一阵阵清脆悦耳的笛音中，踏上了归途……

当时，我心中只充满感激，而今天，当我自己也成了祖父时，却突然领悟到他用心之良苦！那天当他听到我的哭声时，便判定我一定迷了路，但他并不想在孩子面前扮演“救星”的角色，于是吹响柳笛以便让我能发现他，并跟着他走出困境！卡廷先生以乡下人的纯朴，保护了一个小男孩强烈的自尊。

——唐若水译《迷途笛音》

作品 29 号

在浩瀚无垠的沙漠里，有一片美丽的绿洲，绿洲里藏着一颗闪光的珍珠。这颗珍珠就是敦煌莫高窟。它坐落在我国甘肃省敦煌市三危山和鸣沙山的怀抱中。

鸣沙山东麓是平均高度为十七米的崖壁。在一千六百多米长的崖壁上，凿有大小洞窟七百余个，形成了规模宏伟的石窟群。其中四百九十二个洞窟中，共有彩色塑像两千一百余尊，各种壁画共四万五千多平方米。莫高窟是我国古代无数艺术匠师留给人类的珍贵文化遗产。

莫高窟的彩塑，每一尊都是一件精美的艺术品。最大的有九层楼那么高，最小的还不如一个手掌大。这些彩塑个性鲜明，神态各异。有慈眉善目的菩萨，有威风凛凛的天王，还有强壮勇猛的力士……

莫高窟壁画的内容丰富多彩，有的是描绘古代劳动人民打猎、捕鱼、耕田、收割的情景，有的是描绘人们奏乐、舞蹈、演杂技的场面，还有的是描绘大自然的美丽风光。其中最引人注目的是飞天。壁画上的飞天，有的臂挎花篮，采摘鲜花；有的反弹琵琶，轻拨银弦；有的倒悬身子，自天而降；有的彩带飘拂，漫天遨游；有的舒展着双臂，翩翩起舞。看着这些精美动人的壁画，就像走进了灿烂辉煌的艺术殿堂。

莫高窟里还有一个面积不大的洞窟——藏经洞。洞里曾藏有我国古代的各种经卷、文书、帛画、刺绣、铜像等共六万多件。由于清朝政府腐败无能，大量珍贵的文物被外国强盗掠走。仅存的部分经卷，现在陈列于北京故宫等处。

莫高窟是举世闻名的艺术宝库。这里的每一尊彩塑、每一幅壁画、每一件文物，都是中国古代人民智慧的结晶。

——《莫高窟》

作品 30 号

其实你在很久以前并不喜欢牡丹，因为它总被人作为富贵膜拜。后来你目睹了一次牡丹的落花，你相信所有的人都会为之感动：一阵清风徐来，娇艳鲜嫩的盛期牡丹忽然整朵整朵地坠落，铺撒一地绚丽的花瓣。那花瓣落地时依然鲜艳夺目，如同一只奉上祭坛的大鸟脱落的羽毛，低吟着壮烈的悲歌离去。

牡丹没有花谢花败之时，要么烁于枝头，要么归于泥土，它跨越萎顿和衰老，由青春而死亡，由美丽而消遁。它虽美却不吝惜生命，即使告别也要展示给人最后一次的惊心动魄。

所以在这阴冷的四月里，奇迹不会发生。任凭游人扫兴和诅咒，牡丹依然安之若素。它不苟且、不俯就、不妥协、不媚俗，甘愿自己冷落自己。它遵循自己的花期自己的规律，它有权利为自己选择每年一度的盛大节日。它为什么不拒绝寒冷?

天南海北的看花人，依然络绎不绝地涌入洛阳城。人们不会因牡丹的拒绝而拒绝它的美。如果它再被贬谪十次，也许它就会繁衍出十个洛阳牡丹城。

于是你在无言的遗憾中感悟到，富贵与高贵只是一字之差。同人一样，花儿也是有灵性的，更有品位之高低。品位这东西为气为魂为筋骨为神韵，只可意会。你叹服牡丹卓尔不群之姿，方知品位是多么容易被世俗忽略或是漠视的美。

——张抗抗《牡丹的拒绝》

作品31号

森林涵养水源，保持水土，防止水旱灾害的作用非常大。据专家测算，一片十万亩面积的森林，相当于一个两百万立方米的水库，这正如农谚所说的:“山上多栽树，等于修水库。雨多它能吞，雨少它能吐。”

说起森林的功劳，那还多得很。它除了为人类提供木材及许多生产、生活的原料之外，在维护生态环境方面也是功劳卓著，它用另一种“能吞能吐”的特殊功能孕育了人类。因为地球在形成之初，大气中的二氧化碳含量很高，氧气很少，气温也高，生物是难以生存的。大约在四亿年之前，陆地才产生了森林。森林慢慢将大气中的二氧化碳吸收，同时吐出新鲜氧气，调节气温:这才具备了人类生存的条件，地球上才最终有了人类。

森林，是地球生态系统的主体，是大自然的总调度室，是地球的绿色之肺。森林维护地球生态环境的这种“能吞能吐”的特殊功能是其他任何物体都不能取代的。然而，由于地球上的燃烧物增多，二氧化碳的排放量急剧增加，使得地球生态环境急剧恶化，主要表现为全球气候变暖，水分蒸发加快，改变了气流的循环，使气候变化加剧，从而引发热浪、飓风、暴雨、洪涝及干旱。

为了使地球的这个“能吞能吐”的绿色之肺恢复健康，以改善生态环境，抑制全球变暖，减少水旱等自然灾害，我们应该大力造林、护林，使每一座荒山都绿起来。

——《“能吞能吐”的森林》

作品32号

朋友即将远行。

暮春时节，又邀了几位朋友在家小聚，虽然都是极熟的朋友，却是终年难得一见，偶尔电话里相遇，也无非是几句寻常话。一锅小米稀饭，一碟大头菜，一盘自家酿制的泡菜，一只巷口买回的烤鸭，简简单单，不像请客，倒像家人团聚。

其实，友情也好，爱情也好，久而久之都会转化为亲情。

说也奇怪，和新朋友会谈文学、谈哲学、谈人生道理等等，和老朋友却只话家常，柴米油盐，细细碎碎，种种琐事。很多时候，心灵的契合已经不需要太多的言语来表达。

朋友新烫了个头，不敢回家见母亲，恐怕惊骇了老人家，却欢天喜地来见我们，老朋友颇能以一种趣味性的眼光欣赏这个改变。

年少的时候，我们差不多都在为别人而活，为苦口婆心的父母活，为循循善诱的师长活，为许多观念、许多传统的约束力而活。年岁逐增，渐渐挣脱外在的限制与束缚，开始懂得为自己活，照自己的方式做一些自己喜欢的事，不在乎别人的批评意见，不在乎别人的诋毁流言，只在乎那一份随心所欲的舒坦自然。偶尔，也能够纵容自己放浪一下，并且有一种恶作剧的窃喜。

就让生命顺其自然，水到渠成吧，犹如窗前的乌桕，自生自落之间，自有一份圆融丰满的喜悦。春雨轻轻落着，没有诗，没有酒，有的只是一份相知相属的自在自得。

夜色在笑语中渐渐沉落，朋友起身告辞，没有挽留，没有送别，甚至也没有问归期。

已经过了大喜大悲的岁月，已经过了伤感流泪的年华，知道了聚散原来是这样的自然和顺理成章，懂得这点，便懂得珍惜每一次相聚的温馨，离别便也欢喜。

——（台湾）杏林子《朋友和其他》

作品 33 号

我们在田野散步：我，我的母亲，我的妻子和儿子。

母亲本不愿出来的。她老了，身体不好，走远一点就觉得很累。我说，正因为如此，才应该多走走。母亲信服地点点头，便去拿外套。她现在很听我的话，就像我小时候很听她的话一样。

天气很好。春天来得太迟，太迟了，但是春天总算来了。我的母亲又熬过了一个严冬。

这南方初春的田野，大块小块的新绿随意地铺着，有的浓，有的淡，树上的绿芽也密了，田野里的冬水也咕咕地起着水泡。这一切都使人想起一样东西——生命。

我和母亲走在前面，我的妻子和儿子走在后面。小家伙突然叫起来：“前面是妈妈和儿子：后面也是妈妈和儿子。”我们都笑了。

后来发生了分歧：母亲要走大路，大路平顺；我的儿子要走小路，小路有意思。不过，一切都取决于我。我的母亲老了，她早已习惯听从她强壮的儿子；我的儿子还小，他还习惯听从他高大的父亲；妻子呢，在外面，她总是听我的。一霎时我感到了责任的重大。我想找一个两全的办法，找不出；我想拆散一家人，分成两路，各得其所，终不愿意。我决定委屈儿子，因为我伴同他的时日还长。我说：“走大路。”

但是母亲摸摸孙儿的小脑瓜，变了主意："还是走小路吧。"她的眼随小路望去：那里有金色的菜花，两行整齐的桑树，尽头一口水波粼粼的鱼塘。"我走不过去的地方，你就背着我。"母亲对我说。

这样，我们在阳光下，向着那菜花、桑树和鱼塘走去。到了一处，我蹲下来，背起了母亲；妻子也蹲下来，背起了儿子。我和妻子都是慢慢地，稳稳地，走得很仔细，好像我背上的同她背上的加起来，就是整个世界。

——莫怀戚《散步》

作品 34 号

地球上是否真的存在"无底洞"？按说地球是圆的，由地壳、地幔和地核三层组成，真正的"无底洞"是不应存在的，我们所看到的各种山洞、裂口、裂缝，甚至火山口也都只是地壳浅部的一种现象。然而中国一些古籍却多次提到海外有个深奥莫测的无底洞。事实上地球上确实有这样一个"无底洞"。

它位于希腊亚各斯古城的海滨。由于濒临大海，大涨潮时，汹涌的海水便会排山倒海般地涌入洞中，形成一股湍湍的急流。据测，每天流入洞内的海水量达三万多吨。奇怪的是，如此大量的海水灌入洞中，却从来没有把洞灌满。曾有人怀疑，这个"无底洞"会不会就像石灰岩地区的漏斗、竖井、落水洞一类的地形。然而从二十世纪三十年代以来，人们就做了多种努力企图寻找它的出口，却都是枉费心机。

为了揭开这个秘密，一九五八年美国地理学会派出一支考察队，他们把一种经久不变的带色染料溶解在海水中，观察染料是如何随着海水一起沉下去。接着又察看了附近海面以及岛上的各条河、湖，满怀希望地寻找这种带颜色的水，结果令人失望。难道是海水量太大把有色水稀释得太淡，以致无法发现？

至今谁也不知道为什么这里的海水会没完没了地"漏"下去，这个"无底洞"的出口又在哪里，每天大量的海水究竟都流到哪里去了？

——罗威尔《神秘的"无底洞"》

作品 35 号

我在俄国见到的景物再没有比托尔斯泰墓更宏伟、更感人的。

完全按照托尔斯泰的愿望，他的坟墓成了世间最美的、给人印象最深刻的坟墓。它只是树林中的一个小小的长方形土丘，上面开满鲜花——没有十字架，没有墓碑，没有墓志铭，连托尔斯泰这个名字也没有。

这位比谁都感到受自己的声名所累的伟人，却像偶尔被发现的流浪汉，不为人知的士兵，不留名姓地被人埋葬了。谁都可以踏进他最后的安息地，围在四周稀疏的木栅栏是不关闭的——保护列夫·托尔斯泰得以安息的没有任何别的东西，唯有人们的敬意；而通常，人们却总是怀着好奇，去破坏伟人墓地的宁静。

这里，逼人的朴素禁锢住任何一种观赏的闲情，并且不容许你大声说话。风儿俯临，在这座无名者之墓的树木之间飒飒响着，和暖的阳光在坟头嬉戏；冬天，白雪温柔地覆盖这片幽暗的土地。无论你在夏天或冬天经过这儿，你都想象不到，这个小小的、隆起的长方体里安放着一位当代最伟大的人物。

然而，恰恰是这座不留姓名的坟墓，比所有挖空心思用大理石和奢华装饰建造的坟墓更扣人心弦。在今天这个特殊的日子里，到他的安息地来的成百上千人中间，没有一个有勇气，哪怕仅仅从这幽暗的土丘上摘下一朵花留作纪念。人们重新感到，世界上再没有比托尔斯泰最后留下的、这座纪念碑式的朴素坟墓，更打动人心的了。

——[奥]茨威格《世间最美的坟墓》

作品36号

我国的建筑，从古代的宫殿到近代的一般住房，绝大部分是对称的，左边怎么样，右边怎么样。苏州园林可绝不讲究对称，好像故意避免似的。东边有了一个亭子或者一道回廊，西边决不会来一个同样的亭子或者一道同样的回廊。这是为什么？我想，用图画来比方，对称的建筑是图案画，不是美术画，而园林是美术画，美术画要求自然之趣，是不讲究对称的。

苏州园林里都有假山和池沼。

假山的堆叠，可以说是一项艺术而不仅是技术。或者是重峦叠嶂，或者是几座小山配合着竹子花木，全在乎设计者和匠师们生平多阅历，胸中有丘壑，才能使游览者攀登的时候忘却苏州城市，只觉得身在山间。

至于池沼，大多引用活水。有些园林池沼宽敞，就把池沼作为全园的中心，其他景物配合着布置。水面假如成河道模样，往往安排桥梁。假如安排两座以上的桥梁，那就一座一个样，决不雷同。

池沼或河道的边沿很少砌齐整的石岸，总是高低屈曲任其自然。还在那儿布置几块玲珑的石头，或者种些花草。这也是为了取得从各个角度看都成一幅画的效果。池沼里养着金鱼或各色鲤鱼，夏秋季节荷花或睡莲开放，游览者看“鱼戏莲叶间”，又是入画的一景。

——叶圣陶《苏州园林》

作品 37 号

一位访美中国女作家，在纽约遇到一位卖花的老太太。老太太穿着破旧，身体虚弱，但脸上的神情却是那样祥和兴奋。女作家挑了一朵花说：“看起来，你很高兴。”老太太面带微笑地说：“是的，一切都这么美好，我为什么不高兴呢？”“对烦恼，你倒真能看得开。”女作家又说了一句。没料到，老太太的回答更令女作家大吃一惊：“耶稣在星期五被钉上十字架时，是全世界最糟糕的一天，可三天后就是复活节。所以，当我遇到不幸时，就会等待三天，这样一切就恢复正常了。”

“等待三天”，多么富于哲理的话语，多么乐观的生活方式。它把烦恼和痛苦抛下，全力去收获快乐。

沈从文在“文革”期间，陷入了非人的境地。可他毫不在意，他在咸宁时给他的表侄、画家黄永玉写信说：“这里的荷花真好，你若来……”身陷苦难却仍为荷花的盛开欣喜赞叹不已，这是一种趋于澄明的境界，一种旷达洒脱的胸襟，一种面临磨难坦荡从容的气度，一种对生活童子般的热爱和对美好事物无限向往的生命情感。

由此可见，影响一个人快乐的，有时并不是困境及磨难，而是一个人的心态。如果把自己浸泡在积极、乐观、向上的心态中，快乐必然会占据你的每一天。

——《态度创造快乐》

作品 38 号

泰山极顶看日出，历来被描绘成十分壮观的奇景。有人说：登泰山而看不到日出，就像一出大戏没有戏眼，味儿终究有点寡淡。

我去爬山那天，正赶上个难得的好天，万里长空，云彩丝儿都不见，素常，烟雾腾腾的山头，显得眉目分明。同伴们都欣喜地说：“明天早晨准可以看见日出了。”我也是抱着这种想头，爬上山去。

一路从山脚往上爬，细看山景，我觉得挂在眼前的不是五岳独尊的泰山，却像一幅规模惊人的青绿山水画，从下面倒展开来。在画卷中最先露出的是山根底那座明朝建筑岱宗坊，慢慢地便现出王母池、斗母宫、经石峪。……山是一层比一层深，一叠比一叠奇，层层叠叠，不知还会有多深多奇。万山丛中，时而点染着极其工细的人物。王母池旁的吕祖殿里有不少尊明塑，塑着吕洞宾等一些人，姿态神情是那样有生气，你看了，不禁会脱口赞叹说：“活啦。”

画卷继续展开，绿荫森森的柏洞露面不太久，便来到对松山。两面奇峰对峙着，满山峰都是奇形怪状的老松，年纪怕都有上千岁了，颜色竟那么浓，浓得好像要流下来似的。来到这儿，你不妨权当一次画里的写意人物，坐在路旁的对松亭里，看看山色，听听流水和松涛。

一时间，我又觉得自己不仅是在看画卷，却又像是在零零乱乱翻动着一卷历史稿本。

——杨朔《泰山极顶》

作品 39 号

育才小学校长陶行知在校园看到学生王友用泥块砸自己班上的同学，陶行知当即喝止了他，并令他放学后到校长室去。无疑，陶行知是要好好教育这个“顽皮”的学生。那么他是如何教育的呢？

放学后，陶行知来到校长室，王友已经等在门口准备挨训了。可一见面，陶行知却掏出一块糖果送给王友，并说：“这是奖给你的，因为你按时来到这里，而我却迟到了。”王友惊疑地接过糖果。

随后，陶行知又掏出一块糖果放到他手里，说：“这第二块糖果也是奖给你的，因为当我不让你再打人时，你立即就住手了，这说明你很尊重我，我应该奖你。”王友更惊疑了，他眼睛睁得大大的。

陶行知又掏出第三块糖果塞到王友手里，说：“我调查过了，你用泥块砸那些男生，是因为他们不守游戏规则，欺负女生；你砸他们，说明你很正直善良，且有批评不良行为的勇气，应该奖励你啊！”王友感动极了，他流着泪后悔地喊道：“陶……陶校长你打我两下吧！我砸的不是坏人，而是自己的同学啊……”

陶行知满意地笑了，他随即掏出第四块糖果递给王友，说：“为你正确地认识错误，我再奖给你一块糖果，只可惜我只有这一块糖果了。我的糖果没有了，我看我们的谈话也该结束了吧！”说完，就走出了校长室。

——《陶行知的“四块糖果”》

作品 40 号

享受幸福是需要学习的，当它即将来临的时刻需要提醒。人可以自然而然地学会感官的享乐，人却无法天生地掌握幸福的韵律。灵魂的快意同器官的舒适像一对孪生兄弟，时而相傍相依，时而南辕北辙。

幸福是一种心灵的震颤。它像会倾听音乐的耳朵一样，需要不断地训练。

简而言之，幸福就是没有痛苦的时刻。它出现的频率并不像我们想象的那样少。人们常常只是在幸福的金马车已经驶过去很远时，才捡起地上的金鬃毛说，原来我见过它。

人们喜爱回味幸福的标本，却忽略它披着露水散发清香的时刻。那时候我们往往步履匆匆，瞻前顾后不知在忙着什么。

世上有预报台风的，有预报蝗灾的，有预报瘟疫的，有预报地震的。没有人预报幸福。其实幸福和世界万物一样，有它的征兆。

幸福常常是朦胧的，很有节制地向我们喷洒甘霖。你不要总希望轰轰烈烈的幸福，它多半只是悄悄地扑面而来。你也不要企图把水龙头拧得更大，那样它会很快地流失。你需要静静地以平和之心，体验它的真谛。

幸福绝大多数是朴素的。它不会像信号弹似的，在很高的天际闪烁红色的光芒。它披着本色的外衣，亲切温暖地包裹起我们。

幸福不喜欢喧嚣浮华，它常常在暗淡中降临。贫困中相濡以沫的一块糕饼，患难中心心相印的一个眼神，父亲一次粗糙的抚摸，女友一个温馨的字条……这都是千金难买的幸福啊。像一粒粒缀在旧绸子上的红宝石，在凄凉中愈发熠熠夺目。

——毕淑敏《提醒幸福》

作品41号

在里约热内卢的一个贫民窟里，有一个男孩子，他非常喜欢足球，可是又买不起，于是就踢塑料盒，踢汽水瓶，踢从垃圾箱里拣来的椰子壳。他在胡同里踢，在能找到的任何一片空地上踢。

有一天，当他在一处干涸的水塘里猛踢一个猪膀胱时，被一位足球教练看见了。他发现这个男孩儿踢得很像是那么回事，就主动提出要送他一个足球。小男孩儿得到足球后踢得更卖劲了。不久，他就能准确地把球踢进远处随意摆放的一个水桶里。

圣诞节到了，孩子的妈妈说："我们没有钱买圣诞礼物送给我们的恩人，就让我们为他祈祷吧。"

小男孩儿跟随妈妈祈祷完毕，向妈妈要了一把铲子便跑了出去。他来到一座别墅前的花园里，开始挖坑。

就在他快要挖好坑的时候，从别墅里走出一个人来，问小孩儿在干什么，孩子抬起满是汗珠的脸蛋儿，说："教练，圣诞节到了，我没有礼物送给您，我愿给您的圣诞树挖一个树坑。"

教练把小男孩儿从树坑里拉上来，说，我今天得到了世界上最好的礼物。明天你就到我的训练场去吧。

三年后，这位十七岁的男孩儿在第六届足球锦标赛上独进二十一球，为巴西第一次捧回了金杯。一个原来不为世人所知的名字——贝利，随之传遍世界。

——刘燕敏《天才的造就》

作品 42 号

记得我十三岁时，和母亲住在法国东南部的耐斯城。母亲没有丈夫，也没有亲戚，够清苦的，但她经常能拿出令人吃惊的东西，摆在我面前。她从来不吃肉，一再说自己是素食者。然而有一天，我发现母亲正仔细地用一小块碎面包擦那给我煎牛排用的油锅。我明白了她称自己为素食者的真正原因。

我十六岁时，母亲成了耐斯市美蒙旅馆的女经理。这时，她更忙碌了。一天，她瘫在椅子上，脸色苍白，嘴唇发灰。马上找来医生，做出诊断：她摄取了过多的胰岛素。直到这时我才知道母亲多年一直对我隐瞒的疾痛——糖尿病。

她的头歪向枕头一边，痛苦地用手抓挠胸口。床架上方，则挂着一枚我一九三二年赢得耐斯市少年乒乓球冠军的银质奖章。

啊，是对我的美好前途的憧憬支撑着她活下去，为了给她那荒唐的梦至少加一点真实的色彩，我只能继续努力，与时间竞争，直至一九三八年我被征入空军。巴黎很快失陷，我辗转调到英国皇家空军。刚到英国就接到了母亲的来信。这些信是由在瑞士的一个朋友秘密地转到伦敦，送到我手中的。

现在我要回家了，胸前佩戴着醒目的绿黑两色的解放十字绶带，上面挂着五六枚我终生难忘的勋章，肩上还佩戴着军官肩章。到达旅馆时，没有一个人跟我打招呼。原来，我母亲在三年半以前就已经离开人间了。

在她死前的几天中，她写了近二百五十封信，把这些信交给她在瑞士的朋友，请这个朋友定时寄给我。就这样，在母亲死后的三年半的时间里，我一直从她身上吸取着力量和勇气——这使我能够继续战斗到胜利那一天。

——[法]加里《我的母亲独一无二》

作品 43 号

生活对于任何人都非易事，我们必须有坚韧不拔的精神。最要紧的，还是我们自己要有信心。我们必须相信，我们对每一件事情都具有天赋的才能，并且，无论付出任何代价，都要把这件事完成，当事情结束的时候，你要能问心无愧地说：“我已经尽我所能了。”

有一年的春天，我因病被迫在家里休息数周。我注视着我的女儿们所养的蚕正在结茧，这使我很感兴趣。望着这些蚕执着地、勤奋地工作，我感到我和它们非常相似。像它们一样，我总是耐心地把自己的努力集中在一个目标上。我之所以如此，或许是因为有某种力量在鞭策着我——正如蚕被鞭策着去结茧一般。

近五十年来，我致力于科学研究，而研究，就是对真理的探讨。我有许多美好快乐的记忆。少女时期我在巴黎大学，孤独地过着求学的岁月；在后来献身科学的整个时期，我丈夫和我专心致志，像在梦幻中一般，坐在简陋的书房里艰辛地研究，后来我们就在那里发现了镭。

我永远追求安静的工作和简单的家庭生活。为了实现这个理想，我竭力保持宁静的环境，以免受人事的干扰和盛名的拖累。

我深信，在科学方面我们有对事业而不是对财富的兴趣。我的唯一奢望是在一个自由国家中，以一个自由学者的身份从事研究工作。

我一直沉醉于世界的优美之中，我所热爱的科学也不断增加它崭新的远景。我认定科学本身就具有伟大的美。

——[波兰]玛丽·居里《我的信念》

作品 44 号

我为什么非要教书不可？是因为我喜欢当教师的时间安排表和生活节奏。七、八、九三个月给我提供了进行回顾、研究、写作的良机，并将三者有机融合，而善于回顾、研究和总结正是优秀教师素质中不可缺少的成分。

干这行给了我多种多样的“甘泉”去品尝，找优秀的书籍去研读，到“象牙塔”和实际世界里去发现。教学工作给我提供了继续学习的时间保证，以及多种途径、机遇和挑战。

然而，我爱这一行的真正原因，是爱我的学生。学生们在我的眼前成长变化。当教师意味着亲历“创造”过程的发生——恰似亲手赋予一团泥土以生命，没有什么比目睹它开始呼吸更激动人心的了。

权利我也有了：我有权利去启发诱导，去激发智慧的火花，去问费心思考的问题，去赞扬回答的尝试，去推荐书籍，去指点迷津。还有什么别的权利能与之相比呢？

而且，教书还给我金钱和权利之外的东西，那就是爱心。不仅有对学生的爱，对书籍的爱，对知识的爱，还有教师才能感受到的对“特别”学生的爱。这些学生，有如冥顽不灵的泥块，由于接受了老师的炽爱才勃发了生机。

所以，我爱教书，还因为，在那些勃发生机的“特别”学生身上，我有时发现自己和他们呼吸相通，忧乐与共。

——[美]贝得勒《我为什么当教师》

作品 45 号

中国西部我们通常是指黄河与秦岭相连一线以西，包括西北和西南的十二个省、市、自治区。这块广袤的土地面积为五百四十六万平方公里，占国土总面积的百分之五十七；人口二点八亿，占全国总人口的百分之二十三。

西部是华夏文明的源头。华夏祖先的脚步是顺着水边走的：长江上游出土过元谋人牙齿化石，距今约一百七十万年；黄河中游出土过蓝田人头盖骨，距今约七十万年。这两处古人类都比距今约五十万年的北京猿人资格更老。

西部地区是华夏文明的重要发源地。秦皇汉武以后，东西方文化在这里交汇融合，从而有了丝绸之路的驼铃声声，佛院深寺的暮鼓晨钟。敦煌莫高窟是世界文化史上的一个奇迹，它在继承汉晋艺术传统的基础上，形成了自己兼收并蓄的恢宏气度，展现出精美绝伦的艺术形式和博大精深的文化内涵。秦始皇兵马俑、西夏王陵、楼兰古国、布达拉宫、三星堆、大足石刻等历史文化遗产，同样为世界所瞩目，成为中华文化重要的象征。

西部地区又是少数民族及其文化的集萃地，几乎包括了我国所有的少数民族。在一些偏远的少数民族地区，仍保留了一些久远时代的艺术品种，成为珍贵的“活化石”，如纳西古乐、戏曲、剪纸、刺绣、岩画等民间艺术和宗教艺术。特色鲜明、丰富多彩，犹如一个巨大的民族民间文化艺术宝库。

我们要充分重视和利用这些得天独厚的资源优势，建立良好的民族民间文化生态环境，为西部大开发做出贡献。

——《西部文化和西部开发》

作品 46 号

高兴，这是一种具体的被看得到摸得着的事物所唤起的情绪。它是心理的，更是生理的。它容易来也容易去，谁也不应该对它视而不见失之交臂，谁也不应该总是做那些使自己不高兴也使旁人不高兴的事。让我们说一件最容易做也最令人高兴的事吧，尊重你自己，也尊重别人，这是每一个人的权利，我还要说这是每一个人的义务。

快乐，它是一种富有概括性的生存状态、工作状态。它几乎是先验的，它来自生命本身的活力，来自宇宙、地球和人间的吸引，它是世界的丰富、绚丽、阔大、悠久的体现。快乐还是一种力量，是埋在地下的根脉。消灭一个人的快乐比挖掘掉一棵大树的根要难得多。

欢欣，这是一种青春的、诗意的情感。它来自面向着未来伸开双臂奔跑的冲力，它来自一种轻松而又神秘、朦胧而又隐秘的激动，它是激情即将到来的预兆，它又是大雨过后的比下雨还要美妙得多也久远得多的回味……

喜悦，它是一种带有形而上色彩的修养和境界。与其说它是一种情绪，不如说它是一种智慧、一种超拔、一种悲天悯人的宽容和理解，一种饱经沧桑的充实和自信，一种光明的理性，一种坚定的成熟，一种战胜了烦恼和庸俗的清明澄澈。它是一潭浅水，它是一抹朝霞，它是无边的平原，它是沉默的地平线。多一点儿、再多一点儿喜悦吧，它是翅膀，也是归巢。它是一杯美酒，也是一朵永远开不败的莲花。

——王蒙《喜悦》

作品 47 号

在湾仔，香港最热闹的地方，有一棵榕树，它是最贵的一棵树，不光在香港，在全世界，都是最贵的。

树，活的树，又不卖，何言其贵？只因它老，它粗，是香港百年沧桑的活见证，香港人不忍看着它被砍伐，或者被移走，便跟要占用这片山坡的建筑者谈条件：可以在这儿建大楼盖商厦，但一不准砍树，二不准挪树，必须把它原地精心养起来，成为香港闹市中的一景。太古大厦的建设者最后签了合同，占用这个大山坡建豪华商厦的先决条件是同意保护这棵老树。

树长在半山坡上，计划将树下面的成千上万吨山石全部掏空取走，腾出地方来盖楼。把树架在大楼上面，仿佛它原本是长在楼顶似的。建设者就地造了一个直径十八米、深十米的大花盆，先固定好这棵老树，再在大花盆底下盖楼，光这一项就花了两千三百八十九万港币，堪称是最昂贵的保护措施了。

太古大厦落成之后，人们可以乘滚动扶梯一次到位，来到太古大厦的顶层。出后门，那儿是一片自然景色。一棵大树出现在人们面前，树干有一米半粗，树冠直径足有二十多米，独木成林，非常壮观，形成一座以它为中心的小公园，取名叫“榕圃”。树前面插着铜牌，说明缘由。此情此景，如不看铜牌的说明，绝对想不到巨树根底下还有一座宏伟的现代大楼。

——舒乙《香港：最贵的一棵树》

作品 48 号

我们的船渐渐地逼近榕树了。我有机会看清它的真面目：是一棵大树，有数不清的丫枝，枝上又生根，有许多根一直垂到地上，伸进泥土里。一部分树枝垂到水面，从远处看，就像一棵大树斜躺在水面上一样。

现在正是枝繁叶茂的时节。这棵榕树好像在把它的全部生命力展示给我们看。那么多的绿叶，一簇堆在另一簇的上面，不留一点缝隙。翠绿的颜色明亮地在我们的眼前闪耀，似乎每一片树叶上都有一个新的生命在颤动，这美丽的南国的树！

船在树下泊了片刻，岸上很湿，我们没有上去。朋友说这里是“鸟的天堂”，有许多鸟在这棵树上做窝，农民不许人去捉它们。我仿佛听见几只鸟扑翅的声音，但是等到我的眼睛注意地看那里时，我却看不见一只鸟的影子。只有无数的树根立在地上，像许多根木桩。地是湿的，大概涨潮时河水常常冲上岸去。“鸟的天堂”里没有一只鸟，我这样想到。船开了，一个朋友拨着船，缓缓地流到河中间去。

第二天，我们划着船到一个朋友的家乡去，就是那个有山有塔的地方。从学校出发，我们又经过那“鸟的天堂”。

这一次是在早晨，阳光照在水面上，也照在树梢上。一切都显得非常光明。我们的船也在树下泊了片刻。

起初四周围非常清静。后来突然起了一声鸟叫。我们把手一拍，便看见一只大鸟飞了起来，接着又看见第二只，第三只。我们继续拍掌，很快地这个树林就变得很热闹了。到处都是鸟声，到处都是鸟影。大的，小的，花的，黑的，有的站在枝上叫，有的飞起来，在扑翅膀。

——巴金《鸟的天堂》

作品 49 号

有这样一个故事。

有人问：世界上什么东西的气力最大？回答纷纭得很，有的说“象”，有的说“狮”，有人开玩笑似的说：是“金刚”，金刚有多少气力，当然大家全不知道。

结果，这一切答案完全不对，世界上气力最大的，是植物的种子。一粒种子所可以显现出来的力，简直是超越一切。

人的头盖骨，结合得非常致密与坚固，生理学家和解剖学者用尽了一切的方法，要把它完整地分出来，都没有这种力气。后来忽然有人发明了一个方法，就是把一些植物的种子放在要剖析的头盖骨里，给它以温度与湿度，使它发芽，一发芽，这些种子便以可怕的力量，将一切机械力所不能分开的骨骼，完整地分开了。植物种子的力量之大，如此如此。

这，也许特殊了一点儿，常人不容易理解，那么，你知道笋的成长吗？你知道被压在瓦砾和石块下面的一棵小草的生长吗？它为着向往阳光，为着达成它的生之意志，不管上面的石块如何重，石与石之间如何狭，它必定要曲曲折折地，但是顽强不屈地透到地面上来，它的根往土壤钻，它的芽往地面挺，这是一种不可抗拒的力，阻止它的石块，结果也被它掀翻，一粒种子的力量之大，如此如此。

没有一个人将小草叫做“大力士”，但是它的力量之大，的确是世界无比。这种力，是一般人看不见的生命力。只要生命存在，这种力就要显现。上面的石块，丝毫不足以阻挡。因为它是一种“长期抗战”的力；有弹性，能屈能伸的力；有韧性，不达目的不止的力。

——夏衍《野草》

作品50号

燕子去了，有再来的时候；杨柳枯了，有再青的时候；桃花谢了，有再开的时候。但是，聪明的，你告诉我，我们的日子为什么一去不复返呢？——是有人偷了他们罢：那是谁？又藏在何处呢？是他们自己逃走了罢：现在又到了哪里呢？

去的尽管去了，来的尽管来着；去来的中间，又怎样地匆匆呢？早上我起来的时候，小屋里射进两三方斜斜的太阳。太阳他有脚啊，轻轻悄悄地挪移了；我也茫茫然跟着旋转。于是——洗手的时候，日子从水盆里过去；吃饭的时候，日子从饭碗里过去；默默时，便从凝然的双眼前过去。我觉察他去的匆匆了，伸出手遮挽时，他又从遮挽着的手边过去，天黑时，我躺在床上，他便伶伶俐俐地从我身上跨过，从我脚边飞去了。等我睁开眼和太阳再见，这算又溜走了一日。我掩着面叹息。但是新来的日子的影儿又开始在叹息里闪过了。

在逃去如飞的日子里，在千门万户的世界里的我能做些什么呢？只有徘徊罢了，只有匆匆罢了；在八千多日的匆匆里，除徘徊外，又剩些什么呢？过去的日子如轻烟，被微风吹散了，如薄雾，被初阳蒸融了；我留着些什么痕迹呢？我何曾留着像游丝样的痕迹呢？我赤裸裸来到这世界，转眼间也将赤裸裸的回去罢？但不能平的，为什么偏白白走这一遭啊？

你聪明的，告诉我，我们的日子为什么一去不复返呢？

——朱自清《匆匆》

作品 51 号

有个塌鼻子的小男孩儿，因为两岁时得过脑炎，智力受损，学习起来很吃力。打个比方，别人写作文能写二三百字，他却只能写三五行。但即便这样的作文，他同样能写得很动人。

那是一次作文课，题目是《愿望》。他极其认真地想了半天，然后极认真地写，那作文极短。只有三句话：我有两个愿望，第一个是，妈妈天天笑眯眯地看着我说："你真聪明。"第二个是，老师天天笑眯眯地看着我说："你一点也不笨。"

于是就是这篇作文，深深地打动了他的老师，那位妈妈式的老师不仅给了他最高分，在班上带感情地朗读了这篇作文，还一笔一画地批道：你很聪明，你的作文写得非常感人，请放心，妈妈肯定会格外喜欢你的，老师肯定会格外喜欢你的，大家肯定会格外喜欢你的。

捧着作文本，他笑了，蹦蹦跳跳地回家了，像只喜鹊。但他并没有把作文本拿给妈妈看，他是在等待，等待着一个美好的时刻。

那个时刻终于到了，是妈妈的生日——一个阳光灿烂的星期天。那天，他起得特别早，把作文本装在一个亲手做的美丽的大信封里，等着妈妈醒来。妈妈刚刚睁眼醒来，他就笑眯眯地走到妈妈跟前说："妈妈，今天是您的生日，我要送给您一件礼物。"

果然，看着这篇作文，妈妈甜甜地涌出了两行热泪，一把搂住小男孩儿，搂得很紧很紧。

是的，智力可以受损，但爱永远不会。

——张玉庭《一个美丽的故事》

作品 52 号

小学的时候，有一次我们去海边远足，妈妈没有做便饭，给了我十块钱买午餐。好像走了很久很久，终于到海边了，大家坐下来便吃饭，荒凉的海边没有商店，我一个人跑到防风林外面去，级任老师要大家把吃剩的饭菜分给我一点儿。有两三个男生留下一点儿给我，还有一个女生，她的米饭拌了酱油，很香。我吃完的时候，她笑眯眯地看着我，短头发，脸圆圆的。

她的名字叫翁香玉。

每天放学的时候，她走的是经过我们家的一条小路，带着一位比她小的男孩儿，可能是弟弟。小路边是一条清澈见底的小溪，两旁竹阴覆盖，我总是远远地跟在她后面。夏日的午后特别炎热，走到半路她会停下来，拿手帕在溪水里浸湿，为小男孩儿擦脸。我也在后面停下来，把肮脏的手帕弄湿了擦脸，再一路远远地跟着她回家。

后来我们家搬到镇上去了，过几年我也上了中学。有一天放学回家，在火车上，看见斜对面一位短头发、圆圆脸的女孩，一身素净的白衣黑裙。我想她一定不认识我了。火车很快到站了，我随着人群挤向门口，她也走近了，叫我的名字。这是她第一次和我说话。

她笑眯眯的，和我一起走过月台。以后就没有再见过她了。

这篇文章收在我出版的《少年心事》这本书里。

书出版后半年，有一天我忽然收到出版社转来的一封信，信封上是陌生的字迹，但清楚地写着我本名。

信里面说她看到了这篇文章心里非常激动，没想到在离开家乡，漂泊异地这么久之后，会看见自己仍然在一个人的记忆里，她自己也深深记得这其中的每一幕，只是没想到越过遥远的时空，竟然另一个人也深深记得。

——苦伶《永远的记忆》

作品 53 号

在繁华的巴黎大街的路旁，站着一个衣衫褴褛、头发斑白、双目失明的老人。他不像其他乞丐那样伸手向过路行人乞讨，而是在身旁立一块木牌，上面写着："我什么也看不见！"街上过往的行人很多，看了木牌上的字都无动于衷，有的还淡淡一笑，便姗姗而去了。

这天中午，法国著名诗人让·彼浩勒也经过这里。他看看木牌上的字，问盲老人："老人家，今天上午有人给你钱吗？"

盲老人叹息着回答："我，我什么也没有得到。"说着，脸上的神情非常悲伤。

让·彼浩勒听了，拿起笔悄悄地在那行字的前面添上了"春天到了，可是"几个字，就匆匆地离开了。

晚上，让·彼浩勒又经过这里，问那个盲老人下午的情况。盲老人笑着回答说："先生，不知为什么，下午给我钱的人多极了！"让·彼浩勒听了，摸着胡子满意地笑了。

"春天到了，可是我什么也看不见！"这富有诗意的语言，产生这么大的作用，就在于它有非常浓厚的感情色彩。是的，春天是美好的，那蓝天白云，那绿树红花，那莺歌燕舞，那流水人家，怎么不叫人陶醉呢？但这良辰美景，对于一个双目失明的人来说，只是一片漆黑。当人们想到这个盲老人，一生中竟连万紫千红的春天都不曾看到，怎能不对他产生同情之心呢？

——《语言的魅力》

作品 54 号

有一次，苏东坡的朋友张鹗拿着一张宣纸来求他写一幅字，而且希望他写一点儿关于养生方面的内容。苏东坡思索了一会儿，点点头说："我得到了一个养生长寿古方，药只有四味，今天就赠给你吧。"于是，东坡的狼毫在纸上挥洒起来，上面写着："一曰无事以当贵，二曰早寝以当富，三曰安步以当车，四曰晚食以当肉。"

这哪里有药？张鹗一脸茫然地问。苏东坡笑着解释说，养生长寿的要诀，全在这四句里面。

所谓"无事以当贵"，是指人不要把功名利禄、荣辱过失考虑得太多，如能在情志上潇洒大度，随遇而安，无事以求，这比富贵更能使人终其天年。

"早寝以当富"，指吃好穿好、财货充足，并非就能使你长寿。对老年人来说，养成良好的起居习惯，尤其是早睡早起，比获得任何财富更加宝贵。

"安步以当车"，指人不要过于讲求安逸、肢体不劳，而应多以步行来替代骑马乘车，多运动才可以强健体魄，通畅气血。

"晚食以当肉"，意思是人应该用已饥方食、未饱先止代替对美味佳肴的贪吃无厌。他进一步解释，饿了以后才进食，虽然是粗茶淡饭，但其香甜可口会胜过山珍；如果饱了还要勉强吃，即使美味佳肴摆在眼前也难以下咽。

苏东坡的四味"长寿药"，实际上是强调了情志、睡眠、运动、饮食四个方面对养生长寿的重要性，这种养生观点即使在今天仍然值得借鉴。

——蒲昭和《赠你四味长寿药》

作品 55 号

人活着，最要紧的是寻觅到那片代表着生命绿色和人类希望的丛林，然后选一高高的枝头站在那里观览人生，消化痛苦，孕育歌声，愉悦世界！

这可真是一种潇洒的人生态度，这可真是一种心境爽朗的情感风貌。

站在历史的枝头微笑，可以减免许多烦恼。在那里，你可以从众生相所包含的甜酸苦辣、百味人生中寻找你自己，你境遇中的那点苦痛，也许相比之下，再也难以占据一席之地，你会较容易地获得从不悦中解脱灵魂的力量，使之不致变得灰色。

人站得高些，不但能有幸早些领略到希望的曙光，还能有幸发现生命的立体的诗篇。每一个人的人生，都是这诗篇中的一个词、一个句子或者一个标点。你可能没有成为一个美丽的词，一个引人注目的句子，一个惊叹号，但你依然是这生命的立体诗篇中的一个音节、一个停顿、一个必不可少的组成部分。这足以使你放弃前嫌，萌生为人类孕育新的歌声的兴致，为世界带来更多的诗意。

最可怕的人生见解，是把多维的生存图景看成平面。因为那平面上刻下的大多是凝固了的历史——过去的遗迹；但活着的人们，活得却是充满着新生智慧的，由不断逝去的“现在”组成的未来。人生不能像某些鱼类躺着游，人生也不能像某些兽类爬着走，而应该站着向前行，这才是人类应有的生存姿态。

——[美] 本杰明 · 拉什《站在历史的枝头微笑》

作品 56 号

中国的第一大岛、台湾省的主岛台湾，位于中国大陆架的东南方，地处东海和南海之间，隔着台湾海峡和大陆相望。天气晴朗的时候，站在福建沿海较高的地方，就可以隐隐约约地望见岛上的高山和云朵。

台湾岛形状狭长，从东到西，最宽处只有一百四十多公里；由南至北，最长的地方约有三百九十多公里。地形像一个纺织用的梭子。

台湾岛上的山脉纵贯南北，中间的中央山脉犹如全岛的脊梁。西部为海拔近四千米的玉山山脉，是中国东部的最高峰。全岛约有三分之一的地方是平地，其余为山地。岛内有缎带般的瀑布，蓝宝石似的湖泊，四季常青的森林和果园，自然景色十分优美。西南部的阿里山和日月潭，台北市郊的大屯山风景区，都是闻名世界的游览胜地。

台湾岛地处热带和温带之间，四面环海，雨水充足，气温受到海洋的调剂，冬暖夏凉，四季如春，这给水稻和果木生长提供了优越的条件。水稻、甘蔗、樟脑是台湾的“三宝”。岛上还盛产鲜果和鱼虾。

台湾岛还是一个闻名世界的“蝴蝶王国”。岛上的蝴蝶共有四百多个品种，其中有不少是世界稀有的珍贵品种。岛上还有不少鸟语花香的蝴蝶谷，岛上居民利用蝴蝶制作的标本和艺术品，远销许多国家。

——《中国的宝岛——台湾》

作品 57 号

对于中国的牛，我有着一种特别尊敬的感情。

留给我印象最深的，要算在田垄上的一次“相遇”。

一群朋友郊游，我领头在狭窄的阡陌上走，怎料迎面来了几头耕牛，狭道容不下人和牛，终有一方要让路。它们还没有走近，我们已经预计斗不过畜生，恐怕难免踩到田地泥水里，弄得鞋袜又泥又湿了。正踟蹰的时候，带头的一只牛，在离我们不远的地方停下来，抬起头看看，稍迟疑一下，就自动走下田去，一队耕牛，全跟着它离开阡陌，从我们身边经过。

我们都呆了，回过头来，看着深褐色的牛队，在路的尽头消失，忽然觉得自己受了很大的恩惠。

中国的牛，永远沉默地为人做着沉重的工作。在大地上，在晨光或烈日下，它拖着沉重的犁，低头一步又一步，拖出了身后一列又一列松土，好让人们下种。等到满地金黄或农闲时候，它可能还得担当搬运负重的工作，或终日绕着石磨，朝同一方向，走不计程的路。

在它沉默的劳动中，人便得到应得的收成。

那时候，也许，它可以松一肩重担，站在树下，吃几口嫩草。偶尔摇摇尾巴，摆摆耳朵，赶走飞附身上的苍蝇，已经算是它最闲适的生活了。

中国的牛，没有成群奔跑的习惯，永远沉沉实实的，默默地工作，平心静气，这就是中国的牛。

——小思《中国的牛》

作品 58 号

不管我的梦想能否成为事实，说出来总是好玩儿的：

春天，我将要住在杭州。二十年前，旧历的二月初，在西湖我看见了嫩柳与菜花，碧浪与翠竹。由我看到的那点春光，已经可以断定，杭州的春天必定会教人整天生活在诗与图画之中。所以，春天我的家应当是在杭州。

夏天，我想青城山应当算作最理想的地方。在那里，我虽然只住过十天，可是它的幽静已拴住了我的心灵。在我所看见过的山水中，只有这里没有使我失望。到处都是绿，目之所及，那片淡而光润的绿色都在轻轻地颤动，仿佛要流入空中与心中似的。这个绿色会像音乐，涤清了心中的万虑。

秋天一定要住北平。天堂是什么样子，我不知道，但是从我的生活经验去判断，北平之秋便是天堂。论天气，不冷不热。论吃的，苹果、梨、柿子、枣儿、葡萄，每样都有若干种。论花草，菊花种类之多，花式之奇，可以甲天下。西山有红叶可见，北海可以划船——虽然荷花已残，荷叶可还有一片清香。衣食住行，在北平的秋天，是没有一项不使人满意的。

冬天，我还没有打好主意，成都或者相当的合适，虽然并不怎样和暖，可是为了水仙，素心腊梅，各色的茶花，仿佛就受一点儿寒冷，也颇值得去了。昆明的花也多，而且天气比成都好，可是旧书铺与精美而便宜的小吃远不及成都的那么多。好吧，就暂这么规定：冬天不住成都便住昆明吧。

在抗战中，我没能发了国难财。我想，抗战结束以后，我必能阔起来。那时候，假若飞机减价，一二百元就能买一架的话，我就自备一架，择黄道吉日慢慢地飞行。

——老舍《住的梦》

作品59号

我不由得停住了脚步。

从未见过开得这样盛的藤萝，只见一片辉煌的淡紫色，像一条瀑布，从空中垂下，不见其发端，也不见其终极，只是深深浅浅的紫，仿佛在流动，在欢笑，在不停地生长。紫色的大条幅上，泛着点点银光，就像迸溅的水花。仔细看时，才知那是每一朵紫花中的最浅淡的部分，在和阳光互相挑逗。

这里除了光彩，还有淡淡的芳香。香气似乎也是浅紫色的，梦幻一般轻轻地笼罩着我。忽然记起十多年前，家门外也曾有过一大株紫藤萝，它依傍一株枯槐爬得很高，但花朵从来都稀落，东一穗西一串伶仃地挂在树梢，好像在察言观色，试探什么。后来索性连那稀零的花串也没有了。园中别的紫藤花架也都拆掉，改种了果树。那时的说法是，花和生活腐化有什么必然关系。我曾遗憾地想：这里再看不见藤萝花了。

过了这么多年，藤萝又开花了，而且开得这样盛，这样密，紫色的瀑布遮住了粗壮的盘虬卧龙般的枝干，不断地流着，流着，流向人的心底。

花和人都会遇到各种各样的不幸，但是生命的长河是无止境的。我抚摸了一下那小小的紫色的花舱，那里满装了生命的酒酿，它张满了帆，在这闪光的花的河流上航行。它是万花中的一朵，也正是由每一个一朵，组成了万花灿烂的流动的瀑布。

在这浅紫色的光辉和浅紫色的芳香中，我不觉加快了脚步。

——宗璞《紫藤萝瀑布》

作品 60 号

在一次名人访问中，被问及上个世纪最重要的发明是什么时，有人说是电脑，有人说是汽车，等等。但新加坡的一位知名人士却说是冷气机。他解释，如果没有冷气，热带地区如东南亚国家，就不可能有很高的生产力，就不可能达到今天的生活水准。他的回答实事求是，有理有据。

看了上述报道，我突发奇想：为什么没有记者问："二十世纪最糟糕的发明是什么？"其实二〇〇二年十月中旬，英国的一家报纸就评出了"人类最糟糕的发明"。获此"殊荣"的，就是人们每天大量使用的塑料袋。

诞生于上个世纪三十年代的塑料袋，其家族包括用塑料制成的快餐饭盒、包装纸、餐用杯盘、饮料瓶、酸奶杯、雪糕杯等等。这些废弃物形成的垃圾，数量多、体积大、重量轻、不降解，给治理工作带来很多技术难题和社会问题。

比如，散落在田间、路边及草丛中的塑料餐盒，一旦被牲畜吞食，就会危及健康甚至导致死亡。填埋废弃塑料袋、塑料餐盒的土地，不能生长庄稼和树木，造成土地板结。而焚烧处理这些塑料垃圾，则会释放出多种化学有毒气体，其中一种称为二噁英的化合物，毒性极大。

此外，在生产塑料袋、塑料餐盒的过程中使用的氟利昂，对人体免疫系统和生态环境造成的破坏也极为严重。

——林光如《最糟糕的发明》

第三部分

普通话水平测试用说话题目

1. 我的愿望（或理想）
2. 我的学习生活
3. 我尊敬的人
4. 我喜爱的动物（或植物）
5. 童年的记忆
6. 我喜爱的职业
7. 难忘的旅行
8. 我的朋友
9. 我喜爱的文学（或其他）艺术形式
10. 谈谈卫生与健康
11. 我的业余生活

12. 我喜欢的季节（或天气）
13. 学习普通话的体会
14. 谈谈服饰
15. 我的假日生活
16. 我的成长之路
17. 谈谈科技发展与社会生活
18. 我知道的风俗
19. 我和体育
20. 我的家乡（或熟悉的地方）
21. 谈谈美食
22. 我喜欢的节日
23. 我所在的集体（学校、机关、公司等）
24. 谈谈社会公德（或职业道德）
25. 谈谈个人修养
26. 我喜欢的明星（或其他知名人士）
27. 我喜爱的书刊
28. 谈谈对环境保护的认识
29. 我向往的地方
30. 购物（消费）的感受

第三章　发声训练

第一节　口腔及气息训练

一、口部训练

口腔灵活，说话才利索。有没有感觉早晨起来说话没有下午或者晚上那么顺当？当然了，嘴巴肌肉休息了一晚上，肯定没那么灵活。所以做做口腔体操，可以帮助我们更好地使用嘴巴。

（1）口的开合练习

张嘴像打哈欠，闭嘴如啃苹果。开口的动作要柔和，两嘴角向斜上方抬起，上下唇稍放松，舌头自然放平。做这个练习，克服口腔开度的问题。

（2）咀嚼练习

张口咀嚼与闭口咀嚼结合进行，舌头自然放平。

（3）双唇练习

双唇闭拢向前、后、左、右、上、下转圈。

（4）舌头练习

舌尖顶下齿，舌面逐渐上翘。

舌尖在口内左右顶口腔壁，在门牙上下转圈。

舌尖伸出口外向前伸，向左右、上下伸。

舌在口腔内左右立起。

舌尖的弹练，弹硬腭、弹口唇。

舌尖与上齿龈接触打响。

舌根与软腭接触打响。

二、气息控制训练

不同的声音和气息表达不同的思想感情。

气息	声音	给听众的感觉	表达的思想感情
气徐	声柔	温和的感觉	爱的感情
气促	声硬	挤压的感觉	憎的感情
气沉	声缓	迟滞的感觉	悲的感情
气满	声高	跳跃的感觉	喜的感情
气提	声凝	紧缩的感觉	惧的感情
气短	声促	紧迫的感觉	急的感情
气粗	声重	震动的感觉	怒的感情
气细	声黏	踌躇的感觉	疑的感情
气少	声平	沉着的感觉	稳的感情
气多	声撇	烦躁的感觉	焦的感情

没有气息，声带不能颤动发声。但只是声带发出声音是不够的。想要嗓音富于弹性、耐久，需要的是源源不断供给声带气流。在这里给大家介绍一些气息控制的方法，帮助大家控制气流，进而控制声音。

（一）胸腹联合呼吸法

吸气后两肋扩大，横膈膜下降，小腹微收。

胸腹联合呼吸法是朗读时应该掌握的方法。这种呼吸活动范围大、伸缩性强，可以使气息均匀平衡。理想的状态是做到“吸气一大片、呼气一条线；气断情不断，声断意不断”。

练习方法：

1. 慢吸慢呼

总体要求——站稳，双目平视前方，头正，肩放松，像在旷野呼吸花香一样，慢慢吸足气。要感觉到腰腹之间充气膨胀，气入丹田，但是要收小腹。保持几秒后，轻缓呼出。

可以在呼气的时候加入以下练习：呼气时练习 xiao lan(“小兰”的拼音)，一声声渐渐远去；或者数数 1、2、3、4……嘴上用力，发音之间不要闭住声门，不要跑气换气，数得越多越好。

2. 快吸慢呼

快速短促地吸气，并保持气息；呼气时缓缓呼出，配合声音，平稳均匀。

呼气时，可以通过以下发声练习：惊吓、见熟人，抬重物。

巴拔把爸低答底大。

夸大上声练习：好美满想仰场……

换气练习。广场上，红旗飘，看你能数多少旗，一面旗，两面旗，三面旗，四面旗，五面旗……

吸气（闻花香、抬重物）呼气（吹灰尘、数葫芦、数枣、喊人）、急吸慢呼（突然发现远处来一人，是多年不见老友，惊喜，不禁急吸一口气，停住，然后慢慢呼出，重复此项练习，逐步延长呼气时间）。

（二）强控制练习

要求气要吸得深并保持一定量，呼气要均匀、通畅、灵活。

强控制练习需要一点声乐练习知识，在这里不好介绍。大家可以回想：《智取威虎山》里杨子荣喝酒唱歌那一段，最后结尾有个“啊——哈，哈，哈，哈哈哈……”基本的感觉就是这样。要体会膈肌和腹肌的作用，发声的时候气息是应该下沉的。

参考练习诗词：

满江红

岳飞

怒发冲冠，凭栏处、潇潇雨歇。抬望眼、仰天长啸，壮怀激烈。三十功名尘与土，八千里路云和月。莫等闲，白了少年头，空悲切。

靖康耻，犹未雪；臣子恨，何时灭。驾长车，踏破贺兰山缺。壮志饥餐胡虏肉，笑谈渴饮匈奴血。待从头、收拾旧山河，朝天阙。

忆秦娥·娄山关

毛泽东

西风烈，长空雁叫霜晨月。霜晨月，马蹄声碎，喇叭声咽。雄关漫道真如铁，而今迈步从头越。从头越，苍山如海，残阳如血。

我的“自白”书

陈然

任脚下响着沉重的铁镣，任你把皮鞭举得高高，
我不需要什么“自白”，哪怕胸口对着带血的刺刀！
人，不能低下高贵的头，只有怕死鬼才乞求“自由”；

毒刑拷打算得了什么？死亡也无法叫我开口！
对着死亡我放声大笑，魔鬼的宫殿在笑声中动摇；
这就是我——一个共产党员的“自白”，
高唱凯歌埋葬蒋家王朝！

新闻联播播音员在播报简讯的时候，一般都用强控制。

练习一：

简讯

新华社渥太华11月30日电。加拿大联邦众议员关慧贞11月30日在联邦议会发表声明，陈述二战期间日本军队制造的南京大屠杀和强征“慰安妇”等暴行。这是加拿大议员首次在联邦议会就二战期间日军暴行发表声明。

10月26日，加拿大安大略省议会投票通过有关“设立南京大屠杀纪念日”的动议。这是西方国家中首个地方议会通过有关“设立南京大屠杀纪念日”动议的地区。

中国网络视听节目服务协会昨天在成都发布《2017中国网络视听发展研究报告》。报告显示，截至今年6月，我国网络视频用户规模达5.65亿。

第四届丝绸之路国际电影节11月28日到12月3日在福州举行。103部多国别影片将集中轮展。

全媒体扫描，一句话观点

央广网报道：近日，中办、国办印发《领导干部自然资源资产离任审计规定（试行）》，标志着从2015年开始的审计试点进入到全面推开阶段。一项全新的、经常性的制度正式建立。

人民网评论认为，从起步之初的摸着石头过河，到在全球第一个推出领导干部自然资源资产离任审计，中国在生态文明领域以制度创新的方式把环境保护固化为社会行动，为发展构筑起绿色谱系，为转型积累下绿色动力。

国家市场监督管理总局近日发布《网络药品经营监督管理办法（征求意见稿）》，其中规定，建立网络药品销售安全管理制度，实现药品销售全程可追溯、可核查。

《经济日报》评论认为，此次出台的管理办法，凸显了对网售药品因势利导、以疏代堵的思路，值得点赞。要靠严格网售药品资质准入，明确医药电商平台管理责任来扎牢药品网络流通安全的篱笆。

浙江杭州一所幼儿园拟于明年开设儿童哲学课，并于课程开设前给幼儿家长科普儿童哲学。

《光明日报》评论指出，儿童“哲学”不是一般意义上的哲学知识，更多的是儿童思考问题的方式、行为处事的态度以及在认识世界过程中形成的情感，成人在此过程中的作用不容忽视。儿童哲学教育效果的实现关键还在于教师和家长的作用。

（三）弱控制练习

（1）吸气深呼气匀。缓慢持续地发出 ai、uai、uang、iang 四个音。

（2）夸大声调，延长发音，控制气息。

花红柳绿（发音时，声母和韵母之间气息拉长，要均匀、不断气）。

（3）通过夸大连续，控制气息，扩展音域。

参考练习诗词：

李白《静夜思》、孟浩然《春晓》等。

静夜思

床前明月光，疑是地上霜。

举头望明月，低头思故乡。

春晓

春眠不觉晓，处处闻啼鸟。

夜来风雨声，花落知多少。

气息控制训练要把握“深、通、匀、活”四字方针，注意气息和内容的结合。

单纯的语音、气息训练效果并不好，需要大家在实际朗读过程中不断体会、运用。

三、共鸣控制训练

一般提到的共鸣腔有头腔、鼻腔、口腔、胸腔，这四个共鸣腔最基本。声乐学习中还有人提到腹腔共鸣，不过有些人不赞同这个提法。

除了以口腔共鸣为主之外，胸腔共鸣是基础，可以加多一点，如果有高音的时候，增加呼吸量，发挥一点鼻腔、头腔的作用更好。要想声音圆润集中，需要改变口腔共鸣条件。发音时双唇集中用力，下巴放松，打开牙关，喉部放松，提颧肌、颊肌、笑肌，在共同运动时，嘴角上提。可以通过张口吸气或用“半打哈欠”体会喉部、舌根、下巴放松，这时的口腔共鸣会加大。在打开口腔的时候，同时注意唇的收拢。

（一）口腔共鸣训练

口腔共鸣发声最主要的一点，是发声的时候鼻咽要关闭，不产生鼻泄露。大家可以通过下列练习体会一下，基本都是以开口元音为主的练习：

ba da ga pa ta ka　peng pa pi pu pai

普通话的四个声调，准确的叫法是第一声阴平，第二声阳平，第三声上声，第四声去声。我们在进行声音训练的时候，多用阴平声调进行，这样有利于体会声音和气息。

词组练习：

澎湃　冰雹　拍照　平静　抨击　批评

快乐　宣纸　挫折　菊花　捐助　吹捧

哗啦啦　噼啪啪　咣啷啷　扑通通　呼噜噜

趣味绕口令：

山上五株树，
架上五壶醋，
林中五只鹿，
柜中五条裤。
伐了山上树，
取下架上醋，
捉住林中鹿，
拿出柜中裤。

（二）鼻腔共鸣训练

鼻腔共鸣是通过软腭来实现的，标准的鼻辅音 m、n 和 ng 就是这样发声的。有人觉得鼻音重显得声音好听、有厚度，但是过多的鼻音有如感冒，是不好的。

发 a、i、u 的音，加点鼻腔共鸣体会。

加鼻辅音：ma、mi、mu、na、ni、nu。

词语练习：

妈妈　光芒　中央　接纳　头脑

句子练习：

蓝蓝的天上白云飘，白云下面马儿跑，挥动鞭儿响四方，百鸟齐飞翔。

（三）胸腔共鸣训练

胸腔的空间及共鸣能量大，发出的声音有深度和宽度，声音更浑厚、宽广。

“a”元音直上、直下、滑动练习。

词语练习：

百炼成钢　　翻江倒海　　追悔莫及

句子练习：

小柳树，满地栽，金花谢，银花开。

掌握几个小技巧：

（1）体会胸腔共鸣：微微张开嘴巴，放松喉头，闭合声门（声带），像金鱼吐泡一样轻轻地发声。或者低低地哼唱，体会胸腔的震动。

（2）降低喉头的位置：（同上）喉部放松、放松、再放松。

（3）打牙关：所谓打牙关，就是打开上下大牙齿（槽牙），给口腔共鸣留出空间，用手去摸摸耳根前大牙的位置，看看是否打开了。然后发出一些元音，如“a”，感觉感觉自己声音的变化。

（4）提颧肌：微笑着说话，嘴角微微向上翘，同时感觉鼻翼张开了，试试看，声音是不是更清亮了。

（5）挺软腭：打一个哈欠，顺便长啸一声（注意周围有没有人哦）。

以上技巧其实就是打开口腔的几大要点，以后在大声说话的时候，注意保持以上几种状态就会改善自己的声音。但是，切记，一定要“放松自己”，不要矫枉过正，更不要只去注意发音的形式，而把你说话的内容给忘了，这就本末倒置了。

第二节　音色改善训练

一、改善音色训练（唱歌）

学狗喘气体会实虚声、大声朗读开口呼音节体会打开口腔（如：“要找到”等）、设想面对不同数目的人群说话、设想朗诵诗给几十米外的一人听。

共鸣练习：学鸭叫体会软腭抬起，学牛叫体会鼻音，模拟冷笑，低音读韵母 a、ang 等，由低到高再由高到低弹发 ha，交替弹发 mi、ma、ni、na、 ngi、nga，大声和远处人喊话（如：老——王——早——点——回——家——）。

用绕口令或近似绕口令的语句练习气息。如：

出东门，过大桥，大桥底下一树枣，拿着杆子去打枣，青的多，红的少。一个枣，两个枣，三个枣，四个枣，五个枣，六个枣，七个枣，八个枣，九个枣，十个枣，九个枣，……一个枣，这是一个绕口令，一口气说完才算好。

开始做练习的时候，中间可以适当换气，练到有了控制气息的能力时，逐渐减少换气次数，最后要争取一口气说完。

（1）放松喉头，用“哼哼”音唱歌。

（2）学鸭叫声。挺软腭，口腔张开成一圆筒，边发 gaga 音，边仔细体会，共鸣运用得好的 gaga 音好听，共鸣运用得不好的 gaga 音枯燥、刺耳。

（3）学牛叫声。类似打电话的“嗯”（什么）和“嗯”（明白了）。

（4）牙关大开合，同时发出“啊”音。

（5）模拟汽笛长鸣声（di）。既可平行发音，也可由大到小或由小到大地变化发音。

（6）做扩胸运动，同时尽量发高亢或低沉的声音。

（7）“气泡音”练习。闭嘴，用轻匀的气流冲击声带，使之发出细小的抖动声。

（8）音阶层练习。选一句话，在本人音域范围内，先用低调说，一级一级地升高，然后又一级一级地下降，再一句高一句低，高低交替，一句话由高到低，再由低到高。

（9）夸张四声练习。选择韵母因素较多的词语或成语，运用共鸣技巧做夸张四声的训练。如：清正廉洁，英勇顽强。

（10）大声呼唤练习。假设某人在离自己 100 米处，大声呼唤：张——师——傅——快——回——来——喂——那——里——危——险——快——离——开——

二、嗓子的保护方法

（1）坚持锻炼身体，游泳和长跑是最有效的方法，使用正确的方法坚持练声，循序渐进（边跑边从小腹发“嘿”音）。

（2）练声时，声音由小到大、从近到远、从弱到强、由高到低，避免一开始就大喊大叫损伤声带。

（3）保证充足的睡眠是保护声带的最好措施。

（4）生病尤其感冒的时候，尽量少用嗓，此时声带黏膜增厚，容易产生病变。

（5）女性在生理周期或者其他原因鼻、咽、声带充血的时候，禁止练声。

（6）尽量少吃辛辣刺激性食物，油腻、甜黏、冷热刺激的食品也是嗓子的杀手，烟酒也要避免。

（7）坚持用淡盐水漱口，可以消除炎症并保护嗓子。

（8）中药胖大海加冰糖，还有金嗓子喉宝、西瓜霜、草珊瑚含片、清音丸等，都是不错的药物。

气息练习：

数葫芦

一口气数不了二十四个葫芦四十八块瓢。

（气口）一个葫芦两块瓢，两个葫芦四块瓢。

（气口）三个葫芦六块瓢，四个葫芦八块瓢。

（气口）五个葫芦十块瓢，六个葫芦十二块瓢。

（气口）七个葫芦十四块瓢，八个葫芦十六块瓢。

（气口）九个葫芦十八块瓢，十个葫芦二十块瓢。

（气口）十一个葫芦二十二块瓢，十二个葫芦二十四块瓢。

（气口）十三个葫芦二十六块瓢，十四个葫芦二十八块瓢。

（气口）十五个葫芦三十块瓢，十六个葫芦三十二块瓢。

（气口）十七个葫芦三十四块瓢，十八个葫芦三十六块瓢。

（气口）十九葫芦三十八块瓢，二十个葫芦四十块瓢。

（气口）二十一个葫芦四十二块瓢．二十二个葫芦四十四块瓢。

（气口）二十三个葫芦四十六块瓢，二十四个葫芦四十八块瓢。

第四章　朗读技巧

朗读技巧就是朗读过程中，为使朗读效果更佳而运用的一些方法和手段。基本朗读技巧分外部技巧和内部技巧。外部技巧是指听众能够通过听觉直观感受到的气息、声音等的处理方式，包括重音、停顿、语速、语调。内部技巧指朗读过程中朗读者内心发生的一系列心理变化，包括形象感、逻辑感和内在语的表现。

第一节　外部技巧

一、重音

重音是指朗读、说话时句子里某些词语念得比较重的现象，一般用增加声音的强度来体现（有时也可读轻、读慢）。重音有语法重音、逻辑重音和感情重音三种。朗读者恰当运用重音能够准确解析和表达文章的思想感情，也有利于听者的理解和品味。

（一）语法重音

在不表示特殊思想和感情的情况下，根据语法结构的特点而把句子的某些部分重读的，叫作语法重音。

（1）一般短句子中的谓语和谓语后面的宾语常念语法重音，如：陈静跳上自行车。

（2）名词前面的定语，动词或形容词前面的状语常念语法重音，如：橙色的路灯下，幸好还有一个修车的摊儿。会者不难，车很快修好了。

（3）动词后面由形容词、动词及部分词组充当的补语常念语法重音，如：剪得惟妙惟肖、栩栩如生，常常令人十分赞叹。

（4）有些指示代词、疑问代词要念语法重音，如：什么是正气呢？我倒要看看享有如此恶名的花儿究竟怎样个丑法。

（二）逻辑重音

逻辑重音指为了突出句子中的某种特殊含义而重读的词语。在同一个句子中，对不同的词语分别给予重读，将会表现出不同的意思。同样的语言结构由于着重点不同，即有不同的强调重音。所以，重音运用得不恰当，会使听者产生歧义。如：

我知道你会唱歌。(——不用问别人。)

我知道你会唱歌。(——你不要瞒我了。)

我知道你会唱歌。(——不是别人。)

我知道你会唱歌。(——你怎么说不会？)

我知道你会唱歌。(——别的人会不会我不知道。)

（三）感情重音

感情重音是指为了表达思想感情的需要而重读的词语、句子甚至某一段文字。如：物是死的，人是活的。

朗读下面片段，体会重音：

他只不过用笔写写文章，用嘴说说话，而他所写的，所说的，都无非是一个没有失掉良心的中国人的话！大家都有一支笔，有一张嘴，有什么理由拿出来讲啊！有事实拿出来说啊！

——闻一多《最后一次讲演》

二、停顿

停顿是指句子当中、句子之间、段落之间、层次之间或者词语当中声音上的间歇。同样一句话，不同的停顿方式可能会产生不同的表达效果，甚至会有截然不同的语义出现。如下面这段文字：

我赞成他也赞成你怎么样?

可以因停顿位置的差异而有不同的理解：

我赞成他，也赞成你，怎么样?

我赞成，他也赞成，你怎么样?

停顿分以下几类：

（一）气息停顿

气息停顿也称生理停顿，在朗读中体现为换气。这种停顿一定要选择适当的位置，不要破坏了词语或句子的完整性，以免影响句意的准确表达。

如下面这个长句：

“我想 / 这是因为 / 他们都知道 / 正是 / 这些 / 老人们的 / 流血牺牲 / 换来了 / 包括他们信仰自由在内的 / 许许多多。”

这儿可能有停顿的地方总共有九个，如果在这九个之外的地方停顿，势必破坏句子的结构。那么，这九个地方又该如何安排停顿，从而显示句子的结构呢？

“我想 | 这是因为′ 他们都知道 ‖ 正是这些老人们的′ 流血牺牲″ 换来了′ 包括他们信仰自由在内的″ 许许多多。”（“|” 表示较短的断句停顿，“‖” 表示较长的断句停顿；“′ ” 表示较短的内部停顿，“″ ” 表示较长的内部停顿。）

（二）语法停顿

语法停顿是反映一句话里面的语法关系的，在书面语言里就反映为标点。因此，语法停顿即指依据标点符号所作的停顿。一般情况下，停顿时间的长短依次这样排列（从短到长）：

顿号 / 括号→逗号 / 引号→分号→句号→冒号 / 破折号→问号 / 感叹号 / 省略号。

（三）结构停顿

结构停顿是指在文章的段落、层次之间的停顿。在段落以及各层次之间有一个稍长的停顿，可以给听者留下一点时间迅速整理一下思路，消化前面所听到的内容，以保持一个清晰的思路，继续听下文。

（四）逻辑停顿

逻辑停顿是指为了显示某种语意或突出停顿前后的词语而作的停顿。如：

相聚 / 不知珍惜，别离 / 才感情重。

要抓住的 / 或已失落，该挽留的 / 已经滑过。

（五）感情停顿

感情停顿指为了表达某种强烈的感情而作的停顿。如：

孩子的母亲平静地对我说，他的眼睛从小就 / 失去了光明。我 / 惊呆了。

三、语速

语速指朗读或说话时吐字的快慢，也就是指语言外在的速度。 语速与停连有着密切的关系。影响语速的因素很多，归纳起来，大致有以下几种情况：

（1）场景影响语速：变化发展的场面宜用快读；平静、严肃的场面宜用慢读。

（2）心情影响语速：紧张、焦急、慌乱、热烈、欢畅的心情宜用快读；沉重、悲痛、缅怀、悼念、失望的心情宜用慢读。

（3）谈话方式影响语速：辩论、争吵、急呼宜用快读；闲谈、絮语宜用慢读。

（4）叙述方式影响语速：抨击、斥责、控诉、雄辩宜用快读；记叙、说明、追忆宜用慢读。

朗读下面文字，注意语速变化：

她猛然喊了一声。脖子上的钻石项链没有了。她丈夫已经脱了一半衣服，就问："什么事情？"‖她吓昏了，转身向着他说："我……我……我丢了佛来思节夫人的项链了。"他惊慌失措地直起身子，说："什么！……怎么啦？……哪儿会有这样的事！"

——莫泊桑《项链》

提示：此段落中，影响语速的主要是人物心情。整段中"她"的心情都是紧张、焦虑、慌乱的，所以涉及"她"时，语速都快。而男主人公"他"前后心情有变化，在‖之前，心情比较平静，宜慢；‖之后，"他"的心情急转直下，语速也跟着陡转。

四、语调

语调是指整个句子的语音高低升降变化。语调的作用主要是表达不同的语气和语意。语调有四种：平调、升调、降调、曲调。

（一）平调

平调是指句子末尾部分的高低没有特别明显的升降变化，语势平直舒缓。一般用来表达客观、严肃、冷淡、庄重等情绪。陈述、说明性的语句用平调。如：

生命在海洋里诞生绝不是偶然的，海洋的物理和化学性质，使它成为孕育原始生命的摇篮。（叙述说明）

我从小到大都听他说："你到哪里去？什么时候回家？汽车又没有汽油？不，不准去。"爹完全不知道怎样表达爱。（冷淡）

中国西部我们通常是指黄河与秦岭相连一线以西，包括西北和西南的十二个省、市、自治区。这块广袤的土地面积为五百四十六万平方公里，占国土总面积的百分之五十七；人口二点八亿，占全国总人口的百分之二十三。（客观）

烈士们的英名和业绩将永垂不朽！（严肃）

（二）降调

降调是指句子末尾部分明显下抑，语势前高后低或前平后降。一般用来表达请求、感叹、赞扬、坚决、沉痛等语气。陈述、祈使等语句多用降调。如：

如果将来我有什么要教给我的孩子，我会告诉他：假若你一直和时间比赛，你就可以成功！（肯定）

盼望着，盼望着，东风来了，春天的脚步近了。（坚信）

但它却是伟岸，正直，朴质，严肃，也不缺乏温和，更不用提它的坚强不屈与挺拔，它是树中的伟丈夫！（感叹）

“请耐心等上几分钟，”卡廷说，“瞧，我正在削一支柳笛，差不多就要做好了，完工后就送给你吧。”（请求）

白杨树实在是不平凡的，我赞美白杨树！（赞美）

（三）升调

升调是指句子末尾部分明显上扬，语势前低后高或前平后扬，一般用来表达疑问、设问、反问、号召、鼓动、惊异等语气。问、叹句多用升调。如：

“什么是永远不会回来呢？”我问着。

啊，小桥呢？它躲起来了？（疑问）

当你在积雪初融的高原上走过，看见平坦的大地上傲然挺立这么一株或一排白杨树，难道你就觉得它只是树？难道你就不想到它的朴质，严肃，坚强不屈，至少也象征了北方的农民？难道你竟一点也不联想到，在敌后的广大土地上，到处有坚强不屈，就像这白杨树一样傲然挺立的守卫他们家乡的哨兵？难道你又不更远一点想到，这样枝枝叶叶靠紧团结，力求上进的白杨树，宛然象征了今天在华北平原纵横决荡，用血写出新中国历史的那种精神和意志？（反诘）

（四）曲调

曲调是指整个句子的语势呈现明显的曲折变化，用来表现讽刺、夸张、双关等语气。如：

我得去！凭我这身板，赤手空拳也干个够本！我刚打算往下跳，只见她扭回头来，两眼直盯着被惊呆了的孩子，拉长了声音说：“孩子，好好地听妈妈的话啊！”（王愿坚《党费》）

综上所述，在朗读时，除了要准确发音外，还应分别从语调、语速、停顿和重音等几个方面加以合理运用，才能准确表达文章的思想感情。当然，在实际朗读的过程中，语音的各种手段是综合运用、浑然一体的。如果没有对作品的深入理解，没有熟练扎实的语音功底，没有艰苦的反复练习作为基本前提，就不能合理地运用朗读中的“语气”，形成完整、流畅、自然、生动的朗读表现形式，更不能恰如其分地、有创造性地表达文章的思想感情。

练习：

听潮

鲁彦

一年夏天，我和妻坐着海轮，到了一个有名的岛上。

这里是佛国，全岛周围三十里内，除了七八家店铺以外，全是寺院。岛上没有旅店，每一个寺院都特设了许多房间给香客住宿。而到这里来的所谓香客，有很多是游览观光的，不全是真正烧香拜佛的香客。

我们就在一个比较幽静的寺院里选了一间房住焉，——这是一间靠海湾的楼房，位置已经相当的好，还有一个露台突出在海上，早晚可以领略海景，尽够欣幸了。

每天潮来的时候，听见海浪冲击岩石的音响，看见空际细雨似的，朝雾似的，暮烟似的飞沫升落；有时它带着腥气，带着咸味，一直冲进我们的窗棂，黏在我们的身上，润湿着房中的一切。

“现在这海就完全属于我们的了！”当天晚上，我们靠着露台的栏杆，赏鉴海景的时候，妻欢心地呼喊着说。

大海上一片静寂。在我们的脚下，波浪轻轻吻着岩石，像朦胧欲睡似的。在平静的深黯的海面上，月光辟开了一款狭长的明亮的云汀，闪闪地颤动着，银鳞一般。远处灯塔上的红光镶在黑暗的空间，像是一颗红玉。它和那海面的银光在我们面前揭开了海的神秘，——那不是狂暴的不测的可怕的神秘，而是幽静的和平的愉悦的神秘。我们的脚下仿佛轻松起来，平静地，宽廓地，带着欣幸与希望，走上了那银光的路，朝向红玉的琼台走了去。

这时候，妻心中的喜悦正和我一样，我俩一句话都没有说。

海在我们脚下沉吟着，诗人一般。那声音仿佛是朦胧的月光和玫瑰的晨雾那样温柔；又像是情人的蜜语那样芳醇；低低地，轻轻地，像微风拂过琴弦；像落花飘零在水上。

海睡熟了。

大小的岛拥抱着，偎依着，也静静地恍惚入了梦乡。

许久许久，我俩也像入睡了似的，停止了一切的思念和情绪。

不晓得过了多少时候，远寺的钟声突然惊醒了海的酣梦，它恼怒似的激起波浪的兴奋，渐渐向我们脚下的岩石掀过来，发出汩汩的声音，像是谁在海底吐着气，海面的银光跟着晃动起来，银龙样的。接着我们脚下的岩石上就像铃子、铙钹、钟鼓在奏鸣着，而且声音愈响愈大起来。

没有风。海自己醒了，喘着气，转侧着，打着呵欠，伸着懒腰，抹着眼睛。因为岛屿挡住了它的转动，它狠狠地用脚踢着，用手推着，用牙咬着。它一刻比一刻兴奋，一刻比一刻用劲。岩石也仿佛渐渐战栗，发出抵抗的嗥叫，击碎了海的鳞甲，片片飞散。

海终于愤怒了。它咆哮着，猛烈地冲向岸边袭击过来，冲进了岩石的罅隙里，又拨刺着岩石的壁垒。

音响就越大了。战鼓声，金锣声，呐喊声，叫号声，啼哭声，马蹄声，车轮声，机翼声，掺杂在一起，像千军万马混战了起来。

银光消失了。海水疯狂地汹涌着，吞没了远近大小的岛屿。它从我们的脚下扑了过来，响雷般地怒吼着，一阵阵地将满含着血腥的浪花泼溅在我们的身上。

“彦，这里会塌了！”妻战栗起来叫着说，“我怕！”

“怕什么。这是伟大的乐章！海的美就在这里。”我说。

退潮的时候，我扶着她走近窗边，指着海说：“一来一去，来的时候凶猛；去的时候又多么平静呵！一样的美。”

然而她怀疑我的话，她总觉得那是使她恐惧的。但为了我，她仍愿意陪着我住在这个危楼。

我喜欢海，溺爱着海，尤其是潮来的时候。因此即使是伴妻一道默坐在房里，从闭着的窗户内听着外面隐约的海潮音，也觉得满意，算是尽够欣幸了。

第二节　内部技巧

一、形象感

形象感是指朗读者在作品形象性词语的刺激下，感受和再现客观世界的种种事物，使表现情、景、事、理、人的文字符号在朗读者内心成为生动可感的形象。直观的解释就是，我们读的是一个个印在纸上的文字，但内心里浮现的是一个个形象、一幅幅画面。

天净沙·秋思

枯藤老树昏鸦，小桥流水人家，古道西风瘦马。夕阳西下，断肠人在天涯。

这首小令全篇仅有二十八个字，读这首小令时，我们脑海里浮现的并不是这二十八个字，而是一幅幅的画面：枯藤缠绕着老树，树上瑟缩着一只乌鸦，夕阳西下，荒草漫淹的古道上，一个游子满身疲惫，牵着一匹瘦马踽踽而来。

生动的形象、鲜活的画面更能够帮助我们身临其境，触景生情，从而有感于内，发乎其外。

二、逻辑感

所谓逻辑感，是指朗读时要理清作品涉及的概念、判断、推理、论证，全篇的布局、思想发展脉络，以及层次、语句之间的内在联系，并在头脑中形成总体感受。

逻辑感主要体现在两个方面：一是语言目的要明确，不能似是而非；二是语言脉络要清晰，不能模棱两可。朗读者要学会将作品中的主次、并列、转折、递进、因果等关系用语流表现出来，以增强有声语言的感染力。如毛泽东的《沁园春·长沙》：

沁园春·长沙

独立寒秋，湘江北去，橘子洲头。
看万山红遍，层林尽染；漫江碧透，百舸争流。
鹰击长空，鱼翔浅底，万类霜天竞自由。
怅寥廓，问苍茫大地，谁主沉浮？
携来百侣曾游，忆往昔峥嵘岁月稠。
恰同学少年，风华正茂；书生意气，挥斥方遒。
指点江山，激扬文字，粪土当年万户侯。
曾记否，到中流击水，浪遏飞舟？

“看”字从逻辑关系上讲，统领下文：“万山红遍，层林尽染；漫江碧透，百舸争流。鹰击长空，鱼翔浅底，万类霜天竞自由。”

也就是说“万山红遍，层林尽染；漫江碧透，百舸争流。鹰击长空，鱼翔浅底，万类霜天竞自由”都是看的客体。所以，在朗读时要把这种关系用有声语言表现出来。

看 // 万山红遍 / 层林尽染 / 漫江碧透 / 百舸争流。

鹰击长空 / 鱼翔浅底 / 万类霜天竞自由。

又如《匆匆》：

……去的尽管去了，来的尽管来着；去来的中间，又怎样地匆匆呢？早上我起来的时候，小屋里射进两三方斜斜的太阳。太阳他有脚啊，轻轻悄悄地挪移了；我也茫茫然跟着旋转。于是——洗手的时候，日子从水盆里过去；吃饭的时候，日子从饭碗里过去；默默时，便从凝然的双眼前过去。我觉察他去的匆匆了，伸出手遮挽时，他又从遮挽着的手边过去。天黑时，我躺在床上，他便伶伶俐俐地从我身上跨过，从我脚边飞去了。等我睁开眼和太阳再见，这算又溜走了一日。我掩着面叹息。但是新来的日子的影儿又开始在叹息里闪过了。

加下划线部分，句子很长，但是逻辑关系很简单——并列关系：洗手的时候日子过去，吃饭的时候日子过去，默默的时候日子过去，遮挽的时候日子过去，躺在床上的时候日子过去。一般情况下，并列关系的语句在逻辑地位上是平等的，体现在语言上，语速、语调类似，不能有太大的起伏，稍有顿挫变化即可。反过来说，就是我们要用类似的语言表现分句之间的平等关系。

洗手的时候 / 日子从水盆里过去 // 吃饭的时候 / 日子从饭碗里过去 // 默默时 / 便从凝然的双眼前过去 // 我觉察他去的匆匆了 / 伸出手遮挽时 / 他又从遮挽着的手边过去 // 天黑时 / 我躺在床上 / 他便伶伶俐俐地从我身上跨过 / 从我脚边飞去了。

三、内在语

内在语，即“潜台词”“话外之意”“弦外之音”，是文字作品背后的更深一层的含义，也是文字作品所不便表露、不能表露或没有完全表露出来的东西。朗读时要运用语言技巧把话语背后的“内在语言”所要表达的思想、态度和感情色彩充分表现出来。

囚歌

为人进出的门紧锁着，
为狗爬出的洞敞开着。

一个声音高叫着：
爬出来吧，给你自由！
我渴望自由，
但我深深地知道——
人的身躯怎能从狗洞子里爬出！
我希望有一天，
地下的烈火，
将我连这活棺材一齐烧掉，
我应该在烈火与热血中得到永生！

这首诗里，人不是一般的人，狗也不是普通的狗。在朗读时，必须利用语气语调等手段把作者所要表达的深层含义表现出来。

为人进出的门 / 紧锁着，
为狗爬出的洞 / 敞开着。

又比如《落花生》：

我们家的后园有半亩空地，母亲说："让它荒着怪可惜的，你们那么爱吃花生，就开辟出来种花生吧。"我们姐弟几个都很高兴，买种，翻地，播种，浇水，施肥，没过几个月，居然收获了。

母亲说："今晚我们过一个收获节，请你们父亲也来尝尝我们的落花生，好不好？"母亲把花生做成了好几样食品，还吩咐就在后园的茅草亭过这个节。

晚上天色不太好，可是父亲也来了，实在很难得。

加下划线的文字，如何处理重音？

在处理重音时，就要深入理解这句话的话外之意，结合前文，母亲说"请你们父亲也来尝尝我们的落花生"，提到父亲时，母亲用了一个"请"字，这在家庭成员之间是比较罕见的。后文父亲说"你们爱吃花生吗""谁能把花生的好处说出来""花生的好处很多，有一样最可贵：它的果实埋在地里，不像桃子、石榴、苹果那样，把鲜红嫩绿的果实高高地挂在枝头上，使人一见就生爱慕之心。你们看它矮矮地长在地上，等到成熟了，也不能立刻分辨出来它有没有果实，必须挖起来才知道"。然后"我们都说对，母亲也点点头"。从父亲的语言、语气，以及我们的态度可以体会到，父亲在家庭中是处于绝对支配地位的。父亲的形象是严肃的，是不苟言笑的，甚至有点高高在上、难以接近。再加上"天色不太好"，所以，"我们"心里是有一点预设的，"父亲很可能不会来了”。把这个预设的句子放入文章当中去，就是“晚上天色不太好，（我们想父亲可能不来了，）可是父亲也来了，实在很难得”。所以重音应该放在“来”字上，才更加符合作者的原意。

四、语气的运用

同样的话语，语气不同表现出来的思想感情会有很大差异，甚至截然相反。因此，我们在朗读作品时，要在深刻理解作品文意的基础上，审慎揣摩语气，正确完整地表达情感。语气源于内在情感，外在表现为语调、语速、气息等不同因素的排列组合。比如：语调上扬、语速较快、呼吸浅、气息足表现出来的就是喜悦、激动的语气，而语调下沉、语速较慢、呼吸深沉表现出来的就是悲哀或沉重的语气。

语气运用的一般规律是喜则气满声高，悲则气沉声缓，爱则气缓声柔，憎则气足声硬，急则气短声促，冷则气少声淡，惧则气提声抖，怒则气粗声重，疑则气细声黏，静则气舒声平。

练习：根据实际场景揣摩语气，朗读下列语句。

（1）课间，班主任兴奋地推开教室的门：“告诉大家一个好消息！”

（2）手术室门口，医生走出手术室，摘下口罩：“我们已经尽力了，但病人还是走了，走的时候很安详。”

（3）夜晚，卧室床上，奶奶哄孙子睡觉：“宝贝，乖，奶奶呀，给你讲故事。”

（4）看着被鬼子烧毁的村庄，游击队员紧握双拳：“这帮畜生！早晚要让他们血债血偿！”

（5）教室里，突然，空气中弥漫起一股焦煳味，这时，楼道里传来一个声音：“不好了！着火了！大家快跑啊！”

（6）经过半年的冷战，夫妻二人决定坐下来谈谈，妻子：“我们离婚吧。”丈夫：“随便。”

（7）深夜，僻静胡同里，一位女生发现一个黑影正向自己靠近：“谁？不要过来！”

（8）老王怒斥自己不孝的儿子：“你给我滚！”

（9）大街上，一个人热情地和你打招呼。你也觉得他似曾相识又认不准：“你是……老李吧。”

（10）夏夜，清风徐来，你躺在门前的躺椅上，摇着蒲扇：“今晚的星星真亮啊，那是牛郎星，那是织女星，那是银河……”

第三节　特殊技巧

一、几种常用的特殊表现技巧

（1）气音：表示感叹、惊讶等感情或模仿某种声音时，用气大于声的技巧，类似耳语，但与耳语不同，耳语声带不振动。

①……她的一双小手几乎冻僵了。啊，哪怕一根小小的火柴，对她也是有好处的……哧！火柴燃起来了，冒出火焰来了！

——《卖火柴的小女孩》

②……那醉人的绿呀！仿佛一张极大极大的荷叶铺着，满是奇异的绿呀。我想张开两臂抱住她，但这是怎样一个妄想呀。

——《绿》

（2）颤音：表示某种特别激动的情绪和特定的声音，让声门急速开合交替，从而使声音稍带颤抖。

①……往后的日子她从这所小学校里送走了一批又一批孩子去读初中、高中、大学……这一留就是整整三十年。

——《第十一位》

②……这好像我们的母亲，她是一个天资玉质的美人，她的身体的每一部分，都有令人爱慕之美。

——《可爱的中国》

（3）拖腔：表示领悟、回忆、迟疑、支吾、乏力、虚弱等情境时，有意把某些声音延长。

①我扑到指导员身上大声地喊："指导员，指导员……"好半天，他才微微睁开眼睛，嘴里念叨着："书……书……"

——《珍贵的教科书》

②"你是小李子吧？"张大爷一边回忆一边问道。

（4）泣诉：表示悲苦、惨痛、哀伤等情态时，往往使声音带上一定的呜咽、哭泣的色彩，这种带有哭腔的语言表达方式叫泣诉。

①……火柴灭了，火炉不见了……

——《卖火柴的小女孩》

②……送他入院的同志不相信这个诊断，一连声问道："什么？什么？"医生强忍住悲痛说："焦裕禄同志恐怕最多只有二十几天时间了。"送他的同志愣了一下，突然放声痛哭起来！紧紧拉住医生的手说："医生！医生！俺求求您！请您一定把他治好！俺兰考三十八万人民离不开他，离不开他呀！"在场的同志都难过地掉下泪来。

——《鞠躬尽瘁》

（5）笑语：表示欢快或嘲讽而发笑的情态时，使声音带上些笑的色彩。

①只有偶尔驶过的赶路的驳船，响着汽笛，在江面划开一条发光的路；于是渔火和灯标，都像惊醒了一般，在水面上轻轻地摇曳。

——《三峡之秋》

②那时你才 18 岁，像我们的大姐姐。

——《开放在小河边的微笑》

二、声音色彩练习

请根据内容选择合适的风格朗读下列语句。

（1）柳条儿青，柳条儿长，柳条儿随风在摇荡，摇来了春天，摇来了小鸟，摇得那湖水闪闪亮。柳条儿青，柳条儿长，柳条儿随风在摇荡，我做只柳笛吹起来，嘀呖呖像小鸟在歌唱。

（参考风格：轻松活泼、深沉宁静、低沉悲痛、坚定昂扬、义正词严）

（2）将圆未圆的明月，渐渐升到高空，一片透明的灰云，渐渐地遮住月光，田野上面，仿佛笼起一片轻烟，朦朦胧胧，如同坠入梦境，晚云飘过之后，田野上烟消雾散，火一样的清光，冲洗着柔和的秋夜。

（参考风格：轻松活泼、深沉宁静、低沉悲痛、坚定昂扬、义正词严）

（3）总理的灵车徐徐开来，灵车四周挂着黑黄两色的挽幛，上面装饰着白花，庄严，肃穆。人们怀着沉痛心情，目光随着灵车移动。灵车所到之处，好像有谁在无声地指挥，老人、孩子、青年都不约而同地站直了身体，摘下了帽子，向灵车致敬，哭泣着，顾不上擦去腮边的泪水，舍不得眨一眨眼睛，人们心里都在深深默念着："敬爱的周总理，我们想念您啊，想念您！您永远活在我们心里，您永远活在人民心中！"

（参考风格：轻松活泼、深沉宁静、低沉悲痛、坚定昂扬、义正词严）

（4）风呼呼地刮着，雨哗哗地下着，黑暗笼罩着大地。"要记住革命"——我想起他牺牲前说的话。对，要记住革命！我抬起头来，透过无边的风雨，透过无边的黑暗，我们仿佛看见了一条光明大路，这条大路一直通向遥远的陕北，我鼓起勇气，迈开大步，向着部队前进的方向走去。

（参考风格：轻松活泼、深沉宁静、低沉悲痛、坚定昂扬、义正词严）

（5）中国人民的感情不可侮，中国的主权不容侵犯。西方侵略者几百年来只要在东方的一个海岸上架起几尊大炮，就可以霸占一个国家的时代，已经一去不复返了。中国领土绝不是哪家军队随便溜达的“后花园”，中国领海绝不是哪家舰船随便游弋的“游泳池”，中国领空绝不是哪家军用飞机随便进出的“空中走廊”。以保卫祖国为已任的中国人民解放军，以国家的利益为利益，以国家的意志为意志，时刻牢记党和人民赋予的神圣使命，坚决保卫国家主权和领土完整，捍卫国家领海、领空和海洋权益。

（参考风格：轻松活泼、深沉宁静、低沉悲痛、坚定昂扬、义正词严）

三、全篇练习

金色的鱼钩

1935年秋天，红四方面军进入草地，许多同志得了肠胃病。我和两个小同志病得实在赶不上队伍了，指导员派炊事班长照顾我们，让我们走在后面。

炊事班长快四十岁了，个儿挺高，背有点儿驼，四方脸，高颧骨，脸上布满皱纹，两鬓都斑白了。因为全连数他岁数大，他对大家又特别亲，大伙都叫他“老班长”。

三个病号走不快，一天只走二十来里路。一路上，老班长带我们走一阵歇一阵。到了宿营地，他就到处去找野菜，和着青稞面给我们做饭。不到半个月，两袋青稞面吃完了。饥饿威胁着我们。老班长到处找野菜，挖草根，可是光吃这些东西怎么行呢？老班长看我们一天天瘦下去，他整夜整夜地合不拢眼。其实他这些天瘦得比我们还厉害呢！

一天，他在一个水塘边给我们洗衣裳，忽然看见一条鱼跳出水面。他喜出望外地跑回来，取出一根缝衣针，烧红了，弯成个钓鱼钩。这天夜里，我们就吃到了新鲜的鱼汤。尽管没加作料，可我们觉得没有比这鱼汤更鲜美的了，端起碗来吃了个精光。

以后，老班长尽可能找有水塘的地方宿营，把我们安顿好，就带着鱼钩出去了。第二天，他总能端着热气腾腾的鲜鱼野菜汤给我们吃。我们虽然还是一天一天衰弱下去，比起光吃草根野菜来毕竟好多啦。可是老班长自己呢，我从来没见他吃过一点儿鱼。

有一次，我禁不住问他：“老班长，您怎么不吃鱼啊？”

他摸了摸嘴，好像回味似的说：“吃过了。我一起锅就吃，比你们还先吃呢。”

我不信，等他收拾完碗筷走了，就悄悄地跟着他。走近前一看，啊！我不由得呆住了。他坐在那里捧着搪瓷碗，嚼着几根草根和我们吃剩下的鱼骨头，嚼了一会儿，就皱紧眉头硬咽下去。我觉得好像有万根钢针扎着喉管，失声喊起来：“老班长，你怎么……”

老班长猛抬起头，看见我目不转睛地看着他手里的搪瓷碗，就支吾着说：“我，我早就吃过了。看到碗里还没吃干净，扔了怪可惜的……”

“不，我全知道了。”我打断了他的话。

老班长转身朝两个小同志睡觉的地方看了一眼，一把把我搂到身边，轻声说：“小声点儿，小梁！咱俩是党员，你既然知道了，可不要再告诉别人。”

“可是，你也要爱惜自己啊！”

“不要紧，我身体还结实。”他抬起头，望着夜色弥漫的草地，好久，才用低沉的声音说，“指导员把你们三个人交给我，他临走的时候说：‘他们年轻。一路上，你是上级，是保姆，是勤务员，无论多么艰苦，也要把他们带出草地。’小梁，你看这草地，无边无涯，没个尽头。我估计，还要二十多天才能走出去。熬过这二十多天不简单啊！眼看你们的身子一天比一天衰弱，只要哪一天吃不上东西，说不定就会起不来，真有个三长两短，我怎么去向党报告呢？难道我能说，‘指导员，我把同志们留在草地上，我自己克服了困难出来啦’？”

“可是，你总该跟我们一起吃一点儿呀！”

“不行，太少啦。”他轻轻地摇摇头，“小梁，说真的，弄点儿吃的不容易啊！有时候等了半夜，也不见鱼上钩。为了弄一点儿鱼饵，我翻了多少草皮也找不到一条蚯蚓……还有，我的眼睛坏了，天色一暗，找野菜就得一棵一棵地摸……”

我再也忍不住了，抢着说：“老班长，以后我帮你一起找，我看得见。”

“不，咱们不是早就分好工了吗？再说，你的病也不轻，不好好休息会支持不住的。”

我还坚持我的意见。老班长忽然严厉地说：“小梁同志，共产党员要服从党的分配。你的任务是坚持走路，安定两个小同志的情绪，增强他们的信心！”

望着他那十分严峻的脸，我一句话也说不上来，竟扑倒在他怀里哭了。

第二天，老班长端来的鱼汤特别少，每个搪瓷碗里只有小半条猫鱼，上面漂着一丁点儿野菜。他笑着说："吃吧，就是少了点儿。唉！一条好大的鱼已经上了钩，又跑啦！"

我端起搪瓷碗，觉得这个碗有千斤重，怎么也送不到嘴边。两个小同志不知道为什么，也端着碗不往嘴边送。老班长看到这情况，收敛了笑容，眉头拧成了疙瘩。他说："怎么了，吃不下？要是不吃，咱们就走不出这草地。同志们，为了革命，你们必须吃下去。小梁，你不要太脆弱！"最后这句话是严厉的，意思只有我知道。

我把碗端到嘴边，泪珠大颗大颗地落在热气腾腾的鱼汤里。我悄悄背转身，擦擦眼睛，大口大口地咽着鱼汤。老班长看着我们吃完，脸上的皱纹舒展开了，嘴边露出了一丝笑意。可是我的心里好像塞了铅块似的，沉重极了。

挨了一天又一天，渐渐接近草地的边了，我们的病却越来越重。我还能勉强挺着走路，那两个小同志连直起腰来的力气也没有了。老班长虽然瘦得只剩皮骨头，眼睛深深地陷了下去，还一直用饱满的情绪鼓励着我们。我们就这样扶一段，搀一段，终于走到草地边上。远处，重重叠叠的山峰已经看得见了。

这天上午，老班长快活地说："同志们，咱们在这儿停一下，好好弄点儿吃的，鼓一鼓劲，一口气走出草地去。"说罢，他就拿起鱼钩找水塘去了。

我们的精神特别好，四处去找野菜，拾干草，好像过节似的。但是过了好久，还不见老班长回来。我们四面寻找，最后在一个水塘旁边找到了他，他已经昏迷不醒了。

我们都着慌了。过雪山的时候有过不少这样的例子，战士用惊人的毅力支持着自己的生命，但是一倒下去就再也起不来了。要挽救老班长，最好的办法是让他赶快吃些东西。我们立即分了工，我去钓鱼，剩下的一个人照料老班长，一个人生火。

我蹲在水边，心里不停地念叨："鱼啊！快些来吧！这是挽救一个革命战士的生命啊！"可是越性急，鱼越不上钩。等了好久，好容易看到漂在水面的芦秆动了一下，赶紧扯起钓竿，总算钓上来一条两三寸长的小鱼。

当我俯下身子，把鱼汤送到老班长嘴边的时候，老班长已经奄奄一息了。他微微地睁开眼睛，看见我端着的鱼汤，头一句话就说："小梁，别浪费东西了。我……我不行啦。你们吃吧！还有二十多里路，吃完了，一定要走出草地去！"

"老班长，你吃啊！我们抬也要把你抬出草地去！"我几乎要哭出来了。

"不，你们吃吧。你们一定要走出草地去！见着指导员，告诉他，我没完成党交给我的任务，没把你们照顾好。看，你们都瘦得……”

老班长用粗糙的手抚摸我的头。突然间，他的手垂了下去。

“老班长！老班长！”我们叫起来。但是老班长，他，他的眼睛慢慢地闭上了。

我们扑在老班长身上，抽噎着，很久很久。

擦干了眼泪，我把老班长留下的鱼钩小心地包起来，放在贴身的衣兜里。我想：等革命胜利以后，一定要把它送到革命烈士纪念馆去，让我们的子子孙孙都来瞻仰它。在这个长满了红锈的鱼钩上，闪烁着灿烂的金色的光芒！

第五章　态势语训练

第一节　态势语概说

态势语又叫体态语言，是指人在交际过程中，用来传递信息、表达感情、表示态度的非言语的特定身体态势。体态语言既可以补充、修饰言语行为；又可以部分地代替言语行为，发挥独立的表达功能；同时又能表达言语行为难以表达的感情和态度。

体态语言是人类语言的重要组成部分，是有声语言的重要补充手段，有时甚至在某些方面超越有声语言，表达出有声语言难以表述的细微、真实的情感和态度。人类的体态语言不是孤立的、偶发的，它往往伴随有声语言常态化地出现，形成了一整套系统性的体态语言表达模式。态势语的表达系统由下面几个部分组成：

一、静态的体态语言

静态体态语言指的是人的体态、外貌、衣着、配饰等静态形象传达出的个人身份及性格特征以及当下的心情或对人对事的态度等信息。

我们反对以貌取人，但不可否认的一个事实是世界上大多数人都存在着以貌取人的倾向，而且这种倾向是与生俱来的，很难改变，并且无时无刻不在影响我们的生活。

人们对他人的外貌特征与性格、品质、能力等的关系有着相对固化的联系。虽然这种联系在很多情况下是不成立的，比如：在大多数人的观念里，肥胖的体型往往与笨拙联系在一起，进而由肢体的笨拙联系到头脑蠢笨。事实上，有许多身体较胖的人动作并不笨拙，即所谓“灵活的胖子”，许多身体肥胖的人，头脑也非常灵活，但人们头脑里的那种胖与笨的固化联系始终是难以完全去除掉的。

作为个体，我们无法改变这种普遍存在且影响广泛的顽固认知联系，只能适应，也就是使我们的外在形象更加符合人们的审美习惯。

体型是最直观的外在静态肢体语言，保持挺拔、健美的体型不仅仅是为了美观，实际上也是在向外界传达信息。过胖的体型使人感觉压抑，向外界传递蠢笨、迟缓、不健康等负面信息。过瘦的体形又使人感觉飘忽不定、缺乏安全感。因此，保持良好的体型是非常重要的。而服饰、妆容、配饰是人的天然外貌的延伸，一个人的服饰、妆容、配饰可以直观地体现他的修养、学识、审美情趣。比如：作为教师，优雅的体态语不仅能体现为人师表的气质与风范，还是教育学生、影响学生的重要手段。因此，教师应该尽量保持优美的体型与挺拔向上的姿态。

教师着装应以整洁美观、稳重大方、协调高雅为总原则，服饰色彩、款式、大小应与教师的气质相协调。

二、动态的体态语言

动态的体态语言包括表情、眼神、肢体动作等。

（一）表情

面部表情在人类社会的交流沟通中扮演着十分重要的角色。表情是人内心的思想感情在脸部的外化，这种外化是通过面部肌肉的运动来实现的。 教师在工作中的表情可划分为常规性表情和变化性表情两种模式。常规性表情是在与学生私下交流或者课上讲述较少涉及情感的教学内容时应表现并保持的表情状态。常规性表情的基本要求是自然、和蔼、亲切，直观的表现就是保持微笑。变化性表情是指伴随教学或谈话内容而产生的不同的表情。

无论是常规性表情还是变化性表情，都应该是适度的，应该做到不呆板、不夸张，渐现渐收，转换自然。

（二）眼神

眼睛是心灵的窗户，眼神在所有肢体语言中是表意最丰富最明确的。根据表情达意的需要，恰当地运用眼神，可以更准确更充分地传递信息、表达情感。不同的眼神有不同的含义，可以表达不同的情感。中国有句古语：定睛则有，转睛则无。谈话中正视对方可以表现说话者对对方的尊重以及对自己谈话内容的充分自信，而谈话过程中目光游离，不敢正视对方，或者目光稍一接触即匆忙躲闪，则让人感觉谈话者内心不够坦诚，或对自己所说内容不够自信。

教师在实际组织教学的过程中经常用到的几种目光类型有：正视，表现庄重、诚恳或不容置疑；环视即充分与学生交流，照顾整体课堂；点视可以突出对某个角落或某个学生个体的关照，有时点视也具有强烈的暗示性，效果类似于点名；俯视主要用来表现对个体学生的关心，深度的俯视（弯下身体，接近学生）可以使学生产生信赖感和安全感，更有利于沟通感情、拉近与学生心灵的距离；教师在教育教学过程中偶尔还会用到虚视，虚视主要用来放松心情、平稳情绪，有时也有缓解疲劳的作用。

无论正视、环视还是点视、俯视，只要运用合理都可以让眼睛帮助我们更充分地表情达意，但眼神的运用有一个共同的前提，那就是作为教师应该有一双炯炯有神的眼睛。教师想要双眼时时保持神采，就要充分注意用眼健康，保护眼睛。

讲课时，教师要尽量扩大视角，把全体授课对象都置于自己的视野范围，不留死角。同时在全面关照的前提下，还应有重点地关照，重点关照对象随授课内容、学生状态以及学生接受程度应有所变化。交替使用正视、环视、点视、俯视等视角，使学生感觉到人人被老师关心，时时被老师关注。

（三）肢体动作

肢体动作主要指躯干和四肢的动作，主要是坐、立、行、走等动作，有时也包括颈部动作。

对教师肢体动作的要求不可比照服务行业。服务行业以顾客为上帝，所有礼仪都要求以顾客观感享受为出发点。而教师的职责是教书育人，不是为了给学生以观感享受。因此，教师的肢体动作本身不应该有任何统一的标准或规范。譬如一个教师，无论是来去如风还是姗姗而行都无可厚非，这是教师自己的性格特点决定的，没有对错优劣可言。只要动作和谐、自然、适度，合乎自身地位、角色即可。

在这里仅就几种不适合出现在课堂或其他教育教学场所的具有消极暗示作用的肢体动作做简单提示。

1. 抱胸

实际上，肢体语言是镶嵌在我们基因中的能力，是人类经过千百年进化沉淀在血脉中的本能。我们的肢体动作，尤其是无意识的肢体动作与我们祖先的生活和战斗经验是紧密相连的。远古时代，人类祖先为生存而不断战斗。抱胸实际上是一种自我防卫的动作，双臂弯曲叠于胸前，防止身体最为重要的脏器，如心脏、肝脏、肺部等受到直接打击。

因此，双手抱胸的动作给人一种拒绝沟通、不易接近的心理暗示。

2. 背手

背手与抱胸恰好相反，从身体形态上来看，把双手背到背后，完全暴露要害脏器于人前，给人一种肆无忌惮的感觉，有蔑视、傲慢的意味。

3. 叉腰

叉腰是一种具有威慑意味的动作，叉腰使人整体看起来更高大、更魁梧。实际上这是进攻的预备状态。正如猫科动物战斗之前要耸起背上的鬃毛以示强大，从而吓跑对手一样，这是一种非常不友好的表示。

三、空间语言

空间语言是人类利用空间来表达某种思想、传递某种信息的一种方式。一般来说，人际关系的亲疏决定双方空间距离的远近。反过来也成立，空间距离的远近体现出心理距离的亲疏。通俗地说，关系越是亲密，越能容忍对方靠近。

1963 年美国人类学家霍尔在《近体行为的符号体系》一文中提出了“近体学”的概念，认为人们在沟通时互动双方的空间由近及远可以分为四个区域：

亲密区域（0~45 厘米），又称为亲密空间。其语义为“亲切、热烈、亲密”，在这个距离内可以感受到对方的体温和气味，沟通更多依赖触觉。在通常情况下，只允许父母、夫妻、情侣或孩子进入这一范围。其中 0~15 厘米为近位亲密距离，常用于恋人和夫妻之间，表达亲密无间的感情色彩；16~45 厘米为远位亲密距离，是父母与子女、兄弟、姐妹间的交往距离。

个人区域（46~120 厘米），又称为身体区域，其语义为“亲切、友好”。这种距离是朋友之间沟通的适当距离，如鸡尾酒会、友谊聚会或派对中的距离。其中 46~75 厘米为近位个人区域，在这一区域人们可以保持正常视觉沟通，又可以相互握手，陌生人进入这个距离会构成对别人的侵犯；76~120 厘米为远位个人区域，熟人和陌生人都可以进入这一区域。

社交区域（120~360 厘米），其语义为“严肃、庄重”。这种距离的沟通不带有任何个人情感色彩，用于正式的社交场合，如同陌生人交往、官员会谈、贸易谈判等。在这个距离内沟通需要提高谈话的音量，需要更充分的目光接触。如政府官员向下属传达指示、单位领导接待来访者等，往往都处于这一距离范围内，适合社交活动和在办公环境中处理业务等。210~360 厘米为远位社交区域，适合于比较正式、庄重、严肃的社交活动，如谈判、会见客人、工作招聘时的面谈等。

公共区域（360 厘米以上），又称为大众界域，其语义为“自由、开放”。这是人们在较大的公共场所保持的距离，是一切人都可以自由出入的空间距离，常出现在大型报告会、演讲会、迎接旅客、小型活动等场合。

第二节　态势语训练

作为语言另一种形式的态势语言，在朗诵、讲故事、演讲和平时的交谈中都是不可缺少的因素，是口语交际活动的辅助手段，是通过体态、手势、表情、眼神等传递信息的一种辅助形式。朗诵、讲故事和演讲中的态势语又与平时谈话中的态势语存在着很大不同。平时谈话中的态势语具有很强的随意性，甚至有人还存在一些小毛病。而朗诵、讲故事、演讲中的态势语具有很强的艺术性，如果时间允许，应该是经过事先设计的，应用原则是“台下刻意训练，台上顺其自然”。

设计态势语时应注意以下几点：

（1）要注意运用态势语言的适当性，不要贪多，贪多则滥，给人以手舞足蹈不够庄重之感。也不能太单一，否则给人单调、重复甚至死板之感，要注意适当大胆，不要畏缩，要敢于运用，善于运用，这样在台上的表现才会大方自然。

（2）必须为内容服务，内容是灵魂，态势语是手段之一。

（3）不要把态势语局限于手势，要注意体态、表情，尤其注意眼睛。

（4）动作要自然，是表演但不能有表演痕迹，不能舞蹈化、体操化。

态势语犹如菜中食盐，少则无味，多则太咸。正合适时反倒让人忘记它的存在，而它就是在这种不知不觉中为内容服务的。

练习一：给下面的句子设计相应的手势。

（1）太阳升起来了，它光芒四射，普照人间。

太阳落下去了，暮色笼罩了大地。

（2）什么是爱国？爱国就是付出，爱国就是奉献。爱国就是时时刻刻把祖国放在心里。

一个人不爱他的父母不爱他的亲人，还谈什么爱祖国，爱人民？

（3）老李，真是个好样的！

老李，这样下去可不行啊！

（4）中国人民是无所畏惧的，就是天塌下来，我们也顶得起。

（5）这种损人利己的行为，我们是坚决反对的。

（6）她轻轻地躺倒在草地上，仰望着蓝蓝的天空。

（7）伸出我们的双手吧，拿出我们的智慧吧，献出我们青春的热血吧，我们是中华儿女，我们要做中华的脊梁！

练习二：朗读下列文段，给出恰当的表情。

（1）漓江的水真静啊，静得让你感觉不到它在流动；漓江的水真清啊，清得可以看见江底的沙石；漓江的水真绿啊，绿得仿佛那是一块无瑕的翡翠。船桨激起的微波扩散出一道道水纹，才让你感觉到船在前进，岸在后移。

（2）我攀登过峰峦雄伟的泰山，游览过红叶似火的香山，却从没看见过桂林这一带的山，桂林的山真奇啊，一座座拔地而起，各不相连，像老人，像巨象，像骆驼，奇峰罗列，形态万千；桂林的山真秀啊，像翠绿的屏障，像新生的竹笋，色彩明丽，倒映水中；桂林的山真险啊，危峰兀立，怪石嶙峋，好像一不小心就会栽倒下来。

第六章　朗 诵

第一节　朗诵概说

一、什么是朗诵

朗，声音清晰、响亮；诵，读书出声叫作诵。朗诵，就是用清晰、响亮的声音诵读诗文。同时，要结合多种语言手段充分表达作品的思想感情。朗诵是一种语言艺术，是对文学作品的再创作。借助朗诵可以加深对作品的理解，提高阅读水平，增强艺术鉴赏能力。

二、朗读和朗诵的区别

朗读作为一项从教的基本功越来越受到大家的重视。提起朗读，不少人不由得要联想到文学朗诵，甚至将二者混为一谈，因而产生畏难情绪。我们有必要从目的和要求上把它们分清楚。

学习语言、文字、文章时，教师的朗读除给学生示范外，还可以辅助讲解，用声音体现出语言文字的表达作用。教师范读不能离开课本；学生听教师范读也不能离开课本，必须用心注视课文，把教师的声音和课文的字、词、句、段落结合起来。学生的试读、学读当然更不能离开课本。教师、学生的朗读不需要眼神、手势，只要注意运用声音，把原作读好，用声音表示出原作的语言运用、修辞手法、文章结构，体现作者的意图，达到教学目的，这就行了。在声音表达中应该防止过分地夸张、过分地表演，不能出现“话剧腔”。语气、语调的夸张要有一些，但要适可而止，太明显了会给人不自然的感觉。

朗读和朗诵的目的、要求不同，但又可以说是“异曲同工”的，在表现的技术方面，两者存在着不少近似的地方。

第二节　文体朗诵——古典诗词

格律是包括五言和七言的律诗与绝句。其特点是每首诗句数相同，句中字数相同，讲究对仗、平仄、押韵。因为有这样的特点，所以朗诵时会有共同的规律可循。

一、正确划分音步

音步是指一句诗中运用停顿等方法划分出来的段落。音步使格律诗读起来更加抑扬顿挫。

一般情况下，我们习惯把五言诗每句划分为三个音步，即“二二一”或“二一二”。比如：

静夜思

床前｜明月｜光，疑是｜地上｜霜。

举头｜望｜明月，低头｜思｜故乡。

上面的音步划分方式主要是依据诗的语义，这样划分更便于我们理解诗的意义。但有些诗，单纯依据语义划分，会出现一个问题，即音步划分之后，适合理解但不适合朗诵。比如：

秋浦歌

白发｜三千｜丈，缘愁｜似｜个长。

不知｜明镜｜里，何处｜得｜秋霜。

如果按此音步朗读或朗诵的话，会使整首诗显得支离破碎，节奏混乱，缺乏整体感。因此，在朗读或朗诵中，我们常用另外一种音步处理方式：一顿两步，把每句诗划分为“二三”结构。

静夜思

床前｜明月光，疑是｜地上霜。

举头｜望明月，低头｜思故乡。

秋浦歌

白发 | 三千丈，缘愁 | 似个长。

不知 | 明镜里，何处 | 得秋霜。

这样，整首诗读起来自然流畅，节奏和谐，整体感强，效果会更好一些。七言诗的音步划分与五言诗类似。朗读或朗诵时，每句诗划分为三个音步，即“二二三”。如：

题西林壁

横看 | 成岭 | 侧成峰，远近 | 高低 | 各不同。

不识 | 庐山 | 真面目，只缘 | 身在 | 此山中。

望庐山瀑布

日照 | 香炉 | 生紫烟，遥看 | 瀑布 | 挂前川。

飞流 | 直下 | 三千尺，疑是 | 银河 | 落九天。

当然，格律诗的音步划分只是给我们提供了一种格式意义的停顿方法，我们对音步的态度应该灵活，尊重但不拘泥。比如，《望庐山瀑布》第三句：“飞流直下三千尺”，按音步规律应该读为“飞流 | 直下 | 三千尺”，但为了突出庐山瀑布直挂云端、飞流直下的雄浑气势，“飞流”与“直下”之间的音步完全可以忽略，而直接处理成“飞流直下 | 三千尺”，这样可以使形象更突出，气势更恢宏，效果也好于“二二三”格式的处理方法。

二、精准押住韵脚

押韵是诗歌尤其是古典诗歌的标志性特点。对于这种押韵的作品，朗诵时对韵脚的处理非常重要。对于诗歌的韵脚，我们一般情况下要予以强调，即处理成重音。处理成重音的方法主要是加重或延长。但是，韵脚重音如果与诗句的逻辑重音或感情重音同时出现并且不相重合，那么，韵脚应该让位于感情重音或逻辑重音。比如：

山行

远上寒山石径斜，白云生处有人家。

停车坐爱枫林晚，霜叶红于二月花。

《山行》诗各句没有出现明显的逻辑重音或感情重音，直接重读韵脚即可。而下面这首诗，则有所不同：

早发白帝城

朝辞白帝彩云间，千里江陵一日还。
两岸猿声啼不住，轻舟已过万重山。

《早发白帝城》韵脚：间、还、山。最后一句“轻舟已过万重山”的韵脚为山，但为了契合诗意，突出轻舟之速，重音应在“万”上，才更合作者心境。所以韵脚“山”就只能处理成次重音，高于其他字，但要低于“万”字。

第三节　文体朗诵——现代诗歌

本节的现代诗歌特指与格律诗相对的现代自由体诗。它不受平仄、押韵、字数限制，朗诵现代诗歌时，尤其要注意情感的抒发。

要朗诵好一首现代诗歌一般要有以下几个步骤或环节：

一、熟悉作品，确定情感基调

熟悉要朗诵的作品是一切朗诵的前提和基础。在朗诵之前，首先要了解与作品相关的一系列知识，包括作者的出身、经历、思想倾向，以及作者创作这篇作品时的生活状况、心理状态等，从而把握作品内涵，以确定朗诵基调。比如：

面朝大海，春暖花开

海子

从明天起，做一个幸福的人
喂马、劈柴，周游世界
从明天起，关心粮食和蔬菜
我有一所房子，面朝大海，春暖花开
从明天起，和每一个亲人通信
告诉他们我的幸福
那幸福的闪电告诉我的
我将告诉每一个人
给每一条河、每一座山取一个温暖的名字
陌生人，我也为你祝福

愿你有一个灿烂的前程
愿你有情人终成眷属
愿你在尘世获得幸福
我只愿面朝大海，春暖花开

这首诗，诗题中出现了“大海”“春”“花”等词汇，作品中也反复出现诸如“大海”“春”“花”“周游世界”“幸福”“有情人”等积极词汇。这很容易让我们对这首诗的理解产生偏差，认为这是一首欢快愉悦、积极向上的诗篇，从而以一种欢快愉悦甚至昂扬的语调去处理这一作品。但我们如果深入了解一下这首诗的作者以及创作背景，就会发现完全不是这样的。这首诗写于 1989 年 1 月 13 日，两个多月后，即 1989 年 3 月，诗人在山海关卧轨自杀。作者是“黑夜给了我黑色的眼睛，我却用它寻找光明”的一代人，亲身经历了从 20 世纪六七十年代扼杀物欲、只讲精神，到 80 年代末期的摒弃精神、物欲横流的社会转型过程。面对现实，作为理想主义者，作者困惑了，希望破灭了，觉得不能“诗意地栖居于世”了。同别人盲目沉醉于物质生活享受的幸福感比较起来，他更多地感到来自内心分裂矛盾的痛苦。这篇诗歌便是他人生痛苦体验的结晶。（苇岸：《怀念海子》）诗人一直生活在“诗”与“现实”的撕扯之中，作者选择卧轨自杀，实际上我们可以理解为作者最终在“诗”与“现实”的纠结中选择了“诗”，从而与现实决裂。这首诗中充满了作者做出最后选择之后的平静与安详，没有任何欢快愉悦的情绪。

二、划分层次，安排语速停连

现代诗有单节的也有多节的，无论单节诗歌还是多节诗歌，在朗诵时都需要划分层次，目的是使诗歌语义更加清晰、结构更加鲜明。同时更有利于朗诵时停连的处理。如：

再别康桥

徐志摩

轻轻的我走了，
正如我轻轻的来；
我轻轻的招手，
作别西天的云彩。
那河畔的金柳，
是夕阳中的新娘；

波光里的艳影，
在我的心头荡漾。
软泥上的青荇，
油油的在水底招摇；
在康河的柔波里，
我甘心做一条水草！
那榆荫下的一潭，
不是清泉，
是天上虹；
揉碎在浮藻间，
沉淀着彩虹似的梦。
寻梦？撑一支长篙，
向青草更青处漫溯；
满载一船星辉，
在星辉斑斓里放歌。
但我不能放歌，
悄悄是别离的笙箫；
夏虫也为我沉默，
沉默是今晚的康桥！
悄悄的我走了，
正如我悄悄的来；
我挥一挥衣袖，
不带走一片云彩。

这首诗共有七小节，朗诵时可以划分为三个部分：第一节和最后一节句式相同，语言相似，各单独成为一部分；第二至第六节为一部分。第二至第六节还可以根据诗意再次划分为三个小段落。朗诵时同一层次内部语气、语调、音色等略同。层与层之间则应有较明显区别，以示语义转换。

另外，一般情况下，层与层之间停顿较长，而层内部语句之间停顿较短。

三、运用技巧处理细节

在熟读的基础上，参照前文讲述的朗读技巧，将整篇文章断章分解，条分缕析，分析字义句意，处理语气语调，并最终合成完整连贯的有声作品（参见第四章“朗读技巧”）。

第四节 文体朗诵——现代散文

散文大体上有三类可读：抒情散文、叙事散文和状物写景散文。散文语言优美凝练、结构紧凑、意境深远，大多数具有较强的抒情特征。一般情况下，抒情散文是比较适合朗读或朗诵的。而叙事或状物写景的散文在朗读或朗诵过程中则要深入斟酌，读出事、景背后蕴含的“情”。读散文读出的是“情”。

散文朗读技巧包括以下几个方面。

一、理解文意，确定基调

拿到一篇散文，首先要通读全文，确定主题。主题是一篇散文的灵魂，我们经常说散文“形散神聚”，所谓形散，指的是散文题材广泛、结构灵活，选材不拘一格，古今中外、社会自然、人、事、景、物等皆可为散文所用。所谓神聚，指的是无论散文所写材料如何宽泛、材料与材料之间跨度如何直达，其所服务的主题是相同的、唯一的。这个主题就是“神”。确定主题，充分理解作者在这篇文章里倾注的感情、表达的思想，是正确朗读散文的前提和基础。在此基础上确定朗读的感情基调，处理具体段落语句，进而充分、完美地表达作者所要表达的情感和思想。

二、设想情景，酝酿感情

抒情性是散文的重要特征。散文，无论是写景、叙事还是状物，最终的目的都是抒情。朗诵散文，最重要的是揣摩作者所要抒发的情感，通过有声语言把作者的情感完整准确地表达出来。准确表达的前提是充分理解作者，理解作者写作时的心境、感受。设想情景是理解作者心境的非常有效的手段。可以把自己心绪融入作者写作时的情境中去，见作者所见、闻作者所闻、想作者所想，进而感作者所感，酝酿与作者相近的情感。例：

匆匆

燕子去了，有再来的时候；杨柳枯了，有再青的时候；桃花谢了，有再开的时候。但是，聪明的，你告诉我，我们的日子为什么一去不复返呢？——

是有人偷了他们罢：那是谁？又藏在何处呢？是他们自己逃走了罢：现在又到了哪里呢？

朗诵时，我们就可以想象这样一种情景：一个中年人（作者写作这篇文章时并未步入中年，但整篇文章透露出作者心理年龄恰如中年人）站在一个略显萧瑟的院落里，院墙倾颓，窗棂破败。适逢深秋季节，院外杨柳枝枯，院内形单影只，地上青苔点点，空中孤雁南飞。中年人环视四周，开始低声自语：唉，燕子去了，有再来的时候；杨柳枯了，有再青的时候；桃花谢了，有再开的时候。但是，你聪明的，告诉我，我们的日子为什么一去不复返呢？

这种设想情景的方法可以迅速地沟通朗诵者与写作者的情感，让朗诵者很快融入情景、酝酿感情。

三、运用技巧处理细节

在熟读的基础上，参照前文讲述的朗读技巧，将整篇文章断章分解，条分缕析，分析字义句意，处理语气语调，并最终合成完整连贯的有声作品（参见第四章“朗读技巧”）。

训练内容：

雪花的快乐

徐志摩

背景介绍：这首诗写于 1924 年 12 月 30 日，发表于 1925 年 1 月 17 日《现代评论》第一卷第 6 期。

诗中作者把爱情作了升华，既有对爱情本身的追求，又有对现实社会的些许无奈，包含着反封建伦理道德、要求个体解放的积极因素。全诗热烈清新、真挚自然，真切地表达了诗人对一切美好事物的执着追求。

朗诵提示：欢快轻松的基调中又饱含坚定执着的信念，平静潇洒又热情洋溢。

标注释意：△停顿，顿而不断，声断气连；↗语调上升；↘语调下降。

假如△我是一朵雪花，
翩翩的△在半空里潇洒，　　（语调平缓，轻松自由，略带笑意）
我一定△认清我的方向——（口气坚定）
飞扬，飞扬，↗飞扬——↗（语调渐次上扬）
这地面上△有我的方向。　（口气坚定）
不去那△冷寞的幽谷，　　（“不去那”连续出现，处理方式要有差异）

不去△那凄清的山麓，
也不上荒街去惆怅，
飞扬，飞扬，↗飞扬——↗（此三个飞扬可以处理成中间高两端低的形式，以呼应下句）
你看，我有我的方向！
在半空里娟娟地飞舞，
认明了那清幽的住处，
等着她来花园里探望—— （急切期盼的语气）
飞扬，飞扬，飞扬—— （语调渐次上扬，但相对上个“飞扬”句，整体语调要略低）
啊，她身上有朱砂梅的清香！↗（“啊”处理成虚声，整体语调上扬）
那时我凭借我的身轻，
盈盈地，沾住了她的衣襟，
贴近她柔波似的心胸—— （“柔波”语气温柔，沉醉其中）
消溶，消溶，↘消溶——↘ （语气下沉，三个“消溶”渐次下沉）
溶入了她柔波似的心胸！

桂林山水

朗诵提示：《桂林山水》是一篇优美的写景散文，作者写水的静、清、绿，写山的奇、秀、险，写空中云雾迷蒙，写山间绿树红花，写江上竹筏小舟，为我们描摹了一幅美丽的山水画卷。朗诵《桂林山水》时要身临其境，眼中有文，心中有景，语中带情，语气宜轻快，使人仿佛置身山水之间。

标注释意：△停顿，顿而不断，声断气连；↗语调上升；↘语调下降

人们都说：“桂林山水甲天下。”我们△乘着木船，荡漾在漓江上，来观赏△桂林的山水。

我看见过△波澜壮阔的大海，玩赏过△水平如镜的西湖，却从没看见过△漓江这样的水。▲漓江的水真静啊，↘静得让你感觉不到它在流动；漓江的水真清啊，↘清得可以看见江底的沙石；漓江的水真绿啊，↘绿得仿佛那是一块无瑕的翡翠。▲船桨激起的微波△扩散出一道道水纹，才让你感觉到船△在前进，岸△在后移。

我攀登过△峰峦雄伟的泰山，游览过红叶似火的香山，却从没看见过桂林这一带的山。▲桂林的山真奇啊，↘一座座拔地而起，各不相连，像老人，像巨象，像骆驼，奇峰罗列，形态万千；桂林的山真秀啊，↘像翠绿的屏障，

像新生的竹笋，色彩明丽，倒映水中；桂林的山真险啊，危峰兀立，怪石嶙峋，好像一不小心就会栽倒下来。

这样的山围绕着这样的水，这样的水倒映着这样的山，再加上空中云雾迷蒙，山间绿树红花，江上竹筏小舟，让你感到像是走进了连绵不断的画卷，真是△“舟行碧波上，人在画中游”。

训练材料一　古典诗词

春夜喜雨

杜甫

好雨知时节，当春乃发生。
随风潜入夜，润物细无声。
野径云俱黑，江船火独明。
晓看红湿处，花重锦官城。

登高

杜甫

风急天高猿啸哀，渚清沙白鸟飞回。
无边落木萧萧下，不尽长江滚滚来。
万里悲秋常作客，百年多病独登台。
艰难苦恨繁霜鬓，潦倒新停浊酒杯。

闻官军收河南河北

杜甫

剑外忽传收蓟北，初闻涕泪满衣裳。
却看妻子愁何在，漫卷诗书喜欲狂。
白日放歌须纵酒，青春作伴好还乡。
即从巴峡穿巫峡，便下襄阳向洛阳。

兵车行

杜甫

车辚辚，马萧萧，行人弓箭各在腰。爷娘妻子走相送，尘埃不见咸阳桥。牵衣顿足拦道哭，哭声直上干云霄。道旁过者问行人，行人但云点行频。或从十五北防河，便至四十西营田。去时里正与裹头，归来头白还戍边。边庭流血成海水，武皇开边意未已。君不闻汉家山东二百州，千村万落生荆杞。纵有健妇把锄犁，禾生陇亩无东西。况复秦兵耐苦战，被驱不异犬与鸡。长者虽有问，役夫敢申恨？且如今年冬，未休关西卒。县官急索租，租税从何出？信知生男恶，反是生女好。生女犹得嫁比邻，生男埋没随百草。君不见，青海头，古来白骨无人收。新鬼烦冤旧鬼哭，天阴雨湿声啾啾！

蜀道难

李白

噫吁嚱，危乎高哉！蜀道之难，难于上青天！蚕丛及鱼凫，开国何茫然！尔来四万八千岁，不与秦塞通人烟。西当太白有鸟道，可以横绝峨眉巅。地崩山摧壮士死，然后天梯石栈相钩连。上有六龙回日之高标，下有冲波逆折之回川。黄鹤之飞尚不得过，猿猱欲度愁攀援。青泥何盘盘，百步九折萦岩峦。扪参历井仰胁息，以手抚膺坐长叹。问君西游何时还？畏途巉岩不可攀。但见悲鸟号古木，雄飞雌从绕林间。又闻子规啼夜月，愁空山。蜀道之难，难于上青天，使人听此凋朱颜！连峰去天不盈尺，枯松倒挂倚绝壁。飞湍瀑流争喧豗，砯崖转石万壑雷。其险也如此，嗟尔远道之人胡为乎来哉！剑阁峥嵘而崔嵬，一夫当关，万夫莫开。所守或匪亲，化为狼与豺。朝避猛虎，夕避长蛇；磨牙吮血，杀人如麻。锦城虽云乐，不如早还家。蜀道之难，难于上青天，侧身西望长咨嗟！

将进酒

李白

君不见黄河之水天上来，奔流到海不复回。君不见高堂明镜悲白发，朝如青丝暮成雪。人生得意须尽欢，莫使金樽空对月。天生我材必有用，千金散尽还复来。烹羊宰牛且为乐，会须一饮三百杯。岑夫子，丹丘生，将进酒，杯莫停。与君歌一曲，请君为我侧耳听，钟鼓馔玉不足贵，但愿长醉不复醒。古来圣贤皆寂寞，惟有饮者留其名。陈王昔时宴平乐，斗酒十千恣欢谑。主人何为言少钱，径须沽取对君酌。五花马，千金裘，呼儿将出换美酒，与尔同销万古愁。

雨霖铃·寒蝉凄切

柳永

寒蝉凄切，对长亭晚，骤雨初歇。都门帐饮无绪，留恋处，兰舟催发。执手相看泪眼，竟无语凝噎。念去去，千里烟波，暮霭沉沉楚天阔。

多情自古伤离别，更那堪，冷落清秋节！今宵酒醒何处？杨柳岸，晓风残月。此去经年，应是良辰好景虚设。便纵有千种风情，更与何人说？

水调歌头·明月几时有

苏轼

丙辰中秋，欢饮达旦，大醉，作此篇，兼怀子由。

明月几时有？把酒问青天。不知天上宫阙，今夕是何年。我欲乘风归去，又恐琼楼玉宇，高处不胜寒。起舞弄清影，何似在人间？

转朱阁，低绮户，照无眠。不应有恨，何事长向别时圆？人有悲欢离合，月有阴晴圆缺，此事古难全。但愿人长久，千里共婵娟。

定风波·莫听穿林打叶声

苏轼

三月七日，沙湖道中遇雨。雨具先去，同行皆狼狈，余独不觉，已而遂晴，故作此词。

莫听穿林打叶声，何妨吟啸且徐行。竹杖芒鞋轻胜马，谁怕？一蓑烟雨任平生。

料峭春风吹酒醒，微冷，山头斜照却相迎。回首向来萧瑟处，归去，也无风雨也无晴。

念奴娇·赤壁怀古

苏轼

大江东去，浪淘尽，千古风流人物。故垒西边，人道是，三国周郎赤壁。乱石穿空，惊涛拍岸，卷起千堆雪。江山如画，一时多少豪杰。

遥想公瑾当年，小乔初嫁了，雄姿英发。羽扇纶巾，谈笑间，樯橹灰飞烟灭。故国神游，多情应笑我，早生华发。人生如梦，一尊还酹江月。

江城子·密州出猎

苏轼

老夫聊发少年狂，左牵黄，右擎苍，锦帽貂裘，千骑卷平冈。为报倾城随太守，亲射虎，看孙郎。

酒酣胸胆尚开张，鬓微霜，又何妨？持节云中，何日遣冯唐？会挽雕弓如满月，西北望，射天狼。

江城子·乙卯正月二十日夜记梦

苏轼

十年生死两茫茫，不思量，自难忘。千里孤坟，无处话凄凉。纵使相逢应不识，尘满面，鬓如霜。

夜来幽梦忽还乡，小轩窗，正梳妆。相顾无言，惟有泪千行。料得年年肠断处，明月夜，短松冈。

满江红

岳飞

怒发冲冠，凭栏处潇潇雨歇。抬望眼，仰天长啸，壮怀激烈。三十功名尘与土，八千里路云和月。莫等闲，白了少年头，空悲切。

靖康耻，犹未雪；臣子恨，何时灭！驾长车，踏破贺兰山缺。壮志饥餐胡虏肉，笑谈渴饮匈奴血。待从头，收拾旧山河，朝天阙。

训练材料二 现代诗歌

雨巷

戴望舒

撑着油纸伞，独自
彷徨在悠长、悠长
又寂寥的雨巷
我希望逢着
一个丁香一样地
结着愁怨的姑娘
她是有
丁香一样的颜色
丁香一样的芬芳
丁香一样的忧愁
在雨中哀怨
哀怨又彷徨
她彷徨在这寂寥的雨巷
撑着油纸伞

像我一样
像我一样地
默默彳亍着
冷漠、凄清，又惆怅
她默默地走近
走近，又投出
太息一般的眼光
她飘过
像梦一般地
像梦一般地凄婉迷茫
像梦中飘过
一枝丁香地
我身旁飘过这女郎
她静默地远了、远了
到了颓圮的篱墙
走尽这雨巷
在雨的哀曲里
消了她的颜色
散了她的芬芳
消散了，甚至她的
太息般的眼光
丁香般的惆怅
撑着油纸伞，独自
彷徨在悠长、悠长
又寂寥的雨巷
我希望飘过
一个丁香一样地
结着愁怨的姑娘

我爱这土地

艾青

假如我是一只鸟，
我也应该用嘶哑的喉咙歌唱：

这被暴风雨所打击着的土地，
这永远汹涌着我们的悲愤的河流，
这无止息地吹刮着的激怒的风，
和那来自林间的无比温柔的黎明……
——然后我死了，
连羽毛也腐烂在土地里面。
为什么我的眼里常含泪水？
因为我对这土地爱得深沉……

相信未来

食指

当蜘蛛网无情地查封了我的炉台，
当灰烬的余烟叹息着贫困的悲哀。
我依然固执地铺平失望的灰烬，
用美丽的雪花写下：相信未来。
当我的紫葡萄化为深秋的露水，
当我的鲜花依偎在别人的情怀。
我依然固执地用凝霜的枯藤，
在凄凉的大地上写下：相信未来！
我要用手指那涌向天边的排浪，
我要用手掌那托住太阳的大海。
摇曳着曙光那枝温暖漂亮的笔杆，
用孩子的笔体写下：相信未来！
我之所以坚定地相信未来，
是我相信未来人们的眼睛。
她有拨开历史风尘的睫毛，
她有看透岁月篇章的瞳孔。
不管人们对于我们腐烂的皮肉，
那些迷途的惆怅、失败的苦痛，
是寄予感动的热泪、深切的同情，
还是给以轻蔑的微笑、辛辣的嘲讽。
我坚信人们对于我们的脊骨，
那无数次的探索、迷途、失败和成功，

一定会给予热情、客观、公正的评定。
是的，我焦急地等待着他们的评定。
朋友，坚定地相信未来吧，
相信不屈不挠的努力，
相信战胜死亡的年轻，
相信未来，热爱生命。

乡愁

余光中

小时候，
乡愁是一枚小小的邮票。
我在这头，
母亲在那头。
长大后，
乡愁是一张窄窄的船票。
我在这头，
新娘在那头。
后来啊，
乡愁是一方矮矮的坟墓。
我在外头，
母亲在里头。
而现在，
乡愁是一湾浅浅的海峡。
我在这头，
大陆在那头。

春天，遂想起

余光中

春天，遂想起江南，
唐诗里的江南，九岁时
采桑叶于其中，捉蜻蜓于其中
（可以从基隆港回去的）
江南

小杜的江南
苏小小的江南

春天，遂想起江南，
遂想起多莲的湖，多菱的湖
多螃蟹的湖，多湖的江南
吴王和越王的小战场
（那场战争是够美的）
逃了西施
失踪了范蠡
失踪在酒旗招展的
（从松山飞三个小时就到的）
乾隆皇帝的江南
春天，遂想起遍地垂柳的江南，
想起太湖滨—渔港，想起
那么多的表妹，走在柳堤
（我只能娶其中的一朵！）
走过柳堤，那许多的表妹
就那么任伊老了
任伊老了，在江南
（喷射云三小时的江南）
即使见面，她们也不会陪我
陪我去采莲，陪我去采菱
即使见面，见面在江南
在杏花春雨的江南
在江南的杏花村
（借问酒家何处）
何处有我的母亲

复活节，不复活的是我的母亲
一个江南小女孩变成的母亲
清明节，母亲在喊我，在圆通寺喊我，
在海峡这边喊我，

在海峡那边喊，
在江南，在江南，
多寺的江南，多亭的江南，
多风筝的江南啊，
钟声里的江南
（站在基隆港，想——想回也回不去的）
多燕子的江南

我是一个任性的孩子

顾城

也许
我是一个被妈妈宠坏的孩子
我任性
我希望
每一个时刻
都像彩色蜡笔那样美丽
我希望
能在心爱的白纸上画画
画出笨拙的自由
画下一只永远不会
流泪的眼睛
一片天空
一片属于天空的羽毛和树叶
一个淡绿的夜晚和苹果

我想画下早晨
画下露水
所能看见的微笑
画下所有最年轻的
没有痛苦的爱情
画下想象中
我的爱人
她没有见过阴云

她的眼睛是晴空的颜色
她永远看着我
永远，看着
绝不会忽然掉过头去

我想画下遥远的风景
画下清晰的地平线和水波
画下许许多多快乐的小河
画下丘陵——
长满淡淡的茸毛
我让它们挨得很近
让它们相爱
让每一个默许
每一阵静静的春天的激动
都成为一朵小花的生日
我还想画下未来
我没见过她，也不可能
但知道她很美
我画下她秋天的风衣
画下那些燃烧的烛火和枫叶
画下许多因为爱她
而熄灭的心
画下婚礼
画下一个个早早醒来的节日——
上面贴着玻璃糖纸
和北方童话的插图

我是一个任性的孩子
我想涂去一切不幸
我想在大地上
画满窗子
让所有习惯黑暗的眼睛
都习惯光明

我想画下风
画下一架比一架更高大的山岭
画下东方民族的渴望
画下大海——
无边无际愉快的声音

最后，在纸角上
我还想画下自己
画下一只树熊
他坐在维多利亚深色的丛林里
坐在安安静静的树枝上
发愣
他没有家
没有一颗留在远处的心
他只有，许许多多
浆果一样的梦
和很大很大的眼睛
我在希望
在想
但不知为什么
我没有领到蜡笔
没有得到一个彩色的时刻
我只有我
我的手指和创痛
只有撕碎那一张张
心爱的白纸
让它们去寻找蝴蝶
让它们从今天消失

我是一个孩子
一个幻想被妈妈宠坏的孩子
我任性

致橡树

舒婷

我如果爱你——
绝不像攀援的凌霄花，
借你的高枝炫耀自己；
我如果爱你——
绝不学痴情的鸟儿，
为绿荫重复单调的歌曲；
也不止像泉源，
常年送来清凉的慰藉；
也不止像险峰，
增加你的高度，衬托你的威仪。
甚至日光，
甚至春雨。
不，这些都还不够！
我必须是你近旁的一株木棉，
作为树的形象和你站在一起。
根，紧握在地下；
叶，相触在云里。
每一阵风过，
我们都互相致意，
但没有人，
听懂我们的言语。
你有你的铜枝铁干，
像刀，像剑，也像戟；
我有我红硕的花朵，
像沉重的叹息，
又像英勇的火炬。
我们分担寒潮、风雷、霹雳；
我们共享雾霭、流岚、虹霓。
仿佛永远分离，
却又终身相依。

这才是伟大的爱情，
坚贞就在这里：
爱——
不仅爱你伟岸的身躯，
也爱你坚持的位置，足下的土地。

我愿意是急流

裴多菲

我愿意是急流，是山里的小河，
在崎岖的路上、
岩石上经过……
只要我的爱人
是一条小鱼，
在我的浪花中
快乐地游来游去。

我愿意是荒林，在河流的两岸，
对一阵阵的狂风，
勇敢地作战……
只要我的爱人
是一只小鸟，
在我的稠密的
树枝间做窠，鸣叫。

我愿意是废墟，在峻峭的山岩上，
这静默的毁灭
并不使我懊丧……
只要我的爱人
是青青的常春藤，
沿着我的荒凉的额，
亲密地攀援上升。

我愿意是草屋，在深深的山谷底，

草屋的顶上
饱受风雨的打击……
只要我的爱人
是可爱的火焰，
在我的炉子里，
愉快地缓缓闪现。

我愿意是云朵，是灰色的破旗，
在广漠的空中，
懒懒地飘来荡去，
只要我的爱人
是珊瑚似的夕阳，
傍着我苍白的脸，
显出鲜艳的辉煌。

一棵开花的树

席慕容

如何让你遇见我，
在我最美丽的时刻。
为这，
我已在佛前求了五百年。
求他让我们结一段尘缘。
佛于是把我化作一棵树，
长在你必经的路旁。
阳光下慎重地开满了花，
朵朵都是我前世的盼望。
当你走近请你细听：
那颤抖的叶是我等待的热情！
而你终于无视地走过，
在你身后落了一地的，
朋友啊！那不是花瓣，
是我凋零的心。

山的那边

王家新

小时候，我常伏在窗口痴想——
山那边是什么呢?
妈妈给我说过：海
哦，山那边是海吗?
于是，怀着一种隐秘的想望
有一天我终于爬上了那个山顶
可是，我却几乎是哭着回来了——
在山的那边，依然是山
山那边的山啊，铁青着脸
给我的幻想打了一个零分!
妈妈，那个海呢?
在山的那边，是海!
是用信念凝成的海
今天啊，我竟没想到
一颗从小飘来的种子
却在我的心中扎下了深根
是的，我曾一次又一次地失望过
当我爬上那一座座诱惑着我的山顶
但我又一次次鼓起信心向前走去
因为我听到海依然在远方为我喧腾——
那雪白的海潮啊，夜夜奔来
一次次浸湿了我枯干的心灵……
在山的那边，是海吗?
是的!
人们啊，请相信——
在不停地翻过无数座山后
在一次次地战胜失望之后
你终会攀上这样一座山顶
而在这座山的那边，就是海呀
是一个全新的世界
在一瞬间照亮你的眼睛……

饮九月初九的酒

潘洗尘

千里之外
九月初九的炊烟
是一缕绵绵的乡愁
挥也挥不去
载也载不动
我看见儿时的土炕
和半个世纪的谣曲
还挂在母亲干瘪的嘴角
摇也摇不动的摇篮，
摇我睡去
摇我醒来
我一千次一万次地凝视
母亲
你的眉头深锁是生我时的喜
你的眉头深锁是生我时的忧

千里之外九月初九的炊烟
是一群不归的候鸟
栖在满地枯叶的枝头
我看见遍野的金黄
和半个世纪的老茧
都凝在父亲的手上
三十年了总是在长子的生日
饮一杯朴素的期待
九月初九的酒，
入九月初九老父的愁肠
愁
愁老父破碎的月光满怀
愁
愁老母零乱的白发满头

饮九月初九的酒
饮一缕绵绵的乡愁
饮一轮明明灭灭的新月

圆也中秋
缺也中秋

一月的哀思

李瑛

敬爱的周总理，
我不能到医院去瞻仰你，
只好攥一张冰冷的报纸，
静静地
伫立在长安街的暮色里。
任一月的风，
撩起我的头发；
任傍晚的天光，
照着冰冷的泪滴。
等待着，等待着，
载着你的遗体的灵车，
碾过我们的心；
等待着，等待着，
把一个前线战士的崇敬，
献给你。
呵，汽车，扎起白花，
人们，黑纱缠臂。
广场——如此肃穆，
长街——如此沉寂。
残阳如血呵，
映着天安门前——
低垂的冬云，
半落的红旗……

车队像一条河，
缓缓地流在深冬的风里……

为什么有人，
不许我们缅怀你伟大的一生？
为什么有人，
不许我们赞颂你不朽的业绩？
但此刻，
长街静穆，万民伫立，
一颗心——一片翻腾的大海，
一双眼——一道冲决的大堤。
多少人喊着你，
扑向灵车；
多少人跑向你，
献上花束；
多少人想牵动你的衣襟，
把你唤醒；
多少人想和你攀谈
知心的话题……

车队像一条河，
缓缓地流在深冬的风里……

历史呵，请记着——
一九七六年一月十一日，
在中国，在北京，
一辆车，
碾过一个峥嵘的世纪。
车上——躺着一个
中国共产党的优秀党员，
车上——躺着一个
伟大的无产阶级革命家；

车上——躺着一个
真正的生命，
车上——躺着一个
人民骄傲的儿子。
——一个为八亿人，
耗尽了最后一丝精力的
伟大的英雄；
——一个为三十亿人，
倾尽了最后一滴心血的
伟大的战士！

车队像一条河，
缓缓地流在深冬的风里……

呵，祖国——
茫茫暮霭中，
沉沉烟云里：
多少个家庭的
多少面窗子，
此刻，都一齐打开，
只为要献给你这由衷的敬意。
农民们，伫立在田野上，
瞩望你；
工人们，肃立在机器旁，
呼唤你；
千万名战士持枪站在哨位上，
悼念你。
这就是我们庄严隆重的丧仪呵：
主会场——
九百六十万平方公里的祖国，
分会场——
五大洲南北东西；
云水间，满眼翻飞的挽幛，

风雷中，满耳坚定的誓语。
江水沉凝，青山肃立，
万木俯首，星月不移……
你就这样
从你熟悉的长安街从容走过
像生前，从不愿惊动我们，
轻轻地从我们身边走去…

车队像一条河，
缓缓地流在深冬的风里……

总理，敬爱的周总理，
泪眼，看不清你的遗容，
却只见你胸前
没有绶带，没有勋章，
只有一枚
你戴了多年的像章，
像你一颗火热的心，
跳动，跳动，
永不停息。
——那是毛泽东同志的
光辉形象，
——那是“为人民服务”
五个金灿灿的大字，
辉映着你心头那
闪光的镰刀和铁锤；
辉映着你身上那
穿过无数次疾风暴雨的红旗；
辉映着你头上那
一轮光芒四射的太阳，
照彻五洲，
照彻天宇……

祖国啊，我亲爱的祖国

舒婷

我是你河边上破旧的老水车，
千百年来纺着疲惫的歌；
我是你额上熏黑的矿灯，
照你在历史的隧洞里蜗行摸索；
我是干瘪的稻穗，是失修的路基；
是淤滩上的驳船
把纤绳深深
勒进你的肩膊；
——祖国啊！

我是贫困，
我是悲哀。
我是你祖祖辈辈痛苦的希望啊，
是“飞天”袖间
千百年未落到地面的花朵；
——祖国啊！

我是你簇新的理想，
刚从神话的蛛网里挣脱；
我是你雪被下古莲的胚芽；
我是你挂着眼泪的笑涡；
我是新刷出的雪白的起跑线；
是绯红的黎明正在喷薄；
——祖国啊！

我是你十亿分之一，
是你九百六十万平方的总和
你以伤痕累累的乳房
喂养了
迷惘的我、深思的我、沸腾的我；
那就从我的血肉之躯上

去取得
你的富饶、你的荣光、你的自由；
——祖国啊，
我亲爱的祖国！

我的南方和北方

赵凌云

（大兴安岭雪花还在飞舞，长江两岸柳枝已经发芽，海南岛上到处盛开着鲜花，我们的祖国多么广大！）

自从认识了那条奔腾不息的大江，我就认识了我的南方和北方；

自从认识了那条奔腾不息的大江，我就认识了我的北方和南方。

我的南方和北方相距很近，近得可以隔岸相望；

我的北方和南方相距很远，远得无法用脚步丈量。

大雁南飞，用翅膀缩短着我的南方与北方；

燕子归来，衔着春泥表达着我的北方与南方。

我的南方，也是柳永和李煜的南方。一江春水滔滔东流，流去的是落花般美丽的往事和芬芳。梦醒时分，定格在杨柳岸晓风残月中的那种忧伤，也注定只能定格在南方才子佳人忧怨的面庞……

我的北方，也是李白和高适的北方。烽烟滚滚，战马挥缰。在胡天八月的飞雪中，骑马饮酒的北方将士，正开进着刀光剑影的战场，所有的胜利与失败，最后都化作了边关冷月下的一排排胡杨……

我曾经走过黄山、衡山、峨眉、雁荡，寻找着我的南方，我的南方却在乌篷船、青石桥、油纸伞的深处隐藏。在秦淮河的灯影下，我凝视着我的南方；在寒山寺的钟声里，我倾听着我的南方；在富春江的柔波里，我拥抱着我的南方。我的南方啊！杏花春雨，小桥流水，莺飞草长。

我曾经走过天山、昆仑、长白、太行，寻找我的北方。我的北方却在黄土窑、窗花纸、蒙古包的深处隐藏。在风沙走石的戈壁滩，我与我的北方并肩歌唱；在塞外飞雪的兴安岭，我与我的北方沉思凝望；在苍茫一片的山海关，我与我的北方相视坚强。我的北方啊！大漠孤烟，长河落日，唢呐嘹亮。

都说我的南方富饶，可那万亩稻田、千里水乡，是父辈们用汗水和泪珠浇灌，是改革者用勇气和智慧酝酿。不论是大名鼎鼎的鱼米之乡，还是深圳、温州、小港，闪亮的名字，其实是斧凿刀刻一般，拓印在爸爸妈妈的皱纹上！

都说我的北方贫穷，可是我分明听到了，听到了振兴老东北，开发大西北的战鼓隆隆作响；听到了那停产多年的老机床又开始欢快地歌唱；听到了劳动号子、安塞腰鼓响彻九曲黄河旁；听到了爸爸用粗糙的大手拂去汗珠后的步履铿锵……我知道，你醒了，我的北方！

从古到今，那条奔腾不息的大江就像一根琴弦，弹奏着几多兴亡，几多沧桑；从古到今，那条奔腾不息的大江就像一根琴弦，弹奏着几多兴亡，几多沧桑。

在东南风的琴音里，我的南方雨打芭蕉，荷香轻飘，婉约而又悠扬！

在西北风的琴音中，我的北方雪飘荒原，腰鼓震天，凝重而又张狂！

我的南方和北方，

我的北方和南方，

我的永远的故乡和天堂！

人民万岁

王怀让

你从韶山水田的黄色的阡陌上走来
你从安源煤矿的黑色的巷道里走来
你从湘乡的那棵垂挂过许多苦难的老槲树下走来
你从长沙的那口映照着许多血泪的清水塘畔走来
你走来，径直走上天安门城楼
向着创造历史的人民
用深沉的湖南口音高呼“人民万岁”

你从能够望到民族志气的上海望志路走来
你从可以看穿世纪烟雨的南湖烟雨楼走来
你从八百里井冈的很有特色的中国的秋收里走来
你从二万里长征的很有气魄的中国的长跑中走来
你走来，大步走上天安门城楼
向着改造历史的人民
用洪亮的湖南口音高呼“人民万岁”

你从万里雪飘的北国风光走来
你从顿失滔滔的大河上下走来
你从《史记》里的秦皇汉武的赫赫武功中走来

你从《资治通鉴》中的唐宗宋祖的熠熠文采里走来
你走来，很现实地走上天安门城楼
向着扭转乾坤的人民
用可以穿透乾坤的湖南口音高呼“人民万岁”
你从照耀人民智慧的《西江月》辉里很抒情地走来
你从奔腾人民力量的《满江红》浪里很激情地走来
你从《送瘟神》的浮想联翩的兴奋的韵脚中走来
你从《到韶山》的夜不成寐的振奋的平仄里走来
你走来，很浪漫地走上天安门城楼
向着叱咤风云的人民
用可以驾驭风云的湖南口音高呼“人民万岁”

你走上天安门城楼是为了高呼人民万岁
人民才用自己的身躯把天安门托得如此峨峨巍巍
你走上天安门城楼是为了高呼人民万岁
人民才用自己的血汗把天安门染得这样如描如绘

你走上天安门城楼是为了高呼人民万岁
主宰世界的人民才让你在世界上万古永垂
这就是你教给我们的哲学
呼“人民万岁”的人
呼“人民万岁”的人
他死了
他的思想却可以万岁、万万岁——人民万岁

我骄傲，我是中国人

王怀让

在无数蓝色的眼睛和棕色的眼睛之中，
我有一双宝石般的黑色的眼睛，
我骄傲，我是中国人！
在无数白色的皮肤和黑色的皮肤之中，
我有着大地般的黄色的皮肤，
我骄傲，我是中国人！

我是中国人——
黄土高原是我挺起的胸脯，
黄河流水是我沸腾的血液，
长城是我扬起的手臂，
泰山是我站立的脚跟。
我骄傲，我是中国人！

我是中国人——
是我的祖先最早走出了森林，
是我的祖先最早开始了耕耘，
我是指南针、印刷术的后裔，
我是圆周率、地动仪的子孙。
在我的民族中，
不光有史册上万古不朽的孔夫子、司马迁、李自成、孙中山，
还有那文学史上永远活着的花木兰、林黛玉、孙悟空、鲁智深。
我骄傲，我是中国人！

我是中国人——
在我的国土上，
不光有雷电轰不倒的长白雪山、黄山劲松，
还有那风雨不灭的井冈传统、延安精神！
我是中国人——
我那黄河一样粗犷的声音，
不光响彻在联合国的大厦里，
大声发表着中国的议论，
也响彻在奥林匹克赛场上，
大声高喊着“中国得分”。
当掌声把五星红旗托上了蓝天，
我骄傲，我是中国人！

我是中国人——
我那长城一样巨大的手臂，

不光把采油钻杆钻进了外国人预言打不出石油的地心，
也把通信卫星送上了祖先们梦里也没有到过的白云，
当五大洲倾听着东方声音的时候，
我骄傲，我是中国人！
我是中国人——
我是敦煌莫高窟壁画的传人，
让那翩翩欲飞的壁画与我们同行。
我就是飞天，
飞天就是我。
我骄傲，我是中国人！

祖国啊，我要燃烧

叶文福

当我还是一株青松的幼苗，
大地就赋予我高尚的情操！
我立志作栋梁，献身于人类，
一枝一叶，全不畏雪剑冰刀！
不幸，我是植根在深深的峡谷，
长啊，长啊，却怎么也高不过峰头的小草。
我拼命吸吮母亲干瘪的乳房，
一心要把理想举上万重碧霄！
我实在太不自量力了：幼稚！可笑！
蒙昧使我看不见自己卑贱的细胞。
于是我受到了应有的惩罚——
迎面扑来旷世的风暴！
啊，天翻地覆……
啊，山呼海啸……
伟大的造山运动，
把我埋进深深的地层，
——我死了，那时我正青春年少。
我死了！年轻的躯干在地底痉挛，
我死了！不死的精灵却还在拼搏呼号：
“我要出去！我要出去！

我要出去啊——我的理想不是蹲这黑暗的囚牢！”
漫长的岁月，
我吞忍了多少难忍的煎熬，
但理想之光，依然在心中灼灼闪耀。
我变成了一块煤，还悲愤的捶打地狱的门环：
“祖国啊，祖国啊，我要燃烧！”
地壳是多么的厚啊，希望是何等的缥缈！
我渴望：渴望面前闪出一千条向阳坑道！
我要出去，投身于熔炉，化作熊熊烈火：
“祖国啊，祖国啊，我要燃烧——”

理想之歌

流沙河

理想是石，敲出星星之火；
理想是火，点燃熄灭的灯；
理想是灯，照亮夜行的路；
理想是路，引你走到黎明。
饥寒的年代里，理想是温饱；
温饱的年代里，理想是文明；
离乱的年代里，理想是安定；
安定的年代里，理想是繁荣。
理想是珍珠，一颗缀联着一颗；
贯古今，串未来，莹莹光无尽；
美丽的珍珠链，历史的脊梁骨；
古照今，今照古，先辈照子孙。
理想是罗盘，给船舶导引方向；
理想是船舶，载着你出海远行；
但理想有时候又是海与天相吻的弧线，
可望不可即，折磨着你那进取的心。
理想使你微笑地观察着生活；
理想使你倔强地反抗着命运；
理想使你忘记鬓发早白；
理想使你头白依然天真。

理想是闹钟，敲碎你的黄金梦。
理想是肥皂，洗濯你的自私心。
理想既是一种获得，
理想又是一种牺牲。
理想如果给你带来荣誉，
那只不过是它的副产品，
而更多的是带来被误解的寂寥，
寂寥里的欢笑，欢笑里的酸辛。
理想使忠厚者常遭不幸；
理想使不幸者绝处逢生。
平凡的人因有理想而伟大，
有理想者就是一个“大写的人”。
世界上总有人抛弃了理想，
理想却从来不抛弃任何人，
给罪人新生，理想是还魂的仙草；
唤浪子回头，理想是慈爱的母亲。
理想被玷污了，不必怨恨；
那是妖魔在考验你的坚贞；
理想被扒窃了，不必哭泣；
快去找回来，以后要当心。
英雄失去理想，蜕作庸人；
可厌地夸耀着当年的功勋；
庸人失去理想，碌碌终身，
可笑地诅咒着眼前的环境。
理想开花，桃李要结果；
理想抽芽，榆杨必有浓阴；
请乘理想之马，挥鞭从此起程，
路上春色正好，天上太阳正晴。

回延安

贺敬之

一

心口呀莫要这么厉害地跳，

灰尘呀莫把我眼睛挡住了……
手抓黄土我不放，
紧紧贴在心窝上。
几回回梦里回延安，
双手搂定宝塔山。
千声万声呼唤你
——母亲延安就在这里！
杜甫川唱来柳林铺笑，
红旗飘飘把手招。
白羊肚手巾红腰带，
亲人们迎过延河来。
满心话登时说不过来，
一头扑在亲人怀……

二
二十里铺送过柳林铺迎，
分别十年又回家中。
树梢树枝树根根，
亲山亲水有亲人。
羊羔羔吃奶眼望着妈，
小米饭养活我长大。
东山的糜子西山的谷，
肩膀上的红旗手中的书。
手把手儿教会了我，
母亲打发我们过黄河。
革命的道路千万里，
天南海北想着你……

三
米酒油馍木炭火，
团团围定炕上坐。
满窑里围得不透风，
脑畔上还响着脚步声。

老爷爷进门气喘得紧：
“我梦见鸡毛信来——可真见亲人……”
亲人见了亲人面
欢喜的眼泪眼眶里转。
保卫延安你们费了心，
白头发添了几根根。
团支书又领进社主任，
当年的放羊娃如今长成人。
白生生的窗纸红窗花，
娃娃们争抢来把手拉。
一口口的米酒千万句话，
长江大河起浪花。
十年来革命大发展，
说不尽这三千六百天……

四
千万条腿来千万只眼，
也不够我走来也不够我看。
头顶着蓝天大明镜，
延安城照在我心中：
一条条街道宽又平，
一座座楼房披彩虹；
一盏盏电灯亮又明，
一排排绿树迎春风……
对照过去我认不出了你，
母亲延安换新衣。

五
杨家岭的红旗啊高高地飘，
革命万里起高潮！
宝塔山下留脚印，
毛主席登上了天安门！
枣园的灯光照人心，

延河滚滚喊“前进”！
赤卫队，青年团，红领巾，
走着咱英雄几辈辈人……
社会主义路上大踏步走，
光荣的延河还要在前头！
身长翅膀吧脚生云，
再回延安看母亲！

祝酒歌

——林区三唱之一

郭小川

三伏天下雨哟，雷对雷，
朱仙镇交战哟，锤对锤；
今儿晚上哟，咱们杯对杯！

舒心的酒，千杯不醉；
知心的话，万言不赘；
今儿晚上啊，咱这是瑞雪丰年祝捷的会！

酗酒作乐的，是浪荡鬼；
醉酒哭天的，是窝囊废；
饮酒赞前程的，是咱们社会主义新人这一辈！
财主醉了，因为心黑；
衙役醉了，因为受贿；
咱们就是醉了，也只因为生活的酒太浓太美！

山中的老虎呀，美在背；
树上的百灵呀，美在嘴；
咱们林区的工人啊，美在内。

斟满酒，高举杯！
一杯酒，开心扉；
豪情，美酒，自古长相随。

祖国是一座花园，北方就是园中的蜡梅；
小兴安岭是一朵花，森林就是花中的蕊。
花香呀，沁满咱们的肺。

祖国情呀，春风一般往这儿吹；
同志爱呀，河流一般往这儿汇。
党是太阳，咱是向日葵。

广厦亿万间，等这儿的木材做门楣；
铁路千百条，等这儿的枕木铺钢轨。
国家的任务是大旗，咱是旗下的突击队。

骏马哟，不用鞭催；
好鼓哟，不用重锤；
咱们林区工人哟，知道怎样答对！

且饮酒，莫停杯！
三杯酒，三杯欢喜泪；
五杯酒，豪情胜似长江水。

雪片呀，恰似群群仙鹤天外归；
松树林呀，犹如寿星老儿来赴会。
老寿星啊，白须、白发、白眼眉。

雪花呀，恰似繁星从天坠；
桦树林呀，犹如古代兵将守边陲。
好兵将啊，白旗、白甲、白头盔。

草原上的骏马哟，最快的乌骓；
深山里的好汉哟，最勇的是李逵；
天上地下的英雄啊，最风流的是咱们这一辈！

目标远，大步追。
雪上走，就像云里飞；
人在山，就像鱼在水。

重活儿，甜滋味。
锯大树，就像割麦穗；
扛木头，就像举酒杯。

一声呼，千声回；
林荫道上，机器如乐队；
森林铁路上，火车似滚雷。

一声令下，万树来归；
冰雪滑道上，木材如流水；
贮木场上，枕木似山堆。

且饮酒，莫停杯！
七杯酒，豪情与大雪齐飞；
十杯酒，红心和朝日同辉！

小兴安岭的山哟，雷打不碎；
汤旺河的水哟，百折不回。
林区的工人啊，专爱在这儿跟困难作对！

一天歇工，三天累；
三天歇工，十天不能安生睡；
十天歇工，简直觉得犯了罪。

要出山，茶饭没有了味；
快出山，一时三刻拉不动腿；
出了山，夜夜梦中回。

旧话说：当一天的乌龟，驮一天的石碑；

咱们说：占三尺地位，放万丈光辉！

旧话说：跑一天的腿，张一天的嘴；
咱们说；喝三瓢雪水，放万朵花蕾！

人在山里，木材走遍东西南北；
身在林中，志在千山万水。
祖国叫咱怎样答对，咱就怎样答对！

想昨天，百炼千锤；
看明朝，千娇百媚；
谁不想干它百岁！活它百岁！

舒心的酒，千杯不醉；
知心的话，万言不赘；
今儿晚上啊，咱这是瑞雪丰年宣誓的会。

我为少男少女们歌唱

何其芳

我为少男少女们歌唱。
我歌唱早晨，我歌唱希望，
我歌唱那些属于未来的事物
我歌唱正在生长的力量。

我的歌呵，你飞吧，
飞到年轻人的心中
去找你停留的地方。

所有使我像草一样颤抖过的
快乐或者好的思想，
都变成声音飞到四方八面去吧，
不管它像一阵微风
或者一片阳光。

轻轻地从我琴弦上
失掉了成年的忧伤，
我重新变得年轻了，
我的血流得很快，
对于生活我又充满了梦想，充满了渴望。

走向远方

汪国真

是男儿总要走向远方，
走向远方，是为了让生命更辉煌。
走在崎岖不平的路上，
年轻的眼眸装着梦，
更装着思想。

我们学着承受痛苦，
学着把眼泪像珍珠一样收藏，
把眼泪都贮存在成功的那一天流。
那一天，
哪怕流它个大海汪洋。

我们学着对待误解，
学着把生活的苦酒当成饮料一样，
慢慢品尝。
无论生命经过多少委屈和艰辛，
我们总是以一个朝气蓬勃的面孔，
醒来在每一个早上。

我们学着对待流言，
学着从容而冷静地面对世事沧桑。
猝然临之而不惊，
无故加之而不怒，
这便是我们的大勇，

我们的修养。

我们学着只争朝夕，
人生苦短，道路漫长，
我们走向并珍惜每一处风光。
我们不停地走着，
不停地走着的我们也成了一处风光。

训练材料三 现代散文

匆 匆

朱自清

燕子去了，有再来的时候；杨柳枯了，有再青的时候；桃花谢了，有再开的时候。但是，聪明的，你告诉我，我们的日子为什么一去不复返呢？——是有人偷了他们罢：那是谁？又藏在何处呢？是他们自己逃走了罢：现在又到了哪里呢？

我不知道他们给了我多少日子，但我的手确乎是渐渐空虚了。在默默里算着，八千多日子已经从我手中溜去，像针尖上一滴水滴在大海里，我的日子滴在时间的流里，没有声音，也没有影子。我不禁头涔涔而泪潸潸了。

去的尽管去了，来的尽管来着；去来的中间，又怎样地匆匆呢？早上我起来的时候，小屋里射进两三方斜斜的太阳。太阳他有脚啊，轻轻悄悄地挪移了；我也茫茫然跟着旋转。于是——洗手的时候，日子从水盆里过去；吃饭的时候，日子从饭碗里过去；默默时，便从凝然的双眼前过去。我觉察他去的匆匆了，伸出手遮挽时，他又从遮挽着的手边过去，天黑时，我躺在床上，他便伶伶俐俐地从我身上跨过，从我脚边飞去了。等我睁开眼和太阳再见，这算又溜走了一日。我掩着面叹息。但是新来的日子的影儿又开始在叹息里闪过了。

在逃去如飞的日子里，在千门万户的世界里的我能做些什么呢？只有徘徊罢了，只有匆匆罢了；在八千多日的匆匆里，除徘徊外，又剩些什么呢？过去的日子如轻烟，被微风吹散了，如薄雾，被初阳蒸融了；我留着些什么痕迹呢？我何曾留着像游丝样的痕迹呢？我赤裸裸来到这世界，转眼间也将赤裸裸的回去罢？但不能平的，为什么偏要白白走这一遭啊？

你聪明的，告诉我，我们的日子为什么一去不复返呢？

我喜欢出发

汪国真

我喜欢出发。凡是到达了的地方，都属于昨天。哪怕那山再青，那水再秀，那风再温柔。太深的流连便成了一种羁绊，绊住的不仅有双脚，还有未来。

怎么能不喜欢出发？没有见过大山的巍峨，真是遗憾；见了大山的巍峨没见过大海的浩瀚，仍然遗憾；见了大海的浩瀚没见过大漠的广袤，依旧遗憾；见了大漠的广袤没见过森林的神秘，还是遗憾。世界上没有不绝的风景，我有不老的心情。

我自然知道，大山有坎坷，大海有浪涛，大漠有风沙，森林有猛兽。即便这样，我依然喜欢。

打破生活的平静是另一番景致，一种属于年轻的景致。真庆幸，我还没有老。即便真老了又怎样，不是有句话叫老当益壮吗？

于是，我还想从大山那里学习深刻，我还想从大海那里学习勇敢，我还想从大漠那里学习沉着，我还想从森林那里学习机敏。我想学着品味一种缤纷的人生。

人能走多远？这话不是要问两脚而是要问志向；人能攀多高？这事不是要问双手而是要问意志。于是，我想用青春的热血给自己树起一个高远的目标。不仅是为了争取一种光荣，更是为了追求一种境界。目标实现了，便是光荣；目标实现不了，人生也会因这一路风雨跋涉变得丰富而充实；在我看来，这就是不虚此生。

是的，我喜欢出发，愿你也喜欢。

平凡的魅力

汪国真

我不会蔑视平凡，因为我是平凡中的一员。我的心上印着普通人的愿望，眼睛里印着普通人的悲欢，我所探求的也是人们都在探求着的答案。

是的，我平凡，但却无需以你的深沉俯视我，即便我仰视什么，要看的也不是你尊贵的容颜，而是山的雄奇天的高远；是的，我平凡，但却无需以你的深刻轻视我，即便我聆听什么，要听的也不是你空洞的大话，而是林涛的喧响海洋的呼喊；是的，我平凡，但却无需以你的崇高揶揄我，即便我向往什么，也永不会是你的空中楼阁，而是泥土的芬芳晨曦的灿烂。当然，当那些真挚的熟悉的或陌生的朋友提醒或勉励我，不论说对了说错了我都会感到温暖。

孤芳自赏并不能代表美丽也不能说明绚烂，自以为不凡更不能象征英雄气概立地顶天。

我承认，我的确很平凡。平凡得像风像水像雪……然而，平凡并非没有自豪的理由，并非没有魅力可言。

风很平凡，如果吹在夏天；水很平凡，如果是沙漠中的一泓清泉；雪很平凡，如果飘落在冬日与春日之间……

我欣赏这样的平凡，我喜爱这样的平凡，我也想努力成为这样的平凡。

站在历史的枝头微笑

［美］本杰明·拉什

人活着，最要紧的是寻觅到那片代表着生命绿色和人类希望的丛林，然后选一高高的枝头站在那里观览人生，消化痛苦，孕育歌声，愉悦世界！这可真是一种潇洒的人生态度，这可真是一种心境爽朗的情感风貌。

站在历史的枝头微笑，可以减免许多烦恼。在那里，你可以从众生相所包含的甜酸苦辣、百味人生中寻找你自己；你境遇中的那点儿苦痛，也许相比之下，再也难以占据一席之地；你会较容易地获得从不悦中解脱灵魂的力量，使之不致变得灰色。

人站得高些，不但能有幸早些领略到希望的曙光，还能有幸发现生命的立体的诗篇。每一个人的人生，都是这诗篇中的一个词、一个句子或者一个标点。你可能没有成为一个美丽的词，一个引人注目的句子，一个惊叹号，但你依然是这生命的立体诗篇中的一个音节、一个停顿、一个必不可少的组成部分。这足以使你放弃前嫌，萌生为人类孕育新的歌声的兴致，为世界带来更多的诗意。

最可怕的人生见解，是把多维的生存图景看成平面。因为那平面上刻下的大多是凝固了的历史——过去的遗迹；但活着的人们，活得却是充满着新生智慧的，由不断逝去的“现在”组成的未来。人生不能像某些鱼类躺着游，人生也不能像某些兽类爬着走，而应该站着向前行，这才是人类应有的生存姿态。

散步

莫怀戚

我们在田野散步：我，我的母亲，我的妻子和儿子。

母亲本不愿出来的。她老了，身体不好，走远一点就觉得很累。我说，正因为如此，才应该多走走，母亲信服地点点头，便去拿外套。她现在很听我的话，就像我小时候很听她的话一样。

天气很好。春天来得太迟，太迟了，但是春天总算来了。我的母亲又熬过了一个严冬。

这南方初春的田野，大块小块的新绿随意地铺着，有的浓，有的淡，树上的绿芽也密了，田野里的冬水也咕咕地起着水泡。这一切使人想起一样东西——生命。

我和母亲走在前面，我的妻子和儿子走在后面。小家伙突然叫起来："前面也是妈妈和儿子，后面也是妈妈和儿子。"我们都笑了。

后来发生了分歧：母亲要走大路，大路平顺；我的儿子要走小路，小路有意思。不过，一切都取决于我。我的母亲老了，她早已习惯听从她强壮的儿子；我的儿子还小，他还习惯听从他高大的父亲；妻子呢，在外面，她总是听我的。一霎时我感到了责任的重大，就像民族领袖在严重关头时那样。我想找一个两全的办法，找不出；我想拆散一家人，分成两路，各得其所，终不愿意。我决定委屈儿子，因为我伴同他的时日还长。我说："走大路。"

但是母亲摸摸孙儿的小脑瓜，变了主意："还是走小路吧。"她的眼随小路望去：那里有金色的菜花，两行整齐的桑树，尽头一口水波粼粼的鱼塘。"我走不过去的地方，你就背着我。"母亲对我说。

这样，我们在阳光下，向着那菜花、桑树和鱼塘走去。到了一处，我蹲下来，背起了母亲，妻子也蹲下来，背起了儿子。我的母亲虽然高大，然而很瘦，自然不算重；儿子虽然很胖，毕竟幼小，自然也轻。但我和妻子都是慢慢地，稳稳地，走得很仔细，好像我背上的同她背上的加起来，就是整个世界。

春

朱自清

盼望着，盼望着，东风来了，春天的脚步近了。

一切都像刚睡醒的样子，欣欣然张开了眼。山朗润起来了，水涨起来了，太阳的脸红起来了。

小草偷偷地从土地里钻出来，嫩嫩的，绿绿的。园子里，田野里，瞧去，一大片一大片满是的。坐着，躺着，打两个滚，踢几脚球，赛几趟跑，捉几回迷藏。风轻悄悄的，草软绵绵的。

桃树，杏树，梨树，你不让我，我不让你，都开满了花赶趟儿。红的像火，粉的像霞，白的像雪。花里带着甜味儿；闭了眼，树上仿佛已经满是桃儿，杏儿，梨儿。花下成千成百的蜜蜂嗡嗡地闹着，大小的蝴蝶飞来飞去。野花遍地是：杂样儿，有名字的，没名字的，散在草丛里，像眼睛，像星星，还眨呀眨的。

“吹面不寒杨柳风”，不错的，像母亲的手抚摸着你。风里带来些新翻的泥土的气息，混着青草味儿，还有各种花的香，都在微微润湿的空气里酝酿。鸟儿将巢安在繁花嫩叶当中，高兴起来了，呼朋引伴地卖弄清脆的歌喉，唱出宛转的曲子，与轻风流水应和着。牛背上牧童的短笛，这时候也成天在嘹亮地响着。

雨是最寻常的，一下就是三两天。可别恼。看，像牛毛，像花针，像细丝，密密地斜织着，人家屋顶上全笼着一层薄烟。树叶子却绿得发亮，小草也青得逼你的眼。傍晚时候，上灯了，一点点黄晕的光，烘托出一片安静而和平的夜。乡下去，小路上，石桥边，有撑着伞慢慢走着的人，地里还有工作的农民，披着蓑戴着笠。他们的房屋稀稀疏疏的，在雨里静默着。

天上的风筝渐渐多了，地上的孩子也多了。城里乡下，家家户户，老老小小，也赶趟似的，一个个都出来了。舒活舒活筋骨，抖擞抖擞精神，各做各的一份事儿去。“一年之计在于春”，刚起头儿，有的是工夫，有的是希望。

春天像刚落地的娃娃，从头到脚都是新的，他生长着。

春天像小姑娘，花枝招展的，笑着，走着。

春天像健壮的青年，有铁一般的胳膊和腰脚，领着我们向前去。

背影

朱自清

我与父亲不相见已二年余了，我最不能忘记的是他的背影。

那年冬天，祖母死了，父亲的差使也交卸了，正是祸不单行的日子。我从北京到徐州，打算跟着父亲奔丧回家。到徐州见着父亲，看见满院狼藉的东西，又想起祖母，不禁簌簌地流下眼泪。父亲说：“事已如此，不必难过，好在天无绝人之路！”

回家变卖典质，父亲还了亏空；又借钱办了丧事。这些日子，家中光景很是惨淡，一半为了丧事，一半为了父亲赋闲。丧事完毕，父亲要到南京谋事，我也要回北京念书，我们便同行。

到南京时，有朋友约去游逛，勾留了一日；第二日上午便须渡江到浦口，下午上车北去。父亲因为事忙，本已说定不送我，叫旅馆里一个熟识的茶房陪我同去。他再三嘱咐茶房，甚是仔细。但他终于不放心，怕茶房不妥帖；颇踌躇了一会。其实我那年已二十岁，北京已来往过两三次，是没有什么要紧的了。他踌躇了一会，终于决定还是自己送我去。我再三回劝他不必去；他只说：“不要紧，他们去不好！”

我们过了江，进了车站。我买票，他忙着照看行李。行李太多了，得向脚夫行些小费才可过去。他便又忙着和他们讲价钱。我那时真是聪明过分，总觉他说话不大漂亮，非自己插嘴不可。但他终于讲定了价钱，就送我上车。他给我拣定了靠车门的一张椅子；我将他给我做的紫毛大衣铺好座位。他嘱我路上小心，夜里要警醒些，不要受凉。又嘱托茶房好好照应我。我心里暗笑他的迂；他们只认得钱，托他们只是白托！而且我这样大年纪的人，难道还不能料理自己么？唉，我现在想想，那时真是太聪明了！

我说道：“爸爸，你走吧。”他望车外看了看，说：“我买几个橘子去。你就在此地，不要走动。”我看那边月台的栅栏外有几个卖东西的等着顾客。走到那边月台，须穿过铁道，须跳下去又爬上去。父亲是一个胖子，走过去自然要费事些。我本来要去的，他不肯，只好让他去。我看见他戴着黑布小帽，穿着黑布大马褂，深青布棉袍，蹒跚地走到铁道边，慢慢探身下去，尚不大难。可是他穿过铁道，要爬上那边月台，就不容易了。他用两手攀着上面，两脚再向上缩；他肥胖的身子向左微倾，显出努力的样子。这时我看见他的背影，我的泪很快地流下来了。我赶紧拭干了泪，怕他看见，也怕别人看见。我再向外看时，他已抱了朱红的橘子往回走了。过铁道时，他先将橘子散放在地上，自己慢慢爬下，再抱起橘子走。到这边时，我赶紧去搀他。他和我走到车上，将橘子一股脑儿放在我的皮大衣上。于是扑扑衣上的泥土，心里很轻松似的，过一会说：“我走了，到那边来信！”我望着他走出去。他走了几步，回过头看见我，说：“进去吧，里边没人。”等他的背影混入来来往往的人里，再找不着了，我便进来坐下，我的眼泪又来了。

近几年来，父亲和我都是东奔西走，家中光景是一日不如一日。他少年出外谋生，独力支持，做了许多大事。哪知老境却如此颓唐！他触目伤怀，自然情不能自已。情郁于中，自然要发之于外；家庭琐屑便往往触他之怒。他待我渐渐不同往日。但最近两年的不见，他终于忘却我的不好，只是惦记着我，惦记着我的儿子。我北来后，他写了一信给我，信中说道：“我身体平安，唯膀子疼痛利害，举箸提笔，诸多不便，大约大去之期不远矣。”我读到此处，在晶莹的泪光中，又看见那肥胖的、青布棉袍黑布马褂的背影。唉！我不知何时再能与他相见！

青衣

毕飞宇

自古到今，唱青衣的人成百上千，但真正领悟了青衣意韵的极少。

筱燕秋是个天生的青衣胚子。二十年前，京剧《奔月》的演出，让人们认识了一个真正的嫦娥。可造化弄人，此后她沉寂了二十年，在远离舞台的戏校里教书。学生春来的出现让筱燕秋重新看到了当年的自己。二十年后，《奔月》复排，这对师生成了嫦娥的AB角。把命都给了嫦娥的筱燕秋一口气演了四场，她不让给春来，谁劝都没用。可第五场，她来晚了。筱燕秋冲进化妆间的时候，春来已经上好了妆。她们对视了一眼，都没有开口。筱燕秋一把抓住化妆师，她想大声告诉化妆师，她想告诉每一个人："我才是嫦娥，只有我才是嫦娥！"但是她没有说，她现在只会抖动嘴唇，不会说话。

上了妆的春来真是比天仙还要美，她才是嫦娥，这个世上没有嫦娥，化妆师给谁上妆，谁就是嫦娥。大幕拉开，锣鼓响起来了，筱燕秋目送着春来走向了上场门。筱燕秋知道，她的嫦娥在她四十岁的那个雪夜，真的死了。观众承认了春来，掌声和喝彩声就是最好的证明。

筱燕秋无声地坐在化妆台前，她望着自己，目光像秋夜的月光，汪汪地散了一地。她一点都不知道自己做了些什么，她拿起青衣给自己披上，取过肉色底彩，挤在左手的掌心，均匀地一点一点往手上抹，往脖子上抹，往脸上抹……她请化妆师给她调眉，包头，上齐眉穗，戴头套，镇定自若的，出奇的安静。

筱燕秋并没有说什么，只是拉开了门，往门外走去。筱燕秋穿着一身薄薄的戏装走进了风雪，她来到了剧场的大门口，站在了路灯下面，她看了大雪中的马路一眼，自己给自己数起了板眼。她开始唱了，她唱的依旧是二黄慢板转原板、转流水、转高腔。

雪花在飞舞，戏场门口，人越来越多，车越来越挤，但没有一点声音。筱燕秋旁若无人，边舞边唱。她要给天唱，给地唱，给她心中的观众唱。筱燕秋的告别演出轰轰烈烈地结束了。人的一生其实就是不断地失去自己挚爱的过程，而且是永远地失去，这是每个人必经的巨大伤痛，而我们从筱燕秋的微笑中看到了她的释怀，看到了她的执着和期盼。

生活中充满了失望和希望，失望在先，希望在后，有希望就不是悲！

最后一只藏羚羊

彭波

夕阳西下，晚霞轻柔地洒在可可西里的土地上，宁静而贫瘠的土地仿佛又多了几分生机。

我呆呆矗立在寒风中，影子拉得很远很远，我的脚下就是我刚刚死去的丈夫和女儿，他们已经被蹂躏得面目全非。四周满是我部族的尸体，他们的皮全部被扒光。空气中弥漫着血腥气，地上血流成河，在夕阳的照耀下，显得愈加惨烈。

我，这场大屠杀中唯一的幸存者，便成了可可西里最后的一只藏羚羊。

就在几年前，我们藏羚羊还是个有着20万之多的种族，那时候啊，我们几个部族一起在荒无人烟的草原上驰骋，烟尘蔽日，黄土漫天，情景极为壮观！每逢产子季节，身为妻子的我们便要跟丈夫告别，成群结队地去到北方。当几千只小藏羚同时出世时，整个大地都泛起了血光！我们带着孩子重返南方，我们的部族便又充满了生机与希望。我曾经无比自豪于自己是一只藏羚羊，我们生活在遥远的可可西里，那里气候恶劣，土地贫瘠，可我们却有着惊人的耐力。什么水草丰茂地方，对我们没有任何吸引力，我们常常悠然地卧在雪中，或是在猛烈的冰雹中嬉戏。那时的可可西里之于我们，无异于世外桃源。那梦一般的世界曾经是多么美丽……

然而，一声枪响穿透了可可西里的黎明，我的梦被击得粉碎！当一辆辆吉普在高原上奔驰的时候，我的无数同伴却紧随其后要和他比个高低，追逐嘛，这是我们常玩的游戏，然而这一次我们却只猜对了开头，却猜不着这结局，一只只黑洞洞的枪口正悄悄举起。

从那一刻起，我的种族的大杀戮便开始了，静谧的可可西里被枪声毁掉了。我清楚地记得，就在那个夏天，在我们产子的北方，人类早已准备好了一杆杆猎枪，使产子的圣地变成了血腥的屠宰场，我同伴的尸体几百只，几百只地堆在地上，他们的皮被全部剥光，有的甚至是被活生生地剥光。

我开始后悔自己是一只藏羚羊，其实我们长得并不美丽，我们只不过是有了一身价值连城的皮毛而已，可就是因这一身皮毛，几年来，不知多少兄弟姐妹惨遭杀戮，而且所有的尸体都被剥了皮啊！粉红色的肉上鲜血淋漓！现在的可可西里不再是美丽的少女，而成了恐怖的墓地。十几万只藏羚羊长眠在这里……

为了活命，我们这个在几次大屠杀中唯一幸存的部族，开始迁徙，几千只藏羚羊浩浩荡荡地向北方前进。途中，我由于身体不适掉了队，落在后面休息，可就在这个时候，就在这个时候，我听到远处响起了密集的枪声，我绝望地闭上了眼睛……

我俯下身体舔着我的丈夫，他的眼睛还是那么大，那么明亮；只是充满了恐惧；我又去亲吻我的小女儿，她的眼中只有惊诧与好奇。女儿啊！你还太小，妈妈知道你是至死也不明白发生了什么事情。其实，其实妈妈也不明白，为什么？为什么人类在自己的亲人死去时，悲痛欲绝，却能够坦然地去杀掉别人的亲人？难道他们开枪时没有一丝犹豫吗？难道他们动手剥皮时没有一丝怜悯吗？当他们的亲人惨遭杀害，他们却无能为力反击时，他们又会怎么样？

这时，一丝声响在我背后响起，我慢慢地转过身，眼前是乌黑的枪口，在惨烈的夕阳下，在同伴的尸体中，我竟露出了一丝惨淡的笑容，无知的人类啊！你们究竟还要愚昧到几时啊？你们毁灭了我们，其实正是在毁灭你们自己啊！你们今天践踏在我们的尸体上，可总有一天你们的尸体将会被自己践踏。

尽管开枪吧，开枪啊！你们唯一的贡献就在已灭绝动物的名单上又添了一笔，把自己灭绝的日期又提前了一天。

枪响了，我大睁着双眼倒在地上，嘴角仍挂着微笑，而眼角却流下一颗浑浊的泪滴。今晚的星星真美啊，望着它，我仿佛又看到了我的丈夫和女儿，还有那梦中的可可西里，几万只藏羚羊在草原上奔驰着，尘土飞扬，阳光洒在他们的皮毛上，泛着金光！

第七章　讲（编）故事训练

第一节　讲故事

一、什么是讲故事

讲故事是用绘声绘色的语言向别人转述自己的所见所闻。它要求语言形象生动，清楚明白，能够吸引对方。

讲故事不是念故事，也不是背故事，更不是演故事。

讲故事不是表演口技，不需要把各种人物、动物的语言、声音学得惟妙惟肖，但也绝不能千人一腔，应该区分人物的年龄、性别、性格，表现人物的感情。

讲故事也不同于讲见闻和讲新闻，讲故事更具有表演性，讲新闻和讲见闻生活化一些，因此其用语也要更自然一些，但也应注意不可像白开水一样平淡无味。

为了摆脱背诵的痕迹，我们一般不要求和原文一字不差，应该在记熟故事梗概的基础上做适当修改：

（1）将一些句子改为儿童语言。

（2）将一些句子改得适合自己的口语。

同时，必须注意，改编时应该加以分析，故事的主要知识点不能更改和遗漏。比如下面这则故事，主要是想通过故事向孩子们讲述青蛙的特征，这一点是不能改的。

作品分析：

第一步：仔细阅读，明确主题。

第二步：理清线索，记熟梗概。

第三步：找出人物，确定语言特点。

二、怎样讲故事

讲故事是幼儿教师的必备技能，讲故事的水平直接体现幼儿教师的教学能力与素质。在幼儿园的教学过程中，很多教育教学环节都是以故事的形式开展的。下面就来说说如何讲好一个故事。

（一）选故事

在生活中，我们会接触到许多故事，但是并不是所有的故事都适合拿来讲，尤其是给儿童讲故事，选择更要慎重。选择故事是讲好故事的基础和前提。那么，我们要选一个什么样的故事来讲呢？

首先，所选故事要思想内容健康向上，有一定的教育意义。一般情况下，我们讲故事的目的是要通过故事传播文化知识、传授社会经验、灌输道德准则等。儿童的心灵纯净，思想单纯，犹如一张白纸，作为幼儿老师，我们将在这张白纸上写下最初的几笔。我们传授给幼儿的东西应该慎之又慎，决不能有任何不健康、不道德、不阳光的内容，甚至这些倾向都不能有。

其次，我们选择的故事要深浅适度，符合幼儿的口味，适合幼儿的理解能力。

幼儿园的孩子年龄大多集中在3~6岁，这个阶段的儿童，接触的人、事、物都非常简单。他们接触到的人无外乎家长、教师和同班小朋友；接触到的事基本围绕吃、喝、游戏；接触到的物基本都是家庭、幼儿园等的常见用具。其认知和理解能力有限。因此，我们选择的故事不能过于复杂，超出幼儿理解能力。

一些经典故事看似复杂，但都没有超出上述范畴。比如《小蝌蚪找妈妈》，人物众多，但都是生活中常见的、孩子可理解的角色：小蝌蚪（孩子）、青蛙妈妈（家长）、金鱼、白鹅、乌龟（叔叔、阿姨、左邻右舍）。情节也比较简单，就是孩子找妈妈的过程。

而有些故事，由于内容比较晦涩，或者思想比较阴暗，则不适合讲给孩子听。比如：

狮子大王之死

在很久很久以前。狮子是森林里的大王。它整天吃喝玩乐，不劳而获。每当它大吼一声，动物们就要给它送好吃的东西。如果送餐迟到了，食物不合它口味，就会受到惩罚。动物们生活在水深火热之中，整天提心吊胆。有一天，小羊因为没有准时给它送吃的东西，结果被狮子活活给咬死了，变成狮子的午餐。动物们感到非常害怕，非常伤心。

当天夜里，动物们偷偷地在山洞里召开了一个紧急会议，动物们你一言我一语，争论不休。眼看天就要亮了，它们还是没有想到一个好办法。突然，狐狸大叫一声："大家请安静，我有办法了！"动物们都停了下来，只见狐狸的眼睛骨碌一转，神秘地说："我的办法就是……"它说完了，大家都纷纷点头称赞，这真是一个好办法，狐狸不愧是"智多星"。大家商议之后，决定派它和老虎去完成这个艰难的任务。

第二天一大早，狐狸和老虎就提着丰盛的食物去见狮子大王，它俩一见到狮子，狐狸就献媚地说："大王，您看，这是我精心为您准备的美味的牛排、羊排，我还带来了沙拉酱、黑胡椒，请您尽情地享用美食吧！"狮子抓起一块羊排就大口吃起来，吃完了问："好渴啊，有没有酒？"这时，老虎赶紧上前一步，端着一杯酒说："大王，这是我为您准备的又解渴又养颜的葡萄酒！"狮子听了非常高兴："你们真是我的得力大臣，快把酒给我！"它一口气"咕噜"地喝完一大杯的酒。过了一会儿，狮子感到头晕目眩，肚子疼，四肢乏力。狐狸和老虎看到了，欢喜若狂，大声地说："你已经中毒了啦！我们在酒里下了毒，凶恶的狮子，想不到你也有今天，哈哈。"它们俩大笑起来。狮子听了非常生气，想扑过去咬死它们，可是已经太晚了，毒性发作了！它一点儿的力气都没有了。

狮子死后，动物们推选勇敢的老虎当大王，聪明的狐狸当军师。大家过上了幸福的生活，森林里充满了快乐的笑声！

这个故事的人物虽然也是儿童故事中常见的动物角色，但整个故事血腥、暴力，充斥着阴谋与冷酷。这些是非常不利于儿童身心健康发展的。除了要注意思想性之外，选择故事的时候还应注意故事本身的一些特性。总结一下，有下列情况的一般都要慎重考虑。

（1）结构过于复杂的故事不宜讲。故事结构复杂，情节繁复，叙事牵缠，儿童不易理解，理不清头绪。

（2）人物过多的故事不宜讲，人物过多，对于听众（主要是儿童）来说，分辨困难，分不清张三李四。对于讲故事者来说，人物越多，人物的个性化表现越困难。

（3）人物形象、性格雷同的故事不宜讲。人物形象、性格雷同，不容易区分角色，人物语言很难拿捏。

（二）改故事

无论故事、童话还是寓言，其实质上都是成年人创作的作品。虽然在创作过程中作者已经考虑到了受众的年龄特点，但在内容上还是会或多或少地留有成年人的印记。在语言风格方面，大多数故事文本创作时着眼于“读”而不是“讲”，因此语言风格上有很浓重的书面语色彩。所以，我们改故事就要从故事内容和语言风格两方面入手。

故事内容的改造，首先要尊重原作的主体情节和主要人物设置。在此前提下可适当添加细节，适当地增加或删除次要人物，以使故事更加丰满。例：

一只小羊在河边喝水，狼见到后，便想找一个名正言顺的借口吃掉他。于是他跑到上游，恶狠狠地说小羊把河水搅浑浊了，使他喝不到清水。小羊回答说，他仅仅站在河边喝水，并且又在下游，根本不可能把上游的水搅浑。狼见此计不成，又说道：“我父亲去年被你骂过。”小羊说，那时他还没有出生。狼对他说：“不管你怎样辩解，反正我不会放过你。”

这说明，对恶人做任何正当的辩解都是无效的。

这是《伊索寓言》当中的一个故事，原文言简意赅，但过于单薄，人物性格不突出，情节不具体。因此是不适合拿来讲的，需要改编成讲述稿。

狼和小羊

狼来到小溪边，看见小羊在那儿喝水。

狼很想吃小羊，就故意找碴儿，说：“你把我喝的水弄脏了！你安的什么心？”

小羊吃了一惊，温和地说：“亲爱的狼先生，我怎么会把您喝的水弄脏呢？您在上游，我在下游，水是不会倒流的呀！”

狼气冲冲地说：“就算这样吧，你总是个坏家伙！我听说，去年你经常在背地里骂我，是不是？”

可怜的小羊喊道：“啊，这是不可能的，去年我还没出生呢！”

狼不想再争辩了，大声喊道：“你这个小坏蛋！骂我的不是你就是你爸爸，反正都一样！”说着，就往小羊身上扑去……

修改故事一般可以从以下几个方面考虑：

（1）改语言风格，把书面语改成口语。书面语是指人们在书写和阅读文章时所使用的语言。书面语是用来“看”或“读”的，但不适合讲。故事文本一般都是成年人创作的，因此遣词造句都带有比较浓厚的成年人色彩，书面语色彩比较浓重。所以，选定一个故事之后，第一步，要把其中的书面语词汇改为口语词汇。每个书面语词汇都对应一个或几个口语词汇或短语。

将原故事中书面语色彩较浓的词语改成口语。如原文中的“便”“名正言顺”“借口”“浑浊”“辩解”等词语书面语色彩很浓，需要改成口语词或用一句短语代替。

（2）改叙述方式，把叙述性的语言改成人物对话来推进故事发展，同时可以增强故事的趣味性，使故事听起来更加生动，人物更加鲜活。如：

原文：“于是他跑到上游，恶狠狠地说小羊把河水搅浑浊了，使他喝不到清水。”

讲述稿：狼很想吃小羊，就故意找碴儿，说：“你把我喝的水弄脏了！你安的什么心？”

（三）记故事

记故事，不要理解为背故事，不用一字一句地背诵下来，只需要记故事的一些要素，如时间、地点、人物，故事的起因、经过、结果等。有的人会认为这已经很难了，其实不然，故事的时间往往没有具体的年月日，大多数都是“一个寒冷的冬天”或者“有一天”之类，也就是说故事的时间往往是虚的，不需要死记硬背；故事的地点就更简单了，大多数是“在一片大森林里”，有的故事甚至根本就不提地点；故事的人物有的很少，有的虽然很多，但多数是配角，不要求非得和原作一样，所以记起来也不是很难。最后就只剩下事件了，也就是说只需把事件尽量记熟就可以了。另外，记住一些关键的字句。比如《两只笨狗熊》：狗熊妈妈有两个孩子，一个叫大黑，一个叫小黑，他们长得挺胖，可是都很笨，是两只笨狗熊。“是两只笨狗熊”这句话在全篇中起点题作用，必不可少，而且尽量不要做改动。还有“可是，只有一块干面包，两只小狗熊，可怎么分呢？”“一块干面包，两只小狗熊”，一和二的矛盾是整篇故事的矛盾焦点，没有这句话，整个故事就不成立，因此，也不能少。而且，讲故事处理语气时一定要突出“一”和“两”二字。

（四）练故事

反复演练琢磨语气、语调以及动作、表情，力求生动形象。

故事的有声语言有两种：叙述语言和人物语言。叙述语言即作者（或故事讲述者）的话，主要用于交代故事发生的时间、地点、人物、时间等。人物语言是指故事中人物的语言。

叙述语言要求形象生动，语调要有抑扬顿挫的变化，而且语调起伏要适当夸张，善于运用语调、停连、重音、语速等技巧。节奏要鲜明，快慢要适宜。尤其是要注意一些数词、副词和形容词，要尽量读得夸张一些。

如节选自《两只笨狗熊》的叙述语言：

狗熊妈妈有两个孩子，一个叫大黑，一个叫小黑。他们长得挺胖，可是都很笨，是两只笨狗熊。

有一天，天气很好，哥儿俩手拉着手一起出去玩儿。他们走着，走着，忽然看见路边有一块很大很大的干面包，捡起来闻闻，嘿，香喷喷的。可是只有一块干面包，两只小狗熊怎么吃呢？大黑怕小黑多吃一点，小黑也怕大黑多吃一点。这可不好办哪！

故事当中的叙述语言语调要适度夸张，起伏要明显，而且应根据语言所表述的内容运用相应技巧，配合表情和肢体动作，以增强语言感染力。

狗熊妈妈有两个孩子。（重音放在“两”上，而且语调要夸张，重音处理上，比一般朗读要重许多。）

一个叫大黑，一个叫小黑。（重音应在“大”“小”二字上，语调要夸张。）

他们长得挺胖。（两个小熊长得胖乎乎、肉嘟嘟的，给人的感觉萌萌的。所以体现在语调上应语调轻松、愉悦，配合适当表情。）

可是都很笨。（与上文轻松愉快的语调要形成对比，两个小熊笨笨的，总不是好事情，所以讲述的时候语调要下沉，稍稍有些忧伤，配合适当表情，表现这种情绪。）

是两只笨狗熊。（这个故事的题目是“两只笨狗熊”，这句话点题，所以要处理得突出、鲜明，尤其“笨”字，要适当加重、延长。）

有一天，天气很好，哥儿俩手拉着手一起出去玩儿。（“天气好”“出去玩”轻松愉快。）

他们走着，走着，忽然看见路边有一块很大很大的干面包。（“忽然”，语调转折，由愉悦转惊喜，语调升高，重音方面要强调“很大很大”，配合发现的表情和肢体动作。）

捡起来闻闻，嘿，香喷喷的。（“嘿”要适当延长，表现享受的感觉，体会闻美妙气息时的心情。“嘿”也可以替换成其他词语，比如“嗯”“啊”“哇”等。“香喷喷的”语调下沉，同时配合“闻”“享受”等动作、表情。）

可是只有一块干面包，两只小狗熊怎么吃呢？（“一块干面包”“两只小狗熊”是构成这篇故事的矛盾基础，“一”“两”夸张重读，引领听众注意力。）

大黑怕小黑多吃一点，小黑也怕大黑多吃一点。这可不好办哪！（情绪转低落，配合为难的表情动作。）

人物语言即故事当中人物之间的对话，不同年龄、不同性别、不同性格和不同身份的人，都有自己独特的声音和语言风格。要运用不同的声音活灵活现地表现故事中的人物。揣摩人物语言要从两方面入手：一是人物自身的性格特点，二是人物所处的特定的环境。比如：用声音的粗细区分大人和小孩、男人与女人；用声音的强弱区分健康人和病人；用不同的语调，区分正面人物和反面人物；用不同的口气，表达人物的不同情绪，等等。

猴子吃西瓜

猴王找到了一个大西瓜，可是，怎么吃呢？这个猴王啊，是从来也没有吃过西瓜的。忽然，他想出了一条妙计，于是，他把所有的猴都招集来了。

他清了清嗓子，说："今天，我找到了一个大西瓜。至于这西瓜的吃法嘛，我当然……当然是知道的。不过，我要考验一下你们的智慧，看看谁能说出这西瓜的吃法。如果说对了，我可以多赏他一块。如果说错了，我可要惩罚他！"

大伙儿你看看我，我看看你，可是谁也没有吃过西瓜。

小毛猴眨巴眨巴眼睛，挠了挠腮说："我知道，吃西瓜是吃瓤儿！"

"不对！小毛猴说得不对！"短尾巴猴跳了起来，"我跟我妈去姥姥家，吃过甜瓜，吃甜瓜就是吃皮。我想，这甜瓜也是瓜，西瓜也是瓜，吃西瓜嘛，当然也是吃皮咯。"

这时候，大伙儿争执起来，有的说："吃西瓜吃皮！"有的说："吃西瓜吃瓤儿！"可争了半天，也没争出个结果，于是都不由得把目光集中到一个老猴的身上……

这老猴认为出头露面的机会来了，他捋了捋胡子，清了一下嗓子说："这吃西瓜嘛，当然……当然是吃皮咯。我从小就爱吃西瓜，而且……而且一直都是吃皮的。我想，我之所以老而不死，就是因为吃了这西瓜皮的缘故……"

大伙儿都欢呼起来："对！吃西瓜吃皮！吃西瓜吃皮！……"

猴王认为找到了正确答案，他站起身来，上前一步，开言道："对！大伙儿说得对！吃西瓜是吃皮。哼！就小毛猴崽子说吃西瓜吃瓤儿，那就让他自己吃吧！咱们大伙儿，都吃西瓜皮！"

西瓜一刀两半，小毛猴吃瓤，大伙儿共分西瓜皮……

有个猴子吃了两口，就捅了捅旁边的说："哎，我说这可不是滋味啊！"

"咳，老弟，我常吃西瓜，西瓜嘛，就是这味儿……"

分析人物语言主要从以下几方面入手：第一，考虑人物本身特点。粗笨的动物一般音色较低沉，嗓音较粗，语速较慢，还可以加上较重的鼻音等；灵巧机敏的动物音色较亮，语速较快，语调上扬比较多。第二，考虑人物的性格特点。性格忠厚淳朴用比较中性浑厚的声音，语速适中，语调平稳；性格奸猾的一般处理成嗓音尖细、发音靠上的音色，语速快。第三，考虑人物的性别、年龄、身体状况等。女性角色声音较尖细，语调上行，语速快；男性角色声音较浑厚，语调平，语速适中；老年角色声音较沙哑，语速慢，气息较弱。另外，人物在群体中的地位、人物此时此刻的心情和态度等都会影响人物的语言样式。在《猴子吃西瓜》这个故事当中，主要人物有四个：猴王、小毛猴、短尾巴猴和老猴。

猴王是一个成年人，男性，身体健壮，在整个群体中他地位最高，处于支配地位。因此猴王的语言应该有下列特点：声音粗、语气重、语速较慢，有较强支配感。在这个故事中，猴子们要分吃的西瓜是他找到的，因此，猴王的语言还应体现较强的优越感、自豪感。同时要考虑到，这个猴王不是很聪明，是个有点傻又自作聪明的角色，因此声音里还应带点喜感。

故事中，小毛猴很明显是个小孩子。小孩子的共同特点是声音较尖细，语速快，语调上扬明显。并且小毛猴是唯一一个知道西瓜正确吃法的人物，小孩子的表现欲使其语气中有明显的急切感。

短尾巴猴也是个小孩子，这从他站出来反驳小毛猴的观点可以推测出来。而且，他的话中总是提到妈妈、姥姥等。小孩的语言特点如语音尖细、语速快、语调高等都适用于这个角色。分析到这里就出现了一个问题：小毛猴和短尾巴猴两个人物形象非常相似，如果都用同一方式处理他们的语言，就会造成人物区分不明显甚至混乱。因此这两个人物语言处理上要同中有异，既体现它们的共性又能区分人物。两个人物形象相比较，小毛猴的形象更正面更阳光，而短尾巴猴的形象则稍显负面，因此，我们可以让短尾巴猴的语言在原有基础上增加一些滑稽色彩，如加重鼻音或者稍微放慢语速，还可以给它附加一些说话习惯或表达方面的特点，比如“口吃”或者语言中夹杂较多无意义的虚词“嗯”“啊”“哦”等。

老猴很明显是一个老年角色，老年人的语言特点是嗓音低沉、语速缓慢、气息沉重。

（五）使用态势语

讲故事的态势语之所以要加以强调，是因为它与朗诵演讲等艺术形式的态势语略有不同。讲故事的态势语更丰富更夸张也更儿童化一些，会出现跺脚、噘嘴、扭腰等略带表演性的动作，讲故事者要根据内容和听众做恰当处理。但是也要追求自然得体，切不可做作。

训练内容：

（1）请根据你的想象分别以大狗熊、大灰狼、狐狸、小猴子的语气语调说一句话。

（2）请分别以老年人、中年人、小孩的语气语调说一句话。

（3）请分别用生气、高兴、害怕、难为情的感觉说一句话。

（4）用三分钟时间快速阅读下面故事，然后脱稿试讲。

小蝌蚪找妈妈

暖和的春天来了。池塘里的冰融化了。青蛙妈妈睡了一个冬天，也醒来了。她从泥洞里爬出来，扑通一声跳进池塘里，在水草上生下了很多黑黑的圆圆的卵。

春风轻轻地吹过，太阳光照着。池塘里的水越来越暖和了。青蛙妈妈下的卵慢慢地都活动起来，变成一群大脑袋长尾巴的蝌蚪，他们在水里游来游去，非常快乐。

有一天，鸭妈妈带着她的孩子到池塘中来游水。小蝌蚪看见小鸭子跟着妈妈在水里划来划去，就想起自己的妈妈来了。小蝌蚪你问我，我问你，可是谁也不知道。

“我们的妈妈在哪里呢？”

他们一起游到鸭妈妈身边，问鸭妈妈：“鸭妈妈，鸭妈妈，您看见过我们的妈妈吗？请您告诉我们，我们的妈妈是什么样的呀？”

鸭妈妈回答说：“看见过。你们的妈妈头顶上有两只大眼睛，嘴巴又阔又大。你们自己去找吧。”

“谢谢您，鸭妈妈！”小蝌蚪高高兴兴地向前游去。

一条大鱼游过来了。小蝌蚪看见头顶上有两只大眼睛，嘴巴又阔又大，他们想一定是妈妈来了，追上去喊妈妈：“妈妈！妈妈！”

大鱼笑着说：“我不是你们的妈妈。我是小鱼的妈妈。你们的妈妈有四条腿，到前面去找吧。”

“谢谢您啦！鱼妈妈！”小蝌蚪再向前游去。

一只大乌龟游过来了。小蝌蚪看见大乌龟有四条腿，心里想，这回真的是妈妈来了，就追上去喊：“妈妈！妈妈！”

大乌龟笑着说：“我不是你们的妈妈。我是小乌龟的妈妈。你们的妈妈肚皮是白的，到前面去找吧。”

“谢谢您啦！乌龟妈妈！”小蝌蚪再向前游去。

一只大白鹅“吭吭”地叫着，游了过来。小蝌蚪看见大白鹅的白肚皮，高兴地想：这回可真的找到妈妈了。追了上去，连声大喊：“妈妈！妈妈！”

大白鹅笑着说：“小蝌蚪，你们认错了。我不是你们的妈妈，我是小鹅的妈妈。你们的妈妈穿着绿衣服，唱起歌来‘咯咯咯’的，你们到前面去找吧。”

“谢谢您啦！鹅妈妈！”小蝌蚪再向前游去。

小蝌蚪游呀、游呀，游到池塘边，看见一只青蛙坐在圆荷叶上“咯咯咯”地唱歌，他们赶快游过去，小声地问：“请问您，您看见了我们的妈妈吗？她头顶上有两只大眼睛，嘴巴又阔又大，有四条腿，白白的肚皮，穿着绿衣服，唱起歌来‘咯咯咯’的……”青蛙听了“咯咯”地笑起来，她说：“唉！傻孩子，我就是你们的妈妈呀！”

小蝌蚪听了，一齐摇摇尾巴说：“奇怪！奇怪！我们的样子为什么跟您不一样呢？”

青蛙妈妈笑着说：“你们还小呢。过几天你们会长出两条后腿来；再过几天，你们又会长出两条前腿来，四条腿长齐了，换上了绿衣服，就跟妈妈一样了，就可以跟妈妈跳到岸上去捉虫吃了。”

小蝌蚪听了，高兴得在水里翻起跟头来：“啊！我们找到妈妈了！我们找到妈妈了！好妈妈，好妈妈，您快到我们这儿来吧！您快到我们这儿来吧！”

青蛙妈妈扑通一声跳进水里，和她的孩子蝌蚪一块儿游玩去了。

第二节　创编故事

创编故事是一种不同于写作文的文学创作。它要求作品除了具备记叙文的一些特点外，还应该注意以下几点：

（1）情节尽量曲折。

（2）人物性格差异要尽量大。

（3）人物对话要多、要口语化。

（4）叙述语言要尽量生活化。

训练内容：

训练一：

（1）将下列词语串成一个小故事。春天　小河　衣服　狡猾　后悔

（2）请以“小青蛙智斗大灰狼”为题编讲一个故事。

训练二：

请按下列要求编讲故事。

（1）请编一个科普小故事。

（2）请分别编一个春天、夏天、秋天、冬天的故事。

（3）请以下列主题编讲故事。

诚信　撒谎　骄傲　懒惰　勤劳　分享　环保　马虎　小气　贪玩

谦虚　霸道　（不）讲卫生　刻苦学习　救死扶伤　交通规则　尊老爱幼

自私自利　不劳而获　占小便宜　团结友爱　互帮互助　自我保护

勤学苦练　持之以恒　知错就改　文明礼貌　社会公德

（4）根据所给的开头，续写一个故事。

①有一天，天气很好，小白兔挎着小篮子去大森林里采蘑菇。她走着走着……

②有一天，小花猫喵喵的妈妈给喵喵买回来一串项链。这串项链别提有多漂亮了，喵喵把它戴在脖子上，对着镜子左看看右看看，心里美极了！它想：“我得让别的小动物们都看看。”想到这里，喵喵走出了家门……

（5）根据所给的情节扩写故事。

①乌鸦得到一块肉，站在树枝上，狐狸看到了，把肉骗到自己嘴里。

②小羊到河边喝水，大灰狼看到了，找种种借口吃掉了小羊。

（6）看图编故事。请仔细观察下面图片，各编一个故事。

第三节　讲故事训练材料

下面所收集的故事是常见的讲故事练习材料，其中的故事篇幅有长有短，内容有喜有悲，人物基本涵盖了常见的人物形象与类型。在此提供给大家，供练习之用。

小兔子找太阳

有一只可爱的小兔子，听说太阳是红红的、圆圆的，便要去找太阳。

它来到屋子里，提着两盏红红的、圆圆的灯笼问妈妈："妈妈，这是太阳吗？"

妈妈说："不，这是两盏红灯笼，太阳在屋子外面呢！"

小兔子来到菜园子里，看见三个红红的、圆圆的萝卜，问妈妈："妈妈，这是太阳吗？"

妈妈说："不，这是三个红萝卜，太阳在天上呢！"

小兔子抬起头，看见天上飘着红红的、圆圆的气球，问妈妈："妈妈，这是太阳吗？"

妈妈说："不，这是红气球……"

小兔子焦急地喊："真急人，太阳到底在哪儿呢？"

妈妈说："瞧，太阳只有一个，还会发光呢！"

小兔子顺着妈妈手指的方向，抬起头，大声叫："妈妈，我找到了，太阳红红的、圆圆的、亮亮的，照在身上暖洋洋的。”

小猴种果树

春天，小猴在山坡上刚栽下一排梨树，就张罗开了：“我栽的梨树要结果子啦！”

小山羊正在栽杏树，他对小猴子说：“兄弟，你高兴得太早了。梨树要五年才结果呢。”小猴子一听，心里凉了半截，忙问山羊：“你栽的杏树几年结果呀？”山羊回答说：“只要四年。”

小猴子连夜把梨树拔了，改栽了杏树，又张罗开了：“我的杏树，四年就能结杏子！”

小黄牛正在给桃树施肥，他抬起头来对小猴子说：“吹什么！我种的桃树，三年就能结大桃子！”

小猴子后悔自己错栽了杏树，又连夜拔掉，栽上了桃树。然后，他又吹嘘自己种的桃树多么好，结果结得多么早。

小白马正在给樱桃树浇水，他不耐烦地对小猴子说：“我种的樱桃树，只要两年就结果。”小猴子一听，又心动了……

几年后，漫山遍野的果树丰收了！种杏的得杏，种桃的得桃，种樱桃的得樱桃，只有小猴子两手空空，一无所得。

种妈妈

一个六岁的小女孩，从小失去了母亲。虽然奶奶像妈妈一样给予了她无微不至的关怀与照顾，但见到别的小女孩依偎在妈妈怀里撒娇的样子，她的心里就痛痛的。她不止一次地问奶奶，妈妈去了哪里，可奶奶每次都说妈妈出远门了。妈妈会去哪里呢？每当奶奶喂鸡，她一个人在屋里时，混沌的脑海中便一次次升腾起企盼妈妈回家的想法。

在一个阴雨霏霏的早晨，小女孩和奶奶一块儿来到花园里，她见到花匠刨开一个坑，丢进一粒种子，然后浇上水，用土埋好，就好奇地问花匠叔叔在干什么。花匠叔叔说：“种花。”小女孩又奇怪地问：“花就这样开吗？”花匠叔叔耐心地给她解释说：“在潮湿的地里，埋进花的种子，过不了多久，种子就会发芽。长大了，花就开啦！”小女孩默默地记在了心里。

回到家，她向奶奶要了一张妈妈的照片，奶奶问她干什么，她怎么也不肯回答。因为那是她的秘密呀！小鸟的秘密还不肯告诉她呢，她为什么要说？哼！

又是一个阴雨霏霏的早晨，小女孩悄悄地来到了奶奶家房后的草地上。她用小铲使劲地撬开了一个坑，然后把妈妈的照片小心翼翼地放了进去，埋上土，用奶奶给她买的小塑料桶提了满满一桶水，浇在土坑里，蹲在地上呆愣了好一阵子，才慢慢地走回奶奶家。

从此，每天早晨，小女孩都会提来一小桶水浇在埋有妈妈照片的土坑里。她是那么虔诚地相信妈妈的照片会在她的精心浇灌下发芽、长大，然后在一个阳光灿烂的中午，妈妈翩翩地来到她面前，抱着她，亲她……

小白兔家的红玫瑰

小白兔家的小院子里种着红玫瑰，小白兔喜欢看着这些红玫瑰发芽，吐叶，开出无比绚丽的花朵。

有一天，小白兔突然病了，病得很严重。嘴里天天念叨着想有一床红色的被子，上面绣着玫瑰花，可兔妈妈怎么也找不着这样的被子，她所能做的只有安慰小白兔。一天早上，兔妈妈打开门，发现门口有一条红被子，上面绣着栩栩如生的红玫瑰，还飘着玫瑰特有的芳香。兔妈妈赶紧把被子给小白兔盖上，有了这条被子，小白兔高兴极了，连病都好了一半。小白兔这才开始觉得饿了，兔妈妈想去摘些青菜，可篮子却破旧极了，兔妈妈出了门，发现开得正旺的红玫瑰一朵都不见了，只剩下绿叶在那里荡漾。兔妈妈叹了口气，回到屋里。这时，传来敲门声，兔妈妈开了门，发现了一个绿色的篮子，于是就用这个篮子运回了一些青菜。

冬天，小白兔去了医院，医生告诉小白兔："多烤烤火，你的病就不成问题了。"小白兔回来了，把医生的话告诉了妈妈。兔妈妈出去看了看，玫瑰的叶子也没有了，只剩下光秃秃的枝干，就把它们折下来，当成干柴烧了，小白兔在火旁坐着，暖和极了。

晚上，一个白胡子老人来到仅剩下的玫瑰根前，说："你什么都没有了，还会很快枯死，我要给你新的生命，你希望做什么？"玫瑰说："我还要做小白兔家的红玫瑰。"

第二年，玫瑰的根上发出了嫩芽……

小猴子画桃

小猴子很喜欢画画，而且画得也很好，以前他的很多美术作品还得了不少奖呢！

这天，老师布置了一项作业，就是画一幅桃子的画。他回到家，拿出冰箱里仅有的三个桃子，摆在盘子里，开始照着画起来。谁不知道小猴是吃桃的能手呢！他刚拿起画笔，看着这些鲜红鲜红的桃子，越看越眼馋。于是他想：干脆我先吃一个，剩下两个不是照样可以画吗！想到这里，他拿起一个，大口大口地吃起来，边吃边说："嗯，这桃子真甜！"

吃完以后，他又开始画起来，画着画着，他又被那鲜红的桃子所诱惑，不知不觉地口水都流下来了。他想：我再吃一个吧，剩下一个照样可以画！他放下画笔，又拿起一个，狼吞虎咽地吃起来。不一会儿，一个桃子又下肚了。小猴子心想：不能再吃了，就剩下一个了，再吃画就画不成了。于是小猴又拿起笔画了起来。

可是没一会儿，小猴的馋病又犯了，他的手不由自主地伸向了最后那个桃子……

你们猜，小猴的桃子画成了没有？告诉你们吧，最后小猴只好画了一张空盘子的画，交给了老师。

老爷爷的帽子

冬天到了，北风呼呼地吹，天气很冷。有一只小鸟真可怜，它在树枝上冷得直发抖。

一位老爷爷走来，看见了小鸟，心想："这只小鸟多可怜呀，这么冷的天，它一定会冻死的。"小鸟对老爷爷说："风把我们的窝给吹走了，我们没有家了。"老爷爷说："别着急，我来帮你们想办法。"老爷爷就用自己的帽子给小鸟做鸟窝，帽子真暖和。

小鸟想到树林里还有许多怕冷的小鸟，就把它们都叫来，一起飞进了老爷爷的帽子。它们非常感谢老爷爷。以后老爷爷也天天来看小鸟，小鸟们每次都唱歌给老爷爷听。

有一天老爷爷没有来，原来他病了。小鸟想："一定是爷爷把帽子给了我们，自己着凉生病了，我们赶快给老爷爷做顶帽子吧。"小鸟们就用自己的羽毛做了一顶帽子送给老爷爷。老爷爷非常感谢小鸟，他的病很快就好了。

想飞的小象

有一只小象，刚刚生下来。第一天，他看到了许多小动物。到了第二天，他认识了许多花儿、草儿。第三天呢，妈妈带他到河边，他看见了河水和高山。小象说："世界真大呀！"这时，一只小鸟在天空中飞来飞去。

小象想："要是我也会飞，可以看更多的东西，多好呀！"

小象爬到树上学飞，“哎哟”一声，摔了一个大跟头。

蛇看见了说：“小象，我们有自己的本事。我不会飞，可我会在树上睡觉。”

狮子说：“我也不会飞，可是，我能跳过宽宽的大河。”

老虎说：“我不会飞，可是，我会游泳。”

爸爸妈妈对小象说：“我们大象力气大，这是小鸟不能比的。”

小象明白了，他跟着爸爸妈妈运木头。他用长鼻子一钩，大木头就搬走了。大家都喜欢他。小象说：“我是小象真幸福。”

小猪和靴子

清晨，小猪去树林里玩。忽然，他发现树边有一个红红的东西，口小底大，摸上去很滑：“咦，这是什么？好像是个皮袋子，是谁丢的呢？”

小猪手里拿着这东西，嘴里叫着：“谁丢了袋子，谁丢了袋子？”

树上的八哥听见了，“叽叽喳喳”地说：“小猪，这不是袋子，是一顶漂亮的红帽子呀！”

“噢，不是袋子是帽子。”小猪连忙戴在头上，一边走一边叫，“谁丢了帽子，谁丢了帽子？”狐狸看见了，嘻嘻地笑起来：“小猪，这不是帽子，是一只好看的瓶子呀！”

“嗯，这瓶子真不错。”小猪采了许多美丽的野花放进瓶子里。

“谁丢了瓶子？”小猪捧着瓶子走一步，叫一声。

这时候，来了一只小花狗。他知道了这事，对小猪说：“没人丢，没人领，就送给生病的小熊吧！”小猪和小狗来到了小熊家，把这个没人领的瓶子和花送给小熊。小熊一看，高兴地跳起来：“哇，这不是瓶子，是我心爱的红靴子呀！”小熊的病也好了，三个好朋友嘻嘻哈哈，庆祝红靴子找到了主人，回到了家。

胆小先生

有一位先生，住在一座漂亮的房子里。因为他的胆子很小，大家都叫他胆小先生。

一天，一只大老鼠闯进了他的房子。胆小先生马上去捉，结果在地下室捉住了它。

“你放了我！”大老鼠挣扎着说，“我要是一跺脚，整个房子就塌了。”

胆小先生害怕了，连忙放开了它，还允许它住在地下室里。

地下室里吃的东西真多，大老鼠吃呀，喝呀，真开心。后来，大老鼠生了一窝小老鼠，小老鼠又长大了。很快，地下室住满了老鼠。

“不行，不行！”大老鼠冲着胆小先生嚷嚷，“这么多老鼠住这么一个小小的地下室，而你一个人住那么多房间，太不合理了，得换房子。”

“换房子？”胆小先生住在地下室，老鼠们住进各个房间，它们在宽大的客厅里唱呀，跳呀，在喷香的厨房里喝呀，吃呀，每天都像过节一样。

“你应该搬出去！”大老鼠又冲着胆小先生嚷嚷，“你干吗住在地下室？这么好的地下室，你配住吗？”“什么？”胆小先生气愤得跺了一下右脚，“咚——”老鼠们害怕了，它们个个抱头乱窜，以为地震了。“哦，原来我是很有力量的！”胆小先生抓起旧扫帚，这儿一扑，那儿一打，这儿一戳，那儿一捣，老鼠被打得“吱吱”叫，全逃走了。

胆小先生后来怎么样了？小朋友能猜到吗？

小象转学

小象贝托在大象学校上学。有—天，他气呼呼地跑回家，从长鼻子里喷着气，对妈妈说：“大象学校太糟糕了，成天教我们搬木头，把我们累得半死，我要到别的学校去上学！”

象妈妈把贝托送到猫咪学校去。猫老师教贝托抓老鼠。老鼠们在贝托脚边跳来跳去，贝托笨手笨脚地踩呀踩，可怎么也踩不着。他又用长鼻子去卷，可老鼠们一跳，就跳到他的鼻子上，在那上面跳起舞来。一只淘气的小老鼠还钻进他的鼻孔里，慌得他连打了好几个喷嚏，才把小老鼠赶出去。

贝托不喜欢猫咪学校，象妈妈又把他送到猴子学校去。

猴老师教贝托学爬树，可贝托身子太笨重，刚刚趴到树干上，就滑了下来，怎么也上不去。贝托对妈妈说：“猴子学校没意思！公鸡打鸣很好听，我还是到鸡学校去上学！”

公鸡老师教贝托学打鸣。贝托拼命拉长他的短脖子，憋着嗓门想叫“喔喔喔”，可他发出的总是粗嗓音“噢——噢——”

贝托又改变主意了，说：“马儿跑起来多威风！我还是到马儿学校去吧！”

马老师教贝托跑步，对他说：“跑步的时候要撒开蹄儿，跑得像云那么轻，风那么快。”

贝托跑了起来，“咚！咚！咚！”他那粗笨的脚儿踩在地面上，就像在打鼓。他刚跑一会儿就累坏了，不停地喘着粗气。

贝托不好意思地对妈妈说：“不管学什么都不容易，我还是回到大象学校去吧！”

这回，贝托认真学习搬木头，终于学会了。只见他用长鼻子把树干一卷，使劲儿一拔，大树就拔下来了！接着，他又把一根根木头堆在一起，用长鼻子卷着，运出了树林。

大家都说：“贝托干得不错，真是大象学校的好学生！”

贝托高兴地翘起长鼻子，眯着眼睛笑了。

会打喷嚏的帽子

魔术团里，有一位老爷爷，老爷爷有一顶奇怪的帽子。他朝帽子吹一口气，里面就会变出许多好吃的东西来，有糖果、蛋糕，还有苹果！

“嗨！把这顶奇怪的帽子偷来，该有多好！”

这话谁说的？嗯，是几只耗子说的。晚上，它们就悄悄地溜到老爷爷家里去了。老爷爷正睡着呢，那顶奇怪的帽子，没放在柜子里，也没放在箱子里。在哪里呢？就盖在老爷爷的脸上。

“好啦，我看还是叫小耗子偷最合适，它个子小，脚步又轻。”大耗子挤挤小眼睛说。

“吱！”小耗子害怕地尖叫起来，“我不去！我怕‘呼噜’，你们没听见，奇怪的帽子里藏着一个呼噜，它叫起来，地板窗户都会动的，吓人！”

可不是，老爷爷在打呼噜，呼噜呼噜，像打雷似的。大耗子叫黑耗子去偷，黑耗子不敢；叫灰耗子偷，灰耗子也不敢；反正叫谁去偷，谁都说“不敢”。

大耗子生气了，摸摸长胡子说：“好啦！好啦！都是胆小鬼，你们不去，我去。等会儿，我偷来了帽子，变出许多好吃的东西来，你们可别流口水。”

话是这么说，其实，大耗子心里也挺害怕，它一步一抬头，防着帽子里的那个呼噜突然钻出来咬它。也真巧，它刚走到老爷爷床跟前的时候，呼噜不响了。这下，大耗子可得意啦，原来呼噜怕我呀！它轻轻一跳，跳上了床，爬到老爷爷的枕头旁边，用尖鼻子闻了闻那顶帽子，啧啧，好香哟，有糖果的味儿，蛋糕的味儿！快！快！它把尾巴伸到帽子底下去，想用尾巴把帽子顶起来。咦，这是怎么啦？尾巴伸到一个小窟窿里去了。哎呀，什么小窟窿，是老爷爷的鼻孔啊！

“阿嚏——”老爷爷觉得鼻孔痒痒的，打了个大大的喷嚏，吓得大耗子连滚带爬，一口气跑到门口，对它的伙伴说：“快跑，快跑！”

耗子们闹不清是怎么回事，跟着它跑啊，跑出好远，才停下来。它们问大耗子：“这是怎么回事啦？你偷来的帽子呢？”

大耗子说：“帽子里藏着一个阿嚏，这个阿嚏可比呼噜厉害多了。你们一碰它，它就轰你一炮，要不是我跑得快，差点儿给炸死了。”

灰角鹿

一只小鹿因为生病，头上的角变成了灰色，它伤心极了！

一天，它正在树丛中睡觉，一只小鸟飞到了它的头上，小鸟看了看四周想：这要是搭个鸟窝该多好啊！于是，小鸟衔来许多干草和树枝放在小鹿的头上，不一会儿，一个漂亮的鸟窝就搭好了，小鹿睡醒后发现自己的头上成了鸟窝，心想：小鸟搭一个窝多不容易，以后我得慢慢地走，别把小鸟给摔坏了。

下雨了，小鹿躲到树叶下，怕把小鸟给淋湿了；天晴了，小鹿站在太阳下让小鸟把羽毛晒干；小鸟学习飞翔时，不小心从天上掉下来，小鹿赶紧用鼻子接住它。

小鸟渐渐地长大了，它和它的孩子一起衔来许多漂亮的牵牛花放在小鹿头上，小鹿的灰角变成了美丽的“花角”。

桃树下的小白兔

远远的，滚来一个雪球。

哟，不是雪球，是一只小白兔，连蹦带跳地跑了过来．

老桃树摇着树枝，说：“小白兔，你就住在我这儿吧！这儿美呀，有草地，有鲜花，还有一条小溪，整天叮叮咚咚弹着琴。”小白兔点点头，就在老桃树的树根旁边挖了个洞，住了下来。

一天，小白兔跑到水塘边，一瞧，水塘上映着蓝天、白云，咦，怎么还有一片粉红色的东西？小白兔抬头一望，啊，原来是一树桃花。暖和的风吹过，花瓣落了下来，好像下着一场粉红色的雪。小白兔捡起花瓣，想起许多朋友。

“我要把这些花瓣寄给我的朋友。”

小白兔在每一个信封里，装进一片花瓣。再把信往天上一撒，说：“飞吧，飞吧，快飞到朋友们的身边去。”

狗、公鸡和狐狸

狗与公鸡结交为朋友，他们一同赶路。到了晚上，公鸡一跃跳到树上，在树枝上栖息，狗就在下面树洞里过夜。

黎明到来时，公鸡像往常一样啼叫起来。有只狐狸听见鸡叫，想要吃鸡肉，便跑来站在树下，恭敬地请鸡下来，并说：“多么美的嗓音啊！太悦耳动听了，我真想拥抱你。快下来，让我们一起唱支小夜曲吧。”鸡回答说：“请你去叫醒树洞里的那个看门守夜的，他一开门，我就可以下来。”狐狸立刻去叫门，狗突然跳了起来，把他咬住撕碎了。

海龟爬山

海龟爬上礁石，被一只海鸟看见了。海鸟奉承说：“海龟先生，你能爬上礁石，就一定能爬上大山。”

海龟想：是啊，我能爬上礁石，能爬不上大山吗？能，一定能！

没有多想，海龟游出大海，到了海边的大山脚下，往山上爬去。

山上的猴子看见了，问海龟干什么。海龟说要爬山。猴子马上劝阻，叫它不要爬。海龟不听，想着能爬上礁石就能爬上大山，还是爬。

没爬几下，海龟扒不住山岩，骨碌碌地滚了下去。海龟不服气，又爬，又滚下山。这一回，正好跌在山脚下的一块大石头上，龟壳破裂。

猴子跑来说：“怎么样呀？听不进劝告，只听奉承，能不失败吗！”

海龟哑口无言。

小荷花找朋友

一朵荷花孤零零地站在池塘里，她感到孤单，因为没有朋友和她玩。一条小鱼游过来，小荷花说：“小鱼弟弟，咱们一起玩儿吧。”小鱼说：“不行，我还要去参加游泳比赛呢。”说完，小鱼就游走了。一只青蛙跳到荷叶上，小荷花说：“青蛙哥哥，青蛙哥哥，咱们做朋友吧。”小青蛙说：“不行，不行，我还要练唱歌呢！”天渐渐黑了，小荷花很伤心。月亮看见了，问小荷花：“荷花妹妹，你为什么不高兴呢？”小荷花说：“因为没有朋友和我玩儿。”月亮说：“那我和你做朋友吧。”小荷花看了看月亮说：“可你在天上，我在地上，怎么和我玩儿呢？”月亮说：“不要紧，我可以陪你说话呀！可以唱歌、讲故事给你听呀！”于是，月亮天天晚上陪小荷花说话，她们俩成了好朋友。

小蝌蚪找妈妈

暖和的春天来了。池塘里的冰融化了。青蛙妈妈睡了一个冬天，也醒来了。她从泥洞里爬出来，扑通一声跳进池塘里，在水草上生下了很多黑黑的圆圆的卵。

春风轻轻地吹过，太阳光照着。池塘里的水越来越暖和了。青蛙妈妈下的卵慢慢地都活动起来，变成一群大脑袋长尾巴的蝌蚪，他们在水里游来游去，非常快乐。

有一天，鸭妈妈带着她的孩子到池塘中来游水。小蝌蚪看见小鸭子跟着妈妈在水里划来划去，就想起自己的妈妈来了。小蝌蚪你问我，我问你，可是谁也不知道。

“我们的妈妈在哪里呢？”

他们一起游到鸭妈妈身边，问鸭妈妈：“鸭妈妈，鸭妈妈，您看见过我们的妈妈吗？请您告诉我们，我们的妈妈是什么样的呀？”

鸭妈妈回答说：“看见过。你们的妈妈头顶上有两只大眼睛，嘴巴又阔又大。你们自己去找吧。”

“谢谢您，鸭妈妈！”小蝌蚪高高兴兴地向前游去。

一条大鱼游过来了。小蝌蚪看见头顶上有两只大眼睛，嘴巴又阔又大，他们想一定是妈妈来了，追上去喊妈妈：“妈妈！妈妈！”

大鱼笑着说：“我不是你们的妈妈。我是小鱼的妈妈。你们的妈妈有四条腿，到前面去找吧。”

“谢谢您啦！鱼妈妈！”小蝌蚪再向前游去。

一只大乌龟游过来了。小蝌蚪看见大乌龟有四条腿，心里想，这回真的是妈妈来了，就追上去喊：“妈妈！妈妈！”

大乌龟笑着说：“我不是你们的妈妈。我是小乌龟的妈妈。你们的妈妈肚皮是白的，到前面去找吧。”

“谢谢您啦！乌龟妈妈！”小蝌蚪再向前游去。

一只大白鹅“吭吭”地叫着，游了过来。小蝌蚪看见大白鹅的白肚皮，高兴地想：这回可真的找到妈妈了。追了上去，连声大喊：“妈妈！妈妈！”

大白鹅笑着说：“小蝌蚪，你们认错了。我不是你们的妈妈，我是小鹅的妈妈。你们的妈妈穿着绿衣服，唱起歌来‘咯咯咯’的，你们到前面去找吧。”

“谢谢您啦！鹅妈妈！”小蝌蚪再向前游去。

小蝌蚪游呀、游呀，游到池塘边，看见一只青蛙坐在圆荷叶上“咯咯咯”地唱歌，他们赶快游过去，小声地问：“请问您，您看见了我们的妈妈吗？她头顶上有两只大眼睛，嘴巴又阔又大，有四条腿，白白的肚皮，穿着绿衣服，唱起歌来‘咯咯咯’的……”

青蛙听了“咯咯”地笑起来，她说：“唉！傻孩子，我就是你们的妈妈呀！”

小蝌蚪听了，一齐摇摇尾巴说：“奇怪！奇怪！我们的样子为什么跟您不一样呢？”

青蛙妈妈笑着说：“你们还小呢。过几天你们会长出两条后腿来；再过几天，你们又会长出两条前腿来，四条腿长齐了，换上了绿衣服，就跟妈妈一样了，就可以跟妈妈跳到岸上去捉虫吃了。”

小蝌蚪听了，高兴得在水里翻起跟头来：“啊！我们找到妈妈了！我们找到妈妈了！好妈妈，好妈妈，您快到我们这儿来吧！您快到我们这儿来吧！”

青蛙妈妈扑通一声跳进水里，和她的孩子蝌蚪一块儿游玩去了

狐狸和乌鸦

森林里有棵好大好大的树，树上住着乌鸦。树下有个洞，洞里住着一只狐狸。

一天，乌鸦叼来一块肉，站在树上休息，被狐狸看到了。狐狸馋涎欲滴，很想从乌鸦嘴里得到那块肉。由于乌鸦在树枝上嘴里叼着肉，狐狸没有办法在树下得到。对肉的垂涎三尺又使狐狸不肯轻易放弃。它眼珠一转说：“亲爱的乌鸦，您好吗？”

乌鸦没有回答。狐狸只好赔着笑脸又说：“亲爱的乌鸦，您的孩子好吗？”

乌鸦看了狐狸一眼，还是没有回答。狐狸摇摇尾巴，第三次说话了：“亲爱的乌鸦，您的羽毛真漂亮，麻雀比起您来，就差远了。您的嗓子真好，谁都爱听您唱歌，您就唱几句吧？”

乌鸦听了非常得意：说我嗓子好，爱听我唱歌的唯独只有你狐狸，就高兴地唱了起来。刚一张嘴，肉就从嘴里掉了下去。

狐狸叼起肉就钻到洞里去了，只留下乌鸦在那里“歌唱”。

两只笨狗熊

狗熊妈妈有两个孩子，一个叫大黑，一个叫小黑，他们长得挺胖，可是都很笨，是两只笨狗熊。

有一天，天气很好，哥儿俩手拉手一起出去玩儿。他们走着，走着，忽然看见路边有一块很大很大的干面包，捡起来闻闻，嘿，香喷喷的。可是只有一块干面包，两只小狗熊怎么吃呢？大黑怕小黑多吃一点，小黑也怕大黑多吃一点。这可不好办哪！

大黑说：“咱们分了吃，可要分得公平，我的不能比你的小。”

小黑说：“对，要分得公平，你的不能比我的大。”

哥儿俩正闹着呢，狐狸大婶来了，她看见干面包，眼珠骨碌碌一转，说：“噢，你们是怕分得不公平吧，让大婶来帮你们分。”哥儿俩说：“好，好，咱

们让狐狸大婶来分吧。”

狐狸大婶接过干面包，恨不得一口吞下去，可是她没有这样做，一下子把干面包分成两片，哥儿俩一看，连忙叫起来：“不行！不行！一块大，一块小。”

狐狸大婶说：“你们别着急，瞧，这一块大一点吧，我咬它一口。”狐狸大婶张开大嘴巴啊呜咬了一口，哥儿俩一看，又叫起来了：“不行，不行，这块大的被你咬了一口，又变成小的了。”

狐狸大婶说：“你们急什么呀，那块大了，我再咬它一口吧。”狐狸大婶张开大嘴巴又啊呜咬了一口，哥儿俩一看，急得叫起来：“那块大的被你咬了一口，又变成小的了。”

狐狸大婶就这样这块咬一口，那块咬一口，干面包只剩下小手指头那么一点儿了。她把一丁点大的干面包分给大黑和小黑，说：“现在两块干面包都一样大小了，吃吧，吃吧，吃得饱饱的。”

大黑和小黑你看看我，我看看你，一句话也说不出来。

狮子和老鼠

一个炎热的下午，狮子在窝里睡觉，一只老鼠从它的鼻子上跑过，把它惊醒了。狮子大吼一声，用它巨大的爪子把老鼠压死，老鼠喊道：“啊，饶了我吧，先生，我实在不值得被您杀死。我没有冒犯您的意思，而且我一点儿也不好吃。”“此外，”老鼠吱吱地道，“如果您现在饶了我，也许有朝一日我能为您做点什么事。”

狮子哈哈大笑，但它把爪子抬了起来。老鼠跳起跑开了，狮子笑着又睡着了。

不久，狮子在林中觅食，陷入了罗网。猎人们在狮子经常出没的小道上布下了绊脚索，在路的上方悬空支一张大网，狮子脚被绳子一绊，那张网就落下来，罩住狮子，把它困在网内，直到第二天早上。

狮子又扭、又滚、又抓、又咬，但它越挣扎，那张网好像把它勒得越紧，不久就动弹不得了。狮子见逃脱无望，怒吼起来，巨大的吼声响彻森林的每个角落。那天夜里，老鼠恰好也出来寻食。它听出这是狮子的声音，就尽快跑到出事地点。它一眼就看出是怎么回事了，就停下来说：“先生，别着急，我很快就能让您出来。先生，请别动。”说着，它开始咬那粗绳。一会儿工夫，狮子的前爪自由了；随后，头部和鬃毛也解放了；接着，后腿也挣脱出来了；最后，尾巴也摆脱了罗网。

小老鼠答应过为大狮子做点事，它做到了。事实上，它救了狮子的命。

其实每个人都有他的长处，短处，就像非常弱小的老鼠也可以在关键时刻解救强大的狮子，而作为森林之王的狮子在被困住的时候也只能无奈地等死。所以不要轻易地小看别人哦！和每一个自信而友好的人做朋友吧，他们总会让你有所收获的。

鸭妈妈找蛋

鸭妈妈，生鸭蛋，那鸭蛋像姑娘的脸蛋，谁见了都说：“啊，多么可爱的鸭蛋！”鸭妈妈听了，乐得呷呷呷地叫：“嗯，这是我生的蛋啊！”

可是，鸭妈妈有个毛病：不在窝里生蛋，她走到哪里，要生蛋了，就生在哪里，所以她常常找不到自己生的蛋。

有一天傍晚，鸭妈妈又忘了在哪儿生的蛋了，她在院子里跑来跑去，怎么也找不着，就问母鸡：“鸡大姐，您看见过我的蛋吗？您拾过我的蛋吗？”

母鸡说：“我没看见呀！”

鸭妈妈赶紧跑出院子去，正碰上老山羊带着小山羊回家来。鸭妈妈忙问老山羊：“羊大叔，您看见过我的蛋吗？您拾过我的蛋吗？”

老山羊说：“我没拾过你的蛋呀！你到池塘边去找找看。”鸭妈妈奔到池塘边，找了好一阵子，还是没找着，只好回到院子里。她看见黄牛回家来，就问：“牛大伯，您看见过我的蛋吗？您拾过我的蛋吗？”

黄牛说：“我可没见过你的蛋，也没拾过你的蛋。你老是丢三落四的，这可不好啊！”

鸭妈妈叹了一口气说：“唉！我忙得很哪，要游水，要捉小鱼小虾，还要下蛋……一忙，就记不清蛋生在哪儿了。”

黄牛说：“你说你忙，我呢？耕地，拉车，磨面，可不像你那样丢三落四的。”

母鸡说：“我也生蛋呀，我都生在窝里，可不像你天天要找蛋。”

山羊说：“你呀，做事不用脑子！”

鸭妈妈拍了拍脑袋，说：“啊，啊，不是我不用脑子，一定是我的脑子有毛病！”

山羊、黄牛和母鸡一起劝鸭妈妈：“你别着急，好好儿想一想：你今天到过哪些地方？到底在哪里生了蛋？”

鸭妈妈低下头，从大清早出窝想起——池塘边吗？没生过蛋。草地上吗？也没生过蛋。小树林里吗？根本没去玩过。

“啊，啊！”鸭妈妈想起来了，她可难为情了，低着头说，“今天，今天，我还没生过蛋！”

猴王吃西瓜

猴王找到了一个大西瓜，可是，怎么吃呢？这个猴王啊，是从来也没有吃过西瓜的。忽然，他想出了一条妙计，于是，他把所有的猴都招集来了。

他清了清嗓子，说：“今天，我找到了一个大西瓜。至于这西瓜的吃法嘛，我当然……当然是知道的。不过，我要考验一下你们的智慧，看看谁能说出这西瓜的吃法。如果说对了，我可以多赏他一块。如果说错了，我可要惩罚他！”

大伙儿你看看我，我看看你，可是谁也没有吃过西瓜。

小毛猴眨巴眨巴眼睛，挠了挠腮说：“我知道，吃西瓜是吃瓤儿！”

“不对！小毛猴说得不对！”秃尾巴猴跳了起来，“我跟我妈去姥姥家，吃过甜瓜，吃甜瓜就是吃皮。我想，这甜瓜也是瓜，西瓜也是瓜，吃西瓜嘛，当然也是吃皮咯。”

这时候，大伙儿争执起来，有的说：“吃西瓜吃皮！”有的说：“吃西瓜吃瓤儿！”可争了半天，也没争出个结果，于是都不由得把目光集中到一个老猴的身上……

这老猴认为出头露面的机会来了，他捋了捋胡子，清了一下嗓子说：“这吃西瓜嘛，当然……当然是吃皮咯。我从小就爱吃西瓜，而且……而且一直都是吃皮的。我想，我之所以老而不死，就是因为吃了这西瓜皮的缘故……”

大伙儿都欢呼起来：“对！吃西瓜吃皮！吃西瓜吃皮！……”

猴王认为找到了正确答案，他站起身来，上前一步，开言道：“对！大伙儿说得对！吃西瓜是吃皮。哼！就小毛猴崽子一个人说吃西瓜吃瓤儿，那就让他自己吃吧！咱们大伙儿，都吃西瓜皮！”

西瓜一刀两半，小毛猴吃瓤，大伙共分西瓜皮……

有个猴吃了两口，就捅了捅旁边的说：“哎，我说这可不是滋味啊！”

“咳，老弟，我常吃西瓜，西瓜嘛，就是这味儿……”

小熊请客

有一只狐狸，又懒又馋，整天吃饱了睡，睡够了就去偷东西吃，谁见了他都讨厌。

有一天，狐狸正饿着呢，看见小猫咪走过，就问：“小猫咪，你到哪里去？”

小猫咪说:“今天小熊请客，我到他家里去。”

狐狸说:“你带我一起去吧！”

小猫咪说：“狐狸，狐狸，你不劳动，还想白吃东西，哼，我才不带你去呢！”

狐狸叹口气，正想躺下去，看见小花狗走过，就问:“小花狗，你到哪里去？”

小花狗说:“今天小熊请客，我到他家里去。”

狐狸说:“你带我一起去吧！”

小花狗说：“狐狸，狐狸，你不劳动，还想白吃东西，哼，我才不带你去呢！”

狐狸刚想走开，又看见小公鸡走过，就问:“小公鸡，你到哪里去？”

小公鸡说:“今天小熊请客，我到他家里去。”

狐狸说:“你带我一起去吧！”

小公鸡说：“狐狸，狐狸，你不劳动，还想白吃东西，哼，我才不带你去呢！”

狐狸很生气，心里说：“好哇，你们不带我去，我偏要去，把好东西全吃光！”说着，就朝小熊家走去。

小熊把屋子打扫干净，在桌子上放了三盆菜——小鱼、肉骨头、小虫子。

小猫咪来了，把点心送给小熊。

小熊说:“谢谢你，欢迎你，我也请你吃东西。”他把小鱼端给小猫咪吃。

小花狗来了，把点心送给小熊。

小熊说：“谢谢你，欢迎你，我也请你吃东西。”他把肉骨头端给小花狗吃。

小公鸡来了，把点心送给小熊。

小熊说:“谢谢你，欢迎你，我也请你吃东西。”他把小虫端给小公鸡吃。

忽然，门儿敲得咚咚咚响。

小熊问:“你是谁呀？”

“快开门，我是大狐狸！”

小熊忙对大家说：“我家有许多石头，门儿一开，咱们就拿石头扔他！”大家说:“好！”

小熊把门打开。狐狸一进门就喊:“快把好吃的东西都拿来！”

“给你！给你！给你！”大家一边喊着，一边向狐狸扔石头。狐狸抱着头直叫:“哎呀！哎呀！痛死我啦！”连忙夹着尾巴逃走了。

小马过河

马棚里住着一匹老马和一匹小马。

有一天，老马对小马说：“你已经长大了，能帮妈妈做点事吗？”小马连蹦带跳地说：“怎么不能？我很愿意帮您做事。”老马高兴地说：“那好啊，你把这半口袋麦子驮到磨坊去吧。”

小马驮起口袋，飞快地往磨坊跑去。跑着跑着，一条小河挡住了去路，河水哗哗地流着。小马为难了，心想：我能不能过去呢？如果妈妈在身边，问问她该怎么办，那多好啊！可是离家很远了。小马向四周望望，看见一头老牛在河边吃草，小马“嗒嗒嗒”跑过去，问道：“牛伯伯，请您告诉我，这条河，我能蹚过去吗？”老牛说：“水很浅，刚没小腿，能趟过去。”

小马听了老牛的话，立刻跑到河边，准备过去。突然，从树上跳下一只松鼠，拦住他大叫：“小马！别过河，别过河，你会淹死的！”小马吃惊地问：“水很深吗？”松鼠认真地说：“深得很哩！昨天，我的一个伙伴就是掉在这条河里淹死的！”小马连忙收住脚步，不知道怎么办才好。他叹了口气说：“唉！还是回家问问妈妈吧！”

小马甩甩尾巴，跑回家去。妈妈问他：“怎么回来啦？”小马难为情地说：“一条河挡住了去路，我……我过不去。”妈妈说：“那条河不是很浅吗？”小马说：“是呀！牛伯伯也这么说。可是松鼠说河水很深，还淹死过他的伙伴呢！”妈妈说：“那么河水到底是深还是浅呢？你仔细想过他们的话吗？”小马低下了头，说：“没……没想过。”妈妈亲切地对小马说：“孩子，光听别人说，自己不动脑筋，不去试试，是不行的，河水是深是浅，你去试一试，就知道了。”

小马跑到河边，刚刚抬起前蹄，松鼠又大叫起来：“怎么？你不要命啦！？”小马说：“让我试试吧！”他下了河，小心地趟到了对岸。

原来河水既不像老牛说的那样浅，也不像松鼠说的那样深。

三只小猪

猪妈妈有三个孩子，一只是小黑猪，一只是小白猪，还有一只是小花猪。一天，妈妈对三只小猪说：“孩子们，你们已经长大了，要学些本领。你们明天各自去盖间房子吧。”

三只小猪问：“用什么盖房子呢？”

妈妈说：“比如说用草啊、木头啊、砖头啊，都可以盖房子。”

这天，三只小猪上路了，他们看到前面有一堆草。小黑猪说：“那我就用这些草盖一间房子吧。”小白猪和小花猪继续往前走。他们看见前面有一堆木头，小白猪说：“那我就用这些木头来盖一间房子吧！”

小花猪还是继续往前走，看见前面有一堆砖头，他说：“那我就用这些砖头来盖一间房子吧。”

小花猪一块砖一块砖地盖起来，盖呀盖，盖呀盖，汗出来了，膀子也酸了，还是不肯歇一下。砖房盖好了，小花猪笑了笑。

正好山后面住着一只大灰狼，他说：“三只小猪来得好，正好让我吃个饱！”大灰狼先来到小黑猪的家，敲门让小黑猪开门，小黑猪不肯开。大灰狼用力往前一撞，草房就被撞开了。

小黑猪连忙喊道：“救命救命，大灰狼来啦，大灰狼来啦！”

小白猪听见了，连忙打开门，让小黑猪进来，又把门紧紧地关上。大灰狼敲门让小白猪开门，小白猪不肯开门；大灰狼用力往前一撞，只见木房摇了摇；大灰狼再用力往前一撞，木房被撞开了。小白猪和小黑猪连忙喊道：“大灰狼来啦，大灰狼来啦！”

小花猪听见了，连忙打开门，让他们进来，又把门紧紧地关上。大灰狼敲门让小花猪开门，小花猪不肯开；大灰狼用力往前一撞，砖房一动也不动；再用力往前一撞，还是一动也不动；大灰狼使足了力气向砖房撞去，砖房还是一动也不动。倒是把大灰狼头上撞了三个疙瘩，四脚朝天摔在地上。

大灰狼看见屋顶上有个烟囱，他爬到屋顶上钻进烟囱里。三只小猪就在下面生炉火，把炉火烧得旺旺的。大灰狼正好摔到火里烧死了。

小黑猪说：“虽然盖草房最省力，就是不结实。以后我要多花力气盖砖房。”小白猪也难过地对小花猪说：“虽然盖木房也很省力，可是就是不结实，所以我以后要多花力气盖砖房。”小花猪说：“好，那我们盖一座大的砖房，把妈妈也接来一起住吧。”

小熊不刷牙

小熊哈利觉得，刷牙真是一件麻烦事儿。他恨透了牙刷和牙膏！

“哈利！”妈妈说，“该去刷牙了！”

“我知道了啦！”哈利躲在浴室里，打开水龙头。妈妈还以为他在刷牙呢。

“有那么多的牙齿呢，怎么可能把所有的牙都刷到嘛！”哈利抱怨说，“早上要刷牙！晚上也要刷牙！每天都要刷牙，真是麻烦！”

哈利看着自己脏兮兮的牙齿，突然有了一个好主意：

“嗯……今天就不要刷牙了，明天多刷一次不就行了吗？”

可是，今天推明天，明天推后天，哈利每次都说：“明天多刷一次就行了嘛。”不过，到了第二天，他又把刷牙的事忘到九霄云外去了。

一天，哈利又像平常一样，不刷牙就去睡觉了。他快要进入梦乡的时候，忽然觉得嘴巴里怪怪的：原来，所有的牙齿都不见啦！

“咦，我的牙齿呢？我不是在做梦吧？”哈利再也睡不着了，他翻来覆去的，一直在想那些失踪的牙齿。

他从床上爬起来，走到镜子跟前，使劲儿张开嘴巴。这一看，让哈利高兴得差点儿晕倒了：“哇！嘴巴里真的是一颗牙齿都没有了哎！哈哈，太好了！”哈利高兴极了，“我再也不用刷牙啦！”他兴奋地跑去找朋友们，迫不及待地想让大家分享他的快乐。“告诉你们一个好消息！我现在一颗牙齿都没有了哎！”哈利骄傲地宣布说。

“什么？牙齿没有了？”兔子和狼都感到十分奇怪，接着他们就大笑起来，“可是，哈利，如果没有了牙齿，你还算是一只熊吗？”“唉，你们根本就不懂！”

哈利继续往前走，遇到了一只啄木鸟。

“啄木鸟你看！我的牙齿不见了，突然一下子全都消失啦，多好呀！”哈利一边炫耀，一边把嘴巴张得大大的。

“可是，哈利，”啄木鸟点点头，“没有牙齿一点都不好玩哎。你不能吃东西，说话也含混不清，大家都会笑你的。没有牙齿是很糟糕的呀！”

哈利愣愣地想了想，又挠了挠脑袋。是啊，啄木鸟的话一点也没错。没有了牙齿，真的没有什么好炫耀的。

哈利回到家，发现桌子上摆了许多好吃的东西：坚果、鲜鱼，还有他最爱吃的干蘑菇。

哈利好想吃啊，可是没有牙齿，他什么都咬不动了。

哈利难受极了，跑到屋外哭了起来。

“我该怎么办呀？森林里所有的动物都有牙齿，只有我没有！我看起来也完全不像一只熊了。我该怎么做牙齿才会回来呢？谁能帮帮我啊？”他不停地哭着，哭得可伤心了。

这时，一只猫头鹰飞过来，对他说：“哈利，没有牙齿很痛苦吧？你应该去把牙齿找回来啊！可是，找回了牙齿，你能保证把它们刷得干干净净吗？你能做到每天早晚都会刷牙吗？”

“是的，我保证，我一定能做到！”哈利大声说。

这时，哈利醒了。

其实，所有的牙齿都好好地长在嘴巴里呢！

从这一天起，小熊哈利每天都把牙齿刷得干干净净的了。

小兔乖乖

兔妈妈有三个孩子，一个叫红眼睛，一个叫长耳朵，一个叫短尾巴。

一天，兔妈妈对孩子们说：“妈妈到地里去拔萝卜，你们好好看着家，把门关好，谁来叫门都别开，等妈妈回来了再开。”

兔妈妈拎着篮子，到地里去了。小兔子们记住妈妈的话，把门关得牢牢的。

过了一会儿，大灰狼来了，他想闯进小兔子的家，可是小兔子把门关得紧紧的，进不去啊！

大灰狼坐在小兔子家门口，眯着眼睛，在想坏主意，突然看见兔妈妈回来了，他连忙跑到一棵大树后面躲起来。

兔妈妈走到家门口，推了推门，门关得紧紧的，就一边敲门，一边唱：“小兔子乖乖，把门儿开开！快点儿开开，我要进来。”

小兔子一听是妈妈的声音，一齐叫起来：

“妈妈回来啦！妈妈回来啦！”他们给妈妈开门，抢着帮妈妈拎篮子。嗬，妈妈拔了这么多红萝卜！

兔妈妈亲亲红眼睛，亲亲长耳朵，又亲亲短尾巴，夸他们是好孩子。

那只大灰狼躲在大树后面，偷偷地把兔妈妈唱的歌记住了。他得意地想，这回我有办法了。

第二天，兔妈妈到树林子里去采蘑菇，小兔子们把门关好，等妈妈回来。过了一会儿，大灰狼又来了。他一边敲门，一边捏着鼻子唱：“小兔子乖乖，把门儿开开！快点儿开开，我要进来。”

红眼睛一听，以为妈妈回来了，高兴地叫着：“妈妈回来啦，妈妈回来啦！”

短尾巴也以为妈妈回来了，一边跑，一边说：“快给妈妈开门，快给妈妈开门！”

长耳朵拉住红眼睛和短尾巴说：“不对，不对！这不是妈妈的声音。”

红眼睛和短尾巴往门缝里一看：“不对，不对！不是妈妈，是大灰狼。”

小兔子们一齐说：“不开，不开，我不开，妈妈没回来，谁来也不开。”

大灰狼着急了，说："我是你们的妈妈，我是你们的妈妈！"

"我们不信，我们不信！要不，你把尾巴伸进来让我们瞧一瞧。"

"好啦，我就把尾巴伸进去，让你们瞧一瞧。"

小兔子把门打开一点儿，大灰狼就把自己的尾巴伸了进来。嘿，一条毛茸茸的大尾巴。一，二，三，嘭——小兔子一齐使劲，把门关得紧紧的，大灰狼的尾巴给夹住了。

大灰狼疼得哇哇叫："哎哟，哎哟，疼死我了。放了我，放了我！"

这时候，兔妈妈回来了，她放下篮子，捡起一根木棍，朝大灰狼的脑袋狠狠地打。

大灰狼受不了啦，使劲一挣，把尾巴挣断了。他拖着半截尾巴逃到山里去了。

兔妈妈这才松了一口气，扔下木棍，拎起篮子，一边敲门，一边唱："小兔子乖乖，把门儿开开！快点儿开开，我要进来。"

小兔子们听见妈妈的声音，抢着给妈妈开门，抢着帮妈妈拎篮子。嗬，妈妈采来了这么多蘑菇！兔妈妈高兴地说："你们真是好孩子！"

乌龟和狐狸

一只狐狸，肚子饿得咕咕叫，它东奔西跑地找东西吃，看见一只青蛙正在捉害虫，心里想，先拿这只青蛙当点心，填填肚子也好。

狐狸一步一步轻轻地跑过去，再跑上两步就要抓到青蛙了，可是，青蛙正在捉害虫，一点儿也不知道。

这事儿让乌龟看见了，它急忙伸长脖子，一口咬住狐狸的尾巴。

"哎哟，哎哟，谁咬我的尾巴？"狐狸叫了起来。

乌龟回答了吗？没有。它张嘴说话，不是就放了狐狸吗？

乌龟不说话，一个劲儿地咬住狐狸的尾巴不放。

青蛙听见背后狐狸在叫，就连蹦带跳地跑到池塘边，"扑通"一声跳到水里去了。

狐狸没吃到青蛙，气坏了，回过头来一看："啊，原来是一只乌龟，我没吃到青蛙，就吃乌龟也行。"

乌龟可聪明了，把头一缩，缩到硬壳里去了。狐狸没咬着它的头，就去咬它的腿，乌龟又把四条腿一缩，缩到硬壳里去。狐狸没咬着它的腿，一看，还有条小尾巴呢，就去咬它的小尾巴，乌龟再把小尾巴一缩，也缩到小硬壳里去了。

狐狸实在饿慌了，就去咬乌龟的硬壳壳，"格崩，格崩"，咬得牙齿都发酸了，还是咬不动。

狐狸说："乌龟，乌龟，我要把你扔到天上去，'啪嗒'一下摔死你。"

乌龟说："谢谢你，谢谢你，你扔吧，我正想到天上去玩玩呢！"

狐狸说："乌龟，乌龟，我要把你扔到火盆里去，'呼啦'一下烧死你。"

乌龟说："谢谢你，谢谢你，你扔吧，我身上发冷，正想找个火盆来烤烤火呢！"

狐狸说："乌龟，乌龟，我要把你扔到池塘里去，'扑通'一下淹死你。"

乌龟听到狐狸这么一说，"哇"的一声哭了："狐狸，狐狸，你行行好，千万别把我扔到池塘里去，我最怕水，掉在水里就没命了！"

狐狸才不理它呢，抓起它的硬壳壳，走到池塘旁边，"扑通"一声，把乌龟扔到水里去了。

乌龟下了水，就伸出四条腿来，划呀，划呀，一直划到青蛙身边。两个好朋友，一边笑，一边说："狐狸，狐狸，你还想吃我们吗？说呀，说呀！"

狐狸气昏了，身子一纵，向青蛙和乌龟扑去，"扑通"一声，掉到池塘里去了。

青蛙和乌龟看见水面上冒了一阵子气泡，再没看见狐狸露出水面来。

咕咚来了

早晨，湖边寂静无声。一灰一白一黄三只小兔快活地扑蝴蝶。

忽然湖中传来"咕咚"一声，这奇怪的声音把小兔们吓了一大跳。刚想去看个究竟，又听到"咕咚"一声，这可把小兔们吓坏了，"快跑，咕咚来了，快逃呀！"它们转身就跑。

狐狸正在同小鸟跳舞，与跑来的兔子碰了个满怀。狐狸一听"咕咚来了！"也紧张起来，跟着就跑。它们又惊醒了睡觉的小熊和树上的小猴。小熊和小猴也不问青红皂白，跟着它们跑起来。

大象感到惊讶，拉住狐狸问："出了什么事？"狐狸气喘吁吁地说："咕咚来了，那是个三个脑袋、八条腿的怪物……"

于是一路上跟着跑的动物越来越多，还有河马、老虎、野猪……岸上这阵骚乱，使湖中的青蛙感到十分惊奇，它拦住了这群吓蒙了的伙伴们，问："出了什么事？"

大家七嘴八舌地形容"咕咚"是个多么可怕的怪物。

青蛙问："谁见到了？"小熊推小猴，小猴推狐狸，狐狸推小兔，结果谁也没有亲眼看见。大家决定回去看看明白再说。

它们回到湖边，又听见“咕咚”一声，仔细一看，原来是木瓜掉进水里发出的声音，众动物不禁大笑起来。

龟兔赛跑

兔子长了四条腿，一蹦一跳，跑得可快啦。

乌龟也长了四条腿，爬呀，爬呀，爬得真慢。

有一天，兔子碰见乌龟，笑眯眯地说：“乌龟，乌龟，咱们来赛跑，好吗？”乌龟知道兔子在开他玩笑，瞪着一双小眼睛，不理也不睬。兔子知道乌龟不敢跟他赛跑，乐得摆着耳朵直蹦跳，还编了一支山歌笑话他：

乌龟，乌龟，爬爬，
一早出门采花；
乌龟，乌龟，走走，
傍晚还在门口。

乌龟生气了，说：“兔子，兔子，你别神气活现的，咱们就来赛跑！”

“什么，什么？乌龟，你说什么？”

“咱们这就来赛跑。”

兔子一听，差点笑破了肚子：“乌龟，你真敢跟我赛跑？那好，咱们从这儿跑起，看谁先跑到那边山脚下的一棵大树。预备！一，二，三——”

兔子撒开腿就跑，跑得真快，一会儿就跑得很远了。他回头一看，乌龟才爬了一小段路呢，心想：乌龟敢跟兔子赛跑，真是天大的笑话！我呀，在这儿睡上一大觉，让他爬到这儿，不，让他爬到前面去吧，我三蹦两跳的就追上他了。

“啦啦啦，啦啦啦，胜利准是我的嘛！”兔子把身子往地上一歪，合上眼皮，真的睡着了。

再说乌龟，爬得也真慢，可是他一个劲儿地爬，爬呀，爬呀，爬，等他爬到兔子身边，已经累坏了。兔子还在睡觉，乌龟也想休息一会儿，可他知道兔子跑得比他快，只有坚持爬下去才有可能赢。于是，他不停地往前爬、爬、爬。离大树越来越近了，只差几十步了，十几步了，几步了……终于到了。

兔子呢？他还在睡觉呢！兔子醒来后往后一看，唉，乌龟怎么不见了？再往前一看，哎呀，不得了了！乌龟已经爬到大树底下了。兔子一看可急了，急忙赶上去，可已经晚了，乌龟已经赢了。乌龟胜利了。

狐狸和仙鹤

这天，狐狸请仙鹤吃饭，可他却很吝啬，端出一只平底的小盘子，盘子里盛了一点儿肉汤，他还连声说：“仙鹤大姐，别客气，请吃吧，吃吧！”

仙鹤一看，非常生气，因为她的嘴巴又尖又长，盘子里的肉汤一点也没喝到，可狐狸呢，张开他那又阔又大的嘴巴。呼噜呼噜没几下，就把汤喝光了，还假惺惺地问仙鹤：“您吃饱了吧！我烧的汤，不知合不合您口味？”

仙鹤对狐狸笑笑：“谢谢您的午餐，明天请到我们家吃饭吧！”狐狸正等着这句话呢，连忙说：“好的，明天中午我一定去，一定去。”

狐狸一心想在仙鹤家多吃点儿，这天晚饭没吃，第二天早饭也没吃，饿着肚皮，早早来到仙鹤家等着吃午饭了。狐狸一进仙鹤家的门就闻到一股香味儿。他仔细嗅了嗅：“嗯，准是在烧鲜鱼！”心里不由暗暗高兴。

狐狸坐到饭桌前，不一会儿，仙鹤端出一只长颈瓶子放到狐狸面前，指着瓶子里的鱼和鲜汤说：“狐狸先生，请吃吧，别客气！”狐狸望着那么一点大的瓶口，他那阔嘴巴怎么也伸不进去。闻着香味，肚子饿得咕咕叫，馋得直流口水。狐狸什么也吃不到，只能看着仙鹤把又尖又长的嘴巴伸进瓶子里，把鱼吃了，汤喝光，还挺客气地劝狐狸：“吃吧，放开吃吧！”

狐狸耷拉着脑袋，饿着肚皮回家了。

老虎拔牙

在大森林里，谁都知道老虎的牙齿最厉害。

小猴伸着舌头说：“嗬，比柱子还粗的树，大老虎只要用尖牙一啃就断，真吓人哪！”

“大老虎嚼起铁杆来，跟吃面条一样……”小兔子说着，害怕地缩起了脑袋。

可小狐狸却说：“你们怕大老虎的牙齿，我就不怕！我还要把它的牙齿全部拔掉呢！”

哈哈哈，嘻嘻嘻，谁相信小狐狸的话呢？

“吹牛！吹牛！”“没羞！没羞！”小猴和小兔一个劲儿地笑小狐狸。

“不信，你们就瞧着吧！”小狐狸拍拍胸脯走了。

嗬，狐狸真的去找大老虎了，他带了一大包礼物：“啊，尊敬的大王，我给你带了世界上最好吃的东西——糖。”

糖是什么？老虎从来没尝过。他吃了一粒奶油糖，啊，哈，好吃极了！狐狸以后就常常给老虎送糖来。老虎吃了一粒又一粒，连睡觉的时候，糖都含在嘴里哩。

这时，大老虎的好朋友狮子忙来劝他："哎哟哟，糖吃得太多，又不刷牙，牙齿会蛀掉的。狐狸最狡猾，你可别上他的当呀。"

"嗯。"大老虎答应着，他正要刷牙，狐狸来了："啊，你把牙齿上的糖全刷掉了，多可惜呀。"

"可听狮子说，糖吃多了会坏牙的。"

"唉唉，别人的牙怕糖，你大老虎的牙这么厉害，铁条都能咬断，还会怕糖？"

"对，对，狐狸说得对！"大老虎不刷牙了，"我要天天吃糖，我的牙不怕糖！"

啊哈，过了几天，大老虎痛得哇哇叫。

他对马大夫说："快，快把我的痛牙拔掉吧。"嗬，马大夫怎么敢拔大老虎嘴里的牙呢，吓得连门也不敢开。

老虎又去找牛大夫，牛大夫忙逃："我……我……不拔你的牙……"

唉唉，老虎的脸肿起来了。痛得他直叫："哎哟，哎哟，痛死啦！谁把我的牙拔掉我让他做大王！"

这时候，狐狸穿了白大褂来了，笑眯眯地说，"我来给你拔牙吧！"

"谢谢，谢谢。"老虎捂着嘴巴说。

狐狸一看老虎的嘴巴就叫了起来："唉哟哟，你的牙全得拔掉！"

"啊！"老虎歪着嘴，一边哼哼，一边说，"唉，只要不痛，拔……就拔吧……"

嗨哟，嗨哟，狐狸拔了拔，拔了一颗又一颗……最后一颗牙，狐狸再也拔不动了。

嘿，有办法了！狐狸拿着一根线，一头拴在大老虎的牙上，一头拴在大树上。然后，他拿个鞭炮放在老虎耳朵边，一点火，呼——啪！"啊哟！"老虎吓得摔了个大跟头。连最后一颗牙齿也掉下来了！

哈哈，哈哈……这只没有了牙齿的大老虎成瘪嘴老虎啦！他还用漏风的声音，对狐狸说："还是你最好，送给我糖吃，谢谢，谢谢！"

猴子捞月亮

一群猴子在林子里玩耍，它们有的在树上蹦蹦跳跳，有的在地上打打闹闹，好不快活。它们中的一只小猴独自跑到林子旁边的一口井旁玩耍，它趴在井沿，往井里边一伸脖子，忽然大叫起来："不得了啦，不得了啦！月亮掉到井里去了！"原来，小猴看到井里有个月亮。

一只大猴听到叫声，跑到井边朝井里一看，也吃了一惊，跟着大叫起来：“糟了，糟了，月亮掉到井里去啦！”它们的叫声惊动了猴群，老猴带着一大群猴子都朝井边跑来。当它们看到井里的月亮时，都一起惊叫起来：“哎呀完了，哎呀完了！月亮真的掉到井里去了！”猴子们叽叽喳喳地叫着、闹着。最后，老猴说：“大家别嚷嚷了，我们快想办法把月亮捞起来吧！”众猴都义不容辞地响应老猴的建议，加入捞月的队伍中。

井旁边有一棵老槐树，老猴率先跳到树上，自己头朝下倒挂在树上，其他的猴子就依次一个一个你抱我的腿，我钩你的头，挂成一长条，头朝下一直深入井中。小猴子身体轻，挂在最下边，它的手伸到井水中，都可以抓住月亮了。众猴想，这下我们总可以把月亮捞上来了。它们很是高兴。

小猴子将手伸到井水中，对着明晃晃的月亮一把抓起，可是除了抓住几滴水珠外，怎么也抓不到月亮。小猴这样不停地抓呀、捞呀，折腾了老半天，依然捞不着月亮。

倒挂了半天的猴们觉得很累，都有点支持不住了。有的开始埋怨说：“快些捞呀，怎么还没捞起来呢？”有的叫着：“妈呀，我挂不住啦！挂不住啦！”

老猴子也渐渐腰酸腿疼，它猛一抬头，忽然发现月亮依然在天上，于是它大声说：“不用捞了，不用捞了，月亮还在天上呢！”

众猴都抬头朝天上看，月亮果真好端端在天上呢。

瓜瓜吃瓜

有个小朋友，他的名字可怪了，他叫瓜瓜，就是西瓜的那个瓜。他干吗叫瓜瓜呀？原来他生下来的时候，胖墩墩，圆滚滚，就像个西瓜。他爸爸正想着给他起个名字呢，他妈妈说：“甭伤脑筋了，就叫他‘瓜瓜’吧！”

瓜瓜可爱吃西瓜啦，他一下能吃几大块，吃完了，把小背心往上一拉，挺着圆鼓鼓的肚子，用手一拍，“嘭嘭嘭”地响，说：“西瓜在这儿呢！”

有一天，天气热极了，瓜瓜又闹着要吃西瓜。妈妈拿出一个小西瓜来，对瓜瓜说：“就剩这个小的了，先吃着吧。一会儿，外婆要来，说不定会给你带个大西瓜哩！”

妈妈切开西瓜，上班去了，瓜瓜斜着眼儿瞧了瞧那西瓜，噘起了嘴巴，心想：“哼，这也叫西瓜？”可他怪口渴的，又想：“瓜儿小，说不定还挺甜哩！”就拿起一块，咬了一口。哎，一点儿也不甜。他吃完一块，心里生着气，一甩手，把西瓜从窗口扔了出去，掉到胡同里的路上了。

剩下的几块，瓜瓜气呼呼地咬上几口，也一块接一块地往窗口外面扔。

他想：要是外婆真的带个大西瓜来，又大又甜的，那该多好啊！他就趴在窗台上，一个劲儿地往胡同东口望着。外婆每次上他家，都是从东口来。

哟！来了个人，慢慢地走近了，是一位老奶奶，没错儿，是外婆来了。真的，还抱着一个大西瓜呢！ 瓜瓜大声嚷嚷："外婆，我来接你……"然后连蹦带跳，跳下楼去了。

外婆听见了，心里一高兴，加快了脚步。走到垃圾箱旁边，不小心一脚踩在西瓜皮上，滑了一跤，手里抱的大西瓜"啪嗒"一下，摔了个粉碎。

外婆一边爬起来，一边说："哎哟，谁把西瓜扔了这一地！"

瓜瓜出了门看见外婆坐在地上，连忙跑去把她搀起来，一边气呼呼地抬起脚，往西瓜皮上踩："该死的西瓜皮，哪个坏蛋扔的。"

咦，坏了，这不是他自己扔掉的吗？瓜瓜偷偷看了外婆一眼，吐了吐舌头，悄悄地把西瓜皮一块一块地拾起来，丢到路旁垃圾箱里去。

瓜瓜再看看外婆带来的大西瓜，瓤儿红红的，一定很甜，可惜全都碎了，沾上了泥。他只好咽着口水，拿起碎瓜块往垃圾箱里扔。

外婆不知道西瓜是瓜瓜扔的，只看见瓜瓜把西瓜扔到垃圾箱去，就说："真乖，真乖，都像咱瓜瓜这么懂事就好了。"小朋友，你们猜猜：瓜瓜听了外婆的话，心里是怎么想的呀？

怕黑的熊宝宝

熊宝宝特别怕黑，只要到了晚上，熊宝宝就躲在家里的被窝，"天黑了，我怕。"熊宝宝不停地说。熊妈妈非常着急，熊宝宝这么胆小，以后可怎么办呀！

有一天，熊妈妈跟宝宝说："我今天要出去一会儿，你乖乖在家。"熊宝宝非常不愿意，说："妈妈，天黑之前能回来吗？"熊妈妈说："应该可以吧。"

熊宝宝等了一天，太阳已经要落山了，他打开门往外看，没看见妈妈的踪影："妈妈怎么还不回来？"熊宝宝着急了，太阳已经缓缓落到山下，天空渐渐暗下来。妈妈会不会出事了？他急得要哭了。"如果妈妈出事了，我必须去救妈妈。"熊宝宝擦干泪水，向森林走去。

天全黑了，森林里静悄悄的，熊宝宝走得很慢，他太害怕了，什么也看不见。熊宝宝哆哆嗦嗦地走着，心里想："森林晚上会有妖怪吗？"

正当这个时候，他听到"呜呜，呜呜，呜呜"的叫声，"妖怪来了！"熊宝宝闭上眼睛，不敢看。只听见身边的树上有人在说话："这不是熊宝宝吗，这么晚了，你要去干什么？"熊宝宝慢慢睁开眼，往树上一看，有一只大鸟在跟他说话。"你是谁！你是妖怪吗？"熊宝宝小心翼翼地问。"我不是妖怪，我是猫头鹰，我白天睡觉，晚上工作。”熊宝宝不怕了，他跟猫头鹰说：“我妈妈还没回来，我要去找妈妈。”猫头鹰称赞地说：“多勇敢的孩子，你会找到妈妈的。”“谢谢。”熊宝宝非常高兴，跟猫头鹰告别，又往前走。

熊宝宝突然感觉，周围好像有小东西飞过，这东西越来越多，熊宝宝非常害怕，问道：“你们是谁，是妖怪吗？”终于有一个小东西停下来，落在熊宝宝的手掌上，说：“我们是蝙蝠，不是妖怪，我们用最灵敏的耳朵判断方向，所以一般都是晚上活动。”熊宝宝高兴起来，“我是熊宝宝，我去找妈妈。”很多蝙蝠都停下来一起称赞他说：“你太勇敢了。”熊宝宝有一点自豪了。他迈开步子往森林深处走去。

这时有东西一闪一闪地在森林里飞，刚开始只有一两个，慢慢变成了很多，熊宝宝不再害怕，他大声问：“我是熊宝宝，你们是谁？”一闪一闪的东西小声说：“我们是萤火虫，我们是萤火虫。”熊宝宝觉得他们太漂亮了，把森林都照亮了，原来夜晚的森林是那么美丽。萤火虫说：“你是来找妈妈的吧？”熊宝宝说：“你们怎么知道的？”萤火虫说：“是你妈妈让我们给你指引方向！”随着萤火虫指引的方向，熊宝宝看到妈妈从一棵树后面走来，她高兴地说：“宝宝，你已经不怕黑、不胆小了，你是一个勇敢、坚强的大熊了。”熊宝宝真是高兴极了，他扑在妈妈怀里，他知道，他已经是一个让妈妈骄傲的真正的熊了。

第八章　演讲训练

第一节　演讲概说

一、什么是演讲

关于演讲的定义有很多，我们认为以下定义更为准确一些：演讲是指一个人针对某件事物，以听众为对象发表谈话的沟通行为，是在较短的时间内向听众灌输大量信息的一种有效方式。

二、演讲的特点

（一）现实性

演讲的“演”主要是指“演绎、阐释”，不是“表演”的意思。演讲者站在台上，是以自己的真实姓名和身份对听众讲话，而不是以演员的身份，扮成某个角色为观众表演。演讲活动所发挥的认识作用、教育作用和熏陶作用是社会实践的直接需求，是实实在在的社会现实生活，对受众具有直接的现实意义。

（二）艺术性

演讲是有声语言和态势语言的结合体，要综合运用语言、声音、目光、动作、姿态等表达思想感情的方式，并且要求发音准确、吐字清楚、语调动听、双目传神、表情丰富、动作优美、仪态大方、感情充沛又富有变化。演讲者或悲或喜，或哀或怒，举手投足，一招一式，都要随着内容的变化而变化，做到贴切自然，浑然一体，从而有效、充分地表达出深刻的思想内容和情感态度。演讲的内容安排、逻辑结构也有很高的艺术要求。演讲如何开头、如何结尾、如何说理、如何抒情、如何修辞、如何论证，都需要苦心构思，巧妙组合，寓深刻的思想内容于灵活精巧的艺术结构之中，使听众体会到一种艺术的结构美感和文采美感，从而加强表现力和感染力。所以，演讲不仅是一种现实性的社会实践活动，还是一种带有艺术性的社会实践活动。演讲之所以能够成为一种较高级的语言表达形式，其秘诀就在于思想内容和艺术形式的珠联璧合，逻辑思维和形象思维的和谐统一。

（三）鼓动性

演讲是以政论为主体的语言实践活动，演讲的最终目的是感召听众，激发听众去思考、研究演讲者所阐述的理论和解决问题的方案。我们认为，提高演讲的鼓动性，可以从以下三个方面去把握：首先，演讲者的态度要鲜明。在演讲时要做到旗帜鲜明、立场坚定，或褒或贬，或赞或批，泾渭分明，毫不含糊，要以自己的心声去呼唤听众的心声，以自己感情的火花去点燃听众感情的火花。其次，演讲的论证过程要清晰。演讲者在演讲时，无论是深入浅出地说明问题，还是纵横捭阖地阐述主张，旁征博引，论证步骤都要清晰可见。而且从概念到判断到推理，都要严格遵守逻辑法则，以说理的透彻、深刻抓住听众，引起共鸣。再次，在演讲过程中要加以表情、姿态、声调、手势的辅助，以科学的态势语言加强感染力量。古今中外，一场场出色的演讲，曾经鼓动起多少人的爱国之心、报国之行，激励起多少人的献身之志、杀敌之勇，点燃了多少人的正义之火、智慧之光。

（四）双向性

演讲的这一特征常常被许多人所忽视，他们只是片面地强调演讲者的讲和听众的听。其实，当演讲者把信息传递给听众时，听众将会反馈给演讲者丰富的信息，这是一个时时刻刻都在运动着的信息交流的循环过程。现代演讲学越来越重视研究演讲者与听众之间的现场联系，越来越重视探讨“交流式”的演讲。这可以给演讲者带来两大好处：一是演讲者能够根据听众的反馈信息，及时调整演讲的内容和方法，避免无效的演讲；二是演讲者可以掌握听众的心理状态，根据听众的接受程度，在最佳时间段里输出最大值的信息量。反过来说，听众掌握了“交流式”的演讲，也便于在最适宜的条件下，有效地接收演讲者传送出来的信息。

三、演讲的类型

演讲类型是指根据不同的标准所划分的演讲类别。在现实生活中，常见的演讲分类标准有内容标准、时间标准等。

（一）按内容标准划分

以内容为标准，演讲可以分为政治演讲、学术演讲、礼仪演讲和竞聘演讲等类型。

（二）按准备时间划分

1. 即兴演讲

“即兴”原意是“对眼前的人或事物有所感触而临时创作的一种情绪状态”。即兴演讲是演讲主体在事先无准备的情况下，就眼前的场面、情境、事物、人物即席发表的演讲。因此，其时境性强，属有感而发。

根据即兴的程度，即兴演讲大致可分为全即兴式和半即兴式，事先毫无准备的是全即兴式演讲，事先略有准备的是半即兴式演讲。根据演讲的动因，即兴演讲又可分为主动式和被动式两种，情动于中而发乎自觉的是主动式演讲，本来没有话题但出于某种原因（如对方发出邀请或挑战）不得已而为的是被动式演讲。

即兴演讲的特征和关键都在一个“快”字。一旦面临某个即兴演讲的话题，演讲者就要迅速接受这一信息的刺激，产生紧张感，快速做出反馈处理，即“审题”判断，然后“搜索枯肠”，挑拣出有关的知识、经验。在此基础上，确立论点，处理层次，选用事例，设计手势。力争使演讲既言之有物、言之有理，又给人一种出口成章、一气呵成的感觉。因此，即兴演讲是一种难度比较大的演讲，必须建立在思维敏捷、知识广博、经验丰富和记忆能力较强的基础上。

2. 主题演讲

主题演讲是根据事先规定的命题或范围，在有准备的基础上，所作的内容系统、结构完整、要求全面的演讲。接下来将重点讲授这部分内容。

第二节　主题演讲训练

一、应会内容

（一）会写稿件

专题演讲要求演讲者事先确定演讲的题目，并根据选题“讲什么”“怎么讲”的思路写成演讲稿，甚至还要通过记忆、练习等方法进行充分准备，然后才上台进行演讲。专题演讲的成败在很大程度上取决于事先准备的演讲稿，所以演讲稿的写作是演讲成败的关键之一。稿件写作要注意以下几个方面。

1. 开头要引人入胜（吸引人）

专题演讲最容易出现的问题就是雷同，尤其是有了网络以后，很多人为了省事，就不再用心琢磨，而是直接从网上下载。那么，如果要想引人入胜就必须做到与众不同，尤其是开头。当你拿到题目时能想到的第一个开头要毫不犹豫地放弃，只有这样才有可能获得好名次。记得有一次，唐山市举办“纪念抗震三十周年”朗诵比赛，几乎所有的选手一上来就是“1976 年 7 月 28 日凌晨 3 点 40 分”。进行到第四个选手时，就连选手自己都说着没劲了。因为我们事先就想到了这一点，所以从题目到开头我们都让听众耳目一新，不获得高成绩才是怪事！

2. 中间要催人泪下（感动人）

仅仅有一个与众不同的开头是不够的，中间事件的选择也相当重要。不经常演讲的人往往无事可写、无话可说，而经常演讲的人却可能因事例较多而难以取舍。这就需要我们静下心来仔细琢磨，哪个事例更切合当时的环境？哪个事例更接地气？哪个事例更真实感人？选择事例一定要注意真实，不可为了某种目的刻意拔高，以免适得其反。记得有一次参加“我身边的共产党员”演讲比赛，有的选手为了追求所谓的感人，也是为了博得好感，在叙述主人公如何先进时竟然举了这样的例子：他父母重病乃至去世他都没有回家。在现场不仅没有引起观众的共鸣，反而引起了一些人的反感。试想，这样的演讲怎么可能打动人心？所以，感人必须以真实为基础。

3. 结尾要令人鼓舞（鼓舞人）

演讲的鼓动性主要体现在结尾部分。因此，演讲稿的结尾要充满激情、充满诗意，要善用排比句，以排山倒海的气势将观众的激情点燃。在全文尤其是结尾处一般会发出号召，最好使用“我们”一词，切忌使用“你们”一词。

（二）会演会讲

这个“演”不仅仅是表演，也是“讲”的辅助手段，所以演讲者千万不要装腔作势，要自然大方。语调要有高低起伏，语速要有快慢变化。

（三）会正确使用态势语

除了参照本教材第四章所讲的内容外，还要特别注意两点：一是最忌用手指向观众；二是穿衣要端庄大方，切忌过于前卫、过于暴露。

二、训练内容

训练1：请用以下几个词语说一段话，顺序可以变，所有词语必须全部用上。

（1）丰富、人才、贫穷、希望、懒散。

（2）北冰洋、玫瑰花、面试、企业、足球。

（3）信息、有意、比赛、金融、待遇。

训练2：

（1）请用三分钟时间谈谈对当今某一社会现象的看法，要求使用至少三个成语。

（2）请谈谈人与自然的关系，时间不得短于三分钟并用到下列成语。

物竞天择　适者生存　相互依存

训练3：根据下列场景，拟写演讲稿开头。

（1）在一次全校教职工大会上，领导请你作为新教师的代表发言。

（2）在学生的毕业典礼上，你作为教师代表发言。

（3）请任选三个标点符号，联系生活和学习谈谈你的看法。

训练4：根据主题拟写演讲稿，并试讲。

（1）请以“有志者事竟成”为主题做一次演讲。

（2）请以“谈谈社会公德”为主题做一次演讲。

（3）请以“平凡与伟大”为主题做一次演讲。

（4）请以“我与中国梦”为主题做一次演讲。

参考演讲稿1

我骄傲，我是唐山人

1945、1、22万、11.5、4、400……（用图片展示）看到这些数字，大家可能会感到疑惑，这究竟是一组什么样的数字？又有什么样的含义？下面我把它填上内容，大家就会明白了。

1945年，美国向日本广岛投下第1颗原子弹，繁华的广岛顿时被夷为平地，据统计，因原子弹轰炸而死去的平民至今已达22万余人，而清理调查11.5平方千米的地方就花了近4年的时间。然而，你可曾想过有这么一天，足足相当于400枚广岛原子弹的大地震降临在唐山，又会是什么样的景象？又会造成一种什么样的灾难呢？亲爱的朋友们，这是一个将百万人口的城市顷刻间夷为平地，这是一个导致 24 万人死亡、16 万人重伤、直接损失达 100 亿元的灾难啊！

这就是 30 年前的唐山大地震，是迄今为止 400 多年世界地震史上最惨烈的一页。

看到“受伤”的唐山，某些外国人肯定地说“唐山将不复存在”。但是他们错了，最直接的证据就是唐山依然屹立在冀东大地，唐山依然繁花似锦，唐山依然在谱写人类历史上最辉煌的篇章！

今天，走在唐山的街道上，我时时感到惊奇，感到振奋。30 年过去了，是什么让唐山屹立不倒？是什么让唐山灯火辉煌？是什么让唐山发展神速？是什么让唐山神采飞扬？

这里，我想向大家讲几个我听到、看到的真人真事。

李方合，曹家口村的老支部书记，也是在地震后掩藏着失去六口亲人的伤痛、坚持开拖拉机输送全村伤员的老英雄。

当他被救出后，眼前的一切让李方合吃惊，2700 多口人的村子没了，房子倒了，人们都被埋进了废墟。然而更让李方合无法接受的是，家里的废墟上摆了六具尸体：老父亲、岳母、妻子、大女儿、三女儿和小儿子。老李当时是村里的干部，负责村里的水电农机等，他很快拄着木棍来到了大队部。“死的都让他们安息了，活的不能让他们再受罪啊。”怀着这朴素的想法，忍着失去亲人的悲痛，从早上 8 点多，带着伤的老李开起村里的拖拉机开始运送受伤的村民去飞机场，一趟一趟，来来回回，完全忘记了时间。送完伤员，老李又马不停蹄地开始拉尸体。一位老乡知道他家里死了六口人，怕他会难过，就把他替换了。直到停下来，他才感觉到心里一阵阵的绞痛。第二天凌晨 4 点，老李又爬起来去村里安水泵和机井，使他们村成为最早吃上干净水的村子。8 点多市区就来了拉水的车，村里的井竟成了市里的水源。很快，钢磨也安上了，村民又可以吃上粮食了。

像李方合这样的人又何止一个呢？当年的军医李毅刚是从战友口中得知家乡发生了巨大灾难的。听到这个消息，李毅刚当时大脑一片空白，“我们家住的是危房，这样的地震，房屋必倒无疑。”想到这些，李毅刚急忙赶到邮局，要打唐山的加急长途，可所有与唐山连接的线路一个都接不通。

根据上级指示，李毅刚所在的河南医学院正在组建援助唐山的医疗队。因联系不到家里而万分焦急的李毅刚想到自己身为军人的责任：“家乡有难了，我更不能不回去呀。”

经过积极争取，学院决定让他们 9 位解放军学员和有丰富经验的老师一起参加第一批河南省赴唐山医疗队，并任命李毅刚为河南医学院分队的副队长。李毅刚所在的医疗队被国务院派往滦县参加抗震救灾。坐在车上的李毅刚心还在想着家里，想着年迈瘦弱的姥姥、体弱多病的妈妈，和年幼的弟弟、妹妹。他当时浑身一个劲哆嗦。一路东行，李毅刚如坐针毡，心中更是焦急难耐。老师让他先回家看看，再到滦县会合。同车战友和老师拿出自己的干粮、水果、药品，用衣服裹了一个包，让李毅刚给家里人送去，把伤员接来。“毅刚，家里无论出什么事，你都要挺住啊！”听到战友们的话，他再也控制不住，与战友们抱作一团失声痛哭，整个车厢都在哭泣。在邻居的带领下，李毅刚找到了自己已面目全非的“家”，姥姥已经不在了，妈妈腿脚受了伤，弟弟和妹妹都没有受到大的伤害。据李毅刚自己说他家还算是幸运的，他在遇难的废墟上给姥姥磕了个头，把随身带来的干粮、药品都分发给周围的邻居，匆匆告别了邻居，去追赶医疗队。

李毅刚所在的医疗队当时就驻扎在我们滦县师范学校，当地百姓知道医疗队到了后，蜂拥赶来。为稳定群众情绪，医疗队分成若干个小组，分头察看病人。将伤员分门别类，送手术组立即手术或输液观察。手术一个接一个。李毅刚说，当时的医疗队的人都不知道休息。

就这样手术组歇人不歇台，渴了喝口水，饿了吃几口饼干，累了靠着箱子闭闭眼歇一会。李毅刚所在的医疗队究竟抢救了多少伤员，挽救了多少人的生命，具体数字已经记不清了。只记得开始救治的头两天，他们都没有合过眼，没有坐下来一起吃过一顿饭。

像李方合、李毅刚这样的人又何止一个两个？在那时，唐山成了全国全世界关注的焦点！据毛主席的秘书回忆：毛主席临终前批阅的最后一份文件就是关于唐山大地震的报告！他一再叮嘱负责同志，一定要尽快派人去唐山安置人民生活！人民领袖爱人民！毛主席不会忘记我们！一定会派人来救我们！据老人们回忆，这样的想法是当时老百姓与灾害抗争的巨大精神支柱！1976年7月28日，也就是地震当天，接到命令的14万救灾官兵从祖国的四面八方日夜兼程，赶往唐山。他们逢山开道，遇水架桥，克服了种种意想不到的困难，以最快的速度向唐山挺进。广大指战员在“灾区就是战场，震情就是命令，时间就是生命”的口号声中，不顾余震造成的威胁，英勇顽强地在危墙和残壁间冲进冲出，哪里埋压着生命，哪里就有战士们跃动的身影。没大型机械，他们就用肩膀扛，就用手扒，用钢钎撬，想尽了各种办法进行最顽强的营救。肩膀磨破了，渗出了丝丝缕缕的血迹；手指扒破了，露出了掉了皮肉的骨头……一些战士为了抢救人民群众的生命献出了自己年轻的生命。正是因为有了党和政府的关怀，正是有了人民的军队，我们才把损失降到了最低！时至今日，唐山人民仍不能忘记十万大军舍生忘死、救他们于水火的动人场面，不能忘记全国人民伸出的援助之手，不能忘记毛主席关切的目光！

30年，弹指一挥间，“以前的唐山废墟一片，今日的唐山辉煌灿烂”，唐山走过了从毁灭、崛起到振兴的不平凡历程。英雄的唐山军民虽无力抗拒那场突如其来的灾难，但他们用生命、鲜血和汗水铸就了“公而忘私、患难与共、百折不挠、勇往直前”的抗震精神，铸就了今日美好的唐山。

正是这惊天地、泣鬼神的抗震精神，谱写了人类历史上最壮美的华章！正是这照千秋、励后人的抗震精神，铸就了一座英雄的城市！我骄傲，我是唐山人！我自豪，我生在一个伟大的国家！父辈们的抗震精神已熔铸在我的血液，我会继续发扬这种顽强不息的抗震精神，努力学习、奋发进取、知难而进，为家乡、为祖国奉献出自己的青春和热血！

祝愿我的家乡更美好！

祝愿我们的唐山更辉煌！

祝愿我们的祖国更加繁荣昌盛！

参考演讲稿2

带着诚信上路

最近我从一本杂志中看到这样一个故事，说是美国有一贫穷打工仔非常喜欢摩托车，特别是著名的哈雷牌摩托。但由于他根本买不起，这种车只能是他心中的梦想。后来，他用35美金买了一辆破旧不堪、报废了的哈雷摩托车，想要自己动手修理它。由于缺乏配件，他给摩托厂去了电话。人家询问了车的型号后说：这是一款老车，早就不生产了，配件要到仓库里找找看，然后再答复他。他等啊，等啊，以为没有希望了，然而有一天工厂突然来了电话，有人急切地问他车架上是否刻有KING的印记。这个打工仔在擦拭这辆车时，确实看见过这个印记，但他实在搞不明白这跟配件有什么关系，他有些不快地告诉对方，是有这样几个字母。谁知过了几天，一个自称是哈雷工厂老板的老年人，又打电话给他，说：我们愿意出35万美元收购这部旧摩托车，你愿意吗？这个打工仔大吃一惊，忙问原因，那老人告诉他，这辆摩托车是猫王生前在他们工厂定做的，那个KING是他亲手打上的。

这个消息不胫而走，又有很多人打电话，愿意出40万、50万美元购买这辆摩托。

这个故事的结尾，也就是这辆摩托车最后卖出了多少价钱，又是被何人收购的显然已经不重要了，更重要的是这个故事引出了一个话题。哈雷老板如果拿一辆新车去跟打工仔交换，那个打工仔肯定会乐疯的，而哈雷工厂也不用花那么多钱去收购这辆旧车，但是哈雷老板却老老实实地按真实的价值与打工仔交易，绝不欺哄对方。这是什么经商之道？这就是诚信！

这件事如果发生在我们身边，又会怎样呢？起码要有一帮子人会嘲笑那个哈雷老板，太傻，脑子进水了。但你有没有想到，正因为哈雷老板的这种表面上吃了大亏的诚信，却为他和工厂产品做了何等超值的广告，其效益收入远远超出了35万美元！

诚信是经商的至宝，也是我们每个人走向成功的至宝啊！

无独有偶，在我们中国，也有这样一位靠诚信起家的老板，他就是海尔集团的张瑞敏。在众多的电器产品中，海尔恐怕是最贵的，然而却一年比一年效益好。为什么？一流的售后服务！难得的诚信保证！有的产品，在你购买前也是说得天花乱坠，而买到家里，尤其是出了故障却会让你焦头烂额，而海尔只需一个电话，周到的服务就上门了！可以说，在令人眼花缭乱的众多产品中，真正兑现诺言、真正让老百姓放心的，海尔算首屈一指了。在别的企业为发财致富绞尽脑汁时，他却做老实人、说老实话、办老实事，一丝不苟地按“1+1=2”的诚信法则治厂经商，最终他赢得了信任、赢得了市场，使海尔展翅腾飞，响彻神州，甚至漂洋过海，走向世界。诚信给了他最好的回报！

说了半天，究竟什么是诚信呢？其实这个问题非常简单，恐怕每个人都能回答得非常圆满。无非就是我们通常所说的说话算数，办事可靠。那为什么又引起我们这么热烈的讨论呢？其原因恐怕也是我们每一个人都心知肚明的。君不闻，安徽阜阳劣质奶粉害死儿童？君不见，所谓优质工程屡屡坍塌？君可曾，为一件小商品和商人争得面红耳赤？

诚信是社会文明程度的重要标志，是整个社会赖以生存和发展的基础啊！当一个人没有了诚信，你将失去所有的朋友；当一个单位没有了诚信，它将快速走向倒闭；当一个国家没有了诚信，它无法在国际舞台立足！

我们中华民族有很多优秀的传统，诚信，就是其中一个我们每一个人都应该珍惜的无价之宝！孔子“人而无信，不知其可也”的警示还回响在耳畔；曾子为妻子一句戏言而给孩子杀猪的故事流传了千年；梅艳芳拖着患了绝症的身体连开八场演唱会以兑现自己的诺言。从古到今，这些关于诚信的言行无不放射着璀璨的光芒，激励着我们，鞭策着我们！

让我们选择诚信，因为它比美貌来得可靠。没有美貌的人生或许是没有亮点的人生，但没有诚信的人生则足以使人生失去所有的光明！让我们选择诚信，因为它比机敏来得憨实。诚信好比一个乡间小伙，他每天只知道弓着黝黑的脊梁在人生的沃土上默默耕耘，机敏则更像一个电脑黑客，它总是那样才思敏捷、头脑灵活，却总是不露真相地让人紧张。让我们选择诚信，因为它比金钱更具内涵。举着“金钱万能”旗号东奔西走的人生注定是辛苦乏味的人生，满身的铜臭最终带来的也不过是金钱堆砌而成的冰冷墓穴，而诚信，能给人生打底润色，让人生高大起来、丰满起来。它给生命灌注醉人的色泽与丰富内涵，让生命在天地之中盈润注目、善始善终！让我们选择诚信，因为它比荣誉更具时效性。没有一蹴而就的业绩，没有一成不变的江山，没有人可以顶着荣誉的光环过一辈子。荣誉只是短暂的，它再美丽，也只是人生旅途上一小片美丽的风景，但诚信是培植人生靓丽风景的种子，你一直耕耘，它就会永远美丽！你将诚信的种子撒满大地，你的人生就将会美丽到天长地久！

诚信是一面火红的旗帜，旗帜不倒，真情永驻！让我们在生命的海滩上，拾取诚信的五彩贝壳。人海茫茫，让我们在相互的交流中，留些诚信做友谊的基座，回报你的将是一片春光！

然而，你可曾想过，户外篝火，我们需要自己带上火柴才能点燃；走进暗夜，我们需要拨开心头的云雾才能望见满天星斗。同样，诚信也需要我们每个人都拿出自己的真诚！

无须感叹世态炎凉，不必埋怨人心不古。因为美好的一切就在你我手中，正如诚信的期盼同样在你我心中一样！让我们带着诚信上路，在旷野中开出道路，在沙漠中开拓绿洲！让我们用完美的人格、开阔的心胸，去感受诚信的温暖，创造出一片真实的天空！

第九章　主持训练

一、应知内容

主持人是一场晚会或一次活动现场的主要引导者和操控者。主持人水平的高低以及现场把握能力的强弱在很大程度上决定着一次活动的成功与否。

（一）担任主持人的基本要求

1. 敏锐的观察能力

主持人要时刻注意现场发生的一切，好的主持人能通过对现场观众的观察及时调控气氛，使整个活动始终保证不仅围绕主题，还能密切联系观众。

2. 准确的记忆能力

主持人不仅要准确记住主持词，还要准确记住到场嘉宾、演员姓名和节目名称。有些主持人“手不离卡，眼不离稿”，甚至把领导职务、单位名称读错，使活动效果大打折扣。

3. 丰富的想象能力

不论主持什么活动，主持人的想象能力都是不可或缺的。主持稿件是一个脉络、一个依托，但不是框框，更不是束缚，想象力使思维活跃，使语言充满美感和浪漫的色彩。

4. 灵敏的应变能力

任何活动都不敢保证不出现或大或小的失误。这个时候就要看主持人的临场发挥了。灵敏的应变能力是一个优秀主持人必备的素质，对现场突发事件的处理能反映一个主持人的综合素质和应变能力。优秀的主持人能将“坏事”变为“好事”。

5. 明快的表达能力

洪亮的声音，优美的音色，再加上准确流利的语言表达，会让你的主持清新靓丽，主持人也会给整个活动增光添彩。

具备了以上基本要求，再加上得体的态势语、渊博的知识和尽量多的才艺，就不难成为一个合格乃至优秀的主持人了。

（二）主持类型

1. 一般会议主持

会议主持要根据会议性质、内容及与会人员的不同略有不同。如果是大型的、正式的会议反倒相对容易，因为无须脱稿，不能即兴发挥，严格按照程序进行，只要不紧张一般不会出现什么差错；如果是班团会就相对自由活泼一些。这些活动的主持不做重点讲述。

2. 联欢会主持

联欢会的主持是比较常见也比较实用的一种主持活动。它经常是一个单位在某个重大活动或重要节日期间所举办，一般是歌颂型，中间穿插各类表彰。这类联欢会首先是确定一个主题，然后围绕主题组织节目，开头和结尾对主题加以强调即可。现在大多数联欢会都要介绍到场领导和赞助嘉宾，这些事可以写在卡片上当场读的，只要仔细，不该出错。

二、应会内容

（一）会撰写主持词

会撰写主持词是一个优秀主持人必备的素质。撰写主持词应该注意以下几个问题。

1. 紧扣主题

任何一个活动或晚会联欢会都会有一个主题，作为主持人不敢说每一句话都突出主题，但也应该做到时时强调主题，不断让观众了解、强化举办这次活动的原因，以达到举办者的目的。作为主持人绝不能信马由缰、信口开河、离题万里，更不能为了表现自己的口才和才艺长时间占据舞台。

2. 切勿牵强附会

有的主持人因为对活动主题了解得不深不透，对节目又没有仔细研究，其主持词听上去让人云山雾罩。原因就是把节目和主题硬是从表面生拉硬拽在一起，让人听了哭笑不得。

3. 中间串词要画龙点睛

一般活动的开头都会反复强调主题、介绍到场嘉宾领导和赞助单位。这些已经占去了大量时间而且引起了观众的反感，如果在每个节目间主持人再喋喋不休就会令人生厌。

（二）会掌控局面、处理突发事件

任何活动都有可能发生意外，这就是考验一个主持人综合素质和应变能力的时候了。好的主持人会变坏事为好事，会让大家从惊吓或其他情绪中快速回到正确轨道上来。这个素质与平时的学习和积累密不可分。

（三）会照顾搭档

很多时候是两个人、四个人或更多人合作主持一个活动。这种情况更多的是展现一个主持人的主持礼仪和综合素质。好的主持人不仅会把自己该负责的事情做好，还能不动声色地为同伴补漏搭台。有时话可能不多，却字字珠玑。而有的主持人恰恰相反，不但给自己加词而且抢话，在台上无视搭档，自己喋喋不休，其实是废话连篇、令人生厌。在上下台时，作为男性主持人更要注意要跟在女主持人身后，而不该在前面。

三、训练内容

训练 1：

（1）用 3~5 句说明性话语介绍你最熟悉的同学。

（2）连词成句训练：同学会、咖啡、遭遇、春天、衣服、破了、环保。

（3）续句练习：几个人一组，确定中心后依次续说。

（4）扩句练习：

今天很冷（请描绘天气冷，但不能出现“冷”这个字）；

汽车真挤（请描绘车很挤但，不能出现“挤”这个字）。

（5）扩成语为故事：滥竽充数、狐假虎威等。

（6）即兴编顺口溜。

训练 2：

（1）设计一段开场白（随便什么主题）；

（2）设计串词（至少串联三个节目）；

（3）设计一段结束词；

（4）独立主持片段。

训练 3：即兴评述。

选取一个题目，比如说看过的电影、电视、小说，然后有条理地组织一段语言。如果再说一些在文采和修辞方面有造诣的话就更好了。

训练 4：

请撰写一篇以“庆国庆”为主题的文艺晚会的主持词。

附主持词 1：

教师节朗诵比赛主持词

男：尊敬的各位领导、各位老师。

女：亲爱的同学们。

合：大家好！

男：我们刚刚度过了第X个教师节，全国上下正在深入学习全国教育工作会议精神，全面贯彻《国家中长期教育改革和发展规划纲要》。

女：此时此刻，我们歌颂所有辛勤耕耘、泼洒青春和汗水的教师。

男：此情此景，我们再次把鲜花和掌声送给那些默默无闻、无私奉献的老师们。

女：忘不了您和风细雨般的叮咛，荡涤了每一名学生心灵上的尘埃。

男：忘不了您浩荡东风样的话语，鼓起了所有青少年前进的风帆。

女：愿我们的谢意编成一束不凋的鲜花，给所有老师的生活带来无限芬芳。

男：愿我们的祝福化作一首激情的诗篇，祝教育事业——

合：谱写出更加靓丽的篇章！

男：作为唐山市第13届全国推广普通话宣传周系列宣传活动之一。

女：作为唐山市加强教师队伍建设特别是师德建设的重要举措之一。

男：由唐山市教育党委、市教育局、市语委共同举办的。

女：唐山市教育系统“歌颂人民教师，弘扬高尚师德”朗诵艺术大赛现在开始！

男：本次大赛，共有集体朗诵节目11个、单项朗诵10个，他们分别来自我市的18个县（市）区或市直学校，是经过各县（市）区和市直学校初赛推荐、市语委组织筛选后确定参加全市大赛的，涉及教师学生700余人。

男：下面，首先介绍出席本次大赛的各位领导，他们是……

女：担任本次朗诵艺术大赛评委的是……

男：下面宣读比赛规则，本次大赛共设5位评委，采取去掉最高分和最低分，取三位评委的平均分作为选手最后得分的方式进行。比赛分为集体节目和单项节目两个组别，共设集体节目一等奖一名、二等奖两名、三等奖三名、优秀奖五名；单项节目一等奖一名、二等奖两名、三等奖三名、优秀奖四名。

女：下面宣读比赛评分标准。

（1）语言规范，声韵调无错误和缺陷30分。

（2）表达准确，思想内容与情感抒发、逻辑形式相一致30分。

（3）表现力强，声情并茂，服饰、形体和谐，富有艺术感染力和一定的创意40分。

男：“歌颂人民教师，弘扬高尚师德”朗诵艺术大赛正式开始。

女：学高为师，身正为范。老师之所以被称为人类灵魂的工程师，不仅仅因为他们有渊博的知识，还因为他们拥有高尚的品德，他们用一言一行一举一动教育影响着每一个孩子！正所谓“师德传万代，师魂铸春秋”。

请听迁安二中飞翔朗诵艺术团带给大家的《师德传万代，师魂铸春秋》。

请评委亮分。

男：我用语言播种，我用彩笔耕耘，我用汗水浇灌，我用心血滋润，只要我的幼苗能长成参天大树，我不悔粉笔灰染白我的双鬓，只要我的希望能把他们的前路照亮，我宁愿把自己化作灰尘，我骄傲，我是一名教师。

请听《我骄傲，我是一个教师》，参赛者：路北区实验小学红烛之声朗诵艺术团，樊静。

…………

下面公布1号参赛队的成绩，去掉一个最高分，去掉一个最低分，迁安代表队最后得分为……请评委为2号选手打分。

女：老师，是学习旅途上知识渊博的长者，老师，是人生道路上情谊深厚的朋友。虽然教师节已经过去，但我们对教师的尊敬却永存心底，老师，请接受我这迟到的祝福，节日快乐！请听滦县第四实验小学带给大家的《教师赞》。

…………

下面公布2号选手的成绩，去掉一个最高分，去掉一个最低分，2号选手樊静的最后得分为……请评委为3号参赛队打分。

（略）

请评委为21号选手打分，嘉宾表演或领导讲话。

下面公布21号选手的成绩，去掉一个最高分，去掉一个最低分，21号选手的最后得分为……

下面公布单项节目组比赛结果，获得优秀奖的是……

下面请获得单项节目组优秀奖的选手上台领奖，有请×××同志为他们颁奖！

获得三等奖的是……

请获得单项节目组三等奖的选手上台领奖，有请×××同志为他们颁奖！

获得二等奖的是……

请获得单项节目组二等奖的选手上台领奖，有请×××同志为他们颁奖！

获得一等奖的是……

请获得单项节目组一等奖的选手上台领奖，有请 ××× 同志为他们颁奖！

下面公布集体节目比赛结果，获得优秀奖的有……

下面请获得集体节目组优秀奖的选手上台领奖，有请 ××× 同志为他们颁奖！

获得三等奖的有……

请获得集体节目组三等奖的选手上台领奖，有请 ××× 同志为他们颁奖！

获得二等奖的有……

请获得集体节目组二等奖的选手上台领奖，有请 ××× 同志为他们颁奖！

获得一等奖的是……

请获得集体节目组一等奖的选手上台领奖，有请 ××× 同志为他们颁奖！

结束词：

男：如歌的时代，需要创新，需要广大教师积极投身教育改革的浪潮。

女：如歌的岁月，需要诗情，需要广大教育工作者的无私奉献。

男：愿广大教育工作者在全国教育工作会议精神和《国家中长期教育改革和发展规划纲要》的指引下，更加信心百倍，斗志昂扬。

女：老师们、同学们，我们今天相聚，把心灵中的感动、景仰和期待，凝聚成真诚的祝福，祝老师们身体健康，万事如意！祝各位参赛选手工作学习顺利，愿唐山教育事业再创新的辉煌！

男：唐山市教育系统“歌颂人民教师，弘扬高尚师德”朗诵艺术大赛到此结束。

女：各位领导、各位老师、亲爱的同学们，再见！

附主持词 2：

“2016，梦想起航”迎评估联欢会主持词

合：尊敬的各位领导、各位专家老师、亲爱的同学们，大家好！

男：100 多年前，担负着救国救民、振兴中华的责任，一座简陋的学堂应运而生。

女：100 多年后，沐浴着 21 世纪的春风，一所生机勃勃的学校正向一个新的目标阔步前进。

男：100 多年的风雨沧桑，100 多年的拼搏进取。

女：100 多年的春华秋实，100 多年的璀璨辉煌。

男：此时此刻，所有的目光都在仰望，仰望滦师一百多年的深沉；所有的步伐都在丈量，丈量滦师一百多年的悠长。

女：所有的胸怀都在吸纳，吸纳滦师一百多年的菁华；所有的心灵都在企盼，企盼滦师下一个百年的辉煌。

男：在这美好的日子里，我们非常高兴地迎来了省教育厅评估组的专家们和唐山市的领导们。

女：你们的到来，带给我们激励，带给我们鼓舞，点燃了奋斗的激情，放飞了腾飞的希望。

男：让我们用掌声对各位领导和专家老师的到来表示热烈的欢迎和衷心的感谢！

女：煌煌名曲，抒写滦师人青春的欢畅。

男：翩翩舞姿，挥洒滦师人奋进的激情。

女："2016，梦想起航"迎评估文艺汇报演出现在开始。

（1）健美操《舞动青春》

男：我们的学校，有现代化的建筑，更有现代化的办学精神。

女：我们的学校，有师生们共同成长的足迹，更有放眼未来的胸襟。

男：请欣赏……

（2）幼儿舞蹈《姥姥的布老虎》

男：滦师百年春华秋实，有了老师们的辛勤耕耘，成绩斐然。

女：滦师百年岁月如歌，有了同学们的努力拼搏，桃李芬芳。

男：下面请欣赏……

（3）舞蹈基本功展示《舞韵当风》

男：在滦师，我们得到了多种锻炼，

女：在滦师，我们学到了多种本领，

男：在滦师，素质教育得以全面实施。

女：接下来请欣赏……

（4）童话剧《老虎照镜子》

女：我校历来重视学生的基本功训练，20 世纪 50 年代，形成了"音体美劳作"小四门基本功过硬的特色，我校的毕业生被称为大滦牌老滦牌，得到了社会各界的广泛赞誉。几十年过去了，一届又一届的毕业生秉承滦师的光荣传统，将这一优势发扬光大。下面有请部分学生向各位展示基本功！请同学们就位。

女：我曾在历史的足迹中，寻找你的起点；我曾在中国的教育史册上，看到你的辉煌；我曾在三尺讲台上，书写你的功绩；我曾在祖国建设中，一展你的坚强；每一次回眸，你的脚步都跨越历史，与光荣相邀；每一次相聚，我的欢呼都是献给母校的花海歌潮；让我们把目光再一次聚焦在历史的长廊，与先贤们共诉衷肠！请欣赏……

（5）诗朗诵《滦师百年》

男：今日的滦师，无论一草一木，都绽放出最炫丽的美景。

女：今日的滦师，无论男女老少，都洋溢着最幸福的笑容，

男：让美妙的歌声激扬七色的彩虹，把无尽的憧憬和希望铺遍大地！

女：让娇艳的鲜花衬托醉人的笑容，把所有的辉煌和灿烂撒满天空！

（6）小提琴独奏《花儿与少年》

男：百年滦师是一部长卷，我们满怀崇敬轻轻翻阅。百年滦师是一曲赞歌，我们捧着一颗心深情吟唱。一百多年的跋涉，我们从羊肠走向大路。一百多年的奋斗，我们从胜利走向辉煌。

（7）电子琴弹唱《阳光真好》《美丽小天使》《红星歌》《外婆的澎湖湾》

男：滦师是一首意境优美的诗，奋进是节拍，和谐是旋律，效益是韵脚；

滦师是一幅七彩的画，用素质作颜料，用创新来点染，用爱心来调和；

滦师是一首悠扬的歌，从“关关雎鸠”唱到“青青子衿”，再唱到“阳关三叠”，从一百多年前的筚路蓝缕唱到今天，恰如绯红的太阳正在喷薄！请欣赏……

（8）歌曲联唱《烛光里的妈妈》《军营飞来一只百灵》《彩云阳光》

下面请同学们向各位领导和专家老师展示我们的作品！

男：美丽的滦师星光灿烂。

女：和谐的滦师激情无限。

男：昨天，我们曾经创造了历史。

女：明天，我们将创造更大的奇迹。

男：请欣赏……

（9）女子群舞《凌波雀影》

男：一百零五年，是一条蜿蜒曲折的征程。多少汗水，多少奇迹留在我们的记忆里。

女：一百零五年，是一幅美丽的壮锦。多少自豪，多少荣光激励着我们继续前行。

男：请欣赏……

(10) 幼儿舞蹈《美丽的壮锦》

男：缤纷的桃李，灿烂的阳光。

女：沸腾的校园，荣誉的芳香。

男：生命在创新中延伸。

女：滦师在奋斗中成长。

(11)《节日欢歌》

结束语：

男：蔚蓝的天空，早已点燃飞向彼岸的信念。

女：扬起的风帆，早已充满拥抱未来的激情。

男：一百多年的风雨征程，不是结束，而是开始。

女：一百多年的奋斗拼搏，未到终点，仍有续篇。

男：告别昨天，我们将站在新的起点。

女：展望明天，我们将用汗水塑造更加壮美的青春风景线。

男：2016，让我们的梦想起航！

合：2016，让我们梦想起航！

第十章　解说（导游）训练

一、应知内容

解说，是说明事物、解释事理、介绍人物的一种口语表达方式。解说分为景点、场馆解说（导游）、赛事解说和纪录片配音解说。本教材只讲授第一种。

解说的基本要求：

（1）语言流畅，吐字清晰，音量适中。

（2）内容真实，条理清楚，特点突出。

二、应会内容

（一）景点、场馆解说（导游）的方法

1. 虚实结合法

一定要对自己的解说对象了然于胸，要尽量多地掌握和景点有关的知识和典故。有些故事和典故属于民间传说，不见得真实，但却能激发观众兴趣，所以适当讲一些会使你的解说更富有感染力和幽默感。

2. 突出重点法

在具体讲解时切忌面面俱到。要突出具有代表性的景观，要学会以点带面，多介绍参观游览点的特点和与众不同之处。一处景点往往内容很多，解说人员必须根据不同的时空条件和参观对象区别对待，做到轻重搭配、详略得当，必要时去粗取精、去伪存真、由此及彼、由表及里。

3. 设置悬念法

在讲解时提出令人感兴趣的话题，但故意引而不发，激起观众急于知道答案的欲望，使其产生悬念的方法即为设置悬念法，也叫“吊胃口”“卖关子”。这是一种“先藏后露、欲扬先抑、引而不发”的手法，一旦“发（讲）”出来，会给听众留下特别深刻的印象，而且解说员可始终处于主导地位，成为旅游者的注意中心。

4. 画龙点睛法

用凝练的词句概括所游览景点的独特之处，给听众留下突出印象的解说法被称之为“画龙点睛法”。解说员在讲解中以简练的语言，点出景物精华之所在，帮助听众进一步领略其奥妙，让他们获得更多更高的精神享受。这种画龙点睛的介绍方法能使游客在游览中得到知识的启迪，获得了美的享受。

除上述方法外，还包括知识渗透法、概括法（平铺直叙法）、简述法、详述法、引用名句法、课堂讲解法（例如作专题讲座）、由点及面法、由此及彼法、联想法等，这里不再一一介绍。解说方法很多，然而，在具体工作中，各种解说方法和技巧不是孤立的，而是相互渗透、相互依存、互相联系的。解说员在学习众家之长的同时，必须结合自己的特点融会贯通，在实践中形成自己的解说风格，并视具体的时空条件和对象，灵活、熟练地运用，这样，才能获得不同凡响的解说效果。

（二）景点、场馆解说（导游）的注意事项

1. 解说员所处位置

如果是户外景点，解说员一般在队伍的前部一侧，保持随时侧面或正面对着观众；如果是场馆内解说，解说员大多数时间应该面对观众，偶尔看一下展板。

2. 解说员的音量

解说员的音量一是忌小，二是忌嚷。音量要适中，户外解说最好戴上随身的扩音器，室内解说可根据观众多少决定是否戴上扩音器。

3. 解说内容的调整

观众来自不同领域、不同阶层，解说员一定要时时关注听众的反应，做好精讲或详讲的随时调整，切忌不看观众反应，一味按照自己的意愿死板教条地宣讲下去。

4. 了解观众情况

如果具备条件，解说员最好事先了解观众的情况（包括职业知识水平等），做到有的放矢。

三、训练内容

（1）做一次自我介绍或家庭成员、老师、同学等的介绍（最好只介绍优点，但要真实）。

（2）介绍景点（要注意介绍顺序），指明道路（注意思路，语言要简练清楚）。

（3）介绍某种家用电器、产品等。

第十一章　辩论

一、应知内容

（一）什么是辩论

辩论是指彼此用一定的理由来说明自己对事物或问题的见解，揭露对方的矛盾，以便最后得到共同的认识和意见。

（二）辩论的特点

（1）辩论人员的双边性：辩论是双边活动，最少两人参加。

（2）辩论观点的对立性：双方观点是对立的，或是或非，这样才有辩论的可能，否则就是谈判。

（3）论证的严密性：只有合乎思维逻辑的辩论才可能获胜，否则只能是诡辩。

（4）追求真理的目的性：辩论目的是追求真理，取得共识。

（三）辩论的优点

（1）开阔思维，锻炼口头表达能力、查找资料的能力、搜索的能力、统筹分析的能力等。

（2）让辩者开动脑筋，从多方面去考虑问题，发散思维。

（3）加强辩论团体之间的默契、团结协助能力，增进友谊。

（4）对辩论问题有一个新的看法，追求真理。

（5）比较胆小的辩者在辩论中可以锻炼自己的勇气，在大众面前可以侃侃而谈。

（四）辩论的结构

辩论的过程一般有开始、展开、终结这三个阶段，缺少其中任何一个阶段都不是一场完整的辩论。因此，一场完整的辩论一般应由论题、立论、驳论、结辩四个部分组成。

（五）辩论比赛的流程

辩论比赛的流程并没有一个绝对固定的要求，但其基本框架还是有的。

现在最知名也相对成熟的比赛是国际大专辩论赛，其赛制也在不断发展完善。

在此，我们只是给大家提供一些参考，辩论赛的组织者要根据实际情况进行适当调整。

1. 可参考比赛流程

如果参赛队伍较多，可采用预赛、复赛、半决赛和决赛四轮比赛。通过比赛选出优胜队参加下一轮比赛。比赛采用评判团成员投票表决的办法。所有比赛时间相同，具体程序如下。

（1）主席致开场词，介绍正反双方参赛队员、评判团成员和比赛规则，并宣布辩题。

（2）立论开始，正反两方一辩依次进行，时间各 3 分钟。

（3）攻辩时间 6 分钟，每队各 3 分钟。

（4）攻辩小结，每队各 1 分 30 秒

（5）自由辩论 8 分钟，每队各 4 分钟。

（6）反方四辩总结陈词，时间 3 分钟。

（7）正方四辩总结陈词，时间 3 分钟。

（8）评判团进行评判，工作人员计分作统分工作。

（9）请本场的评判代表分析赛情。

（10）主席宣布本场比赛各队的得分情况及最后结果。

（11）比赛结束，退场。

注：每位辩手发言时间剩 30 秒时，将有一次提示，当辩论时间用完时，将有提示，辩手应立刻停止发言。

2. 攻辩规则及自由辩论规则

（1）攻辩

①质询者控制质询时间，可以提出与题目有关的合理而清晰的问题，并可以随时停止被质询者之回答。

②攻辩时间内，质询者应询问问题，不得自行申论或就质询所获之结果进行引申，否则视为违规。

质询者自行申论或引申发言时，答辩者有权要求其停止。

③答辩者应回答质询者所提之任何问题，但问题明显不合理时，被质询者得说明理由，拒绝回答。

④答辩者可以要求质询者重述其质询，但不得恶意为之，否则视为违规。

⑤答辩者不得对质询者提出询问，否则视为违规。

⑥答辩者提出反质询时，质询者可以要求其停止，并拒绝回答。

（2）自由辩论

①自由辩论时间总共为 8 分钟，每队各 4 分钟。

②自由辩论必须交替进行。当自由辩论开始时，先由正方任意一名队员起立发言。完毕后，反方的任意一位队员应立即发言，双方依次轮流发言，直到双方时间用完为止。

③在自由辩论时间里，每一位辩手的发言次序、次数和时间均不受限制。

④当一队的发言时间剩 30 秒钟时，将有一声笛声提示，当该队的发言时间用完时，会有两声笛声提示，该队应立即停止发言。

⑤如果一队的发言时间已经用尽，另一队还有剩余时间，则该队的辩手可以继续发言，直到该队的时间用完为止。

⑥自由辩论是检验一个队整体配合能力以及每一位辩手实力的重要阶段。辩手应充分利用这段时间，简洁明了地加强自己的论点，机智有力地反驳对方的论点，如果流于空洞无物的攻击或有意回避对方的质询及发言观点，或者出现语误、空场等情形，都将影响该队的成绩。

注：各队辩手辩论中可将资料集中在自制卡片上，发言时以备参考，但不能宣读事先已拟好的稿件或展示预先准备好的图表或字板，在自由辩论时队员可以相互提供发言线索。

二、应会内容

（一）攻击技巧

攻击，即在自由辩论中的主动进攻，主动发问。这在每个辩论队都是必不可少的。然而，攻击能不能有效，又是由多方面因素决定的。

1. 攻击的准备

这在辩论战略方案确定、辩词定稿之后就应该着手准备了。一般而言，每位辩手应该根据自己所阐述的内容准备向对方发问的问题，可根据自由辩论时间的长短来准备问题。若是初次上场，则应该准备 20 个左右问题。如果是这样，四个辩手准备的问题就应该大约有 80 个，一般有足够的可能坚持到自由辩论结束。我们看到，在有的比赛中，有的队员有时间却没有问题可以问，这就是准备不足导致的。

准备提问的问题，应该从三个层面上进行准备。

一是现象层面的问题，又称事实层面的问题。这类问题极易引起听众的共鸣，提得好则很容易出彩、出效果。但是需要注意的是，不可故作新奇而偏离辩题，那是会产生负效果的。

二是理论层面的问题，又称论据层面问题。即对本方论点给予引申，对对方的论据予以驳击的问题。这类问题，直问要提得尖锐，曲问要问得巧妙，反问要提得适时，逼问要问得机智，其效果就是让对方不好回答又无法回避。

三是价值层面的问题，又称社会效应层面问题。即引申对方论点、立场，从价值层面、社会效应层面去延伸它的效应，看其是否具备说服力，能否站得住。这类问题能够扩大自由辩论的战场，给对方造成被动局面，是争取听众、评委认同的重要侧面。当然，如果辩题立场对本方不利，就应该慎重使用，以免搬起石头却砸了自己的脚。

这三类问题中，事实层面的问题可包括历史事件、现实事实、国别事实、数字事实等；而理论层面的问题除了立场中的论据，也可以延伸达到公理、哲学的层面。

有了这三个层面的问题准备，就能够构成立体阵势，可以打自由辩论的立体战斗，就很容易造成让对方陷入立体包围之中的被动局势。我们看到在比赛中，不少辩论队只准备了一个层面的问题（大多是现象层面的问题），只在有趣上花时间，其结果是打击力不强，且问来问去总是流于肤浅的现象之争，有时则由事实引发事实而偏题，变成了一般的语言游戏、提问游戏了，不容易看到辩论的深度，这就令人遗憾了。

2. 攻击的组织

自由辩论中的有效攻击应当体现出攻击的有序性，即看得出轮番上阵的脉络。为了达到这个目标，场上应该有“灵魂队员”，或者称之为“主力辩手”“主辩”。由哪个辩手来充当这个人物都可以，但是一般由三辩或一辩、二辩来充当。有时，四辩也是很好的充当此人物的角色。他的任务就是不仅要透彻地知道本方的立场，也要透彻地知道对方的立场，规定陈词一结束就能够发现对方的主要问题，从而有效地发起进攻。

灵魂队员的任务：

（1）有冷静地把握整个自由辩论战斗局势的眼光，攻击务求有效。

（2）充当场上的指挥员。发问不在多，而在精。其发问不仅是对对方的攻击，也是对本方立论的揭示和强化。

（3）承担主动转移战场的任务。如在一个层面上问久了，则转向另一个层面发问；在一个层面处于被动，僵住了，则要转向另一个层面，开辟新的攻击点和战场。

（4）对对方提出的危及本方底线、事关要害的问题，能够有效地化险为夷、转危为安、化被动为主动。

（5）对本方误入对方圈套、远离本方、陷于被动之中的局面，要能够挽回并再发起攻击。

当然，其他队员要主动配合，主动呼应，才能形成整体的力量，这就需要队员之间的默契，形成“流动的整体意识”。

攻击的组织，其要点就在于形成整体的有序流变性。而不是东一榔头西一棒槌，鸡零狗碎。零碎的攻击谈不上组织，它或许也能够有鳞光耀金的效果，但是对于群体辩论而言，是不可能握有主动权的。

攻击的组织在上场前可以有如下的检查指标：一是有没有组织者，也就是有没有“灵魂队员”，其组织、应变能力如何？二是整个队伍与之有没有心悦诚服的默契和感应？三是整个队伍对特定的辩题的立场认识是否完全一致，有没有大的梗阻？四是准备了几个层面的问题？这些问题可以对付、支撑多难的场面，能够支持多长时间？五是对于非常艰难的、苛刻的尖锐问题，本方研究到什么程度？有没有好的应对策略？六是自由辩论中将会出现的最为险难的局面，将会一种什么状况？本方应该怎么对付？把这六个问题都想清楚了，都有了解决的办法了，那么攻击的组织也有序了，主动了。

3. 攻击的发起

攻击的技巧，主要有以下几种。

（1）设置两难。即设置两难的问题，无论答此或答彼都将陷入被动。但是一定要对准话题，不可以做无病呻吟。

（2）主动引申。即对对方的某个事实、某句话加以引申，造成本方主动、对方被动。

（3）以矛攻盾。即对对方论点和论据间的矛盾、这个辩手和那个辩手陈述中的矛盾、某个辩手陈词中的矛盾、答这个问题和答那个问题之间的矛盾或其他方面的矛盾予以披露，令其尴尬，陷其于难堪。

（4）归谬发问。即对其论点或论据或其他问题引申归谬，陷其于左右被动，无力自救。

（5）简问深涵。即问题很简单，但含义很深刻，与辩题密切相关。答准确很难，但是答不出来就很丢人，估摸回答却不准确，这也很容易陷入被动。

（6）撕隙抓漏。即将对方的一小道缝隙撕裂撕大，对其明显的漏洞失误给予揭发提问，令其难堪。

（7）熟事新提。一般人对于身边的事物往往不太在意，这就是所谓的熟视无睹，充耳不闻，或非常熟悉却只知道大概，不明白它的详细。一般对这类事情提问，也很容易让对方陷入被动。

（8）逼入死角。即把对方的问题逼入死角，再发问，令其难以逃脱。

（9）多方追问。即从几个方向、几个侧面、几个层次上同时问一类问题。但是要注意的是，这类问题必须对准一个核心，即辩论的主要立场和观点，以造成合围的阵势，使对方没有招架的能力，更没有回手的能力。

（10）夹击发问。即两个或多个人同时问同一类或一个问题，造成夹击态势，使对方顾此失彼。

（11）问题同异。即面对同一个问题，以不同的角度提问，使对方难以自圆其说，应接不暇。

（12）异题同问。抓住对方的不同问题、不同表述加以归纳，概总而问，从问题的深度与高度上使其无法把握，无力应答。

（13）反复逼问。对本方提出的对方非答不可的问题，对方闪避了，就可以反复逼问，但是一般不能超过三次，不可以无限发问，那样反会造成无题可问或令听众厌烦的负面效果。

（14）辐射发问。即提出一个问题时，同时威慑到对方四个辩手，犹如子母弹一般。这类问题，一般多为哲学或价值层面的问题。

（15）同义反复。即同一个问题，用不同的语言方式（或角度不同，或问语不同）发问。这类问题，多为辩论的主要立场、观点方面的问题。

（16）近题遥问。即看似很近的事，用远视点来透视和提问。对方遥答往往答不得，近答又很难接上，陷入了难以捉摸、无从下手的窘境。

（17）击情提问。即用心理调控的手段，直击对方情绪层，使其激动，引发情绪连动，从而淹没对方的理智。但是要注意的是不能够进行人身攻击与情绪对情绪，更不可陷入无理纠缠甚至胡搅蛮缠，那就画虎不成反类犬了。

（18）布陷发问。也就是布置一个陷阱，让对方来钻，或想方设法将之套进去。其更高技巧就是连环套。

（19）长抽短吊。即忽然提这样的问题忽然又提那样的问题，不离辩题却又忽东忽西，以思维的快捷与急智来取得主动。

（20）答中之问。分为两种，一种是在对方答问时发现问题（包括陈词阶段发现的问题）予以提问，另一种是在自己回答对方问题时的反问。

4. 攻击的风格

由于自由辩论如疾风迅雷，所以不同场次、不同队伍的辩论风格也不尽相同。没有形成风格的队伍即使辩胜，也只是初级层次的。因此，有风格意识并力争形成自己的辩论风格，是一支辩论队有追求、有实力的表现。它其实是一支队伍整体风格的呈现。

攻击的风格，一般而言有情绪型、理智型、稳健型三种。

情绪型的队伍往往只在趣事、情绪化的层面上实施攻击。它也能够引发一些活跃的效果，但是也易于耽于情绪、就事论事，甚至会误入谩骂的泥淖，使辩论流于表面，层次不高，缺乏应有的深度。

理智型的队伍往往执着于理辩的层面，这容易体现思辨与深度，但是又会失之于辩论的活泼不足，弱化了应有的观赏性。

稳健型的队伍因为其理智和稳健而注意到了应有的活泼，是兼取了前两者之长的。显然，自由辩论的风格当以稳健为上，从比赛的实践看，稳健型风格的辩论队不但易于取胜，而且留给观众、评委的印象也比较深刻。

（二）防守技巧

辩论中的自由辩论阶段，就是由进攻和防守两个方面组成的，因此，不仅要有进攻的准备，还要有防守的准备。只会进攻不一定能够取胜，只会防守当然就更容易陷入被动了。该防守就防守，该进攻就进攻，能攻能守的队伍才能游刃有余。防守中，应该注意的技巧有以下几个方面。

1. 盯人技巧

盯人技巧即各人盯住各人的对象防守。一般就是一辩盯一辩，二辩盯二辩……即一辩回答一辩的问题，二辩回答二辩的问题，以此类推。这样各人就会有关注的具体目标，就不会出现好回答的问题就抢着回答，难回答的问题就你推我让的。当然，在分工之后又讲合作，最难回答的问题，就需要由“灵魂队员”补救了。

2. 长项技巧

长项技巧即根据各人的长项来分工，首先确认各辩手的长项，如长于说理、长于说史、长于记忆、长于辨析等等，则承担相应的问题来防守，也就不至于出现混乱局面或冷场。

3. 合围技巧

假如对方有一位非常突出的辩手，不仅对方整个局面靠其支撑，且对本方威胁很大甚至本方队员对其有畏惧感，一对一的战术是不太可能奏效的。那就采取合围技巧，即以全队的四个人的力量来围击、合击，从四个人不同的侧面对准他的问题，以守为攻，一般都会有效。只要他顶不住了，那对方的阵脚就会乱了，自然就会垮了。但是要注意的是，有实力甚至实力更强大的队员靠一两个回合是难以制伏的，因此要有韧劲，不可太急切，争取五六个回合使其难于招架，提不出更尖锐的问题，内在的进攻力度大大减弱，才能有取胜的基础。

4. 夹击技巧

夹击技巧就是采用二人夹击的方式来对待有的问题、有的队员。

5. 高压技巧

一般在辩论赛中，由于参赛队的实力比较接近，所以在自由辩论中容易出现同位推顶的情况，这一方面容易浪费时间，另一方面不容易取胜。破解的办法是采用高位迫压防守。如对方提出的是现象问题，就将之上升到理论高度来回答；如对方提出的是现实问题，那就从历史的角度来回答；如对方提出的是具体问题、微观问题，就以全景认识、宏观认识来回答，以此类推。若此，对对方的问题以高位下罩的方式和统照下盖的方式使对方感到自己的思维位势稍逊一筹，从而内心产生动摇，攻击力也就随之动摇而弱化了。

6. 指误技巧

指误技巧即不正面回答问题，而是指出对方所问问题在逻辑上、理论上、事实上、价值上、立场上、表达上和常识上的毛病，使之陷入尴尬局面。

7. 归谬技巧

归谬技巧即对有的问题不做正面回答，而是对之做概纳引申归谬，直指其终端的谬，陷其于被动的境地。

8. 反问技巧

反问技巧即从反方向上提出其问题的悖常性、悖题性、悖理性、悖逻辑性，从而化被动为主动。

9. 幽默技巧

幽默技巧即面对自己从容回答、游刃有余的问题，适时幽对方一默，效果一定是绝佳的。

10. 短答技巧

对于一字、一词、一个成语、一个句子就能够答清，且能够反陷对方于被动的问题，就应该果断而适时地使用短答技巧。

11. 启导技巧

对于那些喜欢滔滔不绝、有演讲欲而又容易动情、不易冷静理智的辩手，表现欲旺盛的辩手，语词啰唆繁复的辩手，在回答问题时不妨巧妙启发他们的教导意识，任由其滔滔不绝地讲，其直接效果是消耗了对方的规定时间。

12. 揭弊技巧

在回答问题时，巧妙合理地揭示其弊端。如同一个人陈词与发问中的弊病与矛盾，前一个问题与后一个问题的矛盾，两个或数个人问题中的矛盾，等等。揭示其弊端与矛盾，使其问题本身站不住脚，防守便转为攻击，目的自然也就达到了。

13. 激怒技巧

激怒技巧即答问时巧激其怒，使之心理由理智层进入情绪层，无法冷静，无从自控，就可望令其自己乱自己心绪。但是切记不可使用人身攻击，这是犯禁行为。

14. 评价技巧

评价技巧即不正面回答问题，而是对其问题予以评价，指其目的，断其归路。

15. 闪避技巧

闪避技巧即对那些一两句话难以答清的问题，采用合理闪避的方式，其基点是不离开辩题的立场。

16. 反复技巧

反复技巧即以同义反复的方式回答。也就是意思一样，但语言不同。

17. 类比技巧

类比技巧即面对对方的问题，不做正面拦截，而是用同类比较的方式，把问题抛回给对方。

18. 陷阱技巧

陷阱技巧即在答问中巧设陷阱让对方来钻，然后在下一个回合中予以指驳，使对方露馅。

19. 联动技巧

联动技巧即本方二人以上联动，回答问题时一唱一和，此唱彼和，你呼我应，以整体的优势对之。

20. 侧击技巧

侧击技巧即不正面回答问题，而从侧面引出相关问题，反请对方来回答。

21. 连环技巧

连环技巧即在答问中故设连环，环环相扣，将对方的问题定格在某一环中，将其扣死。

22. 组接技巧

组接技巧即对对方自己的立场或陈词、反问、答问中的语言予以组合回答，即让对方自己打自己嘴巴。

23. 名言技巧

名言技巧即恰到好处地借助名言、警语、格言、民谚、诗歌、歌词、流行语等来回答。当然也可以改头换面，重组搭配来回答。

24. 错接技巧

错接技巧即有意错接问题，反让对方判断，以之主动防守。

25. 引申技巧

引申技巧即将问题引申开来，揭示其实质与要害，再一口咬破，直断其喉。

（三）其他技巧

1. 节奏把握

自由辩论的时间不长，但是由于争锋剧烈，对抗性强，故往往呈现出很强的快节奏。一般而言，一强到底、一胜到底的队伍不多，这就需要有韧劲和持久力量才能取胜。故有经验的辩论队往往是先弱后强，欲擒故纵。其利在于先让对方强，以观察其底气，辨别其优劣，再制伏对方。

2. 时间把握

时间把握即从严把握本方时间，有意启导、引导对方在无意识中把规定时间及早耗尽，以造成缺席审判的情势，这对本方极为有利。

这些仅是一般的技巧。由于辩论如战争，场上情况千变万化，有的或许有用，有的却不一定有用。根据具体比赛情况，熟能生巧，就会有相应的技巧创生。有道是，最高的技巧是无技巧，那当然是高境界了。新辩手了解一些一般技巧，应该不是多余的事情。

三、训练内容

训练 1：绕口令练习。提高口腔灵活度，进而提高语言表达的清晰度、流畅度。

训练 2：贯口练习。在保证语言清晰流畅的基础上尽量提高语速，为辩论尤其是攻辩增加气势。

报菜名

我请您吃：蒸羊羔儿、蒸熊掌、蒸鹿尾儿、烧花鸭、烧雏鸡、烧子鹅、卤猪、卤鸭、酱鸡、腊肉、松花小肚儿、晾肉、香肠、什锦苏盘儿、熏鸡白肚儿、清蒸八宝猪、江米酿鸭子、罐儿野鸡、罐儿鹌鹑、卤什件儿、卤子鹅、山鸡、兔脯、菜蟒、银鱼、清蒸哈什蚂、烩鸭丝儿、烩鸭腰儿、烩鸭条儿、清拌鸭丝儿、黄心管儿、焖白鳝、焖黄鳝、豆豉鲇鱼、锅烧鲤鱼、锅烧鲇鱼、清蒸甲鱼、抓炒鲤鱼、抓炒对虾、软炸里脊、软炸鸡、什锦套肠儿、卤煮寒鸦儿、麻酥油卷儿、熘鲜蘑、熘鱼脯、熘鱼肚儿、熘鱼片儿、醋熘肉片儿、烩三鲜、烩鸽子蛋、烩白蘑、熘什件儿、炒银丝儿、熘刀鱼、清蒸火腿、炒白虾、炝青蛤、炒面鱼、炝竹笋、芙蓉燕菜、炒虾仁儿、熘腰花儿、烩海参、炒蹄筋儿、锅烧海参、锅烧白菜、炸木耳、炒肝尖儿、桂花翅子、炸飞禽、炸汁儿、炸排骨、清蒸江瑶柱、糖熘芡仁米、拌鸡丝、拌肚丝、什锦豆腐、什锦丁儿、糟鸭、糟熘鱼片、熘蟹肉、炒蟹肉、烩蟹肉、清拌蟹肉、蒸南瓜、酿倭瓜、炒丝瓜、酿冬瓜、熘鸭棵汤、焖鸭掌儿、焖笋、炝茭白、茄干晒炉肉、鸭羹、蟹肉羹、鸡血汤、三鲜木樨汤。还有红丸子、白丸子、南煎丸子、四喜丸子、三鲜丸子、氽丸子、鲜虾丸子、鱼脯丸子、饹馇丸子、豆腐丸子、樱桃肉、马牙肉、米粉肉、一品肉、栗子肉、坛子肉、红焖肉、黄焖肉、酱豆腐肉、晒炉肉、炖肉、黏糊肉、烀肉、扣肉、松肉、罐儿肉、烧肉、大肉、烤肉、白肉、红肘子、白肘子、熏肘子、水晶肘子、蜜蜡肘子、锅烧肘子、扒肘条、炖羊肉、酱羊肉、烧羊肉、烤羊肉、清蒸羊肉，五香羊肉、氽三样儿、爆三样儿、烩银丝儿、烩白杂碎、炸绣球、三鲜鱼翅、栗子鸡、氽鲤鱼、酱汁鲫鱼、尖氽鲤鱼、板鸭、筒子鸡、烩脐肚、爆肚仁、盐水肘花儿、锅烧猪蹄儿、烧肝尖儿、烧肥肠、烧心、烧肺、烧子盖儿、烧连贴、烧宝盖儿、油炸肺、酱瓜丝儿、山鸡丁儿、拌海蜇、龙须菜、炝冬笋、玉兰片、烧鸳鸯、烧鱼头、烧槟子、烧百合、炸豆腐、炸面筋、糖熘饹炸儿、拔丝山药、糖焖莲子、酿山药、杏仁酪、小炒螃蟹、氽大甲、什锦葛仙米、鳎目鱼、扒带鱼、海鲫鱼、黄花鱼、扒海参、扒燕窝、扒鸡腿儿、扒鸡块儿、扒肉、扒面筋、扒三样儿、油泼肉、酱泼肉、炒虾黄儿、熘蟹黄儿、炒子蟹、炸子蟹、佛手海参、炒芡子米、奶汤、翅子汤、三丝汤、熏斑鸠、卤斑鸠、海白米、烩腰丁儿、火烧茨菰、炸鹿尾儿、焖鱼头、拌皮渣儿、氽肥肠儿、清拌粉皮儿、木樨菜、烹丁香、烹大肉、烹白肉、麻辣野鸡、咸肉丝儿、白肉丝儿、荸荠一品锅、素炝春不老、清焖莲子、酸黄菜、烧萝卜、烩银耳、炒银枝儿、八宝榛子酱、黄鱼锅子、白菜锅子、什锦锅子、汤圆子锅、菊花锅子、煮饽饽锅子、肉丁辣酱、炒肉丝儿、炒肉片、烩酸菜、烩白菜、烩豌豆、焖扁豆、氽毛豆，外加腌苤蓝丝儿。

小孩子

大宋朝文彦博，幼儿倒有浮球之智；司马温公，倒有破瓮救儿之谋；汉孔融，四岁让梨，懂得谦逊之礼；黄香九岁温席奉亲；秦甘罗，一十二岁身为宰相；吴周瑜，七岁学文，九岁习武，一十三岁官拜水军都督，执掌六郡八十一州之兵权，施苦肉、献连环、借东风、借雕翎、火烧战船，使曹操望风鼠窜，险些命丧江南。虽有卧龙、凤雏之相帮，那周瑜也算小孩子当中之魁首。

莽撞人

后汉三国年间，有一位莽撞人。自从桃园三结义以来，大爷，姓刘名备字玄德，家住大树楼桑；二弟，姓关名羽字云长，家住山西蒲州解梁县；三弟姓张名飞字翼德，家住涿州范阳郡；后续四弟，姓赵名云字子龙，家住真定府常山县，百战百胜，后封为常胜将军。只皆因，长坂坡前，一场鏖战，那赵云，单枪匹马，闯入曹营，砍倒大纛两杆，夺槊三条，马落陷坑，堪堪废命。曹孟德在山头之上见一穿白小将，白盔白甲白旗号，坐骑白龙马，手使亮银枪，实乃一员勇将。心想：我若收服此将，何愁大事不成！心中就有爱将之意，暗中有徐庶保护赵云，徐庶进得曹营，一语未发。今日一见赵将军马落陷坑、堪堪废命，口尊：“丞相莫非有爱将之意？”曹操言道：“正是。”徐庶言道：“何不收留此将？”曹操急忙传令：“令出山摇动，三军听分明，我要活赵云，不要死子龙。倘有一兵一将伤损赵将军之性命，八十三万人马，五十一员战将，与他一人抵命。”众将闻听，不敢前进，只有后退。赵云一仗怀揣幼主，二仗常胜将军之特勇，杀了个七进七出，这才闯出重围。曹操一见这样勇将，焉能放走？在后面紧紧追赶。追至当阳桥前，张飞赶到，高叫：“四弟不必惊慌，某家在此，料也无妨！”让过赵云的人马。曹操赶到，不见赵云，只见一黑脸大汉立于桥上。曹操忙问夏侯惇：“这黑脸大汉，他是何人？”夏侯惇言道：“他乃张飞，一‘莽撞人’。”曹操闻听，大吃一惊：“想当初关公在白马坡斩颜良之时，曾对某家言道，他有一结拜三弟，姓张名飞，字翼德，在百万军中，取上将之首级，如探囊取物，反掌观纹一般。今日一见，果然英勇。撤去某家青罗伞盖，观一观那莽撞人的武艺如何。”青罗伞盖撤下，只见张飞：豹头环眼，面如润铁，黑中透亮，亮中透黑，颌下扎里扎煞一副黑钢髯，犹如钢针，恰似铁线。头戴镔铁盔、二龙斗宝，朱缨飘洒，上嵌八宝——云、罗、伞、盖、花、罐、鱼、肠。身披锁子大叶连环甲，内衬皂罗袍，足蹬虎头战靴，胯下马万里烟云兽，手使丈八蛇矛，站在桥头之上，咬牙切齿，捶胸愤恨，大骂:“曹操听真，呔！今有你家张三爷在此，尔或攻或战、或进或退、或争或斗；不攻不战、不进不退、不争不斗，尔乃匹夫之辈！”大喊一声，曹兵吓退；大喊二声，顺水横流；大喊三声，把当阳桥喝断。后人有诗赞之曰:“长坂坡前救赵云，吓退曹操百万军，姓张名飞字翼德，万古流芳莽撞人！”

训练3：

1. 有的学生（包括你）课下叫部分老师哥哥姐姐，请你说说理由。

2. 请你说服家长给你买一件东西（比如手机）。

训练4：请组织一次辩论比赛，题目自拟或从下列题目中任选。

1. 温饱是谈道德的必要条件——温饱不是谈道德的必要条件

2. 艾滋病是医学问题，不是社会问题——艾滋病是社会问题，不是医学问题

3. 人性本善——人性本恶

4. 治愚比治贫更重要——治贫比治愚更重要

5. 愚公应该移山——愚公应该搬家

6. 社会秩序的维系主要靠法律——社会秩序的维系主要靠道德

7. 知难行易——知易行难

8. 网络应该受管制——网络不应该受管制

9. 网络使人们更亲近——网络使人们更疏远

10. 偶像崇拜利大于弊——偶像崇拜弊大于利

11. 经济发展和环境保护能够并行——经济发展和环境保护不能并行

12.“代沟”的主要责任在长辈——“代沟”的主要责任在晚辈

13. 广告有利于大众消费——广告不利于大众消费

14. 顺境更有利于人的成长——逆境更有利于人的成长